Siegfried Brie

Die Lehre vom Gewohnheitsrecht

Eine historish-dogmatische Untersuchung

Theil I

Geschichtliche Grundlegung
(Bis zum Ausgang des Mittelalters)

Elibron Classics
www.elibron.com

Elibron Classics series.

ISBN 0-543-99022-2 (paperback)
ISBN 0-543-99021-4 (hardcover)

This Elibron Classics Replica Edition is an unabridged facsimile of the edition published in 1899 by M.& H. Marcus, Breslau.

Die Lehre vom Gewohnheitsrecht.

Eine historisch-dogmatische Untersuchung

von

Dr. Siegfried Brie,

ord. Professor der Rechte a. d. Universität Breslau.

Erster Theil.

Geschichtliche Grundlegung.

(Bis zum Ausgang des Mittelalters.)

Breslau.

Verlag von M. & H. Marcus.

1899.

Vorwort.

Unter allen Aufgaben der Rechtswissenschaft ist wohl gegenwärtig eine eingehende Prüfung und umsichtige Neugestaltung der Lehre von den Rechtsquellen eine der wichtigsten und lohnendsten. Schon längere Zeit von dieser Ueberzeugung durchdrungen und mit einschlägigen Fragen beschäftigt, liess ich mich durch die Preisaufgabe der Savigny-Stiftung:

> Revision der gemeinrechtlichen Lehre vom Gewohnheitsrechte

bestimmen, dieser Rechtsquelle und insbesondere ihrer gemeinrechtlichen Theorie meine wissenschaftliche Thätigkeit in erster Linie zuzuwenden. Bald aber gelangte ich zu der Erkenntniss, dass für eine befriedigende Neubearbeitung des Gegenstandes, neben und vor den aus der allgemeinen Rechtslehre zu schöpfenden grundsätzlichen Gesichtspunkten, eine sorgfältige quellenmässige und dogmengeschichtliche Grundlegung wesentliches Erforderniss sei.

Bisher ist weder das Quellenmaterial, auf welches die gemeinrechtliche Theorie des Gewohnheitsrechts sich aufbaute und jede Revision derselben zurückgreifen muss, genügend durchforscht und verwerthet, noch auch die geschichtliche Entstehung dieser Theorie in zusammenhängender Weise dargelegt worden. In Puchta's epochemachendem Werke haben die römischen Quellenstellen eine allerdings ziemlich eingehende, aber doch bei weitem nicht erschöpfende Berücksichtigung und zudem eine theilweis nicht unbefangene Auslegung gefunden; in der späteren reichen Litteratur fehlt eine neue gründliche Durcharbeitung der römischen Aussprüche völlig. Die wichtigen Aussprüche der Quellen des kanonischen Rechts über das Gewohnheitsrecht sind fast nur von einzelnen kirchenrechtlichen Schriftstellern genauer gewürdigt, und zu einer Darlegung der höchst interessanten geschichtlichen Entwickelung der einschlägigen Bestimmungen des kanonischen Rechts sind in den bisherigen Arbeiten nur einzelne Ansätze vorhanden. Die Ansichten der Glossatoren und ihrer für die ältere gemeinrechtliche Theorie in Deutschland vorzugsweise massgebend gewordenen Italienischen Nachfolger sowie der Kanonisten, welche in bedeutsamen Punkten gegenüber den Legisten selbstständige Wege einschlugen, sind auch von Puchta nur gelegentlich berücksichtigt und überhaupt noch nicht zum Gegenstand zusammenhängender Darstellung gemacht worden. Ganz besonders aber vermisst man bisher jede umfassendere und eingehendere Untersuchung über die Anschauungen, welche während des Mittelalters im deutschen Volke hinsichtlich des Gewohnheitsrechts herrschten und in den Quellen des einheimischen Rechts vor der Reception der fremden Rechte zum Ausdruck gelangten. Diese Lücke bedarf um so mehr der Ausfüllung, als nach meiner Ansicht allmählich wieder deutschrechtliche Gedanken über das Gewohnheitsrecht in der modernen Wissenschaft starke Geltung gewonnen haben.

Der zu bewältigende rechts- und dogmengeschichtliche Stoff erwies sich aber als ein so umfangreicher und schwieriger, dass ich zu dem für die Einreichung der Preisarbeiten bestimmten Termine nur eine geschichtliche Grundlegung beendet hatte. Wenn ich dennoch diese Vorarbeit der Königlich bayerischen Akademie der Wissenschaften einsandte, so geschah es mit dem Bewusstsein, dass sie aus formellen Gründen den Preis wohl nicht werde erhalten können. Zu dem Entschluss ihrer gesonderten Veröffentlichung trug, neben der ihr von der Königlichen Akademie gespendeten Anerkennung, hauptsächlich die

Erwägung bei, dass mit dem in kürzester Frist bevorstehenden Hinwegfall der unmittelbaren praktischen Geltung des gemeinen Rechts die Lehre vom Gewohnheitsrecht in ihrer dogmatischen Gestaltung sich freier wird bewegen können und müssen. So wird auch die Fortsetzung dieses Werkes die Aussprüche der gemeinrechtlichen Quellen zwar möglichst verwerthen, aber — abgesehen von dem kirchenrechtlichen Gebiete — nur als historisches Material.

Breslau, im Oktober 1899.

Der Verfasser.

Inhaltsverzeichniss.

Erster Abschnitt.

Römisches Recht.

Vierter Abschnitt.

Die Postglossatoren.

I. Abschnitt.

Römisches Recht.

§ 1.

Im Allgemeinen.

I. In dem Corpus iuris civilis finden wir keine klare und eingehende Bestimmung der Erfordernisse und der Wirkungen des Gewohnheitsrechts [1]; vielmehr sind die Aussprüche desselben über diese allerdings häufig dort erwähnte Rechtsquelle nicht nur in manchen Beziehungen unvollständig, sondern sie leiden vor allem grossentheils an einer beklagenswerthen, für die Gestaltung der Lehre im Mittelalter und in der Neuzeit verhängnissvoll gewordenen Vieldeutigkeit. Selbst wenn wir die sonstigen uns erhaltenen Aeusserungen römischer Schriftsteller, juristischer wie nichtjuristischer, hinzunehmen, können wir aus diesem Material eine zusammenhängende und in die Tiefe dringende Theorie des Gewohnheitsrechts keineswegs gewinnen. Schon die Mangelhaftigkeit auch der anderweitig überlieferten römischen Aussprüche lässt darauf schliessen, dass der unvollkommene Zustand der in den justinianischen Rechtssammlungen

---

[1]) Schon die Glosse zur Rubrik des Codextitels Quae sit longa consuetudo 8, 52 sagt: „Sed quae est longa consuetudo? Licet enim rubrica quaerat, non tamen solvit lex huius tituli".

enthaltenen Sätze über das Gewohnheitsrecht weniger den Compilatoren, als den von diesen benutzten Quellen zur Last fällt; andererseits freilich ist nicht zu verkennen, dass der fragmentarische Charakter der in den Pandekten und in den Codex aufgenommenen Stellen, insbesondere derjenigen, welche ex professo das Gewohnheitsrecht behandeln[2]), vielfach die ursprüngliche Bedeutung derselben stark verdunkelt hat[3]). Bei dieser Mangelhaftigkeit der Quellen wird man besonders sorgfältig Bedacht nehmen müssen, nicht in den so häufig und namentlich auch von den Häuptern der historischen Schule begangenen Fehler zu verfallen, dass man die eigenen rationalen Ansichten über das Gewohnheitsrecht hineintrage in die Erklärung der Aussprüche des römischen Rechts.

II. Die Ursachen, welche die römische Rechtswissenschaft verhindert haben, in einem ihren sonstigen hervorragenden Leistungen entsprechenden Masse auch die Lehre vom Gewohnheitsrecht auszubilden, lassen sich unschwer ermitteln. Sie sind im wesentlichen schon von Puchta und Savigny richtig hervorgehoben worden[4]).

1. Die in erster Linie praktische Anschauung und Richtung der römischen Juristen bewirkte, dass dieselben allgemeineren abstrakteren Fragen nur eine verhältnissmässig geringe Aufmerksamkeit zuwandten. So haben sie namentlich die gesammte Lehre von der Entstehung der Rechtsnormen, welche ja zudem in das von ihnen gegenüber dem Privatrecht und dem Prozessrecht verhältnissmässig wenig beachtete Staatsrecht einschlug, in einer der ausserordentlichen Wichtigkeit des Gegenstandes durchaus nicht genügenden Weise behandelt, und schon aus diesem Grunde konnten sie der Natur und Bedeutung des Gewohnheitsrechts nicht gerecht werden. Bei Klassificirung der Rechtsquellen hielten sie sich meist nur an die verschiedenen

---

[2]) Dig. tit. de legibus senatusque consultis et longa consuetudine 1, 3 leges 32—39; Codextitel Quae sit longa consuetudo 8, 52 (53).

[3]) Auch der — sichere oder wahrscheinliche — Inhalt des Buches, aus welchem die einzelnen Stellen entnommen sind, gewährt zur Aufhellung dieser Dunkelheiten im ganzen nur geringe Hülfe.

[4]) Puchta, Gewohnheitsrecht I, S. 56 ff., S. 69 ff.; v. Savigny, System I, S. 76—77, S. 105 ff., S. 144 ff.

äusseren Erscheinungsformen der Rechtssätze. Allerdings in der häufigen Gegenüberstellung von leges und mores als den Entstehungsgründen resp. Erscheinungsformen objektiven Rechts [5]) spricht sich eine richtige Einsicht in das besondere, von allen anderen Rechtsquellen specifisch verschiedene Wesen des Gewohnheitsrechts aus. Dagegen war die Eintheilung des Rechts in ius scriptum und ius non scriptum [6]) von einem rein äusserlichen Momente hergenommen, und in den allgemeinen Aufzählungen der Rechtsquellen liessen Gaius und Papinian das Gewohnheitsrecht, wenigstens soweit es nicht in bindender Weise aufgezeichnet war, sogar gänzlich hinweg [7]).

2. Diese theoretische Vernachlässigung des Gewohnheitsrechts von Seiten der römischen Juristen hängt aber auch zusammen mit der Gestaltung, welche die Rechtsquellen selbst im Laufe der römischen Rechtsentwicklung erhalten hatten. Nicht nur trat die Bedeutung des Gewohnheitsrechts für das Rechtsleben insbesondere in der Kaiserzeit sehr zurück, sondern es wurde auch das ältere materiell fortgeltende Gewohnheitsrecht allmählich durch andere Rechtsquellen grossentheils ab-

---

[5]) So bezeichnet namentlich Gaius und ihm folgend Justinian (Gai Inst. I § 1 = l. 9 D. de iust. et iure 1, 1; § 1 Inst. de iure nat. 1, 2) mit den Worten: „omnes populi, qui legibus et moribus reguntur“ alle Völker, welche sich überhaupt einer Rechtsordnung erfreuen. Aehnlich sagt Cicero de re publica I cap. 2 § 2 von den rechtsbildenden Faktoren der Staaten überhaupt: alia moribus confirmarunt, sanxerunt autem alia legibus. Als Stellen, in denen die beiden Kategorien „mos“ sive „mores“ und „lex“ zusammen das gesammte für die betreffende Materie in Betracht kommende objektive Recht umfassen, nenne ich: l. 8 D. de r. nupt. 23, 2; l. 3 § 1 D. de donat. i. v. et u. 24, 1; l. 19 pr. D. de capt. 49, 15; l. 5 § 1 D. de extraord. cogn. 50, 13; l. 214 D. de V. S. 50, 17. — Vgl. auch Gai Inst. I § 92 (leges moresque peregrinorum). In l. 12 § 2 D. de iudic. 5, 1 kommt als drittes Glied noch die natura vor.

[6]) Zutreffend über diese früher oft missverstandene Unterscheidung von Savigny System I S. 106—107; jedoch ist wohl (gegen Savigny S. 106 N. c mit Puchta Instit. I § 117 N. d) anzunehmen, dass auch die wissenschaftlichen Schriften der approbirten Juristen zum „ius scriptum“ gezählt wurden.

[7]) So Gaius Instit. I § 2; Papinian in l. 7 D. de iust. et iure 1, 1. Justinian in seinen Institutionen (§ 3 de iure nat. 1, 2) hat diesen Mangel dadurch corrigirt, dass er die Unterscheidung zwischen ius scriptum und ius non scriptum vorausschickt.

sorbirt, während neues Gewohnheitsrecht schon früh vorzugsweise an vorhandene Rechtsaufzeichnungen sich anknüpfte. Bei den heutigen Rechtshistorikern besteht kein Zweifel mehr, dass das römische Recht während der Königszeit und in den Anfängen der Republik, wenn nicht ausschliesslich, doch in der Hauptsache ungeschriebenes Gewohnheitsrecht war [8]). Eine tiefgreifende Aenderung in dieser Hinsicht bewirkte der Erlass der Zwölftafelgesetze. Neben denselben bestanden freilich ältere, nicht darin aufgenommene, Gewohnheitsrechtssätze fort [9]), und die an das Werk der Decemvirn sich anreihende weitere Fortbildung des Rechtes war ihrem eigentlichen Wesen nach eine gewohnheitsrechtliche. Diese Thatsache wurde jedoch nicht nur durch die im geschriebenen Recht gegebene Grundlage verdunkelt, sondern auch dadurch, dass die neuen Rechtssätze äusserlich als ein Erzeugniss der von den Rechtskundigen ausgehenden „interpretatio" sich darstellten [10]). Die Ausbildung des ius gentium, das Eindringen der Aequität in das römische Recht erfolgten ebenfalls wesentlich auf gewohnheitsrechtlichem Wege; aber meist [11]) griffen hier vermittelnd ein die obrigkeitlichen, besonders prätorischen Edikte, welche somit als die

---

[8]) Dies gilt nicht nur von dem ius, sondern auch von dem fas, aber nur auf dem Gebiete des ersteren konnte der Begriff des Gewohnheitsrechts in der altrömischen Vorstellung sich frei und rein bilden und entfalten.

[9]) Bruns in v. Holtzendorff's Encykl. der Rechtswissenschaft I (4. Aufl.) S. 117 erklärt es für „rhetorische Uebertreibung", wenn Livius die zwölf Tafeln „fons omnis publici privatique iuris" nennt. Krueger (Gesch. der Quellen und Litteratur des römischen Rechts S. 14 N. 38) bemerkt freilich, dass sichere Beispiele für die Fortdauer älterer Rechtssätze neben den zwölf Tafeln nicht überliefert seien, führt aber dann eine Reihe von wahrscheinlich hierher gehörigen Rechtssätzen an. Auch haben keinesfalls die alten Gewohnheitsrechte der einzelnen römischen gentes in die zwölf Tafeln Aufnahme gefunden.

[10]) Pomponius in l. 2 §§ 5 und 12 D. de O. J. 1, 2 sagt allerdings, dass aus der interpretatio prudentium im Anschluss an die zwölf Tafeln (siehe darüber auch § 6 ibidem) ungeschriebenes Recht geflossen sei, aber er bezeichnet es nicht als Gewohnheitsrecht und betont vielmehr, dass für den so entstandenen Bestandtheil des Civilrechts ein technischer Ausdruck fehle.

[11]) Dass der „mos civitatis" neben dem prätorischen Edikt „Receptionskanal des ius gentium" gewesen sei, sucht Kuntze in der kritischen V. J. für Gesetzgebung und Rechtswissenschaft Bd. IX S. 503—550 darzuthun.

unmittelbaren resp. in die Augen fallenden Quellen der betreffenden Rechtsnormen erschienen [12]). Immerhin war die praktische Bedeutung des Gewohnheitsrechts noch gegen Ende der römischen Republik besonders auf dem privatrechtlichen Gebiete [13]) eine nicht geringe, und wir haben auch wohl hierin wenigstens zum Theil [14]) den Grund für die verhältnissmässig eingehende Berücksichtigung zu finden, welche Cicero in seinen rhetorischen Schriften [15]) dem Gewohnheitsrecht hat zu Theil werden lassen [16]). Die wachsende Ausdehnung der gesetzlichen Normirung auch der privatrechtlichen Verhältnisse während der Kaiserzeit und in noch höherem Masse die Verarbeitung des gesammten positiven Rechtsstoffes in den mit massgebenden Ansehen ausgestatteten Schriften der klassischen Juristen verengten aber mehr und mehr die Sphäre, in welcher das Gewohnheitsrecht überhaupt Geltung behielt oder unmittelbar als solches zur Anwendung kam [17]). Der enorme Umfang und

---

[12]) Eine beachtenswerthe Einsicht in den wahren geschichtlichen Zusammenhang zeigt jedoch Cicero, indem er nicht nur (Partit. orat. cap. 37 § 130) das ius gentium (neben dem mos maiorum) dem ungeschriebenen Recht zuweist, sondern auch (de Invent. II cap. 22 § 67) hervorhebt, dass der Inhalt des prätorischen Ediktes grösstentheils gewohnheitsrechtliche Geltung habe. Nicht klar ist freilich, ob er bei diesem Ausspruche an Aufnahme älterer gewohnheitsrechtlicher Sätze in das Edikt oder an eine erst durch herkömmliche Wiederholung der nämlichen Sätze im Edikt diesen zu Theil gewordenen Sanktion dachte (für die letztere Auslegung Krueger a. a. O. S. 35 Anm. 20, welcher aber irrig Cicero de finibus 2, 22 § 67 citirt).

[13]) Dass für das römische Staatsleben der republikanischen Zeit Sitte und Praxis mehr als eigentliches Gewohnheitsrecht bestanden und bestimmend waren, hat Ihering (Geist des römischen Rechts, 4. Aufl., II 1 S. 274 ff.) treffend ausgeführt.

[14]) Daneben haben, wie sicher anzunehmen ist, griechische Vorbilder eingewirkt.

[15]) Dass er in dieser Hinsicht unter den römischen Rhetorikern seiner Zeit nicht allein stand, ergiebt sich aus der Beachtung, welche der Auctor ad Herennium (II cap. 13) dem Gewohnheitsrecht zugewandt hat.

[16]) Ausführlich sind diese Aeusserungen Cicero's, auf welche noch mehrfach im Einzelnen zurückzukommen sein wird, von Puchta, Gewohnheitsrecht I S. 44—56 gewürdigt.

[17]) Der Ausspruch Quintilian's (De instit. orat. V cap. 10 § 13) „Pleraque in iure non legibus, sed moribus constant“ traf schon zu seiner Zeit für das römische Recht nicht mehr zu.

die verschiedenartige Zusammensetzung des Reiches verhinderten zudem die Bildung neuer gemeiner Gewohnheitsrechte, mit Ausnahme der Beseitigung alter Institute und Rechtssätze durch desuetudo [18]). In den einzelnen abhängigen Theilen des Reiches, besonders in den einzelnen Municipien, bewahrte allerdings das Gewohnheitsrecht fortdauernd, selbst nach der von Caracalla vorgenommenen Verallgemeinerung des römischen Bürgerrechts [19]), eine grössere praktische Bedeutung [20]); aber die römischen Juristen schenkten diesen partikulären Rechtsgestaltungen naturgemäss keine eingehende Beachtung [21]). In der Zeit des absoluten Kaiserthums scheint sich bei dem Gesetzgeber sogar eine dem Gewohnheitsrecht abgeneigte Tendenz geltend gemacht zu haben, als deren Produkt vermuthlich insbesondere die l. 2 C. quae sit longa consuetudo 8, 52 anzusehen ist [22]). Jedoch muss, wie unsere späteren Auseinandersetzungen zeigen sollen, anerkannt werden, dass eine solche Tendenz in dem Gesetzgebungswerke Justinians nur zu einer schwachen und unsicheren Ausprägung gelangt ist [23]).

§ 2.

Bezeichnungen.

Die römischen Bezeichnungen des Gewohnheitsrechts sind mannigfaltige, aber wenig scharfe. Hergenommen sind sie wesentlich von dem **äusseren**, zunächst in die Augen springenden Moment des Gewohnheitsrechts, von der Uebung. Nur theilweise

---

[18]) Vgl. unten § 6 II 3 a.

[19]) Ueber die durch diese Massregel bewirkte Verschiebung in der Stellung des Peregrinenrechts zum römischen Recht s. jetzt besonders **Mitteis**, Reichsrecht und Volksrecht in den östlichen Provinzen des römischen Kaiserreichs, S. 159—165.

[20]) Wie sehr in den östlichen Provinzen des römischen Reiches die Partikularrechte auch gegen den Willen der Kaiser ihre Geltung dauernd bewahrten, hat **Mitteis** in dem eben angeführten Werke gezeigt.

[21]) Immerhin knüpfen ihre in die Pandekten, besonders in den Pandektentitel de legibus, aufgenommenen Erörterungen über das Gewohnheitsrecht grossentheils an municipale consuetudines an (vgl. auch unten § 4 I).

[22]) Unten § 5 II 3 und § 6 II 3 b.

[23]) Unten § 6 II 3 d.

werden die Rechtsquelle und das aus derselben hervorgehende Recht unterschieden[1]).

I. Die hauptsächlichen Ausdrücke der Römer für das, was wir in deutscher Sprache als „Gewohnheitsrecht" zu bezeichnen pflegen, sind „consuetudo" und „mos" oder „mores"[2]). Seltener und weniger technisch gebrauchen sie in diesem Sinne das Wort „usus"[3]). Auch das Wort „observantia" kommt in demselben Sinne vor[4]); ebenso die Ausdrücke „vetustas" und „antiquitas"[5]). Bisweilen begegnet uns aber auch eine auf das innere Entstehungsmoment des Gewohnheitsrechts hinweisende Bezeichnung[6]).

1. Die beiden hauptsächlichen Bezeichungen werden im Ganzen promiscue gebraucht. Charakteristisch für diese Gleich-

---

[1]) Darüber s. unten 3.

[2]) Nachweisungen geben insbesondere Brissonius, De Verborum Significatione, und Dirksen, in seinem Manuale, unter den Wörtern consuetudo und mos.

[3]) So Justinian in § 9 I. de iure nat. 1, 2 und in pr. I. de satisdat. 4, 11. Consuetudo ususque longaevus finden sich verbunden in l. 2 C. Qu. s. l. cons. Vgl. auch Cicero, De oratore I cap. 48 § 212; l. 32 § 1 D. de leg. 1, 3 (ius, quo urbs Roma utitur); l. 37 cod. tit. (inspiciendum est, quo iure civitas . . . usa fuisset) und § 12 J de l. Aquilia 4, 3 (Caput secundum legis Aquiliae in usu non est.) — Isidor (Etym. V, 3) leitet sogar das Wort „consuetudo" von „communis usus" ab (vocatur consuetudo, quia in communi est usu). — Der häufig insbesondere bei Entscheidungen von Kontroversen vorkommende Ausdruck „eo iure utimur" und dgl. bezeichnet an sich nur das praktisch geltende Recht ohne Rücksicht auf dessen Quellen. Insofern aber die betreffenden Rechtssätze auf keine Art des geschriebenen Rechtes zurückgeführt werden, gelangt damit doch die Annahme ihres gewohnheitsrechtlichen Ursprungs zum Ausdruck.

[4]) l. 2 § 24 D. de O. J. 1, 2; l. 1 princ. D. de testam. mil. 29, 1; § 7 J. de satisdat. 4, 11. Vgl. von Savigny, System I S. 98 N. e und über die letztangeführte Stelle unten § 8 III 1.

[5]) Belege aus dem codex Theodosianus giebt Ad. Schmidt, Zur Lehre vom Gewohnheitsrecht S. 10 Anm. 1. Vgl. unten § 3 N. 4.

[6]) Gai Inst. III § 82: . . . eo iure, quod consensu receptum est (wiederholt in pr. J. de adquis. per adrog. 3, 10). Besonders häufig bedient sich Gellius dieser Ausdrucksweise (Noctes Atticae ed. Hertz XI cap. 18 § 4: Eius — des Draco — leges . . . non decreto iussoque, sed tacito inlitteratoque Atheniensium consensu oblitteratae sunt; XII cap. 13 § 5: . . . legum quoque ipsarum iussa consensu tacito obliterantur; XX cap. 10 § 9: . . . institutum est contra XII tabulas tacito consensu. — Vgl. unten § 3 II.

heit der Anwendung ist insbesondere die Ausdrucksweise Julians in l. 32 § 1 D. de leg. 1, 3[7]). Zuweilen finden sich beide Wörter verbunden und zwar dann regelmässig mit Voranstellung des mos resp. der mores[8]). Dies hängt wohl nach einer scharfsinnigen Bemerkung Puchta's[9]) zusammen mit der Unterscheidung, welche bereits Varro zwischen mos und consuetudo annahm, wonach der erstere, welchen er mit dem inneren Moment des Gewohnheitsrechts identificirte, durch die fortgesetzte Uebung zur consuetudo würde[10]). Etwas anders freilich scheint Ulpian unterschieden zu haben, indem er durch die longa consuetudo den tacitus consensus populi zu mores erstarken lässt[11]).

---

[7]) Nachdem im princ. der Stelle das ius, quod moribus et consuetudine inductum est (vgl. die folgende Note), erwähnt ist, heisst es weiter in § 1: Inveterata consuetudo pro lege non immerito custoditur, et hoc est ius, quod dicitur moribus constitutum. — Buhl (Salvius Julianus I S. 143) scheint freilich anzunehmen, dass Julian mit „mores" die Rechtsüberzeugung, mit „consuetudo" die Rechtsübung bezeichne (vgl. für eine derartige Unterscheidung die unten in Nr. 10 und 11 angeführten Aeusserungen Varro's und Ulpian's); jedoch ist diese Annahme m. E. mit den vorstehend citirten Worten des § 1 nicht vereinbar.

[8]) So Cicero, de Re Publ. II cap. 38 § 64 und de Officiis I cap. 41 § 148; Ateius Capito bei Festus s. v. reus; l. 32 pr. D. de leg. 1, 3; l. 7 pr. D. de off. proc. et leg. 1, 16; l. 31 § 20 D. de aedil. edicto 21, 1; l. 32 § 6 D. de adm. et per. tut. 26, 7 (morem hunc et consuetudinem semper observatam). Dagegen in dem Edictum censorum a. 662 ab u. c. (Bruns, Fontes ed. 6ta I pag. 230) steht consuetudo voran (secundum consuetudinem ac morem maiorum).

[9]) Gewohnheitsrecht I S. 94 N. 3.

[10]) Varro bei Servius in Vergilium (Bruns Fontes II pag. 79): vult morem esse communem consensum omnium simul inhabitantium, qui inveteratus consuetudinem facit. Aehnlich derselbe bei Macrobius (Saturnal. III cap. 8): Morem dicit esse in iudicio animi, quem sequi debeat consuetudo. Zu vgl. auch Macrobius l. c.: . . . mos ergo praecessit et cultus moris secutus est, quod est consuetudo; Arnobius adv. gentes II cap. 21: Fiet enim familiaris e more consuetudo in naturam versa. — Diese Unterscheidung entspricht wohl auch insofern der ursprünglichen Bedeutung der beiden Wörter, als mos zunächst ein (gleichmässiges) Verhalten, consuetudo dagegen die aus einem solchen Verhalten hervorgehende Gewöhnung bezeichnet (suēre, suescere sind abzuleiten von dem reflexiven Pronomen der dritten Person; s. Vaniček, Griechisch-lateinisches etymologisches Wörterbuch, Leipzig 1877, S. 1037). Dagegen erscheint die Identificirung des mos mit dem consensus als willkürlich.

[11]) Ulpian lib. sing. reg. Praef. § 4: Mores sunt tacitus consensus

2. Beide Hauptbezeichnungen weisen zunächst hin auf ein fortgesetzt gleichmässiges äusseres Verhalten. Diese Beziehung wird in der römischen Terminologie regelmässig noch stärker hervorgehoben durch Zufügung eines Beiwortes, welche die längere Dauer, resp. das Alter, der Uebung hervorhebt [12]).

3. Die Ausdrücke „mos" oder „mores" und „consuetudo" bezeichnen sowohl die Rechtsquelle, die Gewohnheit als Entstehungsursache von (nicht auf ausdrücklicher Satzung beruhenden) Rechtssätzen, wie die Erzeugnisse dieser Rechtsquelle, die in dieser besonderen Weise entstandenen Rechtssätze.

Die erstere Bedeutung tritt besonders deutlich hervor in den Quellenstellen, welche Rechtssätze als consuetudine oder moribus oder moribus et consuetudine eingeführt resp. bewährt (inducta, introducta, constituta, optenta, recepta, comprobata, firmata, stabilita u. s. w.) bezeichnen [13]). Aber wenn diese Stellen in ihrer Ausdrucksweise die Rechtsquelle und deren Produkte unterscheiden, so finden sich andrerseits auch manche Stellen, in denen die Wörter „mos" resp. „mores" oder „consuetudo" sich auf die Rechtssätze selbst beziehen. Letzteres ist besonders dann anzunehmen, wenn die consuetudo oder der mos resp. die mores in Parallele gestellt sind mit dem Gesetzesrecht (lex resp. ius in dieser Bedeutung) [14]).

---

populi, longa consuetudine inveteratus. Damit übereinstimmend Isidorus, Etym. V 3, 2 (Bruns Fontes II pag. 83): Mos est vetustate probata consuetudo.

[12]) S. unten § 3 I insbesondere N. 4.

[13]) l. 32 pr. und § 1 D. h. t. (id . . . quod moribus et consuetudine inductum est und ius quod dicitur moribus constitutum); l. 35, 39, 40 eod. t.; l. 8 D. de ritu nupt. 23, 2; l. 1 D. de donat. i. v. et u. 24, 1; l. 11 C. de leg. 1, 14 u. s. w. Das gesammte Recht gewohnheitsrechtlichen Ursprungs wird kurz als „consuetudine ius" bezeichnet vom Auctor ad Herennium II cap. 13 § 19 und von Cicero de Inv. II cap. 56 § 162 (ebendaselbst cap. 22 § 67 heisst es: consuetudinis ius). Von einer „lex consuetudinis" spricht l. 1 C. de exp. publ. lud. 11, 42 (41); vgl. l. 1 C. Ne fidei. 5, 20: Sive ex iure sive ex consuetudine lex proficiscitur. Vgl. unten § 3 I 2.

[14]) So wird in l. 32 § 1 D. h. t. von der „inveterata consuetudo", die mit dem „ius quod dicitur moribus constitutum" identificirt wird, gesagt, dass sie „pro lege custoditur". Ebenso heisst es in l. 33 eod. t.: Diuturna consuetudo pro iure et lege . . . observari solet. Abweichend meint Puchta, Gewohnheitsrecht I S. 82—83, dass der Jurist in dieser Stelle nur von der consuetudo

II. Die Ausdrücke „consuetudo" und „mos" resp. „mores" haben aber auch in der Rechtssprache der Römer nicht lediglich auf das Gewohnheitsrecht Bezug, sondern kommen häufig auch in den Schriften der Juristen sowie in den kaiserlichen Erlassen in anderen Bedeutungen vor. Hierdurch entsteht wenigstens für uns vielfach eine Schwierigkeit bezw. Unsicherheit in der Auslegung der betreffenden Quellenstellen.

1. Consuetudo heisst auch bei den Juristen nicht nur die Uebung einer — natürlichen oder rechtlichen — Gemeinschaft, sondern ebenso das gewohnheitsmässige Verhalten eines Einzelnen z. B. eines pater familias[15]). So kann das Wort sich insbesondere auch beziehen auf die fortgesetzte Ausübung eines subjektiven Rechts resp. auf das fortgesetzte Verhalten der Parteien in einem konkreten Rechtsverhältniss[16]). Ferner aber bezeichnet das Wort, wenn auf eine Gemeinschaft bezüglich, doch nicht immer eine rechtliche Gewohnheit oder das daraus hervorgehende resp. zu erkennende objektive Recht, sondern zuweilen eine unter den Mitgliedern einer Gemeinschaft bestehende thatsächliche Uebung ohne rechtsverbindlichen Charakter[17]).

---

als der äusseren Erscheinung des Gewohnheitsrechtes spreche, was aber zum Ausdruck „observari" garnicht passt. Auf das Gewohnheitsrecht als Rechtssatz bezieht sich auch der Ausdruck „moris est" oder „moris fuit" (l. 2 D. de sponsal. 23, 1; l. 9 pr. D. de poenis 48, 19; l. 3 C. de iure rei publ. 11, 30). Vgl. auch Festus de Verborum signif. s. v. mos (Bruns, Fontes II pag. 14): Mos est institutum patrium, und Isidorus, Etym. V 3 (Bruns II pag. 83): Mos est . . . lex non scripta . . . Consuetudo est ius quoddam moribus institutum, quod pro lege suscipitur, cum deficit lex.

[15]) l. 21 § 1 D. qui testam. f. p. 28, 1; l. 50 § 3 D de legatis I; l. 75 D. de legatis III. — „Consuetudinem domini" erwähnt l. 3 § 3 D. de in rem verso 15, 3 (ebenso ist auch die consuetudo domus in l. 23 § 1 D. de pecul. leg. 33, 8 aufzufassen). Die verbrecherische Gewohnheit des Einzelnen wird als consuetudo bezeichnet in l. 3 in f. C. de episc. audientia 1, 4.

[16]) l. 1 § ult. D. de aqua et aq. pluv. arc. 39, 3; l. 1 C. de servit. 3, 34; l. 18 C. de locat. et cond. 4, 65; l. 5 C. de agric. cens. 11, 48; hierher gehört wohl auch l. 13 § 1 D. comm. praed. 8, 4; ebenso vielleicht l. 20 pr. de serv. pr. urb. 8, 2. Vgl. über consuetudo in dieser Bedeutung Puchta, Gewohnheitsrecht I S. 95 Nr. 4, II S. 114 ff.; Regelsberger, Pandekten I S. 99—100. — In l. 1 § 19 (l. 2 § 8) C. de off. praef. praet. Afr. 1, 27 scheint das Wort „consuetudo" sogar schon die in den Quellen aus dem fränkischen Reich häufige Bedeutung „Abgabe" zu haben.

[17]) Insbesondere kann nur diese Bedeutung der consuetudo regionis zu-

2. Die Bezeichnung „mos“ oder „mores“, im juristischen Sprachgebrauch ganz überwiegend auf eine Gemeinschaft von Menschen bezogen[18]), umfasst neben einander die Sitte resp. den thatsächlichen Brauch[19]), die Sittlichkeit und das Gewohnheitsrecht. Die zwischen diesen drei, ursprünglich bei den Römern wie bei anderen Völkern ungetrennten Gebieten später eingetretene Scheidung hat in der lateinischen Sprache keine Ausprägung erhalten[20]). Die Sittlichkeit (in ihrer nationalrömischen Auffassung) pflegt allerdings näher als „boni mores“ prädicirt zu werden; dagegen gebrauchen auch die Juristen die Bezeichnung „mos“ oder „mores“ ohne Zusatz für das von den Gliedern einer Gemeinschaft regelmässig beobachtete nur **thatsächliche** Verhalten. Immerhin ist zu bemerken, dass für den Geschäftsgebrauch und den Gerichtsgebrauch ohne rechtlich bindenden Charakter zwar häufig der Singular „mos“ [21]), nirgends

---

kommen, sofern dieselbe, wie in den drei ersten oben N. 15 angeführten Stellen, neben der consuetudo patris familias genannt wird. Vgl. über diese und andere Stellen, in denen das Wort consuetudo nur „im natürlichen Sinne“ gebraucht ist: Puchta, Gewohnheitsrecht I S. 76 N. 5, welcher aber wohl mit Unrecht hierher auch l. 6 D. de evictione 21, 2 rechnet (vgl. über diese Stelle unten § 4 II).

[18]) Eine Ausnahme bildet die deductio propter mores (der Frau) bei der actio rei uxoriae sowie das iudicium de moribus. — Vgl. auch l. 12 § 3 D. de adm. et per. tut. 26, 7: Cum tutor non rebus dumtaxat, sed etiam moribus pupilli praeponatur.

[19]) Ueber das gegenseitige Verhältniss von „Sitte“ und „Brauch“ vgl. Wundt, Ethik, 2. Aufl., S. 128 ff.

[20]) Ihering, Zweck im Recht (1. Aufl.), I S. 25.

[21]) So bedeutet der mos regionis in l. 34 D. de R. J. nur einen in der Gegend bestehenden Geschäftsgebrauch, welcher im vorausgehenden Satze deutlicher mit den Worten „id quod in regione frequentatur“, bezeichnet ist. Ebenso werden in l. 7 § 10 D. de adm. et per. tut. 26, 7 unter den „secundum morem provinciae“ zu prästirenden Zinsen nur Zinsen in Höhe der in der Provinz thatsächlich gewöhnlich bedungenen zu verstehen sein, wie aus den Worten „aut si quae aliae leviores in provincia frequentantur“ hervorgeht. Auch in l. 1 pr. D. de usuris 22, 1 bedeutet der mos regionis nur den in der Gegend thatsächlich üblichen vertragsmässigen Zinsfuss (siehe unten § 6 N. 51). Auch der allgemeine Ausspruch Ulpian's in l. 31 § 20 D. de aedil. ed. 21, 1: ea . . ., quae sunt moris et consuetudinis, in bonae fidei iudiciis debent venire, kann wegen der Beschränkung auf bonae fidei iudicia nur den Geschäftsgebrauch, welchem die Parteien vermuthlich sich anschliessen wollten,

aber m. W. der Plural „mores" vorkommt, und dass letzterer überhaupt nur sehr vereinzelt ein blos thatsächliches Verhalten der Mitglieder einer Gemeinschaft zu bezeichnen scheint [22]).

§ 3.

Entstehungsmomente.

Das Gewohnheitsrecht geht nach römischer Anschauung hervor aus zwei Momenten, einem äusseren und einem inneren; es beruht auf einer Verbindung von consuetudo und consensus.

I. Die consuetudo ist eine längere Zeit hindurch fortgesetzte, gleichmässige Uebung eines Rechtssatzes. Sie hat nicht nur die Bedeutung einer Erscheinungsform, sondern wird betrachtet als ein nothwendiger Faktor für die Bildung eines Gewohnheitsrechts.

1. Dass die Römer auch in der Theorie des Gewohnheitsrechts, ihrem allgemeinen Sprachgebrauch gemäss, unter der consuetudo (resp. den dafür angewandten synonymen Ausdrücken) eine zeitliche Wiederholung gleichmässiger Handlungen verstanden haben, ist nicht zu bezweifeln. Das Erforderniss der praktischen Uebung des Rechtssatzes tritt besonders hervor in den Aussprüchen, welche auf ein „uti" Gewicht legen [1]). Dass eine Wiederholung der Handlung in einer Mehrzahl von Fällen erforderlich ist, ersehen wir besonders aus l. 37 D. de leg. 1, 3 [1a]);

---

im Auge haben. In sehr zahlreichen Stellen ferner bezeichnet der Ausdruck „mos iudicii" oder „mos solitus" einen Gerichtsgebrauch ohne Rücksicht auf dessen rechtliche Qualification (siehe darüber unten § 8 II). Andrerseits wird auch der Singular „mos" häufig in den Quellen zur Bezeichnung eines Gewohnheitsrechtes gebraucht (so z. B. in Paul. Sent. V 4 § 6: Aut lege aut more aut mixto iure; l. 12 § 1 D. de indic. 5, 1 — § 2 ibidem gebraucht in demselben Sinne den Plural —; l. 2 D. de sponsal. 23, 1; l. 8 D. de acquir. vel omitt. hered. 29, 2; l. 9 pr. D. de extraord. crim 47, 11; l. 214 D. de V. S.; l. 18 C. de testam. 6, 23; l. 3 C. de iure rei publ. 11, 30).

[22]) So sind unter den mores civitatis in l. 7 § 1 D. de supellect. leg. 33, 10 die Sitten des römischen Volkes zu verstehen.

[1]) Vgl. die in N. 3 zu § 2 angeführten Stellen.

[1a]) Der Auctor ad Herenn. II cap. 13 § 19 definirt sogar das Gewohnheitsrecht als: ius quod sine lege . . . usitatum est.

einige Quellenstellen erheischen sogar Häufigkeit der Uebung in der betreffenden Art von Angelegenheiten [2]. Auf die Regelmässigkeit der Handlungsweise weist besonders das Beiwort „perpetuus" hin [3]). Vor allem aber finden wir in den Quellen überaus zahlreiche Aeusserungen, welche allgemein fordern oder in Bezug auf ein konkretes Gewohnheitsrecht hervorheben, dass die Uebung lange Zeit hindurch gedauert habe bezw. alten Ursprungs sei [4]). Demgemäss haben auch die Kaiser Leo und

[2]) l. 3 § 6 D. de testibus 22, 5 (saepe); l. 3 C. de aedif. priv. 8, 10 und l. 1 C. Qu. s. l. cons. (frequenter). — Dass überhaupt im römischen Recht Häufigkeit der Uebung als erforderlich für ein Gewohnheitsrecht angesehen worden sei, darf man aus diesen Stellen nicht folgern. Die beiden erstgenannten setzen voraus, dass Fälle der Art, von welcher sie handeln, oft sich ereignen, und die letztangeführte Stelle ist derselben Constitution wie l. 3 C. 8, 10 entnommen und wiederholt in dem hier in Betracht kommenden Satze nur den Schlusssatz der l. 3 cit.

[3]) Perpetua consuetudo (l. 6 pr. D. quod cui. univ. nom. 3, 4) bedeutet nicht eine immerwährende, sondern eine gleichmässige Uebung. Dieselbe Bedeutung hat das Adverb „perpetuo" in l. 38 D. de leg. 1, 3 (rerum perpetuo similiter iudicatarum auctoritatem). In dem gleichen Sinne heisst die consuetudo „tenaciter servata" (l. 3 C. Qu. s. l. cons.) und „iugiter observata" (l. 3 pr. C. de priv schol. 12, 29). Wenn l. 34 D. de R. I. das Vorhandensein eines zu berücksichtigenden mos regionis für den Fall, dass derselbe „varius" gewesen sei, verneint, so bezieht sich dies allerdings auf einen nicht gewohnheitsrechtlichen Gebrauch (oben § 2 N. 21), wird aber analog auch auf die gewohnheitsrechtliche Uebung anzuwenden sein. Nur von Handlungen, welche einem bestehenden Gewohnheitsrecht widersprechen und nicht zur Wiederaufhebung desselben genügen, sprechen l. 9 § 6 D. de publ. et vectig. 39, 4, (cll. l. 4 § 2 eod. tit.) und l. 19 C. de loc. et cond. 4, 65.

[4]) Die hierher gehörigen Ausdrücke sind höchst mannigfaltige. Longa consuetudo: Reskript Traian's bei Plinius Epist. ad Traianum, ep. 115; Ulpiani lib. sing. reg. praef. § 4; rubr. tit. und l. 35 D. 1, 3; l. 11 D. de decurion. 50, 11; rubr. tit. Cod. Theod. 5, 12; rubr. tit. und l. 1 C. 8, 52 (53). Usus longaevus: l. 2 C. eod. tit Vetus consuetudo: l. 131 C. Theod. de decurion. 12, 1; l. un. C. de exp. publ lud. 11, 42 (in l. 13 § 1 D. de pollicit. 50, 12 bezieht sich derselbe Ausdruck wohl nicht auf ein Gewohnheitsrecht). Mos vetus: l. 12 Cod. Theod. de iure fisci 10, 1. Inveterata consuetudo: l 32 § 1 D. h. t. (vgl. die in N. 10 zu § 2 citirte Stelle aus Varro bei Servius sowie Ulpian l. c.) Inveteratus usus: l. 11 C. de leg. 1, 14. Vetusta consuetudo: l. 68 Cod. Theod. de decurion. 12, 1. Consuetudo vetustissima: l. 3 pr. C. de priv. schol. 12, 29. Mos (ritus) vetustatis: l. 18 C. Theod. de exact. 11, 7. Mos fidelissimae vetustatis: l. 18 Cod. de testam. 6, 23. Vetustas: Cicero de Jnvent. II cap. 54 § 162; l. 15 C. Theod. de exact. 11, 7 (vetustati et con-

Zeno bestimmt, dass, wenn der Richter zweifelhaft sei, ob die Uebung hinreichend alt sei, um Recht festzustellen, die kaiserliche Entscheidung einzuholen sei[5]). Eine nähere Bestimmung der Zahl der erforderlichen Fälle oder der erforderlichen Zeitdauer hat aber das römische Recht durchaus nicht gegeben[6]). Insbesondere darf man schon wegen der grossen Mannigfaltigkeit der in Bezug auf die Dauer der consuetudo gebrauchten Ausdrücke nicht annehmen, dass die gelegentliche Anwendung von Bezeichnungen resp. Prädikaten, denen hinsichtlich der Verjährung oder der unvordenklichen Zeit eine mehr oder weniger technische Bedeutung zukam[7]), auf die gewohnheitsrechtliche Uebung eine Analogie in Betreff der Zeitdauer bedeuten solle[8]).

2. Die Einsicht, dass das Gewohnheitsrecht in der — mit den erforderlichen Eigenschaften ausgestatteten — Uebung sich manifestire und daher aus dieser zu erkennen sei, haben selbstverständlich auch die Römer gehabt, und mehrfach geben ihre

---

suetudini); l. 45 C. Theod. de episc. 16, 2 (cf. l. 1 C. Theod. de lucris 8, 9: ut vetusta aetate servatum est). Mos vetus et consuetudo antiqua: Ateius Capito bei Festus s. v. reus; ebenso l. 166 C. Theod. de decurion. 12, 1. Antiqua consuetudo: l. 31 § 2 C. de testam. 6, 23. Antiquitus probata consuetudo: l. 3 C. h. t. Antiquitas: l. 1 C. Theod. de spectac. 15, 5. Prisca consuetudo: l. 18 C. Theod. de exact. 11, 7. Mos priscus: l. 2 C. Theod. de itin. mun. 15, 3. Prisca et inveterata consuetudo: l. 4 C. de can. larg. titul. 10, 23. *Ἀρχαῖον ἔθος* Nov. 106 Prooem. (vgl. cap. 1 ibidem: *ἐν μακροῖς πολιτευόμενον χρόνοις καὶ κρατῆσαν*). — Die häufige Zurückführung von Rechtssätzen auf mos maiorum (Z. B. Cicero Partit. orat. cap. 37 § 130 und de Legibus II cap. 10 § 23; l. 11 D. de I. et I. 1, 1; l. 1 § 1 D. de off. eius cui mand. 1, 21; l. 5 D. de iurisd. 2, 1; l. 26 § 2 D. ex quib. c. mai. 4, 6; l. 9 pr. D. de leg. Pomp. 48, 9) hat zugleich die Bedeutung einer rechtsgeschichtlichen Notiz, dass man über den Ursprung des seit uralter Zeit geübten Satzes nichts wisse.

5) l. 11 C. de leg. 1, 14 (vgl. unten N. 13).

6) l. 35 D. h. t. erklärt freilich die Worte „ea quae longa consuetudine comprobata“ sunt näher durch den Zusatz: ac per annos plurimos observata; aber eine bestimmte Zahl von Jahren ist damit nicht vorgeschrieben.

7) Longum tempus; vetustas (vgl. über vetustas im Sinne von unvordenklicher Zeit Windscheid Lehrb. § 113 N. 1).

8) Im Wesentlichen bemerkt schon dasselbe Kloetzer, Revision der Theorie vom Gewohnheitsrecht, Jena 1813, S. 139.

juristischen Quellen derselben Ausdruck [9]). Daneben aber heben sie eine andere und tiefere Bedeutung der consuetudo hervor. Die consuetudo ist nach Anschauung der Römer ein wesentlicher Faktor für die Entstehung der Sätze des ungeschriebenen Rechts. Wie schon oben (§ 2 I 3) erwähnt wurde, bezeichnen die Quellen vielfach die Sätze des Gewohnheitsrechts als durch die gewohnheitsmässige Uebung eingeführt oder bewährt. Besonders kommen hier solche Aussprüche in Betracht, welche von dem Gewohnheitsrecht im Allgemeinen handeln. So nennt Julian das Gewohnheitsrecht „moribus et consuetudine inductum" oder „moribus constitutum" und vergleicht die Bedeutung der Uebung für die Entstehung desselben mit der Bedeutung der Abstimmung des Volkes für die Gesetzgebung [10]). Hermogenian bezeichnet die Sätze des Gewohnheitsrechts als „longa consuetudine comprobata" [11]); ebenso sagt Justinian: ex non scripto ius venit, quod usus comprobavit [12]). Modestinus spricht von dem ius, quod firmavit consuetudo [13]). Auch Ulpian, indem er die mores als tacitus consensus populi longa consuetudine inveteratus definirt [14]), legt jedenfalls der consuetudo eine weitergehende Bedeutung als die eines blossen Erkenntnissmittels für den consensus bei. Freilich werden wir wohl aus der Verschiedenheit der im Vorstehenden angeführten Wendungen entnehmen dürfen, dass die römischen Juristen sich wenig klar

---

[9]) l. 37 D. h. t.; l 1 und 3 C. h. t. Ueber die nicht hierher gehörige l. 34 D. h. t. siehe unten § 7 I 2a.

[10]) l 32 pr. und § 1 D. h. t.

[11]) l. 35 D. h. t.

[12]) § 9 I. de iure nat. 1, 2. — Wenn Paulus in l. 36 D h. t. das Gewohnheitsrecht als das ius bezeichnet, „quod in tantum probatum est, ut non fuerit necesse scripto id comprehendere", so braucht das Wort probatum sich hier nicht gerade oder wenigstens nicht ausschliesslich auf die Wirksamkeit der consuetudo zu beziehen; wird doch in der eben citirten Institutionenstelle das Wort „comprobare" zuerst von der Einwirkung des usus und dann von der des consensus gebraucht. (Vgl. auch l. 32 § 1 D. h. t.: ea, quae sine ullo scripto populus probavit.)

[13]) l. 40 D. h. t. — Aehnlich bezeichnen die Kaiser Leo und Zeno in der l. 11 C. de leg. 1, 14 das noch im Werden begriffene Gewohnheitsrecht als novum ius, quod inveterato usu non adhuc stabilitum est.

[14]) Ulpian lib. sing. reg. Praef. § 4.

oder untereinander nicht einig darüber waren, welche Art und welches Mass der Wirksamkeit bei der Bildung von Gewohnheitsrecht der consuetudo zuzuschreiben sei [15]).

II. Jedenfalls liegt der gewohnheitsrechtlichen Uebung nach römischer Anschauung ein inneres Moment zu Grunde [16]). Dieses wird schon von Varro, dann von Gellius, Gaius und Ulpian, sowie in Justinians Institutionen „consensus" genannt [17]) [18]). Mit diesem Ausdrucke kann an sich sowohl eine unwillkürliche Uebereinstimmung der Anschauungen resp. Ueberzeugungen als ein gemeinsamer Wille resp. Willensakt bezeichnet werden [19]).

---

[15]) Zu einseitig betrachtet B. W. Leist, Graeco-italische Rechtsgeschichte S. 624 ff. die erfahrungsmässige Erprobung von Rechtssätzen als die Bedeutung der consuetudo und als die Grundlage des Gewohnheitsrechts nach Anschauung der Römer.

[16]) Dass die wiederholte Uebung allein zur Begründung eines Rechtssatzes nach Ansicht der römischen Juristen nicht ausreichte, können wir auch aus l. 13 § ult. D. de iniur. 47, 10 entnehmen.

[17]) Varro bei Servius in Vergilium (siehe oben § 2 N. 10); Gellius Noctes Att. XI cap. 18 § 4, XII cap 13 § 5, XX cap. 10 § 9 (oben § 2 N. 6); Gai Inst. III § 82; Ulpian l. c.; § 9 I de iure natur. 1, 2 und pr. I. de adquis. per adrog. 3, 10. Vgl. auch die unten § 6 N. 45 angeführte Aeusserung des jüngeren Plinius. — Modestin freilich in seiner eigenthümlichen Klassifikation der Entstehungsgründe des Rechtes (l. 40 D. h. t.) unterscheidet das Recht, welches „consensus fecit", von dem, welches „consuetudo confirmavit" (über eine ähnliche Unterscheidung bei Cicero Part. orat. c. 37 siehe unten N. 30). Dem consensus der römischen Schriftsteller in der Lehre vom Gewohnheitsrecht entspricht die „γνώμη κοινή" in der Definition des ἔθος bei Dio Chrysostomus (ed. Dindorf), Oratio 76.

[18]) Aehnlich führen auch die römischen Rhetoren und Grammatiker die consuetudo loquendi (den Sprachgebrauch) auf einen consensus resp. eine consensio zurück: s. z. B. Quintilian in seiner Institutio oratoria lib. I cap. 6 § 43 und Charisius (Grammatici latini ex recens. Keilii vol. I pag. 51). Unmittelbar hebt diese Uebereinstimmung zwischen Aenderungen des Sprachgebrauchs, die omnium pluriumve consensu stattfinden, und dem consensu tacito eintretenden Erlöschen der Geltung von Gesetzesbestimmungen Sulpicius Apollinaris bei Gellius N. Att. XII cap. 13 § 5 hervor.

[19]) Einen Beleg für die erstere Bedeutung des Wortes „consensus" giebt Cicero Tuscul. Quaest. I cap. 15 § 35; für die letztere Ulpian in l. 1 §§ 2 und 3 D. de pactis 2, 14. In seiner Schrift de Amicitia cap. 4 § 15 stellt Cicero „voluntatum" und „sententiarum" consensio neben einander. Insoweit ist auch die Behauptung v. Savigny's System I S. 147, consensus

In dem ersteren Sinne hat Quintilian das innere Bildungsmoment des Gewohnheitsrechts aufgefasst, da er dasselbe als „persuasio“ (civitatis aut gentis) bezeichnet[20]). In einer Reihe von Stellen des Corpus iuris civilis dagegen — und ebenso schon bei Cicero[21]) — finden wir eine Begründung des Gewohnheitsrechts durch den Willen. Dabei wird aber bald der übereinstimmende Wille der (aller) Einzelnen, bald ein Gesammtwille, ohne dass eine Unterscheidung beider ersichtlich wäre, als Schöpfer des Gewohnheitsrechts hingestellt. Da die römischen Juristen überhaupt in der Lehre von den juristischen Personen nicht zu einer durchgreifenden Scheidung zwischen Einheit und Vielheit gelangt sind und demgemäss die gesetzgeberische Bethätigung eines Gesammtwillens mit der im Vertrage stattfindenden Einigung mehrerer Einzelwillen zusammenwarfen[22]), so ist es leicht begreiflich, dass uns in ihren Aeusserungen über die Entstehung des Gewohnheitsrechts eine ähnliche Vermischung entgegentritt[23]). Julian gründet die gesetzesähnliche Verbindlichkeit des Gewohnheitsrechts zunächst auf die Erwägung, dass es keinen Unterschied machen könne,

---

sei (doch wohl nur in den hier zur Erörterung stehenden Stellen?) „nicht ein willkürlicher Entschluss, der ebenso gut auch in entgegengesetzter Richtung gedacht werden könnte, sondern die aus innerer Nothwendigkeit übereinstimmende Gesinnung“ nicht ohne weiteres von der Hand zu weisen.

[20]) Quintilian l. c. lib. V cap. 10 § 13. Den Bestimmungen der Gesetze reiht er hier in Bezug auf die Gewissheit an „quae persuasione etiamsi non omnium hominum, eius tamen civitatis aut gentis, in qua res agitur, in mores recepta sunt“. Es ist sehr merkwürdig, dass keiner von den modernen Vertretern der „Ueberzeugungstheorie“, — nicht einmal diejenigen, welche, wie Puchta und v. Savigny, dieselbe schon den römischen Juristen zuschreiben — sich für dieselbe auf diese Aeusserung Quintilian's berufen hat. Zweifelhaft dünkt mich, ob Varro die nämliche Anschauung ausdrücken wollte, wenn er sagte, dass der mos in iudicio animi sei (oben § 2 N. 10). Iudicium heisst auch der Willensentschluss, wie ja Julian in l. 32 § 1 D. h. t. den Volksbeschluss, welcher den Gesetzen verbindliche Kraft verleiht, als iudicium populi bezeichnet.

[21]) Unten N. 30.

[22]) Papinian in l. 1 D. h. t. (vgl. Marcian's Citat aus Demosthenes in l. 2 eodem tit.).

[23]) Vgl. die treffenden Bemerkungen Gierke's, Das deutsche Genossenschaftsrecht, Bd. III S. 43—44.

ob das Volk seinen Willen ausdrücklich durch Abstimmung oder stillschweigend durch Uebungshandlungen erkläre; dann aber zieht er hieraus die Folgerung, dass die Gesetze nicht nur durch ausdrückliche Willenserklärung des Gesetzgebers, sondern auch durch den stillschweigenden Consens aller auf dem Wege der desuetudo aufgehoben werden können [24]); er identificirt also stillschweigende Aeusserung des Volkswillens und stillschweigende Willenseinigung aller Glieder des Volkes. Der ersteren Ansicht giebt Ulpian Ausdruck, indem er die mores auf tacitus consensus populi zurückführt [25]). Die letztere Auffassung des consensus aber tritt hervor in dem Ausspruche Hermogenian's, dass die lange geübten Rechtssätze „velut tacita civium conventio" die gleiche Geltung haben, wie das geschriebene Recht [26]). In den Justinianischen Institutionen [27]) finden wir wiederum beide Auffassungen vereint: nachdem zuerst die gesetzesähnliche Geltung des lange Zeit hindurch (als Recht) Geübten auf dessen Billigung durch den consensus utentium [28]) gegründet ist, wird dann als Aufhebungsgrund bestehenden positiven Rechts neben neuen Gesetzen der tacitus consensus populi genannt [29]) [30]).

§ 4.

Entstehungs- und Geltungskreise.

Wenn auch die römischen Juristen wenigstens theilweise

---

[24]) l. 32 § 1 D. h. t.

[25]) Ulpian lib. sing. reg. Praef. § 4.

[26]) l. 35 D. h. t.

[27]) § 9 und § 11 I. 1, 2.

[28]) Es ist kaum wahrscheinlich, dass hier (§ 9 cit.) die utentes in einen Gegensatz zu den nicht den Satz übenden Gliedern der Gemeinschaft gestellt werden sollen; vielmehr sind die utentes wohl gleich den „omnes" Julian's.

[29]) § 11 I. cit.

[30]) Auf den Willen aller Einzelnen führt auch Cicero de Invent. II cap. 22 § 67 (consuetudinis autem ius putatur id quod voluntate omnium sine lege vetustas comprobavit) die Geltung des Gewohnheitsrechtes zurück Damit steht nicht im Widerspruch, wenn er ibidem cap. 54 § 162 das innere Moment als „vulgi approbatio" bezeichnet. In den Part. orat. cap 37 § 130 aber scheint er das (national-römische?) Gewohnheitsrecht von dem auf Consens resp. stillschweigendem Uebereinkommen beruhenden Recht (ius gentium?) zu unterscheiden.

den consensus der (sämmtlichen) Einzelnen als wesentliches Entstehungsmoment des Gewohnheitsrechts betrachteten, so scheint doch bei ihnen darüber, dass jedes Gewohnheitsrecht aus einer menschlichen Gemeinschaft entspringe und eben für deren Mitglieder verbindlich sei, kein Zweifel obgewaltet zu haben [1]).

Als Bildungs- resp. Geltungskreise von gewohnheitsrechtlichen Sätzen erwähnen die römischen Rechtsquellen weitere und engere politische Gemeinschaften, welche zugleich den — mehr oder weniger ausgeprägten — Charakter von Gemeinwesen hatten. Daneben aber scheinen sie auch die natürliche Gemeinschaft des räumlichen Zusammenwohnens als Entstehungs- resp. Geltungsstätte von Gewohnheitsrecht anzuerkennen.

I. Wie die Römer überhaupt das besondere — geschriebene und ungeschriebene — Recht der einzelnen Staatsvölker (populi, civitates) als ein Produkt der betreffenden staatlichen Gemeinschaft betrachteten [2]), so finden wir in mehreren Stellen der Pandekten eine Zurückführung bestimmter gewohnheitsrechtlicher Normen des römischen Rechts auf die mores (resp. den mos) civitatis (nostrae) [3]). Weniger deutlich allerdings tritt bei

---

[1]) Dass die Einzelnen, deren übereinstimmender consensus für ein Gewohnheitsrecht verlangt ward, doch als Glieder einer Gemeinschaft gedacht wurden, ergiebt sich besonders aus den Worten der l. 35 D. h. t.: velut tacita civium conventio.

[2]) Gai Inst. I, 1 = § 1 I. de iure nat. 1, 2 (vgl. auch § 11 ibid.) und l. 9 D. de iust. et iure 1, 1. Damit steht im Einklang, dass Quintilian Inst. orat. V 10 § 13 (siehe Note 20 zu § 3) das Gewohnheitsrecht auf die persuasio der einzelnen civitas aut gens (d. h. wohl des einzelnen Staatsvolkes, mag dasselbe städtisch organisirt sein oder nicht) zurückführt. Die Ansicht, dass alles römische Gewohnheitsrecht Werk des römischen populus sei, bekunden auch die in den Noten 24 und 25 zum vorigen § angeführten Stellen. Ebenso verweist Paulus in l. 37 D. h. t. für die gewohnheitsrechtliche Auslegung von Gesetzen auf die bisherige Uebung der civitas, d. h. doch wohl des römischen Volkes.

[3]) l. 8 D. de acquir. vel omitt. hered. 29, 2 (more nostrae civitatis); l. 34 § 1 D. de contr. empt. 18, 1 (natura vel gentium ius vel mores civitatis. Unter den letzteren können nach dem Zusammenhange der Stelle nur die specifisch römischen mores verstanden werden); l. 42 D. de V. S. (civiliter et quasi more civitatis. Auch hier ist das folgende Beispiel — tutelae damnari hoc non natura probrum est, sed more civitatis — dem besonderen Recht der Römer entnommen).

municipalen Gewohnheitsrechten die Auffassung, dass dieselben Ausfluss der municipalen Gemeinschaft seien, hervor; jedoch sind die Aeusserungen der römischen Juristen, in denen neben einer lex municipii (resp. civitatis in diesem Sinne) gewohnheitsrechtliche Uebung als Quelle eines besonderen Rechtssatzes genannt wird[4]), sicherlich in diesem Sinne zu verstehen, und auch die consuetudo civitatis in l. 34 D. h. t. wird ein Gewohnheitsrecht zugleich municipalen Ursprungs und municipaler Geltung bezeichnen[5]). Dieser Annahme entspricht durchaus, dass Julian das besondere in der Stadt Rom geltende Gewohnheitsrecht „ius, quo urbs Roma utitur“ nennt[6]), und, ebenso Justinian das in Konstantinopel beobachtete als observantia dieser regia urbs bezeichnet[7]). Mit der consuetudo civitatis zusammen erwähnt Ulpian in l. 34 D. h. t. die consuetudo provinciae, welche er also ohne jeden Zweifel in analogem Sinne aufgefasst hat. Von einem „mos provinciae“ spricht l. 101 C.

---

[4]) l. 6 pr. D. qu. cui. univ. nom. 3, 4 (lex municipii vel perpetua consuetudo); l. 25 D. ad municip. 50, 1 (lege municipali — moribus); l. 1 § 2 D. de mun. et hon. 50, 4 (pro lege cuiusque civitatis et consuetudine longa, wie Mommsen verbessert) und l. 18 § 27 eod. tit. (ex lege civitatis vel more). Auf ein municipales Gewohnheitsrecht beziehen sich — ausser den eben erwähnten Stellen und der im Text genannten l. 34 D. 1, 3. — l. 11 D. de decurion. 50, 2; l. 3 C. de aedif. priv. 8, 10 und l. 1 C. Qu. s. l. cons.; vermuthlich auch l. 7 pr. D. de off. procons. 1, 16. In l. 32 § 6 D. de adm. et peric. tut. 26, 7 scheint der Jurist (Modestinus) es selbst dahingestellt lassen zu wollen, ob die in der betreffenden Stadtgemeinde nach der Anfrage bestehende Uebung einen gewohnheitsrechtlichen Charakter habe oder nicht. Noch andere hierher gehörige Stellen siehe unten in N. 11.

[5]) Dass „civitas“ hier Municipium bedeutet, ergiebt sich sowohl aus der Inscription der Stelle als aus den Worten „vel provinciae“ (anderer Ansicht jedoch Kuntze in der Krit. V. I. Schrift Bd. IX S. 509, welcher auch in dieser Stelle unter „civitas“ die civitas Romana versteht).

[6]) l. 32 pr. D. h. t.

[7]) § 7 I. de satisdat. 4, 11 (vgl. über diese Stelle unten § 8 III 1 und IV). Die ähnliche Wendung in der Const. Deo auctore § 10 „haec . . . quae . . . longa consuetudo huius almae urbis comprobavit“ bedeutet nach dem Zusammenhange das in Konstantinopel seit langer Zeit beobachtete Recht auch nicht gewohnheitsrechtlichen Ursprunges. — Die subsidiäre Geltung für das ganze Reich, welche Julian l. c. dem stadtrömischen Gewohnheitsrecht zuschrieb, Justinian dem Gewohnheitsrecht bezw. der Praxis Konstantinopels beilegte, kommt hier nicht weiter in Betracht.

Theod. de decurion. 12, 1. Als Geltungsbereich eines Gewohnheitsrechts erscheint ausserdem die einzelne Provinz in dem l. 3 § 6 D. de testib. 22, 5 mitgetheilten Rescript der divi fratres. Dass gewisse Handlungen kraft provinziellen Gewohnheitsrechts strafbar seien, sagt Ulpian in l. 9 D. de extraord. crim. 47, 11[8]).

II. Auch die Provinz hatte in der späteren Kaiserzeit eine, wenngleich gegen die Stellung als staatlicher Verwaltungsbezirk zurücktretende, korporative Gestaltung[9]). Nicht selten aber kommt in den Justinianischen Sammlungen das Gewohnheitsrecht eines einzelnen locus oder einer regio vor. Locus kann allerdings auch eine Stadtgemeinde bedeuten[10]). Dieser Sinn des Wortes ist jedoch nicht in allen hier in Frage kommenden Quellenstellen sicher[11]). Noch weniger liegt, wenngleich die Gebiete der einzelnen Stadtgemeinden als regiones bezeichnet wurden[12]), ein Grund für die Annahme vor, dass überall, wo im Corpus iuris von der consuetudo oder dem mos einer regio die Rede ist, das letztere Wort gerade diese Bedeutung habe; dasselbe kann vielmehr auch ganz unbestimmt einen Landstrich bezeichnen. Es lässt sich freilich nicht verkennen, dass gerade unter den Stellen, welche eine Gewohnheit eines locus oder

---

[8]) Sunt quaedam, quae more provinciarum coercitionem solent admittere (als Beispiel wird der σκοπελισμός in der Provinz Arabien erwähnt). Irrig ist die Auffassung Puchta's Gew.-R. I S. 78 N. 5 a. E., dass der mos provinciae in dieser Stelle nicht ein Gewohnheitsrecht, sondern consuetudo criminis sei. Dagegen bezieht sich der Ausdruck „mos provinciae" in l. 7 § 10 D. 26, 7 nicht auf ein Gewohnheitsrecht (siehe oben § 2 N. 21).

[9]) Vgl. über die Provinziallandtage und die daran geknüpften Einrichtungen insbesondere Marquardt, Römische Staatsverwaltung, 2. Aufl., I S. 503 ff.

[10]) Vgl. die Nachweisungen bei Dirksen Manuale, s. v. locus, § 2 A.

[11]) Als sicher ist er anzunehmen in l. 6 § 11 D. qu. cui. univ. nom. 3, 4, da diese Stelle von der processualischen Vertretung einer civitas vel curia (vgl. l. 3 ibidem) handelt; ebenso in l. 2 C. quemadm. testam. aper. 6, 33, wegen der vorausgehenden Erwähnung der patria und wegen der Zusammenstellung der leges moresque locorum. Zweifelhaft dagegen erscheint, ob die in l. 4 D. de feriis 2, 12 erwähnte consuetudo cuiusque loci hinsichtlich der Zeit der Ernte und der Weinlese auf Gewohnheiten nur der einzelnen Stadtgemeinden sich bezieht.

[12]) Wlassak, Römische Processgesetze II (Leipzig 1891) S. 260 und 262.

einer regio erwähnen, manche sind, in denen die Gewohnheit nicht als Gewohnheitsrecht, sondern nur als Sitte resp. Brauch gemeint ist[13]). Andrerseits jedoch ist die consuetudo regionis in l. 71 D. de contrah. empt. 18, 1 und vermuthlich auch in l. 6 D. de evict. 21, 2, sowie der mos regionis in l. 8 C. de locato 4, 65 als Gewohnheitsrecht aufzufassen. In der erstgenannten Stelle wird die consuetudo regionis als die Vertragsfreiheit beschränkend erwähnt und bedeutet also sicher einen Rechtssatz. Die beiden anderen Stellen geben durch ihren Wortlaut keinen Grund für die Annahme, dass die verpflichtende Kraft der dort erwähnten Gewohnheiten auf stillschweigenden Parteiwillen zurückgeführt werde[14]), und der in der l. 8 C. cit. gebrauchte Ausdruck „postulat" (mos regionis) weist sogar entschieden auf ein Gewohnheitsrecht hin[15]). Demnach ist es wahrscheinlich, dass die römischen Juristen und mit ihnen das Corpus iuris civilis ein besonderes Gewohnheitsrecht auch einer rein natürlichen Gemeinschaft als möglich statuirten[16]).

---

[13]) So die consuetudo loci in der eben genannten l. 4 D. 2, 12; die consuetudo sive der mos regionis in mehreren oben N. 17 und N. 21 zu § 2 angeführten Stellen.

[14]) Hinsichtlich der l. 8 C. cit. hebt Mitteis l. c. S. 164 dies mit Recht hervor. Die Behauptung, dass die l. 6 D. 21, 2 nur von einer consuetudo „im natürlichen Sinn" spreche, stützt Puchta (l. c. S. 76 N. 5) auf einen Vergleich mit l. 31 § 20 D. de aedil. ed. 21, 1 (siehe über diese Stelle oben § 2 N. 21); aber auch wenn wir von der Nichterwähnung der bona fides in der l. 6 cit. absehen und ebenso von den Bedenken, welche der Interpretation einer Stelle aus Gaius durch eine Aeusserung Ulpian's entgegenstehen, ist die Ansicht nicht zutreffend, dass beide Stellen durchaus von demselben Gegenstande handeln. Die l. 31 § 20 cit. giebt dem Käufer eine actio ex empto auf eine duplae stipulatio für den Fall der Eviktion, wenn der Verkäufer sich der gebräuchlichen Uebernahme einer solchen Verpflichtung entzog. Dagegen l. 6 D. 21, 2 bezeichnet die consuetudo regionis schlechthin als massgebend in Betreff der Kautionspflicht des Verkäufers für den Fall der Eviktion, also namentlich auch hinsichtlich der Art der Kaution. (Vgl. Bechmann, Der Kauf nach gem. R. I S. 674 und Dernburg, Pandekten, 4. Aufl., II § 99 N. 3.)

[15]) Vgl. auch unten § 6 N. 46—48 über die „consuetudo in regione obtinens" in l. 26 § 2 C. de usuris 4, 32.

[16]) Indem Varro den mos überhaupt als communem consensum omnium simul habitantium definirte (oben § 2 N. 10), scheint er sogar nur die auf dem Zusammenwohnen beruhende natürliche Gemeinschaft als Ursprungsstätte desselben betrachtet zu haben.

§ 5.

Rechtliche Hindernisse der Entstehung, insbesondere Irrthum und Irrationabilität.

I. Aus unseren bisherigen Erörterungen ergiebt sich, dass nach römischer Rechtsanschauung das Gewohnheitsrecht hervorgeht aus dem übereinstimmenden Willen (resp. dem Gesammtwillen) und der gleichmässigen, längere Zeit hindurch fortgesetzten Uebung der Glieder einer menschlichen Gemeinschaft. Weitere, in dieser Begriffsbestimmung noch nicht enthaltene Erfordernisse der Bildung und folgeweise der Geltung von gewohnheitsrechtlichen Sätzen treten uns im römischen Rechte nur in geringem Masse entgegen. Insbesondere finden wir dort nirgends eine opinio necessitatis der Uebenden erwähnt [1]), und es konnte eine solche wenigstens in dem Sinne einer Ueberzeugung, dass der betreffende Satz schon dem positiven Recht angehöre, von den römischen Juristen consequenter Weise gar nicht in ihrer Lehre vom Gewohnheitsrecht statuirt werden, da sie den Willen der Uebenden, dass der geübte Satz Recht werde, als wesentlich betrachteten. Insofern sie freilich nicht völlig zu ignoriren vermochten, dass der betreffende Satz, um Gewohnheitsrecht zu werden, bereits als Rechtssatz zur Anwendung gekommen sein müsse, bewegten sie sich in einer gewissen Unklarheit; jedoch finden wir in den uns vorliegenden Quellen des römischen Rechts nur geringe, schwache Spuren einer Erkenntniss des eben bezeichneten Inhalts der gewohnheitsrechtbildenden Uebung [2]).

Einer näheren Prüfung aber bedürfen die vielerörterten

---

[1]) Dies hat richtig hervorgehoben Adolf Schmidt, Zur Lehre vom Gewohnheitsrechte S. 14. — Ganz grundlos dagegen hat Boecking, Pandekten § 10 Note 8 die opinio necessitatis der Neueren mit dem Ausspruche Modestin's in l. 40 D. h. t. (Ergo omne ius aut consensus fecit aut necessitas constituit aut firmavit consuetudo) in Verbindung gebracht.

[2]) In Betracht kommen hier besonders l. 37 D. h. t. (. . . inspiciendum est, quo iure retro civitas in eiusmodi casibus usa fuisset), welche von gewohnheitsrechtlicher Interpretation eines Gesetzes spricht, und l. 1 C. h. t. vb. mit l. 3 C. 8, 10, welche sich auf ein zunächst in Form eines Gerichtsgebrauchs hervortretendes Gewohnheitsrecht beziehen (über die, nach richtiger Auslegung nicht hierher gehörige, l. 34 D. h. t. siehe unten § 7 I 2 a). Vgl.

und schwierigen Fragen, ob resp. inwieweit nach den Aussprüchen der römischen Rechtsquellen die Entstehung eines Gewohnheitsrechts gehindert wird durch Irrthum oder Irrationabilität oder durch Widerspruch gegen ein Gesetz, sowie welche Bedeutung nach römischem Recht gerichtliche Urtheile für die Bildung eines Gewohnheitsrechts haben. Die letztere Frage werde ich in dem Paragraphen (§ 8), welcher das Verhältniss zwischen Gewohnheitsrecht und Gerichtsgebrauch an der Hand der römischen Quellen darlegen soll, behandeln. Die Erörterung des Widerspruchs zwischen Gewohnheitsrecht und Gesetz findet ihren angemessenen Platz in dem nächsten Paragraphen, welcher von der Kraft des Gewohnheitsrechts nach den Aussprüchen des römischen Rechts handelt. So bleiben hier vorerst zu beantworten die eng mit einander zusammenhängenden Fragen in Betreff der Bedeutung, welche der Rationabilität und dem Irrthum für die Lehre vom Gewohnheitsrecht nach dem römischen Recht zukommt.

II. In drei Stellen des Corpus iuris civilis geschieht der ratio mit Bezug auf das Gewohnheitsrecht Erwähnung[3]); eine dieser Stellen[4]) setzt zudem ratio und error einander gegenüber. Zur Erläuterung dieser Aeusserungen bieten nicht nur verwandte Bestimmungen der Justinianischen Kompilation, sondern auch nicht in dieselbe aufgenommene Aussprüche anderer römischer Rechtsquellen sowie die nichtjuristische Litteratur der Römer einiges Material[5]).

---

auch l. 13 in f. D. de iniur. 47, 10: usurpatum . . . et hoc est, tametsi nullo iure.

[3]) l. 39 D. h. t., l. 1 und 2 C. h. t.

[4]) l. 39 D. h. t.

[5]) Nicht berücksichtigt sind im Folgenden die Aeusserungen der römischen Grammatiker über das Verhältniss von consuetudo und ratio auf dem Gebiete der Sprache (vgl. z. B. Varro de lingua Latina ed. Car. Odofr. Muellero IX cap. 2; Charisius in den Grammatici latini vol. I pag. 51; Diomedes ibidem pag. 439), weil die Zulässigkeit ihrer Verwerthung für die römische Theorie vom Gewohnheitsrechte eine zu unsichere ist. Hervorheben will ich nur, dass sie unter der ratio, welche theils als Gegensatz zur consuetudo, theils als Stütze für dieselbe aufgefasst wurde, dasselbe verstanden, was die griechischen Grammatiker als ἀναλογία bezeichneten: Das aus ähnlichen Spracherscheinungen zu entnehmende Princip. Wenn man hierin vielleicht

1. In einer positiven Funktion tritt uns die ratio mit der consuetudo zusammen in l. 1 C. h. t. entgegen. Dieses Rescript des Kaisers Alexander Severus, welches also noch aus der Blüthezeit der römischen Rechtswissenschaft stammt, spricht zur Begründung des Bescheides den allgemeinen Satz aus, dass sowohl eine bisherige gewohnheitsrechtliche Uebung (consuetudo praecedens) als die „ratio, quae consuetudinem suasit", zu beobachten sei. Das vieldeutige Wort ratio wird hier, wie in zahlreichen anderen Stellen, in denen es mit einem ein Verlangen, Rathen, Gestatten u. s. w. ausdrückenden Zeitwort verbunden ist, eine „ordnende Potenz innerhalb des Rechtsgebietes" bezeichnen [6]). Diese Potenz ist ferner wahrscheinlich nicht im Sinne einer subjektiven vernünftigen Erwägung, sondern im Sinne einer objektiven Vernünftigkeit zu verstehen und zwar so, dass ratio das objektive vernünftige Bedürfniss, welches zu der gewohnheitsmässigen Uebung den Antrieb gegeben hat, bezeichnet [7]). Für diese Auslegung sprechen besonders sonstige Aeusserungen römischer Schriftsteller über die ratio als Grund-

---

ein Argument für die Auffassung der ratio beim Gewohnheitsrecht im Sinne von Rechtskonsequenz finden möchte, so ist andrerseits nicht zu übersehen, dass Quintilian (Inst. orat. I cap. 6 § 44), wie er nur den consensus eruditorum als consuetudo sermonis gelten lassen will, so nur den consensus bonorum als consuetudo vivendi, und dass er bei dem letzteren, wie die von ihm gegebenen Beispiele zeigen, den Masstab des für den verständigen Mann Schicklichen, also einen durchaus nicht der Logik angehörigen Begriff, vor Augen hat.

6) Vgl. M. Voigt, das ius naturale, aequum et bonum und das ius gentium der Römer. Erster Theil, Beilage IV S. 558 ff.: Ueber den Begriff von ratio in den juristischen Quellen. Wenig ergiebig für unsere Erörterungen sind die eingehenden Untersuchungen B. W. Leist's über den Begriff der ratio bei den Römern (zusammengefasst in seiner Graeco-italischen Rechtsgeschichte S. 199 ff. und S. 660 ff.).

7) Voigt l. c. S. 559 unterscheidet innerhalb des oben (Text vor N. 6) angeführten Begriffs der ratio vier Bestimmungen: Die ratio kann bezeichnen „theils den Grund, theils die Rücksichtnahme auf etwas, theils die menschliche Vernunft, theils eine von dieser subjectiven Beziehung abgelöste und auf eine dingliche Basis gestützte, daher objective Vernünftigkeit". Für die letzterwähnte Bedeutung giebt er (S. 561 ff.) zahlreiche Belege. — Als ganz willkürlich erscheint es dagegen, wenn Puchta (Gewohnheitsrecht I S. 101) und v. Savigny (System I S. 146—147, S. 424) dem Worte „ratio" auch die Bedeutung „gemeinsame rechtliche Ueberzeugung" beilegen.

lage der (rechtlichen) consuetudo. So leitet Cicero die Entstehung der gewohnheitsrechtlichen Normen ab theils von der Natur, theils ex utilitatis ratione aut perspicua nobis aut obscura [8]). Ausführlicher erörtert Tertullian, der juristisch hochgebildete Kirchenschriftsteller [9]) und Zeitgenosse des Alexander Severus, dass die schon an sich bindende allgemeine Uebung noch mehr zu befolgen sei, wenn man auch die ratio derselben sicher erkannt habe [10]); auch in den bürgerlichen Angelegenheiten gelte das ungeschriebene Recht gleich dem geschriebenen, weil es wie dieses auf der ratio beruhe [11]); die christlichen Gewohnheiten gründeten sich theils auf die natura, theils auf andere rationes [12]). — Wenn wir aber fragen, welche rechtliche Tragweite der ratio in dem Rescript des Kaisers beigelegt wird, so finden wir darin ausgesprochen, dass die ratio ebenso wie die consuetudo selbst in den künftigen Fällen zu beobachten ist. Mit diesen Worten soll vielleicht, wie in den Aeusserungen Tertullian's, eine aus der ratio herzuleitende Verstärkung der Autorität der consuetudo bezeichnet werden; vor allem aber ist darin wohl eine allgemeinen Interpretationsgrundsätzen der römischen Juristen entsprechende Regel für die Erkenntniss des Inhalts der consuetudo sowie für die analoge Anwendung dieses Inhaltes zu erblicken [13]).

---

[8]) Cicero de Inv. II cap. 22 § 65: Ius ex quibus rebus constet considerandum. Initium ergo eius ab natura ductum videtur; quaedam autem ex utilitatis ratione aut perspicua nobis aut obscura in consuetudinem venisse. — Vgl. ibidem cap. 53 § 160: Justitia est habitus animi, communi utilitate conservata ... Eius initium est ab natura profectum; deinde quaedam in consuetudinem ex utilitatis ratione venerunt.

[9]) Ob derselbe mit dem gleichnamigen Pandektenjuristen identisch ist, muss freilich dahingestellt bleiben.

[10]) Tertullianus de Corona (ed. Oehler) cap. 2: Omnes ita observant.. Videris unde auctoritas moris, de qua nunc maxime quaeritur ... Plane, ut ratio quaerenda sit, sed salva observatione .. quo magis observes, cum fueris etiam de ratione securus.

[11]) Ib. cap. 4: Consuetudo autem etiam in civilibus rebus pro lege suscipitur, cum deficit lex, nec differt, scriptura an ratione consistat, quando et legem ratio commendet.

[12]) Ib. cap. 5: Maior efficitur ratio Christianarum observationum, cum illas etiam natura defendit, quae prima omnium disciplina est. Cap. 7 in. erwähnt dann neben der natura „ceteras rationes".

[13]) Vgl. in ersterer Beziehung insbes. l. 19 D. h. t. und l. 67 D. de R.

2. Die wenigen Worte der l. 39 D. h. t. (Celsus libro XXIII digestorum): „Quod non ratione introductum, sed errore primum, deinde consuetudine optentum, in aliis similibus non obtinet" lassen sehr verschiedene Auslegungen zu[14]). Massgebend für ihren Sinn ist vor allem, ob das Hauptgewicht auf die mangelnde ratio zu legen, oder ob andrerseits das Vorhandensein eines error als das principale Hinderniss zu betrachten ist; sodann kommt wesentlich in Betracht, ob unter den alia similia, für welche der bisher gewohnheitsmässig geübte Satz nicht gelten soll, künftige Fälle der gleichen Art oder Fälle ähnlicher Art zu verstehen sind. Sprachlich sind beide Auffassungen der alia similia statthaft[15]). So ergeben sich vier hauptsächliche Auslegungsmöglichkeiten: eine auf Irrthum beruhende Gewohnheit bildet kein Recht; ein auf Irrthum beruhendes Gewohnheitsrecht darf nicht analog ausgedehnt werden; eine irrationale Gewohnheit bildet kein Recht; ein irrationales Gewohnheitsrecht darf nicht analog ausgedehnt werden. Die zweite Erklärung der Stelle findet jedoch nicht nur keine Unterstützung in irgend einer anderen Aeusserung der römischen Quellen, sondern ist auch aus inneren Gründen schwerlich anzunehmen; denn es ist nicht ersichtlich, weshalb einem, wenn auch unter Einwirkung

---

J., in der letzteren l. 13 D. h. t. (über die analoge Anwendung gewohnheitsrechtlicher Sätze siehe auch die unter 2 folgende Ausführung).

[14]) Mit Recht verwundert sich Zitelmann (Archiv f. d. civilistische Praxis, Bd. 66, S. 344—345), dass das Reichsgericht (Entsch. in Civilsachen Bd. 3 S. 212) in dieser „seit jeher von Theoretikern wie Praktikern lebhaft umstrittenen" Stelle eine klare Vorschrift findet.

[15]) In l. 12 pr. C. de leg. 1, 14 (Si imperialis maiestas causam cognitionaliter examinaverit, et partibus cominus constitutis sententiam dixerit, omnes . . . iudices . . . sciant hoc esse legem non solum illi causae, pro qua producta est, sed omnibus similibus) sind die omnia similia ohne Zweifel alle Fälle der nämlichen Art. (Ebenso bezeichnet der Auctor ad Herennium II cap. 13 § 20 eine Rechtssache derselben Art als „similis causa", wofür er im vorhergehenden Paragraphen den Ausdruck „eadem res" gebraucht hat.) Dagegen in l. 27 D. h. t. bezieht sich das Wort similis auf Fälle ähnlicher Art; ebenso ist die similitudo iuris civilis vel honorarii in l. 67 § 3 D. ad S. C. Trebell. 36, 1 von analoger Anwendung zu verstehen. — Zitelmann (l. c. S. 347) allerdings, obgleich er in N. 13 auch l. 12 pr. C. 1, 14 erwähnt und richtig deutet, glaubt, dass „alia similia" nach ihrem „klaren Wortsinn" nur analoge Fälle bedeuten können.

eines Irrthums, zum wirklichen Gewohnheitsrecht gewordenen Satze, falls derselbe nicht als ein irrationeller sich darstellt, die Ausdehnung auf analoge Fälle versagt sein sollte[16]). Einer etwas näheren Prüfung dagegen bedürfen die drei anderen Interpretationsmöglichkeiten, welche auch sämmtlich in der mittelalterlichen und modernen Litteratur zahlreiche und hervorragende Vertretung erhalten haben.

a. Der Annahme, dass Celsus dem Irrthum eine die Bildung eines Gewohnheitsrechts ausschliessende Kraft beilegen wollte, ist neuerdings eine gewichtige Stütze durch Wiederauffindung der Epistula Severi et Caracallae ad Tyranos[17]) zu Theil geworden. Die Tyrani behaupteten, dass den Mitgliedern ihrer Gemeinde eine Immunität zustehe, vermochten aber nicht, den Ursprung derselben nachzuweisen. Das Rescript der beiden Kaiser gewährte wenigstens den bisherigen Gemeindegliedern Fortdauer der Immunität mit Rücksicht auf die bisherige consuetudo diuturna, obgleich nicht leicht „quae per errorem aut licentiam usurpata sunt, praescriptione temporis confirmentur". Man kann diesen Ausspruch in dem Sinne auffassen, dass eine auf Irrthum beruhende Uebung kein Gewohnheitsrecht begründe. Jedenfalls haben die Kaiser die allgemeine Erwägung, wie die Worte „nec facile" zeigen, nicht als eine in allen Fällen unbedingt massgebende hinstellen wollen. Es erscheint aber auch als zweifelhaft, ob das Rescript überhaupt auf die Frage des Bestehens eines Gewohnheitsrechts sich bezieht. Der Ausdruck „praescriptio temporis", ebenso die weiterhin gebrauchten Worte „possessam privilegii causam" machen es vielmehr wahrscheinlich, dass die Kaiser den Erwerb der Immunität durch langdauernde Uebung unter dem Gesichtspunkte des Erwerbs eines subjektiven Rechtes betrachteten[18]); der error würde dann die

---

[16]) Nichtsdestoweniger hat auch diese Auslegung einige Vertreter gefunden (die neueren nennt Zitelmann l. c. N. 18 unter 6); von ihnen hat aber Brinz in der dritten Ausgabe seiner Pandekten die betreffenden Aeusserungen nicht wiederholt.

[17]) Abgedruckt bei Bruns, Fontes I pag. 246—247. Bruns verweist zur Erklärung derselben auf l. 39 D. 1, 3; andrerseits citirt Lenel in seiner Palingenesia iuris civilis (I pag. 57 N. 3) zu der l. 39 die epistola Severi et Caracallae.

[18]) Eine Parallele hiefür bietet das Edikt des Kaisers Claudius de

irrige Annahme des Vorhandenseins eines iustus titulus — in dem vorliegenden Falle wohl eines Privilegs —, oder einen Rechtsirrthum — in concreto wohl den Irrthum, dass die Immunität zu ihrer Entstehung nicht eines Privilegs bedürfe — bedeuten. Indessen wenn auch das Rescript dem Irrthum eine die Bildung des Gewohnheitsrecht hindernde Bedeutung zuschreiben sollte, ergeben sich starke Bedenken gegen eine entsprechende Auslegung der l. 39 aus dem Wortlaute der letzteren. Dass der error nach Art und Inhalt nicht näher bestimmt ist[19]), kann allerdings kaum als ein Argument gegen die in Frage stehende Auslegung gelten; denn es ist insbesondere möglich und sogar wahrscheinlich, dass der Zusammenhang der Aeusserung des Celsus in dieser Hinsicht eine von den Kompilatoren weggelassene Ergänzung bot, und wir hätten eine nähere Bestimmung den in unserem Rechte geltenden allgemeinen Grundsätzen über den Irrthum zu entnehmen[20]). Dagegen machen es die Worte „optentum est" sehr fraglich, ob man die Stelle auf eine thatsächliche Gewohnheit ohne rechtliche Geltung beziehen darf; dieselben dürften umsomehr im Sinne einer rechtlichen Geltung aufzufassen sein, als das folgende „obtinet" nur von einer solchen verstanden werden kann[21]).

b. Die eben erwähnten sprachlichen Schwierigkeiten stehen auch der Annahme entgegen, dass die l. 39 die rechtliche Geltung der irrationalen Gewohnheit ausschliesse. Im übrigen lässt sich nicht verkennen, dass für diese Auslegung die unter 3 näher zu behandelnde l. 2 C. h. t., welche der Gewohnheit die Kraft abspricht, die ratio zu überwinden, sehr erheblich ins Gewicht fällt, zumal da inhaltlich verwandte Aussprüche[22])

---

civitate Anaunorum (Bruns, Fontes I, pag. 240—241), wo es heisst, dass das fragliche genus hominum „longa usurpatione in possessione(m)" der römischen Civität gewesen sein solle, und der Kaiser sie alsdann „in eo iure, in quo esse se existimaverunt" aus Gnade verbleiben lässt.

[19]) Hierin sieht Zitelmann l. c. S. 354 (vgl. S. 341—343) einen die fragliche Auslegung unmöglich machenden Mangel.

[20]) Dass die Worte „non ratione introductum" bei dieser Auslegung kaum zu verwerthen sind, ist Zitelmann (S. 345) zuzugeben.

[21]) In dieser Hinsicht ist den Ausführungen Zitelmann's (S. 346—347) durchaus beizutreten.

[22]) Siehe dieselben gleichfalls unter 3.

uns auch sonst in den römischen Rechtsquellen entgegentreten. Das Wort „ratio" wäre bei dieser Auslegung wegen des Gegensatzes zum error und mit Rücksicht auf die wahrscheinlichste Bedeutung desselben Wortes in l. 2 C. h. t. vermuthlich als ratio iuris zu verstehen.

c. Die verhältnissmässig grösste Wahrscheinlichkeit spricht für die Auffassung, dass l. 39 nur analoge Ausdehnung irrationellen Gewohnheitsrechts ausschliesse. In sprachlicher Hinsicht unterliegt diese Auslegung, soviel ich sehe, keinem Bedenken. Sachlich wird sie wesentlich unterstützt durch Vergleichung einerseits mit l. 32 pr. D. h. t., in welcher Julian analoge Ausdehnung gewohnheitsrechtlicher Normen (im Allgemeinen) zulässt, sowie andrerseits mit den bekannten Aussprüchen römischer Juristen, vor allem der l. 14 D. h. t., welche analoge Anwendung contra rationem iuris, d. h. gegen die Rechtslogik verstossender Rechtsätze für ausgeschlossen erklären [23]). Der Irrthum, welcher zuerst zu der Uebung des anomalen Satzes Anlass gegeben hat, ist bei dieser Auslegung ohne Zweifel auf dessen Verhältniss zur Rechtskonseqnenz zu beziehen [24]).

3. Als Hinderniss der Bildung eines Gewohnheitsrechts ist der Widerspruch der Uebung mit der ratio in der bekannten l. 2 C. h. t. anerkannt. Dass Constantin in diesem Rescript der langjährigen Uebung eine nicht geringe Autorität [25]) zuschreibt, darf uns nicht zu der Annahme bestimmen, der Kaiser habe hier eine Uebung im Auge, welche schon zu einem gültigen Gewohnheitsrechte geführt. Einer solchen Auslegung stehen die Worte „non usque adeo . . . valitura . . ., ut (aut) rationem vincat" durchaus entgegen; denn sie geben bei derselben gar keinen vernünftigen Sinn [26]). Die Hervorhebung der nicht

---

[23]) Vgl. die treffenden Bemerkungen Zitelmann's S. 347 N. 14 und im Text dazu. Denselben ist jedoch in sofern nicht beizustimmen, als Z. mit Scharlach die l. 14 D. h. t. nur auf Juristenrecht bezieht und demgemäss in der l. 39 nicht einen blossen Anwendungsfall, sondern eine Erweiterung der ersteren sieht. — Die Fragen nach Begründung und Bedeutung des Verbotes analoger Ausdehnung von ius singulare sind hier nicht zu erörtern.

[24]) So auch Zitelmann S. 347—348.

[25]) Ich kann v. Savigny's Aeusserung (System I S. 402), dass der Ausdruck „non vilis auctoritas" etwas geringschätzig sei, nicht beistimmen.

[26]) Diese Erwägung ist zugleich mittelbar bestimmend für die Auslegung der Worte aut legem (sc. vincat) — siehe unten § 6 II 3 c.

geringen Autorität der consuetudo bedeutet nur, dass diese im Allgemeinen geeignet ist, Rechtssätze hervorzubringen, und wohl auch, dass die Gewohnheit, um die es sich im concreten Falle handelt, diese Kraft hätte, wenn nicht ein Widerspruch mit der ratio oder mit einer lex vorläge[27]). Sehr schwierig aber ist die Frage zu beantworten, in welchem Sinne an dieser Stelle das Wort ratio gebraucht ist. Dass ein objektiver Sinn anzunehmen, wird freilich schon durch die Parallele mit der lex nahegelegt und dafür spricht auch die — sichere oder wahrscheinliche — Bedeutung der ratio in den anderen Stellen, welche dieselbe mit der consuetudo in Verbindung bringen[28]). Dagegen erscheint es als nicht möglich, auch nur mit annähernder Sicherheit festzustellen, ob die ratio in der l. 2 als ratio utilitatis oder als ratio iuris aufzufassen ist[29]). Zu Gunsten der ersteren Auslegung lassen sich vor allem anführen diejenigen Aeusserungen der Quellen, welche die ratio im Sinne eines objektiven vernünftigen Bedürfnisses als Grundlage des Gewohnheitsrechts bezeichnen[30]). Ferner spricht dafür das cap. un. Cod. Theod. de longa consuetudine 5, 12, welches anordnet, dass das lange Beobachtete bestehen bleiben soll, „cum nihil per causam publicam intervenit", d. h. wenn kein Staatsinteresse entgegensteht[31]). Im Einklang mit dieser allerdings in den

---

27) Insofern hat Adolf Schmidt Recht, wenn er (Zur Lehre vom Gewohnheitsrecht, S. 24 Anm. 2) ausführt, der Kaiser könne nicht einer rechtlich gleichgiltigen Gewohnheit eine non vilis auctoritas zuschreiben.

28) Siehe oben 1 und 2.

29) Selbst die beiden Schriftsteller, welche die Gewohnheitsrechtslehre der historischen Schule im Ganzen übereinstimmend begründet haben, gehen in dieser Beziehung auseinander: während Puchta (Gewohnheitsrecht I S. 119—120 vgl. II S. 58 und S. 214) die ratio in l. 2 C. h. t. für die ratio iuris erklärt, fasst v. Savigny (System I S. 424—425) dieselbe als ratio utilitatis auf.

30) Siehe oben 1.

31) Die vom Kaiser Julian in diesem Rescript gebrauchten Worte „vetera instituta" und „quae diu servata sunt" brauchen sich allerdings nicht oder wenigstens nicht ausschliesslich auf Gewohnheitsrecht bezogen zu haben. Durch die Aufnahme in den (nur aus diesem einen Caput bestehenden) Titel des Codex Theodosianus hat aber die Bestimmung Julian's jedenfalls ausschliessliche Beziehung auf das Gewohnheitsrecht erhalten. So lautet auch die westgothische Interpretatio zu der Stelle: Longa consuetudo, quae utilitatibus publicis non impedit, pro lege servabitur.

Justinianischen Codex nicht aufgenommenen Constitution würde die ratio auch in der Constantinischen Bestimmung näher als utilitas publica zu deuten sein. Als Argument für die Auslegung der ratio in der l. 2 cit. im Sinne von ratio iuris kann zunächst benutzt werden die Wahrscheinlichkeit, dass dem Worte in der l. 39 D. h. t. diese Bedeutung zukommt[82]); jedoch ist die Auslegung dieser Stelle immerhin eine zu zweifelhafte, als dass einer Berufung auf dieselbe ein erheblicher Werth beigelegt werden dürfte[83]). Dagegen fällt die Parallele zwischen ratio und lex für die Auffassung der ratio im Sinne von Rechtslogik resp. Rechtsprincip sehr stark in das Gewicht; es erscheint als naturgemäss, dass der Kaiser, wenn er der gewohnheitsmässigen Uebung gegen das Gesetz rechtsbildende Kraft versagte, dies um so mehr gegenüber einem rechtlich anerkannten Princip thun zu müssen glaubte. — Der Zweifel über die Bedeutung der ratio in der l. 2 C. h. t. wird auch nicht gehoben durch die in Nov. 134 cap. 1 enthaltene eigene Aeusserung Justinian's über schlechte Gewohnheiten. Justinian schafft hier gewisse Bedrückungen, denen die Provinzialen bisher von Seiten der Beamten ausgesetzt waren, ab und erklärt, es dürfe nicht das etwa von einigen Vorgängern für den eigenen Vortheil ungerechter (oder unrechtmässiger?) Weise[84]) Ausgedachte Gewohnheit genannt oder dafür ausgegeben werden; er fügt hinzu die allgemeine Erwägung: *τὰ γὰρ κακῶς ἐπινοούμενα οὐδὲ μακρᾷ συνηθείᾳ βεβαιοῦσθαι βουλόμεθα.* Damit soll ohne Zweifel, in Uebereinstimmung mit l. 2 C. h. t., einer fehlerhaften Gewohnheit die Fähigkeit, Recht zu erzeugen, abgesprochen werden. Es lässt sich aber nicht ersehen, ob der entscheidende Gesichtspunkt für die Verwerfung der eigennützigen[85]) Uebung in dem Widerspruch mit dem Staatsinteresse oder mit den allgemeinen Beamtenpflichten liegt.

---

[82]) Siehe oben 2 c.

[83]) Es würde sogar andrerseits, wenn wir die l. 39 von der Ausschliessung der rechtlichen Geltung einer irrationellen Gewohnheit zu verstehen hätten, die l. 2 C. h. t. als Hilfsmittel für die Auslegung der Worte „contra rationem“ in l. 39 in Betracht kommen (vgl. oben im Text 2 b am Ende).

[84]) Das griechische Wort *ἀδίκως* kann ebenso wie das „iniuste“ der versio vulgata beide Bedeutungen haben.

[85]) *εἰς οἰκεῖον κέρδος.*

§ 6.

Kraft des Gewohnheitsrechts.

I. Die Kraft des Gewohnheitsrechts bestimmen die Römer nach dem Massstab der Kraft der lex, d. h. des Gesetzes, genauer des auf einem ausdrücklichen Beschluss des römischen Gesammtvolkes beruhenden Gesetzes [1]).

1. Schon der Auctor ad Herennium definirt das auf gewohnheitsrechtlichem Wege entstandene Recht als das Recht, quod sine lege, aeque ac si legitimum sit, usitatum est [2]). Dem entsprechen zahlreiche Aussprüche im Corpus iuris civilis [3]), welche theils von den Pandektenjuristen, theils von den Kaisern herrühren. Der Jurist Julian erklärt, die inveterata consuetudo werde nicht mit Unrecht pro lege beobachtet [4]); ähnlich sagt Ulpian, die diuturna consuetudo pflege in den nicht durch geschriebenes Recht geregelten Fällen pro iure et lege befolgt zu werden [5]); etwas unbestimmter drückt sich Hermogenian aus, indem er den Sätzen des Gewohnheitsrechts die gleiche Kraft wie dem geschriebenen Recht beilegt [6]). Die Kaiser Leo und Anthemius schreiben der althergebrachten und beständig beobachteten consuetudo eine die Kraft der eigentlichen leges nachahmende Wirkung zu [7]); dies wiederholen im wesentlichen

---

[1]) Ich werde ein solches nach dem Vorgang mancher neuerer Schriftsteller kurz als „Volksgesetz" bezeichnen.

[2]) Auctor ad Herennium II cap. 13 § 19: Lege ius est id, quod populi iussu sanctum est . . . Consuetudine ius est id, quod sine lege, aeque ac si legitimum sit, usitatum est.

[3]) Dass in dem Pandektentitel de legibus alle Stellen die ganze Lehre vom Gesetz und dessen Verhältniss zur Gewohnheit nur an der lex entwickeln, hebt Wlassak, Kritische Studien zur Theorie der Rechtsquellen S. 153 hervor.

[4]) l. 32 § 1 D. h. t.

[5]) l. 33 D. h. t. — Die Worte „et lege" sollen vermuthlich das vorausgehende „pro iure" näher bestimmen („als Recht und zwar gleich einer lex").

[6]) l. 35 D. h. t.

[7]) l. 3 C. h. t.: Leges quoque ipsas antiquitus probata et servata tenaciter consuetudo imitatur et retinet (über die Bedeutung der Worte „et retinet" siehe diesen Paragraphen II 2 a. E.). Die Worte „perpetuae legis vicem obtinere statuimus" im folgenden Satze der constitutio beziehen sich aber

Justinian's Institutionen [8]). Und auch der Kirchenschriftsteller Tertullian bekundet, in den bürgerlichen Angelegenheiten habe die consuetudo Geltung pro lege [9]). Dass aber bei dieser Gleichstellung die lex in dem technischen Sinne eines Volksgesetzes aufgefasst wurde, ersehen wir namentlich aus den Aeusserungen des Auctor ad Herennium, Julian's und Justinian's. Der erstere bestimmt vor seiner Definition des Gewohnheitsrechts den Begriff des Gesetzesrechts dahin, dass dieses populi iussu sanctum est [10]). Julian rechtfertigt ausdrücklich die gesetzesgleiche Geltung des Gewohnheitsrechts durch die Erwägung, dass die verbindliche Kraft der leges nur auf deren Annahme durch das Volk beruhe und es keinen Unterschied machen könne, ob das Volk seinen Willen durch Abstimmung oder durch concludente Handlungen erkläre [11]). Auch in Justinian's Institutionen geht dem Ausspruch, dass die diuturni mores legem imitantur, eine historische Definition der lex als durch Volksbeschluss gesetzter Anordnung voraus [12]) und wird dann das Gewohnheitsrecht selbst kurz als tacitus consensus populi bezeichnet [13]).

2. Dass die Römer die Kraft der rechtschaffenden Gewohnheit an der des Volksgesetzes massen, erklärt sich vor allem aus ihrer Anschauung, dass die Volksgesetzgebung der normale Weg für die Entstehung ihres Rechts sei. Die anderen Wege ausdrücklicher Rechtsfestsetzung für das römische Volk, insbesondere die rechtssetzende Thätigkeit des Senates und des Princeps (in der Kaiserzeit) erschienen ihnen nur als Surrogate resp. Ausflüsse der Komitialgesetzgebung; diesen Standpunkt finden wir nicht nur noch bei den klassischen Juristen des

---

wohl nicht auf die eigene Kraft der dort erwähnten gewohnheitsrechtlichen Uebungen, sondern ertheilen diesen gesetzliche Bestätigung.

8) § 9 I. de iure nat. 1, 2.

9) Tertullianus de Corona cap. 4 (siehe der Wortlaut der Stelle oben § 5 N. 11).

10) Siehe oben N. 2.

11) l. 32 § 1 D. h. t. Vgl. über die Argumentation Julian's oben § 3 Text vor N. 24 und Puchta, Gewohnheitsrecht I S. 86—87.

12) § 4 I. de iure nat. 1, 2: Lex est, quod populus Romanus . . . constituebat.

13) § 11 I. eod. tit.

zweiten und dritten Jahrhunderts n. Chr.[14]), sondern selbst in den Justinianischen Rechtsbüchern tritt er als theoretisch massgebend hervor[15]). Wie aber die lex als Prototyp der Quellen des geschriebenen Rechts galt und deshalb anderen Entstehungsgründen resp. Erscheinungsformen des geschriebenen Rechts nur eine der Kraft der lex nachgebildete Kraft beigelegt wurde, so lag es nahe, dieselbe Anschauung und dieselbe Ausdrucksweise auch auf die objectives Recht bildende consuetudo resp. auf die von ihr erzeugten Rechtssätze auszudehnen. Erleichtert wurde diese Uebertragung zunächst dadurch, dass die praktische Bedeutung des ungeschriebenen Rechts nur eine verhältnissmässig untergeordnete war[16]). Dazu kam die theoretische Auffassung, dass die Art der Entstehung des Gewohnheitsrechts blos äusserlich von der der lex verschieden sei, wobei man naturgemäss die ausdrückliche Willenserklärung als das principale, die stillschweigende als das secundäre Erklärungsmittel des Gesammtwillens betrachtete[17]). Damit im Einklange stand auch die bei den Römern herrschende historische Auffassung des Verhältnisses von Gewohnheitsrecht und Gesetz. Bei Cicero allerdings tritt uns die, vermuthlich von den Griechen entlehnte, Anschauung entgegen, dass das Gewohnheitsrecht geschichtlich den Gesetzen voraus gehe[18]). Uebereinstimmend dagegen überliefern die römischen Schriftsteller, dass das römische Volk schon im Beginne seines Daseins und Staatswesens Gesetze von den Königen empfangen habe[19]), und auf diese führen sie die uralten, grösstentheils dem Gewohnheitsrecht angehörigen Institute und Sätze des römischen Rechts zurück[20]). Für den

---

[14]) Gai Inst. I §§ 4 und 5; Ulpian in l. 1 pr. D. de const. princ. 1, 4.

[15]) Noch mehr als die Aufnahme der Aeusserung Ulpian's (l. 1 pr. cit.) in die Pandekten sind hiefür die Erörterungen in Justinian's Institutionen (§§ 4—6 de iure nat. 1, 2) charakteristisch.

[16]) Oben § 1 II 2.

[17]) Diese Anschauung tritt deutlich in der Argumentation Julian's — l. 32 § 1 D. h. t. — hervor. Bei den conventiones betont Paulus, dass dieselben etiam tacite zu Stande kommen können (l. 2 pr. und l. 4 D. de pactis 2, 14).

[18]) Cicero de Inv. II cap. 22 § 65 und cap. 53 § 160.

[19]) Die Belegstellen bei Bruns, Fontes I pag. 1 sqq.

[20]) Bruns in Holtzendorff's Encykl. der Rechtsw. I (4. Aufl.) S. 112 sieht

gesammten späteren Rechtszustand aber galten als grundlegend die Zwölftafelgesetze [21]).

II. Die Römer bestimmten nicht nur die Kraft des Gewohnheitsrechts im Allgemeinen durch Vergleich desselben mit der des (Volks-)Gesetzes, sondern auch die verschiedenen Richtungen der Bethätigung des Gewohnheitsrechts je nach dem Verhältniss zu den gesetzlichen Normen. In dieser Hinsicht wurde jedoch der Ausdruck lex auf das gesammte geschriebene Recht bezogen. Gegenüber den Bestimmungen des letzteren wird den Sätzen des Gewohnheitsrechts theils ergänzende, theils auslegende, theils aufhebende Wirksamkeit beigelegt.

1. Die für die römische Auffassung des Gewohnheitsrechts so hochwichtige l. 32 D. h. t. beginnt mit den Worten: In quibus causis scriptis legibus non utimur, id custodiri oportet, quod moribus et consuetudine inductum est. Ebenso erwähnt die l. 33 D. h. t. die gesetzesgleiche Geltung des Gewohnheitsrechts nur für die nicht durch das geschriebene Recht normirten Fälle. Damit stimmt überein, dass Tertullian in der mehrfach angeführten Stelle über die Geltung des Gewohnheitsrechts in den bürgerlichen Angelegenheiten [22]) dieselbe auf die Fälle, für welche eine gesetzliche Bestimmung fehlt [23]), zu beschränken scheint. Aber diese Aeusserungen dürfen nicht so verstanden werden, als ob sie die rechtsbildende Kraft des Gewohnheitsrechtes für den Fall des Vorhandenseins einschlägiger gesetzlicher Bestimmungen ausschliessen wollten [24]); sie heben vielmehr nur die hauptsächliche praktische Anwendungsphäre des Gewohnheitsrechts hervor, wie sich besonders aus den demnächst (unter 2 und 3) zu erörternden Quellenstellen ergiebt, welche von der Usualinterpretation der Gesetze und von dem deroga-

hierin einen Ausfluss „der vulgären Vorstellung, dass ohne Gesetz kein Recht sei".

[21]) Oben § 1 II 2. — Immerhin hebt Ulpian in l. 1 pr. D. de curat. 27, 10 hinsichtlich einer wichtigen Bestimmung der Zwölftafeln hervor, dass dieselbe nur älteres Gewohnheitsrecht wiederhole.

[22]) De Corona cap. 4.

[23]) Verbis: cum deficit lex.

[24]) Uebereinstimmend, aber mit etwas gekünstelter Erklärung der fraglichen Aeusserungen in l. 32 und 33 D. h. t., Puchta, Gewohnheitsrecht I, S. 87—89.

torischen Gewohnheitsrecht sprechen. — Hervorragende Beispiele für diese schöpferische Wirksamkeit des Gewohnheitsrechts in gesetzesfreiem Bereiche bieten die Quellenstellen, welche den Ursprung eines ganzen Rechtsinstituts auf Gewohnheitsrecht zurückführen [25]).

2. Mehrfach wird in den Quellen des römischen Rechts anerkannt, dass ein Gesetz durch Gewohnheitsrecht eine bindende Auslegung erlangen könne. In l. 38 D. h. t. berichtet Callistratus, dass Kaiser Severus in einem Rescript erklärt habe, bei Unsicherheit der Auslegung einer gesetzlichen Bestimmung müsse die consuetudo [26]) Gesetzeskraft haben, d. h. ohne Zweifel die gewohnheitsrechtliche Deutung dieser Bestimmung als massgebend angenommen werden. Ebenso verweist Paulus in l. 37 D. h. t. für den Fall der zweifelhaften Auslegung eines Gesetzes in erster Linie auf das Gewohnheitsrecht als das beste Mittel für Gesetzesinterpretation überhaupt [27]). Hieher ist wohl auch zu ziehen der Ausspruch desselben Juristen in l. 23 D. h. t., dass von einer beständigen, festen Auslegung einer Bestimmung nicht abgegangen werden darf [28]). Eine Andeutung einer eng verwandten Funktion der consuetudo dürfen wir wohl in der l. 3 C. h. t. finden [29]); die Worte „et retinet" sollen vermuthlich darauf hinweisen, dass vielfach die bestehenden gesetzlichen Bestimmungen durch ihre lange gleichmässige Uebung in Geltung bewahrt werden [29a]).

3. Ueber die Frage, ob Gesetze durch Gewohnheitsrecht aufgehoben werden können, finden sich im Corpus iuris civilis einander widersprechende Aeusserungen. Von den übrigen

---

[25]) So l. 1 D. de donat. int. v. et ux. 24, 1 das Verbot der Schenkung unter Ehegatten; l. 1 pr. D. de curat. 27, 10 die interdictio bonorum des Verschwenders; l. 2 pr. D. de vulg. et pup. subst 28, 6 die Pupillarsubstitution; l. 8 pr. D. de adqu. vel om. hered. 29, 2 das Erforderniss der tutoris auctoritas für Verpflichtungen der Unmündigen.

[26]) Ueber die neben der consuetudo erwähnte rerum perpetuo similiter iudicatarum auctoritas vgl. unten § 8 III 2 und IV a. E.

[27]) . . . optima enim est legum interpres consuetudo.

[28]) Minime sunt mutanda, quae interpretationem certam semper habuerunt.

[29]) Vgl. N. 7 zu diesem §.

[29a]) So wurden diese Worte schon von den Glossatoren ausgelegt (u. § 15 N. 8). — Vgl. auch die oben § 2 N. 7 angeführte Aeusserung der Const. Deo auctore § 10.

römischen Quellen gewähren nur der Briefwechsel zwischen dem jüngeren Plinius und dem Kaiser Traian und das Sammelwerk des Gellius für die Beantwortung der Frage beachtenswerthes Material[30]).

a. In dem Gespräch über die Zwölftafeln, welches Gellius dem Philosophen Favorinus und dem Juristen Sextus Caecilius in den Mund legt, führt letzterer das Erlöschen der Geltung zahlreicher Bestimmungen der Zwölftafeln sowie einer Reihe anderer römischer Gesetze auf die desuetudo des römischen Volkes zurück, und erklärt diese Erscheinung für eine natürliche Folge der Veränderung der Umstände, mit welcher auch das Recht sich ändern müsse[31]). Damit stimmen mehrere andere Aeusserungen, welche wir in Gellius' Werke finden, überein[32]). Ebenso spricht der Jurist Julian in l. 32 § 1 D. h. t. auf das bestimmteste aus, dass Gesetze nicht nur durch neue gesetzliche Bestimmungen, sondern auch durch desuetudo kraft des tacitus consensus omnium aufgehoben werden; er bezeichnet diesen Satz als allgemein angenommen, und als durchaus zu-

---

[30]) Livius XXVII cap. 8 berichtet allerdings von einem Streit, ob das Recht des flamen Dialis, im Senate zu sitzen, durch lange Nichtausübung erloschen sei; doch handelte es sich hier nur um den Gegensatz zwischen älterem und neuerem Gewohnheitsrecht (a. A., wie es scheint, Adolf Schmidt, Zur Lehre vom Gewohnheitsrechte S. 21. In N. 4 daselbst ist irrig Livius 37, 8 statt 27, 8 citirt). — Unrichtig ist es auch m. E., wenn v. Savigny (System I S. 152 vor und in N. v.), Gai Inst. I § 111 unter den Zeugnissen dafür anführt, dass im römischen Recht die derogatorische Kraft des Gewohnheitsrechts gegenüber dem Inhalt eines Gesetzes anerkannt gewesen sei. Gaius sagt, dass die Begründung der manus durch usus theils durch Gesetze, theils durch desuetudo abgeschafft sei; aber er sagt nicht, dass diese Begründungsart auf Gesetz beruht habe, sondern erwähnt nur beiläufig die Bestimmung der Zwölftafeln über Unterbrechung dieser usucapio (Adolf Schmidt, Zur Lehre u. s. w. S. 21, welcher die Stelle des Gaius wie Savigny verwerthet, spricht doch in Anm. 5 nur von indirekter Anerkennung der usu erfolgenden conventio in manum mariti durch die Zwölftafeln). Auch die beiden Testamentsformen, welche, wie Gaius Inst. II § 103 erwähnt, „in desuetudinem abierunt“, werden nicht auf ein Gesetz zurückgeführt.

[31]) Gellius Noct. Attic. lib. XX cap. 1 §§ 7—10, 22 und 23.

[32]) So II cap. 24, § 11 wo von den alten Luxusgesetzen gesagt wird: legibus istis situ atque senio obliteratis (das Material zu diesem Kapitel hat Gellius aus Ateius Capito's Coniectaneis entnommen); XI cap. 18 § 4 und XII cap. 13 § 5 (s. die beiden letzteren Stellen oben § 2 N. 6).

treffend[33]); die Richtigkeit desselben folgert er aus der wesentlichen Gleichartigkeit der Entstehung des Volksgesetzes und des Gewohnheitsrechts[34]). Mit der Aufnahme dieser Stelle in die Justinianischen Pandekten steht im Einklang, dass hinsichtlich einer beträchtlichen Zahl von einzelnen Gesetzen deren gänzliche oder theilweise Aufhebung durch gewohnheitsmässige Nichtübung in den Justinianischen Rechtssammlungen erwähnt wird[35]). Die Mehrzahl der betreffenden Aeusserungen rührt von Justinian selbst her[36]). Dieser giebt zudem in mehreren auf sein grosses Codificationswerk bezüglichen Constitutionen deutlich zu erkennen, dass er alle leges, quae in desuetudinem abierunt, nicht als geltendes Recht betrachtete[37]). Endlich spricht derselbe in den Institutionen[38]) allgemein aus, dass das positive Recht der einzelnen Staaten oft geändert zu werden pflegt, sei es durch den stillschweigenden Consens des Volkes, sei es durch ein anderes später gegebenes Gesetz. Damit erkennt

---

33) . . . rectissime receptum est.

34) Vgl. oben § 3 II und § 6 I 1.

35) l. 27 § 4 D. de l. Aquil. 9, 2; l. 1 § 1 D. de interrog. act. 11, 1; § 5 I. de libert. 1, 5 (cf. l. un. C. de dedit. libert. toll. 7, 5); § 12 I. de l. Aquil. 4, 3; § 7 I. de iniur. 4, 4; l. 1 § 1 C. de cad. toll. 6, 51; Nov. 89 cap. 15. Wenn an der letzterwähnten Stelle Justinian die constitutio Constantini ad Gregorium, deren Bestimmungen über liberi naturales in desuetudinem gekommen waren, völlig aufhebt, so liegt darin nicht (wie Zoll in Ihering's Jahrbüchern Bd. 23 S. 441 ff. annimmt) Bethätigung eines Grundsatzes, dass die desuetudo einer ausdrücklichen gesetzlichen Bestätigung bedürfe; sagt doch vielmehr Justinian l. c., dass die betreffenden, von ihm gemissbilligten Bestimmungen durch die desuetudo bereits aufgehoben seien (*ταῦτα οὐ προσιέμεθα, ἐπειδὴ καὶ διὰ τῆς ἀχρηστίας ἀνῄρηται*). Der Grund für die ausdrückliche Aufhebung des Constantinischen Gesetzes ist vielmehr darin zu erblicken, dass dieses gegen das in der Const. Haec quae necessario § 2 enthaltene Verbot (siehe unten N. 37) von den Kompilatoren in den Justinianischen Codex aufgenommen war (so richtig Ad. Schmidt, zur Lehre u. s. w., S. 22).

36) Sc. die in N. 35 angeführten Stellen aus Institutionen, Codex und Novellen. Allerdings giebt § 12 I. de l. Aquil. 4, 3 sachlich nur eine Wiederholung der in l. 27 § 4 D. 9, 2 enthaltenen Aeusserung Ulpian's.

37) Const. Deo Auctore § 10; Const. Haec quae necessario § 2. Unbestimmter drückt sich die Const. Imperatoriam maiestatem § 5 aus.

38) § 11 I. de iure nat. 1, 2. Auf die Wichtigkeit dieser Stelle macht auch Ad. Schmidt S. 22 aufmerksam.

der Kaiser unzweideutig an, dass gesetzliche Bestimmungen (auch römische) durch Gewohnheitsrecht aufgehoben werden können, und zwar ist hier nicht einmal, wie in der l. 32 § 1 D. h. t. und den anderen aus dem Corpus iuris angeführten Stellen, lediglich von desuetudo die Rede, sondern die Worte des Kaisers sind ebenso wohl auf eine consuetudo contraria zu beziehen [39]).

b. Nur eine naturgemässe Modification des unter a bezeichneten Grundsatzes enthalten einige Quellenstellen, welche neuere partikuläre Gewohnheiten gegenüber einzelnen von Reichswegen ausgegangenen gesetzlichen Bestimmungen für kraftlos erklären [40]). Hierher gehört vor allem eine von dem jüngeren Plinius mitgetheilte Entscheidung Traian's [41]). Die von Pompeius kraft seines imperium für die Provinz Bithynien erlassene lex untersagte, in die Curie einer Stadt Bürger anderer Städte aufzunehmen. Das Verbot war aber lange Zeit hindurch nicht mehr beobachtet worden. Plinius als Statthalter von Bithynien fragte bei dem Kaiser an, wie es in dieser Beziehung zu halten sei, insbesondere ob die wider die gesetzliche Bestimmung in die Curie Aufgenommenen auszustossen seien [42]). Traian erkannte an, dass Plinius wohl habe schwanken können, ob die legis auctoritas oder die longa consuetudo usurpata contra legem als massgebend zu betrachten sei [43]). Seine Entscheidung geht dahin, dass, um Verwirrung zu vermeiden, die bisher gegen

---

[39]) Ein Gewohnheitsrecht contra duodecim tabulas ut litigantes non iure apud praetorem manum consererent, sed „ex iure manum consertum" vocarent erwähnt auch Gellius XX cap. 10 § 9.

[40]) Nur von einer einem hadrianischen Generalrescript widersprechenden lex municipalis und zwar wahrscheinlich von einer zeitlich vorausgehenden spricht l. 3 § 5 D. de sepulchro viol. 47, 12 (vgl. unten § 11 III); aber die Schlussworte der Stelle: oportet imperialia statuta suam vim obtinere et in omni loco valere sollten wohl auch gegenüber partikulären Gewohnheitsrechten, älteren und jüngeren, Platz greifen.

[41]) C. Plinii epistularum ad Traianum liber (ed. Keil), ep. 115. Epist. 114 enthält Plinius' vorausgegangene Anfrage. Den Inhalt der beiden Schriftstücke hat Puchta Gew.-R. I S. 89—90 richtig wiedergegeben.

[42]) Ueber ein seltsames Bedenken, welches Plinius in dieser Hinsicht geltend macht, siehe Puchta l. c.

[43]) Darin liegt wohl auch — wie Puchta l. c. hervorhebt — die Anerkennung, dass das Gewohnheitsrecht nicht schlechterdings dem Gesetzesrecht nachsteht.

die lex in die Curien Aufgenommenen in denselben verbleiben sollen, für die Zukunft aber die lex beobachtet werden soll. Wenn demnach der Kaiser annimmt, dass durch die entgegenstehende longa consuetudo die gesetzliche Bestimmung nicht aufgehoben ist, so wird dafür vermuthlich der Gesichtspunkt bestimmend gewesen sein, dass die von dem Vertreter des römischen Volks gegebene lex[44]) den fraglichen Gegenstand in unbedingt bindender Weise hatte regeln wollen; gegenüber diesem höheren Willen sollte der abweichende Wille der Unterthanengemeinden, resp. ihrer Glieder[45]), wenngleich durch die gewohnheitsmässige Uebung bewährt, keine Kraft haben. Eine ausdrückliche Ausschliessung jedes entgegenstehenden Gewohnheitsrechts[46]) der einzelnen regiones enthält wahrscheinlich das Gesetz Justinian's über das Zinsmaximum[47]); es ist anzunehmen, dass dadurch gegenüber der kaiserlichen Bestimmung jedes von dieser abweichende, aus einer partikulären Gemeinschaft[48]) entspringende Gewohnheitsrecht, sowohl bisher bestehendes als in Zukunft sich bildendes, für kraftlos erklärt werden sollte[49]). Der entsprechende Vorbehalt in l. 1 pr. D. de usuris 22, 1

---

[44]) Dass diese lex data als Theil der asiatischen acta des Pompeius' eine ausdrückliche Bestätigung durch ein Volksgesetz erhalten hatte (Wlassak, Römische Processgesetze II S. 107—108), wird weder von Plinius noch von Traian erwähnt.

[45]) Darauf sind die Worte des Plinius: (cum) ea pars legis iam pridem consensu quodam exolevisset zu beziehen.

[46]) Es können freilich die Worte „occasione consuetudinis in regione obtinentis" auch von dem (bisher) thatsächlich in den einzelnen Gegenden üblichen Zinsfuss verstanden werden (vgl. das unten in N. 51 über l. 1 pr. D. de usuris 22, 1 Bemerkte); doch ist dieses wegen des Ausdruckes „obtinentis" weniger wahrscheinlich, und vor allem spricht die innere Wahrscheinlichkeit dafür, dass Justinian, auch wenn ein höherer Zinsfuss bisher gewohnheitsrechtlich in einzelnen Gegenden bestand oder etwa später Geltung zu erlangen strebte, sein Gesetz dort unbedingt zur Geltung bringen wollte.

[47]) l. 26 C. de usuris 4, 32. Das hier in Betracht kommende Verbot (Nec liceat iudici memoratam augere taxationem occasione consuetudinis in regione obtinentis) steht in § 3 der l. 26.

[48]) Der unbestimmte Ausdruck „regio" wird hier jeden Theil des Reiches, ohne Rücksicht auf die politische Gliederung, bezeichnen.

[49]) So versteht insbesondere auch v. Savigny (System I S. 422) die Aeusserung Justinian's.

scheint von den Kompilatoren herzurühren, und gerade mit Rücksicht auf die eben erwähnte Codexstelle von ihnen hinzugefügt worden zu sein [50]). Doch bezog sich die Aeusserung Papinian's, welche diesen Zusatz erhielt, im Sinne des Autors schwerlich auf einen gewohnheitsrechtlichen Satz [51]).

c. Allgemein besagt die viel erörterte l. 2 C. h. t. ihrem Wortlaute nach, dass der langdauernden Gewohnheit nicht die Kraft zukomme, ein Gesetz zu überwinden. Man kann leicht sich versucht fühlen, — und diese Auslegung ist mehrfach ver-

---

[50]) Die Worte „ita tamen, ut legi non offendat“ halte ich aus sprachlichen und sachlichen Gründen für eine Interpolation. In ersterer Beziehung ist höchst auffallend die Verbindung „legi non offendat“ (vgl. Brissonius, de Verborum Significatione s v. offendere); auf das Verbum „offendere“ folgt regelmässig das Objekt im Accusativ, nicht im Dativ, und so schreibt auch Papinian an einer anderen Stelle desselben Werkes (der Quaestiones), aus welchem die l. 22 genommen ist, „legem offendit“ (l. 40 § 1 D. de iudic. 5, 1). Sachlich kommt zunächst in Betracht, dass das zu Papinian's Zeit geltende Zinsmaximum (die usurae centesimae) wahrscheinlich nicht auf einem Volksgesetze, sondern nur auf magistratischen Edikten beruhte (Puchta, Kursus der Institutionen § 261 bei Noten v. und w.). Dass aber Papinian, wie Lenel ad h. l. (Palingenesia I pag. 816) mit Verweisung auf l. 17 § 7 D. de usuris 22, 1 vermuthet, unter der „lex“ die Municipalgesetze verstanden haben sollte, ist schon deshalb wenig wahrscheinlich, weil jeder Anhalt dafür fehlt, dass diese ein Höchstmass von Zinsen, auch etwa nur der von den debitores civitatium zu entrichtenden, bestimmt haben. Andrerseits liegt die Annahme sehr nahe, dass die Kompilatoren bei einer Aeusserung, welche dem Richter die Festsetzung des Zinsmasses ex more regionis zuwies, sich der von Justinian l. 26 § 3 C. 4, 32 gegebenen beschränkenden Bestimmung erinnerten und demgemäss Papinian's Ausspruch ergänzten.

[51]) Von einem arbitrium iudicis hinsichtlich des Zinsmasses konnte Papinian nicht sprechen, wenn er annahm, dass die Höhe der (officio iudicis zu leistenden) Zinsen gewohnheitsrechtlich in den einzelnen Gegenden fixirt sei. Dagegen erscheint der Ausdruck als ganz korrekt, wenn nur eine Berücksichtigung des am Vertragsorte thatsächlich üblichen Zinsfusses gemeint war. Diese Auslegung wird auch bestärkt durch Vergleich mit l. 21 pr. D. de ann. leg. 33, 1: usurae, quae ex consuetudine in provincia praestarentur, und namentlich mit l. 7 § 10 D de adm. et per. tut. 26, 7: secundum morem provinciae praestabit usuras aut quincunces aut trientes aut si quae aliae leviores in provincia frequentantur (vgl. hinsichtlich dieser Stellen oben § 2 N. 17 und 21). Auch Puchta (Gew.-R. I S. 76 N. 5) und Regelsberger (Pandekten I § 22 N. 7) beziehen die l. 1 nur auf einen Geschäftsgebrauch, freilich ohne eine Interpolation des Schlusssatzes zu vermuthen.

fochten worden[52]) — die Worte der lex so zu deuten, als ob dadurch nur eine gegenüber der Kraft des Gesetzes überwiegende Kraft der consuetudo in Abrede gestellt würde. Die Bedeutung derselben wäre alsdann, dass dem Gewohnheitsrecht und dem Gesetz gleiches rechtliches Ansehen zukomme, so dass bei einer Collision beider das Vorgehen des einen oder des anderen durch anderweitige Momente, etwa durch die spätere Entstehungszeit der betreffenden Norm oder durch die Ueberordnung der betreffenden rechtsbildenden Gemeinschaft, bestimmt würde. Diese Auslegung wäre statthaft und nicht unwahrscheinlich[53]), wenn nicht parallel mit der lex die ratio genannt wäre. Da sie aber in Beziehung auf letztere unmöglich ist[54]), so erscheint sie überhaupt als ausgeschlossen[55]). Nahe liegt alsdann die Annahme, dass die Constantinische Bestimmung die derogatorische Kraft der consuetudo gegenüber der lex nicht unbedingt verneint habe, sondern nur unter gewissen Voraussetzungen resp. mit gewissen Beschränkungen[56]). Davon steht aber nichts in der l. 2 C. h. t., und wir könnten in dieser Hinsicht nur ganz unsichere Vermuthungen aufstellen. Gegen die eben erwähnte Annahme spricht zudem die Erwägung, dass die Gesetzgebung der späteren Kaiser und insbesondere eines so durchgreifenden und reformatorischen Herrschers wie Constantin wohl geneigt sein konnte, dem Gesetze einen unbedingten Vorzug gegenüber dem Gewohnheitsrechte beizu-

---

[52]) In neuester Zeit wieder von Ad. Schmidt, Zur Lehre u. s. w. S. 25—26; ähnlich, aber diesen Sinn nur als „denkbar" bezeichnend, Brinz Lehrb. d. Pandekten I, 3. Aufl., S. 151 Anm. 4.

[53]) Der Einwand v. Savigny's (System I S. 426) gegen diese Erklärung, dass Constantin etwas so Ueberflüssiges gewiss nicht habe aussprechen wollen, ist gegenüber den römischen Kaiserconstitutionen „ein wenig schwer wiegender"; auch kennen wir den speciellen Anlass der Constitution nicht (Ad. Schmidt, S. 26 Anm.).

[54]) Ein Gleichgewicht zwischen consuetudo und ratio ist undenkbar.

[55]) Man kann auch keinesfalls bei Auslegung der Worte „aut legem" die vorangehenden Worte „aut rationem" als ihre eigenen Wege gehend ausser Spiel lassen, wie Ad. Schmidt S. 25 will.

[56]) Z. B. nur für den Fall, dass „das Gesetz von vorn herein eine künftig sich etwa dagegen bildenwollende Gewohnheit untersagt hat" (v. Vangerow, Lehrb. der Pandekten, 7. Aufl., I § 16 Anm.).

legen[57]). Zuzugeben ist freilich andrerseits, dass Constantin und ebenso die Kompilatoren des Justinianischen Codex bei Aufnahme des Rescripts kaum an andere als partikulare Gewohnheiten gedacht haben werden, da ein gemeines Gewohnheitsrecht in jener Zeit nur sehr schwer sich zu bilden vermochte[58]); aber für eine einschränkende Auslegung des allgemeinen Wortlauts der Stelle erscheint auch dieses Argument als nicht genügend sicher[59]). Demnach werden wir die l. 2 im Sinne der Ausschliessung derogatorischer Kraft des Gewohnheitsrechts überhaupt gegenüber einem Gesetze verstehen müssen.

Eine Bestätigung für die Richtigkeit dieser buchstäblichen Auslegung der l. 2[60]) darf jedoch nicht[61]) in den Nov. 106 und 110 gefunden werden. Durch die erstere hatte Justinian im Jahre 540 alten, aber neuerdings[62]) zum Gegenstand von Streitigkeiten gewordenen Gewohnheitsrechten[63]) hinsichtlich der Verzinsung von

---

[57]) Diesen Gesichtspunkt hat Keller, Pandekten, 2. Aufl., § 3 N. 8 nachdrücklich geltend gemacht.

[58]) Hierauf besonders stützt v. Savigny, System I S. 421 die von vielen älteren und neueren Schriftstellern verfochtene Meinung, dass die Stelle nur auf das Verhältniss partikularen Gewohnheitsrechtes zu einem absoluten Kaisergesetz bezogen werden dürfe. Zu weit jedenfalls geht die Behauptung Regelsberger's (Pand. I S. 103), dass zur Zeit Constantin's von einer das ganze Reich umfassenden Gewohnheitsrechtsbildung nicht die Rede sein konnte; er selbst führt in Anm. 3 eine Reihe von Stellen aus der Justinianischen Kompilation an, welche allgemeine desuetudines bekunden.

[59]) Guyet (Archiv f. d. civil. Praxis, Bd. 35 S. 27) hat für die in Frage stehende Auslegung noch die Inscription und die Subscription der l. 2 geltend gemacht: Proculus, an welchen dieselbe gerichtet sei, habe im Jahre 319 den Posten eines Proconsul Africae bekleidet; die dem Rescript Constantin's vorausgegangene Anfrage könne sich also nur auf ein partikuläres Gewohnheitsrecht bezogen haben. (Eine nicht unwahrscheinliche Vermuthung über den speciellen Anlass der Constantinischen Entscheidung hat neuerdings Mitteis l. c. S. 163 aufgestellt.) Aber auch falls letzteres als richtig anzuerkennen ist, kann der Kaiser doch immerhin in seiner Antwort einen allgemeinen Grundsatz ausgesprochen haben.

[60]) Für diese Ansicht haben sich neuerdings auch Gneist (Verhandl. des 5. deutschen Juristentages II S. 91), Keller (Pandekten, 2. Aufl., § 3 N. 8) und Dernburg (Pandekten, 4. Aufl., § 28 N. 5) ausgesprochen.

[61]) Mit Zoll in Ihering's Jahrbuch XIII, S. 438—439.

[62]) Vermuthlich in Folge des Erlasses der l. 26 C. de usuris 4, 32.

[63]) Die Annahme Sieveking's, Das Seedarlehen des Alterthums (1893)

Seedarlehen allgemeine gesetzliche Geltung verliehen und zwar mit der ausdrücklichen Begründung, dass die betreffenden Sätze keinem bestehenden Gesetze widersprächen. Im folgenden Jahre aber widerrief er durch Nov. 110[64]) die Nov. 106, an deren Stelle die früher von ihm erlassenen einschlägigen Gesetze zur Anwendung kommen sollten. Für diesen Widerruf war ohne Zweifel massgebend die Einsicht, dass die durch Nov. 106 mit gesetzlicher Sanktion versehenen Bestimmungen unvereinbar seien mit dem von Justinian im Jahre 528 durch l. 26 § 2 C. de usuris 4, 32 auch für das foenus nanticum vorgeschriebenen Zinsmaximum. Es handelte sich aber dabei durchaus nicht etwa um consuetudines, die nach Erlass der l. 26 cit. in Widerspruch zu derselben neu entstanden waren[65]), sondern um ältere, unter der Herrschaft der vorausgegangenen Gesetzgebung entstandene und darnach zulässige, aber durch die l. 26 beseitigte gewohnheitsrechtliche Uebungen. Justinian hatte nur vorübergehend dieses Verhältniss seines eigenen Gesetzes zu den älteren Gewohnheitsrechten verkannt.

d. Als Resultat unserer bisherigen Erörterungen ergiebt sich, dass hinsichtlich der derogatorischen Kraft des Gewohnheitsrechtes gegenüber Gesetzen eine Antinomie im Corpus iuris civilis besteht, dass aber die Stellen, in denen eine solche Kraft anerkannt ist, ganz entschieden überwiegen. Dieses Uebergewicht ist nicht nur ein numerisches, sondern gründet sich namentlich auch auf die besondere Berücksichtigung, welche

---

S. 40, dass vor Novelle 106 blos eine alte Handelsgewohnheit, „die bisher nur durch den Willen der Parteien galt", bestanden habe, ist mit dem griechischen Text (vgl. namentlich die unten in Note 65 aus cap. 1 citirte Stelle) schwer vereinbar. In Uebereinstimmung mit der hier vertretenen Ansicht zählt Goldschmidt, Handbuch des Handelsrechts Bd. I, 3. Aufl., S. 90 die in Nov. 106 erwähnten Gewohnheiten zu dem älteren „Vulgarrecht", das sich im Orient neben der Justinianischen Codification behauptete.

[64]) Dieselbe ist übrigens nicht glossirt.

[65]) Wie Zoll a. a. O. annimmt. Der Kaiser spricht aber im Eingang der Novelle von einem *ἀρχαῖον ἔθος;* in cap. 1 nennt er die fraglichen gewohnheitsrechtlichen Sätze: *τὸ ἐν μακροῖς οὕτω πολιτευόμενον χρόνοις καὶ κρατῆσαν.* Wie sollten diese Ausdrücke auf ein in den Jahren 528—540 neu entstandenes Gewohnheitsrecht passen, selbst wenn ein so kurzer Zeitraum für eine gewohnheitsrechtliche Neubildung genügt hätte?

den eigenen Aussprüchen Justinian's für die Ermittlung seiner wahren Ansicht und Absicht gebührt [66]). Als selbstverständlich dürfen wir dabei wohl annehmen, dass keinesfalls die rechtliche Möglichkeit der Aufhebung einer kaiserlichen Vorschrift, welche ausdrücklich oder ihrem Inhalte nach jede abweichende partikuläre Rechtsbildung ausschloss, durch partikuläres Gewohnheitsrecht statuirt werden sollte; für diese Annahme bieten, neben der Natur der Sache, die unter b. erörterten Stellen eine werthvolle Grundlage. — Man kann freilich noch die Frage aufwerfen, ob Justinian, selbst wenn er im Allgemeinen die derogatorische Kraft des Gewohnheitsrechts anerkannte, gewohnheitsrechtliche Abänderungen seiner Codification gestatten wollte [67]). Ausdrückliche Erklärungen hat er in dieser Beziehung nicht gegeben. Wahrscheinlich hat er gemeint, durch sein Verbot jeder Kommentirung seiner Rechtssammlungen und durch die Verpflichtung der Gerichte, bei jedem Zweifel hinsichtlich der Auslegung die kaiserliche Entscheidung anzurufen [68]), jede Bildung abweichenden Gewohnheitsrechtes sicher verhindern zu können.

§ 7.

Erkenntniss und Anwendung des Gewohnheitsrechtes.

I. Der Anschauung, dass das Gewohnheitsrecht ein schwankendes, unsicheres Recht insbesondere im Vergleich zum Gesetzesrecht sei, giebt Pomponius in seinem Abriss der römischen Rechtsgeschichte Ausdruck [1]); andrerseits aber hebt Paulus als

---

[66]) Ein Vorzug der l. 2 C. h. t. vor den entgegengesetzten Aeusserungen der Institutionen und der Pandekten aus dem Grunde, weil der Codex repetitae praelectionis den beiden letzteren Sammlungen derogire, ist nicht anzunehmen, weil richtiger Ansicht nach die drei Sammlungen überhaupt gleiche Kraft haben (Ad. Schmidt, Zur Lehre u. s. w. S. 23 Anm. 2; vgl. Krueger, Geschichte der Quellen u. s. w. S. 327).

[67]) Entschieden verneint wird diese Frage, allerdings aus theilweise hinfälligen Gründen, von Zoll in der angeführten Abhandlung, S. 429 und 437—438.

[68]) Const. Deo auctore § 12; Const. Tanta § 21.

[1]) l. 2 § 3 D. de orig. iur. 1, 2: iterumque (nach Vertreibung der Könige und Abschaffung der leges regiae durch eine lex tribunicia) coepit

Vorzug des Gewohnheitsrechts hervor, dass demselben vermöge seiner Entstehung eine Gewissheit zukomme, welche die Fixirung durch die Schrift entbehrlich mache[2]). Wie diesen beiden entgegengesetzten Aussprüchen jede nähere Begründung und Ausführung fehlt, so gewähren uns die römischen Rechtsquellen auch über die Mittel, ein Gewohnheitsrecht zu erkennen, nur sehr spärliche Auskunft.

1. Einige Stellen weisen auf die einzelnen Uebungsakte als Erkenntnissmittel hin. So bemerkt Paulus, dass wenn es sich um Auslegung eines Gesetzes handle, vor allem zu untersuchen sei, welche Rechtssätze die Stadt früher in gleichartigen Fällen beobachtet habe[3]). Die l. 1 C. h. t. und die l. 3 C. de aedif. priv. 8,10 verweisen den praeses provinciae für die Ermittlung einer consuetudo auf das, was häufig in Streitigkeiten derselben Art in der Stadt zur Anwendung gekommen ist. Die l. 3 C. h. t. bezeichnet als Inhalt der dort bestätigten Gewohnheitsrechte das, was nach den anzustellenden Ermittlungen bisher an die betreffenden Gemeinden, Behörden u. s. w. geleistet worden ist[4]). Dass besonders darauf geachtet werden sollte, ob die Uebung nach ihrer Zeitdauer zur Hervorbringung neuen Rechtes genüge, entnehmen wir aus der l. 11 C. de leg. 1,14[5]). Einen Hinweis darauf, dass bei Ermittlung der bisherigen Uebung das Verhalten aller Betheiligten in den einzelnen Fällen zu berücksichtigen sei, dürfen wir in l. 3 C. de aedif. priv. 8, 10 finden[6]).

---

populus Romanus incerto magis iure (vgl. ibidem § 1) et consuetudine aliqua uti quam per latam legem (regi?).

[2]) l. 36 D. h. t. Vgl. über diese Stelle oben § 3 N. 12.

[3]) l. 37 D. h. t.

[4]) Quod officiis, curiis, civitatibus, principiis vel collegiis praestitum fuisse cognoscitur. — Officia sind Behörden; principia heissen hier wahrscheinlich Offiziercorps (vgl. Heumann, Handlexikon zu den Quellen des römischen Rechts, 8. Aufl., herausgegeben von Thon, S. 428).

[5]) l. 11 C. de leg. 1, 14 (vgl. über diese Stelle oben § 3 I 1).

[6]) Für Beantwortung der Frage, ob die Verwandelung eines Hausgrundstückes in einen Garten im concreten Falle erlaubt gewesen sei, soll ermittelt werden, ob dieselbe ohne Widerspruch der Magistrate und der Nachbarn stattgefunden habe, sowie ferner, welche Uebung bisher in gleichartigen Fällen in der Stadt befolgt worden sei. Es erscheint als selbstverständlich, dass auch bei Feststellung der einzelnen früheren Uebungsakte das damalige Verhalten der Magistrate und der Nachbarn berücksichtigt werden sollte.

2. Daneben tritt uns aber auch in zwei Stellen des Corpus iuris civilis eine nicht aus den einzelnen Uebungshandlungen geschöpfte Erkenntniss gewohnheitsrechtlicher Normen entgegen.

a. In l. 34 D. h. t. sagt Ulpian: Cum de consuetudine civitatis vel provinciae confidere quis videtur, primum quidem illud explorandum arbitror, an etiam contradicto aliquando iudicio consuetudo firmata sit, d. h. wenn Jemand sich auf ein Gewohnheitsrecht einer Stadt oder einer Provinz beruft, so ist nach meiner Ansicht vor allem zu ermitteln, ob das behauptete Gewohnheitsrecht durch ein früheres richterliches Urtheil nach vorausgegangenem Parteienstreite anerkannt worden ist. Das frühere richterliche Urtheil wird hier nicht als ein für die Bildung des betreffenden Gewohnheitsrechts relevanter Akt erwähnt [7]), sondern vielmehr als eine Bekräftigung schon bestehenden Gewohnheitsrechts. Eine solche richterliche Anerkennung eines Gewohnheitssatzes soll als wichtigstes Erkenntnissmittel des letzteren in Betracht kommen, wenn in dem früheren Falle das Bestehen des Gewohnheitsrechtes von der einen Partei behauptet, von der anderen bestritten war [8]); es wird dabei vorausgesetzt, dass ein solcher Streit der Parteien das Gericht zu einer besonders sorgfältigen Prüfung der Frage werde veranlasst haben. Der Ausspruch Ulpian's enthält jedoch keine bindende Vorschrift, sondern nur einen verständigen

---

[7]) Diese früher sehr verbreitete Auffassung ist mit dem Wortlaute der Stelle, welcher eine schon vor dem Urtheil bestehende consuetudo voraussetzt, nicht vereinbar und jetzt wohl fast allgemein aufgegeben. Einigermassen hält an ihr noch fest Windscheid, Lehrb. d. Pand. § 17 N. 1, indem er sagt, „ein solches Urtheil hat ausserdem, dass es selbst eine Uebung des Gewohnheitsrechtes, die Kraft eines glaubwürdigen Zeugnisses für dasselbe" (unter „Uebung des Gewohnheitsrechtes" versteht W. „die Uebung, in welcher das Gewohnheitsrecht zum Dasein gelangt", l. c. § 16, Abs. 2).

[8]) Der Ausdruck „contradicto iudicio" ist allerdings ein ungewöhnlicher. Die Vermuthung Puchta's (Gew.-R. I S. 97), dass die Kompilatoren denselben einem ihnen nicht passenden Ausdrucke Ulpian's substituirt haben, hat grosse Wahrscheinlichkeit für sich. Die früher vielfach verfochtene Emendation von „contradicto" in „contradicta" würde am Sinne der Stelle nichts ändern. Ganz unmöglich aber ist die von Boehlau (Mecklenburg. Landrecht I S. 329 N. 4) im Anschluss an die Glosse gegebene Auslegung, dass unter der consuetudo contradicto iudicio firmata ein trotz gegentheiligen Urtheils (iudicio contra ipsam dicto) in fortdauernder Uebung gebliebenes Gewohnheitsrecht zu verstehen sei.

Rath [9]). Die Stelle spricht nur von partikulärem Gewohnheitsrecht [9a]); ob der Jurist einem einzelnen Richterspruche auch unter der angegebenen Voraussetzung eine ebenso grosse Bedeutung für die Erkenntniss eines gemeinen Gewohnheitsrechtes zugeschrieben haben würde, ist zu bezweifeln [10]).

b. Von einem anderen Wege zur Ermittelung gewohnheitsrechtlicher Sätze berichtet Nov. 106 [11]). Es handelte sich aber dabei nicht um Entscheidung eines einzelnen Rechtsfalles, sondern um eine Vorarbeit für den Erlass eines Gesetzes. Wie Justinian erzählt, bewirkte der Praefectus praetorio die ihm vom Kaiser zu dem oben erwähnten Behufe aufgetragene Erforschung der hinsichtlich des Seedarlehen geltenden besonderen Gewohnheitsrechte in der Weise, dass er die mit dem Gegenstand praktisch vertrauten Rheder zusammenberief und befragte und ihre eidlich bekräftigten Aussagen entgegennahm [12]). Indem der Kaiser den so bekundeten Gewohnheitsrechten gesetzliche Bestätigung verlieh, billigte er offenbar auch den für ihre Ermittelung eingeschlagenen Weg.

II. Auch über die Frage, ob resp. inwieweit im Prozesse die Geltendmachung eines Gewohnheitsrechtes als Sache der Parteien betrachtet wurde oder dem Richter die Erforschung und Anwendung bestehenden Gewohnheitsrechtes ex officio oblag, geben uns die römischen Quellen nur dürftigen Aufschluss. Immerhin können wir auf Grund ihrer Aussprüche zu einem in der Hauptsache festen Resultate kommen [13]).

---

9) Glueck, Erläuterung der Pandekten I (2. Aufl.) S. 47 und 473; v. Savigny, System I S. 192.

9a) Vgl. oben § 4 I, bes. N. 5.

10) In der That würde es misslich sein, einer einzelnen Sentenz für ein gemeines römisches Gewohnheitsrecht einen solchen Einfluss beizulegen (Puchta, Gew.-R. I S. 98).

11) Vgl. über dieses Gesetz den vorigen Paragraphen II 3c.

12) Ungenau sagt v. Savigny (System I S. 184, vgl. S. 191—192) der Kaiser habe die eidliche Vernehmung von Personen, welche Bodmerei betrieben, befohlen.

13) Die richtige, jetzt im wesentlichen allseitig angenommene Ansicht über den Standpunkt des römischen Rechts in dieser Frage hat Puchta (Gew.-R. I S. 104 ff.) begründet; doch bedürfen seine Quellennachweise mehrfacher Ergänzung.

Allgemein sagen die Institutionen, der Richter müsse vor allem darauf achten, dass er gemäss den Bestimmungen der Gesetze, Konstitutionen und Gewohnheitsrechte urtheile [14]). Wie hier kein Unterschied in der Stellung des Richters zu dem geschriebenen Rechte und zu dem Gewohnheitsrechte hervortritt, so erklären es mehrere andere Stellen des Corpus iuris civilis principiell für eine Pflicht des Richters, das bestehende Gewohnheitsrecht zu ermitteln resp. zu beachten. In der l. 1 C. h. t. sagt Kaiser Alexander, der praeses provinciae werde (in dem betreffenden Streitfalle) kraft seines Amtes dafür sorgen [15]), dass nichts gegen das Gewohnheitsrecht geschehe. Ebenso erklärte ein Rescript der Divi Fratres [16]) es für eine Aufgabe des Richters, zu erforschen, welches Gewohnheitsrecht in seiner Provinz hinsichtlich der Vorladung auswärtiger Zeugen gelte. Wenn es sich in der ersteren Stelle um einen materiellrechtlichen Streit, in der zweiten um eine Frage der Processleitung handelt, so scheint Paulus schlechthin die Ermittelung einer gewohnheitsrechtlichen Interpretation eines Gesetzes als eine Aufgabe des Richters zu bezeichnen [17]). Auf der anderen Seite deuten allerdings die Worte der l. 34 h. t.: „cum de consuetudine civitatis vel provinciae quis confidere videtur" auf eine, wohl durch Berufung auf frühere Uebungsfälle unterstützte, Behauptung eines Gewohnheitsrechtes von Seiten einer Partei; jedoch die folgenden Worte scheinen sich auf eine richterliche Thätigkeit zur Ermittelung des allegirten Gewohnheitsrechtes zu beziehen [18]). Von einem „probare" früherer Uebungsakte sprechen freilich l. 3 § 6 D. de testib. und die

---

[14]) pr. I. de off. iud. 4, 17.

[15]) „ad sollicitudinem suam revocabit".

[16]) Der betreffende Passus des Rescripts ist mitgetheilt von Callistratus in l. 3 § 6 D. de testibus 22, 5.

[17]) l. 37 D. h. t. Insbesondere das Wort „quaeratur" scheint auf einen Process, das Wort „inspiciendum" auf eine richterliche Thätigkeit hinzuweisen. Dafür, dass die Kompilatoren die Aeusserung des Paulus so verstanden haben, spricht auch die Verbindung, in welche sie dieselbe mit der l. 38 gesetzt haben.

[18]) So das Wort „explorare" (vgl. l. 3 § 6 cit.); ferner wird der Richter vorzugsweise in der Lage sein, ein früheres richterliches Urtheil zu ermitteln.

l. 1 C. h. t.[19]); aber nicht nur fehlt jede nähere Bestimmung, woraus eine Beweispflicht einer bestimmten Partei zu entnehmen wäre[20]), sondern gerade diese Stellen erwähnen, wie vorhin dargelegt wurde, eine Amtspflicht des Richters in Betreff der Ermittelung resp. Beachtung des betreffenden Gewohnheitsrechtes. Endlich finden wir in einem hervorragenden nichtjuristischen Werke aus der römischen Kaiserzeit den ganz bestimmten, auffallender Weise in den neueren Erörterungen über die Lehre vom Gewohnheitsrechte durchaus übersehenen[21]) Ausspruch, dass einheimische Gewohnheitsrechte ebenso wenig wie Gesetze eines Beweises im Prozesse bedürften[22]).

Auf Grund dieses Quellenmaterials ist anzunehmen, dass im römischen Prozesse der Richter wesentlich dieselbe Stellung zu den gewohnheitsrechtlichen Normen wie zu den gesetzlichen hatte; dass insbesondere von einem eigentlichen Beweis des Gewohnheitsrechtes nicht die Rede war, wenngleich eine Parteienthätigkeit zur Unterstützung des Richters in Erforschung wenigstens eines partikulären Gewohnheitsrechtes[23]) wohl nicht ausgeschlossen war.

---

[19]) Ebenso die l. 3 C. de aedif. priv.; der betreffende Satz ist aber aus derselben Constitution entnommen, wie der wörtlich übereinstimmende der l. 1 C. h. t. (siehe oben § 3 N. 2).

[20]) Treffend bemerkt von Puchta, Gew.-R. I S. 111.

[21]) Puchta I S. 112 hebt hervor, dass die Rhetoren von der consuetudo nicht unter der coniecturalis constitutio (der Feststellung der Thatsachen), sondern unter der iuridicialis handelten, und citirt dafür den Auctor ad Herennium; aber die weit unmittelbarer und stärker beweisende Aeusserung Quintilian's erwähnt er nicht.

[22]) Quintiliani Inst. orat. lib. V cap. 10 §§ 11—13. Quintilian setzt hier auseinander, dass es Dinge gebe und geben müsse, welche keines Beweises bedürfen, sondern als gewiss vorausgesetzt werden. Dazu gehören (§ 13) „quae legibus cauta sunt, quae persuasione etiamsi non omnium hominum, eius tamen civitatis aut gentis, in qua res agitur, in mores recepta sunt". (Vgl. über die hierin enthaltene Definition des Gewohnheitsrechtes oben § 3 N. 20.) Dass Quintilian dabei wesentlich an die Ausschliessung eines Beweises vor Gericht gedacht hat, geht auch hervor aus den folgenden Beispielen: si quid inter utramque partem convenit, si quid probatum est, denique cuicumque adversarius non contradicit.

[23]) Nur von einem solchen sprechen l. 3 § 6 D. de testib. und l. 1 C. h. t.

§ 8.

Der Gerichtsgebrauch und sein Verhältniss zum Gewohnheitsrechte.

In den rhetorischen Schriften der Römer finden wir unter den Rechtsquellen auch die res iudicatae aufgeführt [1]. In einer sehr bekannten Pandektenstelle [2] wird neben der consuetudo die rerum perpetuo similiter iudicatarum auctoritas erwähnt und ihr ebenso wie jener Gesetzeskraft beigelegt. Zahlreiche Stellen im Codex Justinianeus verweisen auf einen mos iudiciorum [3]. Andrerseits hat Justinian in schärfster Weise betont, dass der Richter nicht nach Präjudicien auch der höchsten Gerichte, sondern nach den Gesetzen urtheilen solle [4]. Schon diese Wahrnehmungen müssen uns veranlassen, zu untersuchen, ob resp. inwieweit die Römer den Gerichtsgebrauch als eine Rechtsquelle anerkannt haben und wie sie dessen Verhältniss zum Gewohnheitsrechte auffassten.

I. Savigny [5] spricht seine Verwunderung darüber aus, dass in der allgemeinen Aufzählung der Rechtsquellen bei den rhetorischen Schriftstellern die res iudicatae ganz gewöhnlich vorkommen [6], dagegen bei den alten Juristen nicht. Das Moment aber, welches uns eine Erklärung dieser Verschiedenheit bietet, hat Savigny selbst an einer anderen Stelle [7] hervorgehoben. Die rhetorischen Schriftsteller vermengen mit den Rechtsquellen die Entstehungsgründe der einzelnen Rechtsver-

---

[1]) Auctor ad Herennium II cap. 13 § 19; Cicero de Inv. II cap. 22 §§ 67 und 68, Topica cap. 5 § 28.

[2]) l. 38 D. h. t.

[3]) l. 14 C. de pactis 2, 3; l. 10 C. de procurat. 2, 12; l. 2 C. de probat. 4, 19; l. 3 C. si quis alteri 4, 50; l. 15 C. de excus. 5, 62; l. 4 C. ne de statu defuncti 7, 21; l. 4 C. de accus. 9, 2.

[4]) l. 13 C. de sent. et interloc. 7, 45. Besonders wichtig ist der Zwischensatz: non enim, si quid non bene dirimatur, hoc et in aliorum iudicum vitium extendi oportet, cum non exemplis, sed legibus iudicandum est.

[5]) System I S. 148 N. h.

[6]) Sie fehlen jedoch in der ausführlichen Aufzählung, welche Cicero in den Partit. orat. cap. 37 giebt.

[7]) System I S. 109 in.

hältnisse[8]), wovon die Juristen sich frei hielten. Bei dem Auctor ad Herennium[9]) finden wir allerdings auch eine Erörterung der Frage, wie es mit der Autorität früherer gerichtlicher Erkenntnisse in späteren gleichartigen Fällen stehe. Der Schriftsteller betont, dass die Urtheile bezw. obrigkeitlichen Dekrete in den einzelnen Rechtsfällen oft auseinander gingen; man müsse dann die Zahl der Urtheile, die Zeitumstände, die Person des Richters in Erwägung ziehen. Von einer rechtlich bindenden Kraft auch einer beständig befolgten gerichtlichen Praxis spricht er aber ebensowenig wie Cicero in einer seiner Aeusserungen über die Rechtsquellen.

II. Auch die häufige Erwähnung eines mos iudiciorum im Justinianischen Recht[10]) darf nicht für die Annahme einer verbindlichen Kraft des Gerichtsgebrauches bei den Römern verwerthet werden[11]). Die Verweisung auf den mos iudiciorum kommt, soviel ich sehe, nur in kaiserlichen Rescripten vor. Fast ebenso oft finden wir, dass in diesen dem Anfragenden anheimgegeben wird, more solito bei den Gerichten seinen Anspruch zu verfolgen[12]). Beide Ausdrücke haben keine specielle Beziehung auf Rechtssätze, die durch die bisherige Thätigkeit der Gerichte selbst entstanden wären; vielmehr weisen sie nur hin auf die für derartige Rechtsansprüche gewöhnliche Art der Rechtsverfolgung, bezw. auf das in solchen Sachen gewöhnlich beobachtete Verfahren, ohne dass dabei gesagt würde, aus welcher Rechtsquelle die massgebenden Rechtsnormen fliessen[13])

---

[8]) Insbesondere, ausser den gerichtlichen Entscheidungen, die Privatverträge. Immerhin scheint der Auctor ad Herennium II cap. 13 § 20 die Verträge der Einzelnen, welche blos Gesetzesanwendung sind, von den ohne specielle gesetzliche Grundlage geschlossenen und verpflichtenden zu unterscheiden.

[9]) Auctor ad Herennium II 13 §§ 19 und 20.

[10]) Vgl. die oben (N. 3) citirten Stellen.

[11]) Wie dies z. B. Gesterding, Ausbeute von Nachforschungen V, 2, S. 171 gethan hat.

[12]) So in l. 1 C. de servit, 3, 34; l. 3 C. de privil. fisci 7, 73; l. 12 (14) C. ad l. Jul. de adulterio 9, 9; l. 3 C. de iniur. 9, 35: denselben Ausdruck gebraucht in gleichem Zusammenhang Papinian in l. 50 § 1 D. de manum. test. 40, 4.

[13]) Wo dies ausgedrückt werden soll, bedienen sich die kaiserlichen Re-

und ohne dass zwischen dem rechtlich nothwendigen und dem nur thatsächlich gewöhnlichen Vorgehen unterschieden würde [14]). Die Kaiser waren zu solchen Verweisungen auf den gewöhnlichen gerichtlichen Weg veranlasst durch die an sie überaus häufig gerichteten Anfragen, ob und wie ein Anspruch gerichtlich geltend zu machen sei, resp. durch die an sie herantretenden Bitten um ausserordentliche Hilfe. Besonders charakteristisch in dieser Hinsicht ist l. 14 C. de pactis 2, 3. In dem betreffenden Falle begehrte der Gläubiger, welcher sich die Erfüllung eines pactum durch eine Pönalstipulation gesichert hatte, ohne weiteres Immission in das Vermögen des Schuldners. Der Kaiser belehrte ihn, dass dies unzulässig sei, dass er aber durch Klage ex stipulatu entweder den ursprünglichen Vertragsgegenstand erlangen oder die Conventionalstrafe auf dem gewöhnlichen gerichtlichen Wege eintreiben könne.

III. Andrerseits aber lässt sich bei unbefangener Betrachtung nicht verkennen, dass mehrere Stellen des Corpus iuris civilis der gleichmässigen gerichtlichen Uebung in einzelnen prozessualischen Beziehungen eine bindende Kraft beilegen [15]). In derselben Richtung kommt für das materielle Recht die in l. 38 D. h. t. ausgesprochene umfassende Anerkennung der gesetzesgleichen Kraft bisheriger beständig übereinstimmender Gerichtsentscheidungen wesentlich in Betracht.

1. In der schon mehrfach erwähnten l. 3 § 6 D. de testibus 22, 5 wird der Richter in Betreff der Zulässigkeit der Vor-

---

scripte genauerer Bezeichnungen. So heisst es in l. 32 C. de transact. 2, 4: usitato more legum; in l. 3 C. ad l. Jul. de vi publica 9, 12: sollemni more legis Juliae de vi.

[14]) Dass dagegen mit den Worten solitus iudiciorum ordo in l. 4 C. de sentent. et interloc. 7, 45 das rechtlich erforderliche Verfahren bezeichnet werden soll, lehrt uns die dort ausgesprochene Nichtigkeitserklärung eines mit Verletzung dieses ordo gefällten Urtheils.

[15]) Hierher gehört aber keineswegs der Hinweis auf die consuetudo fori et iudicii in l. 1 § 10 D. de extraord. cogn. 50, 13. Diese Stelle macht nur die ganz zweckmässige Bemerkung, dass man bei der Bestimmung des Honorars der Advokaten, soweit nicht das Gesetz eine Grenze ziehe, unter Anderem — dazu gehört sogar auch die Beredsamkeit des Advokaten — „auch das berücksichtigen solle, was bisher bei dem Gerichte gebräuchlich war" (v. Waechter, Pandekten I S. 112).

ladung von Zeugen aus einer anderen Stadt auf die in der betreffenden Provinz in dieser Hinsicht bestehende consuetudo verwiesen; es ist aber an sich nicht zu bezweifeln und wird durch den Zusammenhang der Stelle bestätigt[16]), dass die consuetudo sich (wenigstens zunächst) durch das Verhalten der Gerichte gebildet resp. bekundet haben soll. Das von Marcellus in l. 7 pr. D. de in int. rest. 4, 1 mitgetheilte Rescript des Kaisers Antoninus Pius führt die Sachfälligkeit des in iure ausgebliebenen Beklagten zurück auf einen „mos", welcher wesentlich auf der Praxis der Prätoren beruht haben muss. Unter der observatio iudicialis, deren Fortbestehen hinsichtlich des Ortes und der Form der Eidesleistung Justinian in seiner umfassenden gesetzlichen Normirung der gerichtlichen Eide anordnet[17]), wird wahrscheinlich eine schon bisher rechtlich bindende Gerichtspraxis zu verstehen sein; dafür spricht besonders ein Vergleich mit der Aeusserung des Paulus in l. 15 D. de iureiur. 12, 2[18]). In § 6 I. de satisd. 4, 11 wird allerdings der Hinweis des Kaisers auf den cottidianus iudiciorum usus in Betreff der prozessualischen Kautionen zunächst nur für den Unterrichtszweck gegeben sein[19]). Nichtsdestoweniger aber ist anzunehmen, dass die bisher in Konstantinopel in dieser Beziehung beobachtete observantia, welche der Kaiser bestätigt und auf das ganze Reich ausdehnt[20]), schon bisher rechtliche Geltung in der Hauptstadt hatte. Diese Annahme wird nicht nur durch den in den vorhergehenden Paragraphen[21]) wiederholt gebrauchten Ausdruck „compellitur"

---

[16]) Insbesondere kommen hierfür in Betracht die Schlussworte der Stelle: non esse dubitandum, quin evocandi sint, quos necessarios in ipsa cognitione deprehenderit, qui iudicat.

[17]) l. 12 § 5 C. De reb. cred. et iureiur. 4, 1: In omnibus autem causis, in quibus sacramenta praestantur, observationem iudicialem permanere censemus secundum personarum qualitatem, sive sub ipso iudice praestari oportet iuramentum, sive in domibus, sive sacris scripturis tactis sive in sacrosanctis oratoriis.

[18]) Der Wortlaut derselben (ad personas egregias eosque, qui valetudine impediuntur domum mitti oportet ad iurandum) zeigt, dass schon damals die Beeidigung gewisser Kategorien von Personen in ihrem Hause als rechtlich nothwendig galt.

[19]) So Jordan im Archiv f. die civil. Praxis VIII S. 254.

[20]) § 7 I. tit. cit.

[21]) §§ 2, 3, 4 I. tit. cit.

begründet, sondern findet eine wesentliche Unterstützung auch darin, dass nach Justinian's Darstellung die neue observantia an die Stelle des älteren Rechtes über die satisdationes getreten war[22]). Dass ferner die observantia mindestens vornehmlich durch das Verhalten der Gerichte sich bildete resp. bekundete, liegt in der Natur der Sache und wird durch Justianian's Hinweis auf den iudiciorum usus bestätigt.

2. In l. 38 D. h. t. beruft sich Callistratus auf ein Rescript des Kaisers Severus, welches besagte, in Fällen der Zweideutigkeit von Gesetzen[23]) müsse die consuetudo oder die auctoritas rerum perpetuo similiter iudicatarum die Kraft eines Gesetzes haben. Dieser Ausspruch bezieht sich, insbesondere soweit den früheren gerichtlichen Urtheilen Geltung für künftige Fälle beigelegt wird, hauptsächlich auf Fragen des materiellen Rechtes.

Dem Wortlaut nach erstreckt sich die Anerkennung der bindenden Kraft des Gerichtsgebrauches nur auf die Fälle, wo es sich um Gesetzesauslegung handelt. Doch macht besonders die in der Ausdrucksweise der Stelle hervortretende enge Verbindung der rerum perpetuo similiter iudicatarum auctoritas mit der consuetudo wahrscheinlich, dass überhaupt den ersteren die gleiche rechtliche Bedeutung wie der consuetudo zugeschrieben wurde.

IV. Wenn wir uns schliesslich der Frage zuwenden, ob die Römer den Gerichtsgebrauch als eine Unterart des Gewohnheitsrechtes oder als eine diesem zwar verwandte, aber selbstständige Rechtsquelle betrachtet haben, so ist eine sichere Antwort nicht leicht zu geben; doch sprechen gute Gründe für die erstere Alternative. In der l. 38 können wir freilich für dieselbe ebensowenig wie für die entgegengesetzte Annahme

---

[22]) pr. I. eod. tit: Satisdationum modus alius antiquitati placuit, alium novitas per usum complexa est. § 2 eod. tit: Sed haec hodie aliter observantur. Dass die frühere Uebung, über welche Justinian in §§ 1 und 2 l. c. berichtet, auf Rechtssätzen beruhte, geht vor allem aus Gai Inst. IV §§ 88 sqq. deutlich hervor.

[23]) Das Gesetz ist aber „schon dann zweideutig, wenn es der Gerichtsgebrauch anders auslegt, als es der Interpret für richtig hält“ (Dernburg Pand. § 29 N. 2).

eine Stütze finden[24]). Gegen die letztere Auffassung ist aber zunächst geltend zu machen, dass die römischen Juristen in ihren uns ganz oder theilweise erhaltenen Schriften, abgesehen von der einen Stelle aus Callistratus, nirgends den Gerichtsgebrauch als besondere Rechtsquelle erwähnen und dass auch Justinian in seinen Institutionen zwar das Gewohnheitsrecht unter den Rechtsquellen aufführt[25]), aber des Gerichtsgebrauches nicht besonders gedenkt. Sodann ist es unwahrscheinlich, dass Justinian in der l. 13 C. de sentent. 7, 45 bei seiner energischen Erklärung gegen die verbindliche Kraft von Präjudicien nur die einzelnen früheren Urtheile im Auge gehabt haben sollte[26]), aber nicht eine langdauernde gleichmässige Uebung der Gerichte, sofern diese lediglich als solche bindende Autorität beansprucht. Dagegen erscheint als mit dem Ausspruche Justinian's wohl vereinbar die Anerkennung des Daseins resp. der Verbindlichkeit eines Gewohnheitsrechtes, auch wenn sich dasselbe vorzugsweise durch Handlungen der Gerichte bildete und bekundete. Diese Annahme wird bestärkt durch mehrere, schon früher in unserer Darlegung berücksichtigte, Quellenäusserungen über specielle langdauernde Uebungen, bei denen die Gerichte in erster Linie betheiligt waren, welche aber doch in den betreffenden Stellen unter den Gesichtspunkt des Gewohnheitsrechts gebracht sind. So wird in l. 1 C. h. t. das in Streitsachen derselben Art bisher Beobachtete, was jedenfalls zunächst aus den früheren gerichtlichen Entscheidungen zu ersehen war[27]), schlechthin als consuetudo bezeichnet. Ebenso gebraucht das Rescript des Kaisers Antoninus Pius in

---

[24]) Sprachlich sind beide Auslegungen gleich zulässig. Zu Gunsten der ersteren fällt auch wohl kaum in das Gewicht, dass die l. 38 von den Kompilatoren durch das Wort „nam" an die l. 37 geknüpft ist, welche nur von der consuetudo ohne besondere Erwähnung des Gerichtsgebrauches spricht.

[25]) §§ 9 und 11 I. de iure nat. 1,3.

[26]) Besonders nachdrücklich behauptet Dernburg, Pand. § 29 Text und Anm. 2, die l. 13, welche man oft gegen die Verbindungskraft des Gerichtsgebrauches anführe, besage nichts Anderes als: Einzelne Präjudicien eines Gerichts, auch des höchsten, bilden keinen Gerichtsgebrauch.

[27]) Dass daneben auch das aussergerichtliche Verhalten anderer Personen berücksichtigt werden sollte, entnehmen wir aus l. 3 C. de aedif. priv. 8, 10 (vgl. oben § 7 N. 6).

l. 7 D. de in int. restitut. den Ausdruck „mos" und das in l. 3 § 6 D. de testibus mitgetheilte Rescript der Divi Fratres den Ausdruck „consuetudo" für eine Uebung bei welcher das Verhalten der Gerichte entscheidend war. Justinian bezeichnet nicht nur die neue gerichtliche Praxis, welche sich vor allem in Konstantinopel hinsichtlich der Prozessbürgschaften gebildet hatte, mit dem nicht selten auf das Gewohnheitsrecht angewandten Wort „usus" [28]), sondern nennt sie auch eine observantia der regia urbs [29]); damit scheint er zugleich zu bekunden, dass nicht die Thätigkeit der Gerichte allein den betreffenden Sätzen rechtliche Geltung verschafft hatte, sondern dass es auch auf ein entsprechendes Verhalten der Gerichtsunterthanen ankam. Demgemäss dürfen wir auch annehmen, dass in l. 38 D. h. t. die Worte „aut . . . . auctoritatem" nur eine für die Auslegung der Gesetze besonders wichtige Art des Gewohnheitsrechtes speciell hervorheben sollen.

---

[28]) pr. I. 4,11. Ueber diese Bedeutung des Wortes „usus" vgl. oben § 2 N. 3.

[29]) § 7 I. eod. tit. (vgl. oben § 4 I).

II. Abschnitt.

Kanonisches Recht.

§ 9.

Im Allgemeinen.

I. Das Corpus iuris canonici enthält zahlreiche beachtenswerthe Aussprüche über das Gewohnheitsrecht. In dem Decretum Gratiani handeln hauptsächlich die achte, die elfte und die zwölfte Distinctio des ersten Theiles von der consuetudo; aber auch in der ersten, vierten, sechsten und vierzehnten Distinctio dieses Theiles finden sich allgemeine, zum Theil sehr bedeutsame Aeusserungen über das Gewohnheitsrecht; dagegen bietet Gratian's Werk ausserhalb des den Rechtsquellen gewidmeten Abschnittes[1]) keine für die Theorie des Gewohnheitsrechts erheblichen Stellen. Von dem zum Corpus iuris canonici gezählten offiziellen Dekretalensammlungen haben der liber Extra und der liber Sextus einen besonderen Titel, den vierten des ersten Buches, mit der Ueberschrift „De consuetudine" dem Gewohnheitsrechte gewidmet. Die darin aufgenommenen Dekretalen sind allerdings mit einer Ausnahme lediglich Rescripte; aber

[1]) Dieser umfasst bekanntlich Dist. 1—20 der ersten Pars. Von denselben beziehen sich aber Dist. 15—20 auf die Rechtsquellen im historischen Sinne. Darauf, dass die Erörterungen insbesondere auch über das Gewohnheitsrecht mit Dist. 14 beendet sind, weist Gratian selbst in seinem Dictum zu Anfang der Dist. 15 hin („De naturali iure et constitutione vel consuetudine hactenus disseruimus, differentiam, qua ab invicem discernuntur, assignantes").

das cap. 11 X. h. t. nimmt, schon weil es vom Papst Gregor IX. dazu bestimmt war, auf das Gewohnheitsrecht bezügliche Fragen ohne konkreten Anlass allgemein zu entscheiden, eine besonders hervorragende Bedeutung in Anspruch [2]). Nicht wenige für die kanonischrechtliche Lehre vom Gewohnheitsrecht wichtige Dekretalen finden sich auch zerstreut in anderen Titeln der eben genannten offiziellen Sammlungen.

II. Wie die Kirche überhaupt das römische Recht als für ihre Verhältnisse massgebend betrachtete, so legte sie insbesondere den Aussprüchen des Corpus iuris civilis über das Gewohnheitsrecht auch auf ihrem Gebiete rechtliche Bedeutung bei. Demgemäss hat Gratian die Hauptstelle der Institutionen Justinian's über das Gewohnheitsrecht sowie die beiden ersten Konstitutionen aus dem Codextitel Quae sit longa consuetudo in sein Dekret aufgenommen [3]). In der Dekretalensammlung Gregor's IX. finden wir Hinweisungen päpstlicher Rescripte auf die l. 2 C. h. t. [4]), welche alsdann durch Gregor IX. selbst in dem oben schon erwähnten cap. 11 X. h. t. eine eigenthümliche Umbildung erhalten hat. Auch der Ausspruch des Callistratus in l. 37 D. h. t. über die gesetzeserläuternde Kraft des Gewohnheitsrechtes wird in einer Stelle des liber Extra [5]) sowie in der pars decisa einer anderen dieser Sammlung einverleibten Dekretale [6]) angeführt; die letztere enthält zudem in ihrem von Raymund aufgenommenen Theile Berufung einer Partei auf den in l. 34 D. h. t. ausgesprochenen Grundsatz [7]).

Immerhin sind die auf das Gewohnheitsrecht bezüglichen Aeusserungen des kanonischen Rechts nur zu einem verhältniss-

---

[2]) Schon die Glosse zu dieser Stelle sagt: „Habet materiam amplam et satis subtilem“.

[3]) § 9 I. de iure nat. 1, 2 = c. 6 Dist. 12 (über eine Interpolation des Institutionentextes bei Gratian siehe unten § 11 N. 9); l. 1 C. h. t. = c. 7 Dist. 12, l. 2 C. h. t. = c. 4 Dist. 11.

[4]) So in cap. 8 X. de sent. et re iudic. 2, 27 (Alexander III.) und in cap. 9 X. h. t. (Honorius III.).

[5]) Cap. 8 X. h. t. (Innocenz III.).

[6]) Cap. 25 X. de verb. sign. 5, 40 (Innocenz III.). In dieser Stelle wie in dem cap. 8 X. h. t. scheint übrigens der Satz nur der Ausführung einer Partei anzugehören.

[7]) Cap. 25 cit. verb.: Dici non poterat quod (ex eo) consuetudo aliqua quasi contradicto iudicio fuerit introducta.

mässig kleinen Theile dem Justinianischen Rechte wörtlich oder dem Inhalt nach entnommen. Formell sind sie ganz überwiegend kirchlichen Ursprungs, und materiell enthalten sie vielfach wenigstens eine Ausgestaltung oder Modification römischer Rechtsgedanken. Schon die in Gratian's Sammelwerk aufgenommenen Quellenstellen über das Gewohnheitsrecht stammen grösstentheils aus kirchlichen Schriftstellern, insbesondere Tertullian, Cyprian und vor allem Augustin und Isidor [8]), aus Concilienbeschlüssen und päpstlichen Dekretalen, und inhaltlich tritt in diesen canones, neben dem aus dem römischen Recht geschöpften oder mit dessen Aussprüchen übereinstimmenden Anschauungen, eine Berücksichtigung kirchlicher Gesichtspunkte hervor; die letzteren haben auch in den Dicta Gratiani entschiedenen Ausdruck erhalten. Die in die Nachgratianischen Sammlungen aufgenommenen päpstlichen Dekretalen haben im Ganzen den nämlichen Standpunkt weiter zur Geltung gebracht, zeigen aber auch einen Einfluss einerseits der legistisch-kanonistischen Wissenschaft, andrerseits der praktischen Bedürfnisse [9]). Ein Abschluss dieser Entwickelung wurde durch cap. 11 X. h. t. bezweckt und im Wesentlichen erreicht; ergänzend trat insbesondere das von Bonifaz VIII. gegebene cap. 1 de constitut. in 6to 1,2 hinzu [10]).

III. In der katholischen Kirche sind hinsichtlich ihres Verhaltens zum Gewohnheitsrechte zwei entgegengesetzte Strömungen bemerkbar, eine dieser Rechtsquelle günstige und eine derselben ungünstige [11]). Dieselben treten beide von sehr früher Zeit an hervor; insbesondere hat bereits Tertullian in merkwürdiger Weise bald den einen, bald den anderen Standpunkt geltend gemacht [12]).

---

[8]) Die wichtigen Aeusserungen Tertullian's tragen jedoch in Gratian's Sammlung nicht den Namen ihres Urhebers.

[9]) Unten III a. E.

[10]) Ueber dieses siehe unten § 11 III.

[11]) Wenn Walter in den älteren Auflagen seines Lehrbuches des Kirchenrechtes eine besondere Begünstigung des Gewohnheitsrechtes von Seiten der Kirche behauptete, so war dies nicht weniger einseitig, als Phillips' Annahme (Kirchenrecht Bd III S. 714), dass „Gewohnheiten, soweit sie nicht die Uebungen des positiven Gesetzes selbst sind, nur in ganz indifferenten Dingen auf kirchlichem Boden Geltung gewinnen können".

[12]) Vgl. unten § 10 I bei N. 1 und 2.

1. Wie die Kirche überhaupt kraft des ihr naturgemäss inne wohnenden Geistes der Beständigkeit Achtung vor dem Althergebrachten hat, so insbesondere vor den längere Zeit hindurch gewohnheitsmässig geübten Rechtssätzen[13]). Diese Tendenz musste dadurch verstärkt werden, dass das Recht der Kirche — soweit es aus ihr selbst entsprang — in den Jahrhunderten bis zur Ausbildung und Erstarkung ihrer gesetzgebenden Organe vorzugsweise auf gewohnheitsrechtlichem Wege sich bildete[14]). Freilich führte sie und führt sie fortdauernd zahlreiche alte Sätze ihres Rechts auf die nicht in der heiligen Schrift fixirten, sondern nur mündlich überlieferten Anordnungen Christi oder der Apostel zurück; aber gerade in der gewohnheitsmässigen Uebung fanden die massgebend gewordenen kirchlichen Schriftsteller das sicherste Zeugniss der wahren Tradition[15]), ohne zwischen dieser auf Tradition beruhenden Uebung und der Gewohnheit ohne solche traditionelle Grundlage genauer zu unterscheiden[16]). Dazu kommt endlich die grosse Mannigfaltigkeit der Verhältnisse und Anschauungen innerhalb des höchst umfassenden Herrschaftskreises der Kirche;

---

[13]) Vgl. besonders Augustin's Epist. 54 cap. 5 und cap. 9 X. h. t. (Honorius III.).

[14]) Ich gehe hierbei aus von der Ansicht, dass die Kirche auch schon vor ihrer staatlichen Anerkennung objektives Recht für ihre Glieder und Organe erzeugen konnte.

[15]) Tertullian de corona cap. 4: Harum et aliarum eiusmodi disciplinarum si legem expostules scripturarum, nullam leges. Traditio tibi praetendetur auctrix, consuetudo confirmatrix et fides observatrix. . . . . His igitur exemplis renunciatum erit posse etiam non scriptam traditionem in observatione defendi, confirmatam consuetudine, idonea teste probatae tunc (von den Zeiten der Apostel an) traditionis ex perseverantia observationis. — Augustinus Epist. 118 c. 1 (c. 11. pr. Dist. 12) und De baptismo contra Donatistas lib. II c. 7: Quam consuetudinem credo ex apostolica traditione venientem, sicut multa, quae non inveniantur in litteris eorum neque in conciliis posteriorum et tamen quia per universam custodiuntur Ecclesiam, non nisi ab ipsis tradita et commendata creduntur.

[16]) So lässt sich z. B. schwerlich entscheiden, ob Augustin in der von Gratian als c. 7 Dist. 11 aufgenommenen Stelle unter dem „mos populi Dei“ den „instituta maiorum“, den „consuetudines ecclesiasticae“, deren Befolgung resp. Erzwingung er verlangt, nur auf Tradition beruhende Uebungen oder auch andere kirchliche Gewohnheiten begreift.

diese nationalen, provinziellen und lokalen Verschiedenheiten bewirkten die Entstehung zahlreicher partikulärer Gewohnheitsrechte, denen auch die Kirche Billigung oder wenigstens Duldung zu gewähren nicht leicht umhin konnte[17]).

2. Ungünstig dagegen mussten die in der Kirche mehr und mehr durchgedrungenen Prinzipien der Autorität und der Einheit auf die kirchliche Werthschätzung und Geltung des Gewohnheitsrechtes einwirken. Insofern die Kirche einen in ihr geoffenbarten und noch fortdauernd sich offenbarenden göttlichen Willen behauptete, konnte sie keine den Aeusserungen dieses Willens widerstreitende, auf menschlicher Rechtsbildung beruhende Norm und so insbesondere auch kein demselben sich entgegensetzendes Gewohnheitsrecht anerkennen[18]). Indem sie aber ihre Verfassung in den Hauptzügen auf göttliche Anordnung gründete, lag es nahe, auch den von ihren Organen und vor allem den von ihrem obersten Organ ausgegangenen menschlichen Satzungen ein höheres Ansehen als den rechtlichen Gewohnheiten rein menschlicher Art zuzuschreiben. Daneben drängte der Grundsatz der Einheit der Kirche, wenngleich er nicht jede Verschiedenheit ausschliesst, doch dahin, die partikularrechtlichen Bildungen innerhalb der Kirche und somit die an sich hauptsächliche Bethätigungsphäre des Gewohnheitsrechts möglichst einzuschränken.

3. In Gratian's Dekret[19]) finden wir zwar die Geltung und die nicht geringe Bedeutung des Gewohnheitsrechts unzweideutig anerkannt, aber es ist doch darin eine dem Werth des Gewohnheitsrechts ungünstige Anschauung zum überwiegenden Ausdruck gelangt[20]). Dies tritt schon in der äusseren An-

---

[17]) Vgl. die unten IV gegebenen Belege.

[18]) Ueber das Verhältniss der consuetudo zum ius naturale (divinum) siehe unter § 10.

[19]) Vgl. über Gratian's Ansicht vom Gewohnheitsrecht die im Wesentlichen zutreffende Ausführung Schulte's, Katholisches Kirchenrecht Bd. I S. 204–205.

[20]) Man darf aber nicht mit Phillips (l. c. S. 697) darin, dass Gratian (Dictum ad c. 3 Dist. 6) die geschichtliche Entstehung des Gewohnheitsrechtes mit Cain und Nimrod in Verbindung bringt, einen Belag für diesen Standpunkt finden. Beide gelten Gratian nur als die ersten Begründer menschlicher Gemeinschaften und damit des menschlichen Rechts, zunächst des Gewohn-

ordnung der auf das Gewohnheitsrecht bezüglichen Aussprüche deutlich hervor [21]). Dagegen zeigt das Dekretalenrecht eine gewisse Ermässigung dieser Tendenz und damit eine grössere Ausgleichung der beiden Gegensätze. Massgebend hierfür war theils der Einfluss der wesentlich an die römischen Bestimmungen sich anschliessenden, aber auch den derzeitigen Zustand der weltlichen Rechtsquellen berücksichtigenden Doktrin [22]), theils der Hinblick der päpstlichen Gesetzgeber auf die Anforderungen des praktischen Bedürfnisses [23]).

IV. Als Entstehungs- bezw. Geltungskreis des Gewohnheitsrechts erscheint im Corpus iuris canonici bald die gesammte katholische Kirche, bald ein einzelner Theil derselben [24]). Das Gewohnheitsrecht der ganzen Kirche heisst in den Quellen des kanonischen Rechts consuetudo universae ecclesiae [25]) oder consuetudo generalis ecclesiae [26]). Das partikuläre Gewohnheitsrecht ist vielfach für eine einzelne kirchliche Korporation resp. Anstalt, insbesondere für eine bischöfliche bezw. erzbischöfliche Kirche oder für eine Anzahl solcher Kirchen (wirklich oder

---

heitsrechts, (so richtig Schulte l. c. S. 204 N. 17. Vgl. auch E. Meier, Die Rechtsbildung in Staat und Kirche S. 163—164).

[21]) In Dist. 8 weist Gratian nach, dass die consuetudo dem ius naturale nachsteht; in Dist. 11 pars 1, dass auch die Gesetze ihr vorgehen. Die zweite pars des Dist. 11 beginnt dann mit den Worten: „Cum vero nec sacris canonibus, nec humanis legibus consuetudo obviare monstratur, inconcussa servanda est"; für diesen Satz enthält auch Dist. 12 zahlreiche Belege.

[22]) Unten § 12 I und § 26 II.

[23]) Vgl. die näheren Ausführungen unten § 11 II und III.

[24]) Vgl. die Nachweise bei Phillips l. c. S. 717—719 und bei Schulte l. c. S. 215 (§ 36 N. 56 und 57. Sch. selbst citirt in § 39 N. 9 irrig: „§ 36 Anmerk. 61 und 62") und S. 245 (§ 39 N. 11—13). Mannigfache Ergänzungen zu denselben bieten die folgenden Auseinandersetzungen.

[25]) So c. 12 Dist. 12 (Augustinus).

[26]) So c. 8 Dist. 100; c. 10 X. De testam. 3,26; c. 13 X. De celebr. miss. 3,41; c. 3 X. De obs. ieiun. 3,46. In cap. 10 X. de testam. heisst die consuetudo selbst generalis („a generali ecclesiae consuetudine"); in den drei anderen angeführten Stellen aber gehört das Wort „generalis" zu „ecclesia" (c. 8 Dist. 100 steht erst „consuetudinem generalis ecclesiae", dann „generalis ecclesiae consuetudinem"; c. 13 X. de celebr. miss. und cap. 3 X. de obs. ieiun. „consuetudinem ecclesiae generalis").

angeblich[27]) geltendes Recht[28]); häufig aber auch wird ein Gewohnheitsrecht einer grösseren territorialen Abtheilung der Kirche, eines Landes, erwähnt[29]), seltener ein weltliches Gewohnheitsrecht einer einzelnen Stadt[30]); zuweilen ist unbe-

[27]) In einigen der in der folgenden Anmerkung citirten Stellen wird die dort erwähnte consuetudo als irrationell verworfen oder für nicht bewiesen erklärt.

[28]) Besonders wichtig war die Romanae ecclesiae consuetudo, von welcher c. 3 und c. 11 Dist. 11, c. 1 und c. 10 Dist. 12 sprechen (vgl. auch cap. ult. X. de reg. iur. 5, 41). Auf die „consuetudo metropolitanae ecclesiae vel aliarum circumpositarum" verweist cap. 3 X. de cogn. spirit. 4, 11. Verschiedene consuetudines der verschiedenen Englischen Kirchen (hinsichtlich der dignitas des praecentor) sowie sonstige consuetudines der Londoner Kirche erwähnt cap. 6 X. h. t. Von einer consuetudo, welche bisher bei den Kapiteln verschiedener Kathedralkirchen bestand, spricht cap. 13 § 1 X. de off. iud. ord. 1, 31. Eine consuetudo einer einzelnen (bischöflichen resp. erzbischöflichen) Kirche erwähnen u. A. cap. 50 X. de elect. 1, 6; cap. 3 X. de c. poss. et propr. 2, 12; cap. 26 X. de test. et attest. 2, 20; cap. 16 X. de praescr. 2, 26; cap. 1 und cap. 4 h. t. in 6to. Ueber cap. 25 X. de verb. sign. 5, 40, welches (ebenso, wie cap. 8 X. h. t.) von einer consuetudo hinsichtlich der Besetzung der Stelle des Abtes an einem einzelnen Kloster spricht, siehe unten § 11 N. 47.

[29]) So cap. 2 X. h. t. in der p. d. (Gewohnheitsrecht, bezw. durch Gewohnheit bestätigtes Gesetzesrecht regni Daciae — Dänemarks); cap. 7 X. h. t. in der p. d. (generalem illius terrae — Alemanniae — consuetudinem); cap. 31 X. de elect. 1, 6 (generalis consuetudo in Thuscia); cap. 5 X. de auctor. et usu pallii 1, 8 (consuetudo in Hispania generalis); cap. 2 X. de temp. ord. 1, 11 (consuetudo terrae — nach dem Vorhergehenden Schottland und Wales); cap. 8 X. de iudic. 2, 1 (consuetudo regia — Ungarns); cap. 9 X. de fide instrum. 2, 22 (consuetudo illius patriae — Schottlands); cap. 3 X. de eo qui mitt. in poss. 2, 15 (terrae consuetudinem); cap. 3 X. de donat. 3, 24 (terrae consuetudo); cap. 7 X. de sepult. 3, 28 (terrae consuetudini); cap. 7 X. de dec. 3, 30 in der p. d. (generalem Anglicanae ecclesiae consuetudinem); cap. 19 X. de iure patron. 3, 38 in der p. d. (secundum consuetudinem Anglicanam); cap. 3 X. de consang. et aff. 4, 14 (consuetudo terrae — Norwegens); cap. 2 X. de frig. 4, 15 in der p. d. (consuetudo generalis Gallicanae ecclesiae); cap. 2 X. de cler. pugn. in duello 5, 14 (secundum . . . terrae consuetudinem).

[30]) So cap. 8 X. de in int. rest. 1, 41 (iuxta municipii Parroninensis consuetudinem); cap. 19 X. de iureiur. 2, 24 (secundum vestrae civitatis consuetudinem); cap. 8 X. de sent. et re iudic. 2, 27 (secundum Veronensis civitatis consuetudinem). Zweifelhaft ist, ob cap. 10 X. h. t. hieher gehört. Dasselbe ist zwar an den Vorsteher und die Bürger der Stadt la Rochelle gerichtet, und das Wort „patria" in dem textus Romanus („quum in patria vestra servatae sint hactenus duae consuetudines abusivae") wäre wohl auf diese Stadt zu beziehen; aber alle von Friedberg verglichenen Handschriften haben statt dessen „terra". — Sämmtliche in dieser Anmerkung erwähnten Stellen

stimmter von dem besonderen Gewohnheitsrecht einer regio oder eines locus die Rede[31]). Das Gewohnheitsrecht eines (grösseren) Landes wird mehrfach als „consuetudo generalis“ bezeichnet[32]): dagegen scheint der vereinzelt vorkommende Ausdruck „consuetudo specialis“[33]) ein partikuläres Gewohnheitsrecht mit verhältnissmässig beschränktem Geltungskreise zu bedeuten.

V. Die Aussprüche des kanonischen Rechtes enthalten grossentheils nur eine Anerkennung dieser Rechtsquelle im Allgemeinen[34]) oder eines einzelnen gewohnheitsrechtlichen Satzes. Ausserdem haben nur zwei Specialfragen aus der Lehre vom Gewohnheitsrechte eine eingehende Beantwortung in den Quellen des kanonischen Rechts erhalten: Der Widerstreit der consuetudo einerseits mit dem ius naturale, bezw. mit der diesem engverwandten ratio, andrerseits mit dem (Kirchen-) Gesetze menschlichen Ursprungs. Auch das im Dekretalenrecht aufgestellte Erforderniss der legitima praescriptio hat neben diesen beiden Fragen keine selbstständige Bedeutung, da dasselbe, wie nachzuweisen sein wird, nur für das einem Gesetze

---

beziehen sich auf ein weltliches Gewohnheitsrecht (ebenso einige in der vorigen Anmerk. angeführte, wie cap. 2 X. h. t., cap. 8 X. de iudic., cap. 9 X. de fide instrum.; cap. 8 X. de cler. pugn. in du.)

[31]) So cap. 2 X. de observ. ieiun. 3, 46 (consuetudinem tuae regionis); cap. 3 X. de cland. despons. 4, 3 (specialem quorundam locorum consuetudinem). In cap. 9 X. de sepult. 3, 28 finden sich beide Ausdrücke als gleichbedeutend (secundum rationabilem consuetudinem regionis . . . . pro locorum diversitatibus). — Diversae pro loco (et tempore) consuetudines werden allgemein erwähnt in c. 3 Dist. 12, ebenso diversorum locorum diversi mores in c. 12 Dist. 12. Aehnlich spricht das bekannte cap. 1 de constit. in 6to 1, 2 (siehe unten § 11 III) von locorum specialium et personarum singularium consuetudines.

[32]) So cap. 7 X. h. t. in der p. d.; cap. 31 X. de elect. 1, 6; cap. 5 X. de auctor. et usu pallii 1, 8; cap. 7 X. de dec. 3, 30 in der p. d.; cap. 2 X. de frig. 4, 15 in der p. d. (siehe diese Stellen oben in Anm. 29). Ueber die Anwendung der Bezeichnung „generalis“ auf ein Gewohnheitsrecht der ganzen Kirche vgl. oben Anm. 26.

[33]) Cap. 3 X. de causa poss. et propr. 2, 12 (nisi alibi secus obtinet de consuetudine speciali); cap. 3 X. de cland. despons. 4, 3 (siehe oben Anm. 31). In cap. 1 de constit. in 6to scheint das Wort „specialium“ hinter „locorum“ kein Bestandtheil des echten Textes zu sein (cf. Friedberg in seiner Ausgabe ad h. l.).

[34]) So namentlich mehrere canones in der Dist. 12.

derogirende Gewohnheitsrecht besteht. Wir werden deshalb im folgenden nur die Bestimmungen des kanonischen Rechts über die zwei vorhin bezeichneten Fragen einer näheren Erörterung zu unterziehen haben; bei der zweiten wird allerdings das Erforderniss der legitima praescriptio einer besonderen Berücksichtigung bedürfen[35].

§ 10.

Ius naturale und ratio als Schranken des Gewohnheitsrechtes.

I. Dass die göttliche Offenbarung eine unüberschreitbare Schranke für jede gewohnheitsrechtliche Normirung bilde, ist schon sehr früh von den kirchlichen Schriftstellern hervorgehoben worden. Bereits Tertullian, welcher in der Schrift „De corona militis“ die auf Gott zurückgeführte ratio als wesentliche Stütze für die verbindliche Kraft der Gewohnheit hinstellte[1], erklärte andrerseits in der Schrift „De virginibus velandis“ auch eine alte Gewohnheit für verwerflich, wenn dieselbe der veritas widerspreche; denn Christus habe sich nicht als „consuetudo“, sondern als „veritas“ bezeichnet[2]. Den Satz, dass die Gewohnheit der Wahrheit weichen müsse, wiederholen zahlreiche in das Decretum Gratiani aufgenommenen Quellenstellen[3]; mehrere derselben stützen denselben ebenfalls

---

[35]) Unten § 11 II 2.

[1]) Vgl. die oben in den Anmerkungen 10—12 zu § 5 angeführten Stellen. In cap. 4 der Schrift „De corona“ heisst es ferner von der consuetudinis auctoritas: Quae propterca colenda est, ne non sit rationis interpres, ut si et hanc deus dederit, tunc discas non an observanda sit tibi consuetudo, sed cur.

[2]) L. c. cap. 1: „Ostendam virgines nostras velari oportere ex quo transitum aetatis suae fecerint: hoc exigere veritatem, cui nemo praescribere potest, non spatium temporum, non patrocinia personarum, non privilegium regionum. Ex his enim fere consuetudo initium ab aliqua ignorantia vel simplicitate sortita in usum per successionem corroboratur et ita adversus veritatem vindicatur. Sed dominus noster Christus veritatem se, non consuetudinem cognominavit“ (Ev. Joann. XIV, 6).

[3]) c. 4—9 Dist. 8.

auf den von Tertullian angeführten Ausspruch Christi[4]). In gleichem Sinne wie die veritas wird die heilige Schrift[5]) oder der katholische Glaube[6]) als Schranke des Gewohnheitsrechts hingestellt. Als wesentlich gleichbedeutend mit der veritas erscheint bei Cyprian und Augustin die ratio[7]). Wir werden deshalb vermuthen dürfen, dass Gratian bei Aufnahme der l. 2 C. Quae sit longa consuetudo[8]) und eines ähnlichen, aus Isidor's Synonymis geschöpften Canons[9]) unter der ratio nichts Anderes als die göttliche Offenbarung verstanden habe[10]). Wesentlich verstärkt wird diese Annahme dadurch, dass Gratian in seinen eigenen Erörterungen die fragliche Schranke des Gewohnheitsrechtes als ius naturale bezeichnet[11]), unter welchem Ausdruck er bekanntlich die im alten und im neuen Testament

---

[4]) c. 5 und 6 Dist. 8.

[5]) c. 7 Dist. 11 (Augustinus).

[6]) c. 6 Dist. 11, c. 8 und 11 Dist. 12 (in dem letzterwähnten canon reiht Augustinus der fides die bonos mores an).

[7]) In c. 4 Dist. 8 citirt Augustinus erst einen auf die veritas, dann einen auf die ratio et veritas bezüglichen Ausspruch, ohne dass ein Unterschied zwischen diesen Bezeichnungen ersichtlich wäre. In c. 6 derselben Dist. a. E. verbindet er ratio et veritas, nachdem er vorher wiederholt nur den Ausdruck „veritas“ gebraucht hat. In c. 7 führt er einen Ausspruch Cyprian's an, nach welchem die der veritas (Offenbarung) die Gewohnheit Entgegensetzenden „ratione vincuntur“, und spricht in der Erläuterung hinzu erst von „ratio et veritas“, dann von „veritas“ schlechthin. In c. 8 derselben Dist. sind zwei Aussprüche Cyprian's vereinigt, von denen der erstere den Vorzug der veritas, der zweite den der ratio vor der consuetudo hervorhebt, ebenfalls ohne jeden ersichtlichen Unterschied.

[8]) c. 4 Dist. 11.

[9]) c. 1 Dist. 11: Usus auctoritati cedat; pravum usum lex et ratio vincat.

[10]) Anders verhält es sich wohl mit den Stellen des Decretum Gratiani, in denen die ratio als positive Grundlage der consuetudo, bezw. auch der lex, bezeichnet wird: c. 5 Dist. 1 (vgl. über diese Stelle auch die ausführliche Erörterung von Phillips l. c. S. 682—688, bes. S. 686 a. E. —687 i. A.) und c. 7 Dist. 12 (l. 1 C. h. t.).

[11]) Dicta Gratiani ante c. 1, ante c. 2, in fine Dist. 8 (Differt etiam ius naturae a consuetudine et constitutione ..... Dignitate vero ius naturale simpliciter prevalet consuetudini et constitutioni. Quecunque enim vel moribus recepta sunt, vel scriptis comprehensa, si naturali iuri fuerint adversa, vana et irrita sunt habenda ..... Liquido igitur apparet, quod consuetudo naturali iuri postponitur).

enthaltenen, aber auch in der vernünftigen Natur des Menschen gegebenen göttlichen Bestimmungen zusammenfasst[12]).

II. Dagegen unterscheidet Gregor IX. in der Konstitution, durch welche er die Grenzen der Kraft und der Geltung des Gewohnheitsrechtes in allgemein massgebender Weise festzusetzen beabsichtigte, Verletzung des ius naturale und mangelnde Rationabilität. Er erklärt es für jeden mit gesunder Vernunft Begabten einleuchtend, dass dem ius naturale durch keine consuetudo irgend ein Abbruch geschehen könne[13]); aber auch dem positiven Recht dürfe die Gewohnheit nur dann präjudiciren, wenn sie „rationabilis" sei (und das Erforderniss der legitima praescriptio erfülle)[14]). Diese Unterscheidung zwischen ius naturale und ratio im engeren Sinne[15]) entspricht der Fortbildung, welche das hier in Frage stehende Erforderniss des Gewohnheitsrechtes im kanonischen Rechte mit der Steigerung der hierarchischen und insbesondere der päpstlichen Macht erlangt hatte und welche uns durch zahlreiche Stellen des liber Extra sowie durch einige in die späteren Sammlungen aufgenommene Dekretalen belegt wird. Der in dieser Fortbildung sich äussernde Gedanke, dass der Inhalt eines Gewohnheitsrechtes so wenig wie den göttlichen Vorschriften einem anderen von der Kirche als unbedingt massgebend betrachteten Princip

---

[12]) Dicta Grat. Dist. 1 in., Dist. 5 in., Dist. 6 in f.

[13]) Cap. 11 X. h. t.: Quum tanto sint graviora peccata, quanto diutius infelicem animam detinent alligatam, nemo sanae mentis intelligit, naturali iuri, cuius transgressio periculum salutis inducit, quacunque consuetudine, quae dicenda est verius in hac parte corruptela, posse aliquatenus derogari.

[14]) Das cap. 11 cit. fährt fort: Licet etiam longaevae consuetudinis non sit vilis auctoritas, non tamen est usque adeo valitura, ut vel iuri positivo debeat praeiudicium generare, nisi fuerit rationabilis et legitime sit praescripta.

[15]) Die „doppelte Bedeutung" des Erfordernisses der Rationabilität im kanonischen Rechte hat besonders E. Meier l. c. S. 201 hervorgehoben, jedoch ohne Berücksichtigung der in dieser Hinsicht nachweisbaren geschichtlichen Entwickelung. — Missbilligung eines Gewohnheitsrechtes aus anderen kirchlichen Erwägungen als Widerstreit mit dem göttlichen Willen finden wir allerdings vielfach auch schon in vorgratianischen Quellen; aber dabei handelt es sich nicht um Verneinung der Gültigkeit des betreffenden Rechtssatzes (vgl. auch unten III).

widerstreiten dürfe, (Irrationabilität im engeren Sinne)[16]) hat in der Dekretalengesetzgebung eine sehr weitgehende Anwendung erhalten[17]). Wir können die verschiedenen Fälle, in denen eine nicht dem göttlichen Recht widersprechende Gewohnheit als irrational verworfen wird, unter drei Hauptkategorien[18]) einreihen:

1. Am meisten nähert sich der Verletzung des ius naturale jede andere Handlung, welche eine Sünde enthält und folglich das Seelenheil gefährdet. Allgemein erklärt cap. 20 X. de praescr. 2, 26, dass jede Gewohnheit, die ohne Todsünde nicht beobachtet werden könne, beseitigt werden müsse. Zwei in das Corpus iuris canonici aufgenommene Dekretalen verwerfen unter ausdrücklicher Berufung auf die Sündhaftigkeit der Handlungsweise bestehende Gewohnheiten[19]); derselbe Gesichtspunkt tritt aber auch in einer Reihe anderer Stellen wenigstens als mitbestimmend hervor[20]). Mehrfach wird in den betreffenden

---

[16]) Phillips (Kirchenrecht Bd. III S. 763) bezeichnet als den kanonischen Begriff der Rationabilität, dass eine Gewohnheit dem göttlichen Gesetze weder direkt noch indirekt widersprechen dürfe. Diese Auffassung gründet er (l. c. S. 758) auf die — auch von streng katholischem Standpunkte gewagte — Annahme, dass alle allgemeinen Anordnungen der Kirche wenigstens in einem mittelbaren Zusammenhange mit dem göttlichen Gesetze stehen, von dessen Strahle durchleuchtet werden. Das Bedenkliche einer solchen Voraussetzung zeigt sich alsbald in der künstlichen Argumentation, durch welche Ph. die Zulässigkeit (welche zudem von ihm übermässig eingeschränkt wird, s. oben § 9 N. 11) einem Kirchengesetze derogierender Gewohnheitsrechte mit derselben zu vereinigen sucht (S. 726—727 und S. 763 ff.).

[17]) Umfassende Zusammenstellungen hieher gehöriger Quellenstellen geben u. A. Reiffenstuel, Ius canonicum universum ad h. t. § III und Giraldi, Expositio iuris pontificii ad h. t. cap. Quum dilectus.

[18]) Auf diese lassen sich die 7 Kategorien, welche Schulte K.-R. I S. 241—242 neben den Verletzungen des ius divinum annimmt, m. E. zurückführen. Bei Scherer Handbuch des Kirchenrechts I S. 132 vermisse ich Berücksichtigung der Fälle, in denen die consuetudo als sündhaft verworfen ist, ohne dass sie dem ius divinum widerspräche.

[19]) Cap. 8 und 9 X. de simonia 5, 3.

[20]) So in cap. 4 X. h. t.; cap. 10 eod. (besonders vv. impudenter exigit et improbe apprehendit; vgl. die Summa „Non valet consuetudo, per quam quis inducitur ad peccandum vel bona propria dissipandum"); cap. 3 X. de magistris 5, 5; cap. 2 X. de cler. pugn. in du. 5, 14; cap. 1 h. t. in 6to (quum . . . . . de ambitionis radice processerit).

Entscheidungen besonders hervorgehoben, dass durch die Länge der Zeitdauer die Sünde nicht gemindert, sondern vergrössert werde[21]).

2. Der ratio im kirchlichen Sinne widerspricht ferner jede consuetudo, welche die Grundzüge der kirchlichen Ordnung antastet[22]), sei es einen Grundsatz der Kirchenverfassung[23]) oder eine von der Kirche zur Erreichung ihrer Aufgabe für unentbehrlich erachtete rechtliche Freiheit resp. Wirksamkeit ihrer Akte[24]). Aus diesem Gesichtspunkte erklären sich zahlreiche gegen bestimmte Gewohnheitsrechte erlassene päpstliche Dekretalen[25]). Allgemein bezeichnet es cap. 1 X. h. t. als Aufgabe des Papstes, die Kirche bedrückende Gewohnheiten zu beseitigen[26]).

3. Als irrational wird auch eine Gewohnheit von den

---

[21]) So in cap. 4 X. h. t. (p. d.); cap. 8 und 9 X. de simonia. — Dieselbe Erwägung wiederholt Gregor IX. in cap. 11 X. h. t. in Bezug auf die Verletzungen des ius naturale.

[22]) Die Quellen bezeichnen eine Gewohnheit, welche im Widerspruch zu den als unbedingt massgebend betrachteten Principien der kirchlichen Rechtsordnung steht, als eine consuetudo, quae obviat canonicis institutis (cap. 3 X. h. t.) oder als sacris canonibus inimica (cap. 7 X. h. t.; cap. 1 h. t. in 6to). Vgl. auch cap. 1 X. de his quae fiunt a mai. p. 3, 11 (consuetudines, quae nec ratione iuvantur, nec sacris congruunt institutis).

[23]) So die alleinige Zuständigkeit des geistlichen Richters in kirchlichen Rechtssachen (cap. 3 X. h. t.); das Erforderniss bischöflicher Weihe für die Ertheilung der Firmung (cap. 4 X. h. t.); der Erforderniss der Genehmigung des Kirchenoberen für Aufgeben eines Kirchenamtes und Uebernahme eines anderen (cap. 7 X. h. t.); die verbindliche Kraft des von der maior et sanior pars Beschlossenen (cap. 1 X. de his qu. fiunt a mai. p. 3, 11).

[24]) So die durchgreifende Wirksamkeit des allgemeinen Interdiktes (cap. 5 X. h. t.); die Freiheit der kirchlichen Wahlen (cap. 14 X. de elect. 1, 6); die Freiheit des Papstes in Bezug auf Entsendung von Legaten (Extr. comm. un. h. t. 1, 1); die allgemeine Beobachtung der kirchlichen Eheverbote wegen Verwandtschaft oder Schwägerschaft (cap. 5 X. de consang. et affin. 4, 14). In cap. 5 X. h. t. wird die Verwerflichkeit einer etwaigen abweichenden Gewohnheit näher in der Weise begründet, dass durch eine solche „dirumperetur nervus ecclesiasticae disciplinae".

[25]) Vgl. die in Anm. 22—24 angeführten Stellen.

[26]) Damit ist zu verbinden cap. 49 X. de sent. excomm. 5, 39, welches gegen alle, die eine gegen die Freiheit der Kirche gerichtete Gewohnheit aufrechterhalten, die Excommunication verhängt.

Päpsten verworfen, welche der Natur des einzelnen Instituts widerstreitet[27]). Neben dem Zwecke des Instituts ist hier die Rechtslogik von wesentlicher Bedeutung[28]).

III. Die wegen Widerspruches mit einem höheren unbeugsamen Principe gemissbilligte Gewohnheit wird in den Quellen des kanonischen Rechtes als pravus usus[29]), prava consuetudo[30]), mala consuetudo[31]), consuetudo abusiva, (abusio, abusus)[32]), consuetudo irrationabilis (minus rationabilis oder non consona rationi)[33]) und besonders als corruptela[34]) bezeichnet. Dagegen heisst eine consuetudo, der ein solcher Mangel nicht anhaftet, rationabilis[35]),

---

[27]) Ein deutliches Beispiel giebt cap. 2 h. t. in 6to (Non putamus illam consuetudinem, quantocumque tempore de facto servatam, consonam rationi, quod ab officiali episcopi ad eundem episcopum valeat appellari; ne ab eodem ad se ipsum, quum sit idem auditorium utriusque, appellatio interposita videatur). Die übrigen von Schulte K.-R. I S. 242 N. 65 für diesen Irrationabilitätsgrund citirten Quellenstellen scheinen mir nicht sicher hieher zu gehören (Clem. 1 de elect. 1, 3 spricht nicht von einer Gewohnheit. Ueber cap. 2 X. de probat. 2, 19 und cap. 26 X. de test. et attest. 2, 20 siehe unten § 11 N. 17. Cap. 1 h. t. in 6to giebt andere Gründe der Irrationabilität an).

[28]) Die Begründung der Entscheidung in cap. 2 h. t. in 6to ist sogar eine rein logische (quum sit idem auditorium utriusque). Dahinter aber liegt die allgemeine Bestimmung der Appellation, die Entscheidung einer höheren Instanz herbeizuführen.

[29]) c. 1 Dist. 11.

[30]) Cap. 14 X. de elect. 1, 6; cap. 6 X. de iure patron. 3, 38 (p. d.); cap. 3 X. de magistris 5, 5; cap. 2 X. de cler. pugn. in du. 5, 14.

[31]) c. 3 Dist. 8.

[32]) Cons. abusiva: cap. 10 X. h. t. Abusus: cap. 5 X. de auct. et usu pallii 1, 8 (p. d.); cap. 13 X. de celebr. miss. 3, 41. Abusiones: cap. 49 X. de sent. exc. 5, 39 (p. d.).

[33]) Irrationabilis: Extravag. comm. un. h. t. Minus rationabilis: cap. 3 X. h. t. Non consona rationi: cap. 2 h. t. in 6to.

[34]) Papst Nicolaus I. (c. 3 Dist. 8) unterscheidet noch zwischen mala consuetudo und corruptela („mala consuetudo non minus quam pernitiosa corruptela vitanda est"). Die irrationelle Gewohnheit wird aber als corruptela bezeichnet z. B. in cap. 5 X. h. t. (p. d.); cap. 7 X. h. t.; cap. 11 X. h. t.; cap. 5 X. de auct. et usu pallii 1, 8; c. 5 X. de consang. et aff. 4, 14; cap. 1 h. t. in 6to.

[35]) So in den beiden für die kanonisch-rechtliche Lehre vom Gewohnheitsrecht besonders wichtigen allgemeinen Bestimmungen: cap. ult. X. h. t. und cap. 1 de constit. in 6to 1, 2. Ausserdem vgl. z. B. cap. 6 in f. X. h. t.; cap. 9 X. de sepult. 3, 28; cap. 13 X. de celebr. miss. 3, 41.

auch laudabilis oder bona[36][37]. Der Ausspruch, dass eine bestimmte consuetudo eine wegen Irrationabilität verwerfliche sei, geht in allen Stellen des Corpus iuris canonici von dem höchsten Gesetzgeber der Kirche, dem Papst resp. dem allgemeinen Concil, aus; jedoch lässt cap. 3 X. de eo qui mitt. in poss. 2, 15 erkennen, dass auch andere Richter im einzelnen Falle zur Entscheidung der Frage berufen sein können[38]. Die betreffende Erklärung wird als reprobare consuetudinem[39] bezeichnet. Durch eine solche Erklärung wird aber nicht etwa nur für die Zukunft einem bis dahin als giltig zu betrachtenden Gewohnheitsrecht die fernere Geltung entzogen, wie man insbesondere mit Rücksicht auf cap. 20 X. de praescript. 2, 26[40] sowie auf die Schlussworte des cap. 7

---

[36]) Beide Ausdrücke kommen in gleicher Bedeutung vor cap. 3 X. de eo qui mitt. in poss. 2, 15. Die Bezeichnung „laudabilis consuetudo" auch z. B. cap. 2 X. de probat. 2, 19; cap. 13 X. de sepult 3, 28 und cap. 42 X. de simonia 5, 3.

[37]) Eine andere Bedeutung hat wohl der im Corpus iuris canonici mehrfach vorkommende Ausdruck „consuetudo approbata" (z. B. cap. 2 X. h. t. — p. d. —: usus consuetudinis hactenus approbatae; cap. 6 in f. X. h. t.: rationabilibus et approbatis consuetudinibus ecclesiae salvis; cap. 8 X. h. t.: contra consuetudinem approbatam; cap. 31 X. de elect. 1, 6: ex approbata consuetudine; cap. 32 X. de decimis 3, 20: ex consuetudine loci approbata). Vermuthlich soll derselbe besagen, dass dem gewohnheitsmässig geübten Satz die Zustimmung der betreffenden Gemeinschaft zur Seite stehe und ihm deshalb die Eigenschaft eines Rechtssatzes zukomme. Die Bezeichnung knüpft wohl an die Ausdrucksweise der römischen Rechtsquellen an (vgl. oben § 3 N. 12); auf die Hervorhebung des betreffenden Momentes hat aber vielleicht auch die Unterscheidung, welche die Deutschen zwischen rechter und unrechter Gewohnheit machten (unten § 30) eingewirkt.

[38]) Allerdings beauftragt der Papst am Schlusse des cap. 3 cit. die Richter mit Prüfung der Frage, ob die von einer Partei angeführte consuetudo laudabilis oder reprobanda (vgl. die folgende Note) sei. Aber aus dem übrigen Inhalt der Stelle geht hervor, dass diese Richter schon vorher, wenigstens auf Grund des Mandates, welches ihnen der zunächst mit der Sache befasste päpstliche Legat ertheilt hatte, die Frage hätten prüfen sollen.

[39]) So cap. 3 X. 2, 15 (siehe die vorige Note); cap. 2 X. de probat. 2, 19; cap. 1 h. t. in 6to (vgl. auch cap. 3 eod. tit. „non . . . . . reprobanda"); Extravag. comm. c. un. h. t. — Der Ausdruck „remittere" in cap. 1 X. h. t., welchen Scherer (l. c. I S. 134 Anm. 22) als gleichbedeutend mit „reprobare" nimmt, bezeichnet wohl vielmehr die Verhinderung künftiger Befolgung (vgl. auch N. 43).

[40]) Hier wird eine neue wichtige Bestimmung damit begründet, dass

X. h. t.[41]) und auf diesen ähnliche Wendungen[42]) in anderen Stellen anzunehmen geneigt sein könnte[43]). Vielmehr kommt nach kanonischem Recht dem irrationalen Inhalt einer Uebung, auch wenn alle anderen Erfordernisse der Bildung eines Gewohnheitsrechtes vorliegen, insbesondere wenn die Uebung von noch so langer Zeitdauer sein mag[44]), nicht die Kraft eines Rechtssatzes zu. So erklärt Gratian alle Gewohnheiten, ebenso wie alle geschriebenen Satzungen, wenn sie dem ius naturale widersprechen, für vana et irrita[45]). Im cap. 11 X. h. t. spricht Papst Gregor IX. nicht nur allen Gewohnheiten gegenüber dem ius naturale jede Kraft ab, sondern auch den sonstigen irrationellen Gewohnheiten gegenüber dem positiven Recht. In einer Reihe anderer Dekretalen wird ausdrücklich eine bestimmte gemissbilligte consuetudo für nichtig erklärt[46]). Damit steht im Einklang, dass cap. 2 h. t. in 6to die als irrationell

---

jedem Gesetze und jeder Gewohnheit, welche ohne eine Todsünde nicht beobachtet werden könnte, derogirt werden müsse. Dadurch scheint denselben, bis zu einer solchen Aufhebung, rechtliche Geltung zugeschrieben zu werden.

41) „ipsam (consuetudinem) mandamus de cetero non servari".

42) Z. B. cap. 9 X. de simonia 5, 3 („Ne . . . . haec de cetero fiant . . . . districtius prohibemus").

43) Auch der Ausdruck „remittere" in dem cap. 1 X. h. t. lässt es wenigstens im Unklaren, ob die die Kirche beschwerenden Gewohnheiten bis zu dem päpstlichen Einschreiten rechtsgiltig gewesen sind.

44) S. insbesondere cap. 1 h. t. in 6to, wo der Papst eine (nach Angabe der Betheiligten) unvordenkliche Gewohnheit reprobirt, und cap. 2 eod. tit. in 6to (consuetudinem, quantocunque tempore de facto servatam). Vgl. auch oben N. 21.

45) Dictum Gratiani ante c. 2 Dist. 8.

46) So cap. 3 X. h. t. (attendentes, quod consuetudo . . . . . nullius debeat esse momenti. Damit stehen freilich die Schlussworte „concedimus facultatem" nicht ganz im Einklange); cap. 4 X. h. t. (inaniter conferantur); cap. 10 X. h. t. (declaramus vos non teneri ad huiusmodi consuetudines observandas). Dieselbe Bedeutung haben auch wohl in cap. 5 X. h. t. die Worte „ducimus irritandam" (für diese Auslegung sprechen die vorausgehenden Worte „ex tali consuetudine, si qua foret" sowie die in der p. d. nachfolgenden „quum non consuetudo, sed corruptela potius sit censenda"). Cap. 1 h. t. in 6to verbietet nicht nur für die Zukunft die bisher gewohnheitsmässig an einer Kirche zugelassene Erlangung mehrerer Aemter an derselben Kirche, sondern auch die Fortsetzung einer schon früher eingetretenen derartigen Kumulation.

verworfene Gewohnheit als bisher (nur) „de facto servatam“ bezeichnet. In diesem Sinne werden auch diejenigen Dekretalen zu verstehen sein, welche die Ausrottung einer bestimmten consuetudo anordnen[47]). Dass aber auch ausnahmsweise die fortdauernde Wirksamkeit einer verwerflichen Gewohnheit aus besonderen Gründen vom Papste geduldet werden kann, zeigt cap. 2 X. de tempor. ordin. 1, 11.

IV. Das Erforderniss der Rationabilität ist jedoch im kanonischen Recht kein für Gewohnheitsrechte specifisches, sondern besteht in ähnlichem Umfange auch für gesetzliche Bestimmungen[48]).

1. Den selbstverständlichen Satz, dass ebenso wie keine consuetudo, kein von Menschen gegebenes Gesetz dem ius naturale widerstreiten darf, spricht Gratian mehrfach scharf aus[49]). Daneben hebt er allerdings, im Anschluss an Augustin[50]), hervor, dass die vernünftigen Anforderungen in Bezug auf den

---

[47]) So c. 3 Dist. 8 (Nicolaus I.: radicitus evellatur); cap. 14 X. de elect. 1, 6 (praescriptam consuetudinis pravitatem sancimus penitus abolendam); cap. 30 X. de praeb. 3, 5 (extirpandae consuetudinis vitium); cap. 6 X. de iure patron. 3, 38 p. d. (tam pravam consuetudinem penitus eradicare volentes).

[48]) Diese von den neueren Schriftstellern meist übersehene Thatsache ist hervorgehoben von E. Meier l. c. S. 214—216, welcher Schriftsteller durch seine principielle Auffassung, dass der Unterschied zwischen Gesetz und Gewohnheitsrecht nur ein formeller sei, auf Berücksichtigung eines derselben wenigsten scheinbar sehr zur Stütze gereichenden Moments (vgl. l. c. S. 29—30) besonders hingewiesen wurde. Mit nicht haltbaren Argumenten hat Schwering, Zur Lehre vom kanonischen Gewohnheitsrecht, Warendorf 1888, S. 46—50 gegen E. Meier die Richtigkeit der herrschenden Annahme, dass das kanonische Recht die Rationabilität nur als besonderes Erforderniss des Gewohnheitsrechtes kenne, nachzuweisen versucht. Insbesondere ist seine Behauptung, dass die autonomischen Beliebungen der Domkapitel nicht den Charakter von Rechtssätzen haben, sondern nur Rechtsverhältnisse regeln, durchaus zurückzuweisen.

[49]) Dicta Gratiani ante c. 2 Dist. 8 (Dignitate vero ius naturale simpliciter prevalet consuetudini et constitutioni. Quecunque enim vel moribus recepta sunt vel scriptis — die ed. Romana liesst unrichtig rescriptis — comprehensa, si naturali iuri fuerint adversa, vana et irrita sunt habenda); ante c. 1 Dist. 9 (Quod autem constitutio naturali iuri cedat multiplici auctoritate probatur); ibidem post c. 11 (Constitutiones ergo vel ecclesiasticae vel seculares, si naturali iuri contrariae probantur, penitus sunt excludendae).

[50]) c. 3 Dist. 4.

Inhalt eines Gesetzes[51]) bei Abfassung des letzteren zu berücksichtigen sind und nicht zu Kriterien für die Anwendung eines bestehenden Gesetzes gemacht werden dürfen[52]). Dies steht aber im Einklang mit der von uns oben (I und II) constatirten Thatsache, dass Gratian auch für die Rechtsgiltigkeit von consuetudines noch nicht das Erforderniss der Rationabilität im engeren Sinne kennt.

2. In den officiellen Dekretalensammlungen dagegen finden wir Rationabilität im engeren Sinne als Erforderniss für Gewohnheitsrechte und für Gesetze wesentlich gleichmässig anerkannt. In cap. 20 X. de praescript. werden Konstitutionen und Gewohnheiten, welche ohne Todsünde nicht beobachtet werden können, einander völlig gleichgesetzt[53]). Allgemein tritt uns Gleichstellung von „Statuten" und Gewohnheitsrechten partikulären Ursprungs in Bezug auf das Erforderniss der Rationabilität[54]), wenngleich zunächst nur gegenüber späteren allgemeinen Kirchengesetzen, in cap. 1 de constit. in 6to entgegen[55]). Zwei in den liber Extra aufgenommene Rescripte[56]) enthalten eine päpstliche Reprobation[56a]) von Kapitelstatuten wegen ihres unsittlichen[57]) bezw. dem Zwecke des Institutes wider-

---

[51]) Diese sind in einer viel citirten Stelle aus Isidor (c. 2 Dist. 4) aufgeführt.

[52]) Dictum Gratiani ante c. 3 Dist. 4 (vgl. unten § 11 N. 12).

[53]) Vgl. über diese Stelle auch oben II 1.

[54]) „dum tamen sint rationabilia".

[55]) Vgl. über diese Stelle die eingehende Erörterung im folgenden § III.

[56]) Cap. 6 und cap. 12 X. de constitut. 1, 2; cap. 9 eiusd. tit. gehört wohl nicht hieher.

[56a]) Dass die missbilligten Statuten als ungültig zu betrachten sind, geht aus dem Wortlaut der beiden Rescripte deutlich hervor.

[57]) So heisst es in cap. 6 cit. p. d. von den Kapitularen des Bisthums Troyes, welche sich statutarisch besondere Vortheile gegenüber den später aufgenommenen Mitgliedern beigelegt hatten, „propriis inhiantes commodis, et aliorum profectibus invidentes"; der Papst findet darin eine Verletzung des gerechten, weisen Ausspruches „Patere legem, quam tu ipse tuleris", also einer Forderung der Gerechtigkeit. Aehnlich werden in cap. 12 cit. die canonici Eduenses, deren Statut der Papst verwirft, als „propriis commodis inhiantes" bezeichnet. Allgemein hat neuerdings die Bulle De salute animarum die Anerkennung der von den altpreussischen Domkapiteln festzusetzenden statuta davon abhängig gemacht, dass dieselben „licita atque honesta" seien.

sprechenden[58]) Inhaltes; in einer dieser Stellen[59]) wird dem verworfenen Statut ein neu zu erlassendes billigenswerthen Inhaltes als „rationabilis institutio" entgegengesetzt und eben damit jenes als irrationell in dem bei consuetudines häufig gebrauchten Sinne gekennzeichnet[60]). Freilich beziehen sich diese Rescripte nur auf Statuten engerer Kreise; aber das Gleiche gilt von allen Stellen der officiellen Dekretalensammlungen, in denen eine bestimmte consuetudo als irrationell verworfen ist[61]). Ebenso spricht cap. 1 de constit. in 6to nur von Statuten und Gewohnheiten einzelner Gegenden bezw. juristischer Personen. Der zweite Theil des cap. 11 X. h. t. erstreckt sich dagegen seinem Wortlaute nach auf alle derogatorischen Gewohnheiten, scheint also auch solche der ganzen Kirche einzuschliessen; und cap. ult. X. de praescript. unterscheidet ebenso wenig bei den constitutiones wie bei den consuetudines zwischen denjenigen der Gesammtkirche und ihrer einzelnen Theile resp. Glieder. Ohne Zweifel hat das Erforderniss der Rationabilität praktische Bedeutung wesentlich nur für partikuläre Bestimmungen, mögen dieselben gesetzlichen oder gewohnheitsrechtlichen Ursprungs sein. Ein von der ganzen Kirche geübter Satz wird, wenn alle sonstigen Erfordernisse eines gültigen Gewohnheitsrechtes erfüllt sind, nicht leicht, auch bei einer Aenderung der Rechtsanschauungen, als von vornherein irrationell verworfen werden[62]); das Nämliche gilt in noch höherem Masse hinsichtlich eines vom

---

[58]) In beiden Rescripten handelt es sich um statutarische Bestimmungen, nach welchen Einkünfte der Domkapitel nicht zum Nutzen der Kirche, sondern für den Privatvortheil einzelner Mitglieder verwendet werden sollten.

[59]) Cap. 6 in f.

[60]) Hierauf macht auch schon E. Meier l. c. S. 214 aufmerksam.

[61]) E. Meier l. c. S. 214 Note *.

[62]) Schulte K.-R. I S. 245 meint sogar, wenn eine allgemeine Gewohnheit der Kirche vorliege, so werde durch diese Allgemeinheit auch die Rationabilität der Gewohnheit bewiesen. Wenn er aber (S. 248 N. 20) fragt, wer in der Lage wäre, die Rationabilität einer solchen Gewohnheit zu prüfen, so berücksichtigt er wohl nicht genügend die Möglichkeit einer Aenderung der Rechtsanschauungen, welche noch nicht alsbald Aufhebung des Gewohnheitsrechtes durch desuetudo resp. consuetudo contraria oder durch ein neues allgemeines Kirchengesetz herbeizuführen braucht; es könnte daher auch die Verwerfung einer solchen Gewohnheit durch den Papst zunächst für den einzelnen Fall praktische Bedeutung haben.

obersten Gesetzgeber für die Gesammtkirche erlassenen Gesetzes. Immerhin ist die Möglichkeit einer solchen Verwerfung für gemeine kirchliche Gewohnheiten oder Gesetze durch das kanonische Recht nicht ausgeschlossen.

§ 11.

Die Kraft des Gewohnheitsrechtes gegenüber dem Gesetze. Das Erforderniss der legitima praescriptio.

Hinsichtlich der Frage, ob ein Gewohnheitsrecht einem Gesetz zu derogiren vermöge, finden wir im Corpus iuris canonici, ebenso wie im Corpus iuris civilis [1]), entgegengesetzte Aussprüche. Jedoch hat auch im kanonischen Rechte die bejahende Antwort das Uebergewicht, und zwar erscheint dieselbe hier als festes Ergebniss einer allmählichen geschichtlichen Entwickelung [2]).

1. In dem decretum Gratiani ist der Gewohnheit derogatorische Kraft gegenüber dem Gesetze entschieden abgesprochen. Gratian scheint freilich, im Anschluss an Stellen, welche er Isidor's grossem Sammelwerk entnahm [3]), keinen wesentlichen Unterschied zwischen der geschriebenen lex und der ungeschriebenen consuetudo anzunehmen; er umfasst sogar, gemäss einem im Mittelalter sehr verbreiteten Sprachgebrauch [4]), auch die Gesetze unter der Bezeichnung „consuetudo" im weiteren Sinne [5]). Der eine der eben erwähnten aus Isidor entnommenen

---

[1]) Siehe oben § 6 II 3.

[2]) Diese ist bisher allzuwenig beachtet. Einiges Licht haben über dieselbe verbreitet die Ausführungen Kreutzwald's in seiner Dissertation De canonica iuris consuetudinarii praescriptione (Berlin 1873), § 14. Denselben hat sich insbesondere Friedberg in seinem Lehrbuch des Kirchenrechts (4. Aufl.) § 43 N. 3 angeschlossen.

[3]) c. 1 und c. 5 Dist. 1.

[4]) Vgl. darüber unten § 12 I und § 28 I 4.

[5]) Dictum Gratiani post c. 5 Dist. 1: Cum itaque dicitur „non differt, utrum consuetudo scriptura vel ratione consistat", apparet, quod consuetudo partim est redacta in scriptis, partim moribus tantum utentium est reservata. Quae in scriptis redacta est, constitutio sive ius vocatur; quae vero in scriptis redacta non est, generali nomine, consuetudo videlicet, appellatur. — Ebenso wird der Ausdruck „mores" von Gratian (dictum post c. 1 Dist. 1) im Anschluss an Isidor (c. 1 cit.) in Bezug auf alles menschliche Recht gebraucht.

canones enthält aber auch die Worte Tertullian's, dass die consuetudo Gesetzeskraft habe, wenn es an einem Gesetze fehle[6]), und die in den letzteren Worten enthaltene Beschränkung der Geltung des Gewohnheitsrechtes hat Gratian, wie andere von ihm aufgenommene Quellenstellen und seine eigenen dicta darthun, in einem strengen Sinne aufgefasst. Neben der Bestimmung Constantin's, dass die Gewohnheit nicht die Kraft habe „aut rationem aut legem" zu überwinden[7]), hat Gratian einen ganz ähnlichen Satz aus Isidor aufgenommen[8]), und besonders charakteristisch für seine Anschauung ist, dass die Stelle der Justinianischen Institutionen über die gesetzesähnliche Kraft der diuturni mores in seiner Kompilation den Zusatz „nisi legi sunt adversi" erhalten hat[9]). So erklärt auch Gratian selbst zu Anfang der Dist. 11, Isidor bezeuge (in der dort als c. 1 aufgenommenen Stelle), dass die Gewohnheit den Gesetzen nachstehe, und weiterhin[10]) spricht Gratian aus, die Gewohnheit sei unverrückt zu befolgen, wenn nachgewiesen werde, dass sie weder den heiligen canones noch den menschlichen Gesetzen widerspreche. Nur eine geringe Modification dieses Standpunktes enthält der Ausspruch Gratian's[11]), dass, wie die Gesetze durch gewohnheitsmässige Befolgung befestigt werden, so andrerseits gegenwärtig einige Gesetze durch all-

---

6) c. 5 princ. Dist. 1 (vgl. über die betreffende Aeusserung Tertullian's oben § 6 II 1).

7) c. 4 Dist. 11.

8) c. 1 Dist. 11 (s. den Wortlaut oben § 10 N. 9).

9) c. 6 Dist. 12: Diuturni mores nisi legi sunt adversi consensu utentium approbati legem imitantur. Die gesperrt gedruckten Worte fehlen in der officiellen römischen Ausgabe. Sie finden sich aber, wie Friedberg in seiner Ausgabe des Corpus iuris canonici ad h. l. bemerkt (Pars prior, pag. 29, nota 37), in allen von ihm verglichenen Handschriften.

10) Dist. 11 pars 2: Cum vero nec sacris canonibus, nec humanis legibus consuetudo obviare monstratur, inconcussa servanda est. — Unter den „sacri canones" sind hier wohl nur die Bestimmungen des ius divinum gemeint, die humanae leges sind sowohl die weltlichen als die von der Kirche gesetzten (vgl. das dictum Gratiani zu Ende der Dist. 9).

11) Dictum Gratiani ante c. 4 Dist. 4: Leges instituuntur, cum promulgantur, firmantur, cum moribus utentium approbantur. Sicut enim moribus utentium in contrarium nonnullae leges hodie abrogatae sunt, ita moribus utentium ipsae leges confirmantur.

gemeine Nichtbefolgung ihre Kraft verloren haben. Es ist hiermit, wie die Anknüpfung an den vorausgehenden canon[12]) bekundet und durch das folgende dictum bestätigt wird[13]), nicht eine spätere gewohnheitsrechtliche Aufhebung eines in anerkannte Wirksamkeit getretenen Gesetzes gemeint, sondern die Nichtannahme eines Gesetzes im Rechtsleben, vermöge deren der Inhalt eines Gesetzes (nach einer auch bei den Glossatoren früh hervortretenden Ansicht)[14]) rechtliche Verbindlichkeit für die Einzelnen gar nicht erlangte. Freilich scheint Gratian selbst hinsichtlich der Richtigkeit dieser Auffassung Zweifel gehegt zu haben, da er hinzufügt, es sei möglich, dass die von ihm als Beispiel solcher Nichttreception erwähnten canones nur Ermahnungen, nicht Rechtsvorschriften hätten geben sollen[15]).

II. Dagegen hat die nachgratianische Dekretalengesetzgebung die derogatorische Kraft des Gewohnheitsrechtes grundsätzlich anerkannt und nur an erschwerende Voraussetzungen gebunden.

1. Allerdings erklärte noch Alexander III., in fast wörtlichem Anschluss an die Constantinische lex, die Autorität der Gewohnheit gehe nicht soweit, dass sie jemals der Wahrheit oder dem Gesetze präjudicire[16]). In einer anderen Dekretale finden wir einen ganz ähnlichen Ausspruch desselben Papstes[17]).

---

[12]) c. 3 Dist. 4 (Augustinus): In istis temporalibus legibus, quamquam de his homines iudicent, cum eas instituunt, tamen cum fuerint institutae et firmatae, non licebit iudici de ipsis iudicare, sed secundum ipsas.

[13]) Dist. 4 pars 4: Hec etsi legibus constituta sunt, tamen quia communi usu approbata non sunt, se non observantes transgressionis reos non arguunt. — Vermuthlich aber haben die betreffenden Sätze deshalb keine Anwendung erlangt, weil sie spätere Fälschungen sind (c. 4 Dist. 4 ist pseudoisidorisch; über c. 5 und 6 siehe Friedberg's Noten zu denselben in seiner Ausgabe des Corpus iuris canonici).

[14]) Siehe unten § 15 II 3.

[15]) Dist. 4 pars 4: . . . . nisi forte quis dicat., hec non decernendo esse statuta, sed exhortando conscripta.

[16]) Cap. 8 X. de sent. et re iudic. 2, 27: . . . . considerantes, quod, licet usus vel consuetudinis non minima sit auctoritas, nunquam tamen veritati aut legi praeiudicat . . . .

[17]) Cap. 2 X. de probat. 2, 19: Sicut consuetudo laudabilis (p. d.:) nulla debet novitate convelli, sic quod noscitur contra ius moribus introductum obvia ratione debet dissolvi. Dass hier die Worte „contra ius" den Wider-

Auch sein unmittelbarer Nachfolger Lucius III. erklärte in einem bestimmten Falle, dass eine dem Gesetz widersprechende consuetudo nicht zu berücksichtigen sei[18]). Aber der letztere fügte bereits in einer anderen Dekretale[19]), indem er eine den kirchlichen wie den kaiserlichen Gesetzen widerstreitende partikuläre Gewohnheit hinsichtlich des Gerichtsstandes der Geistlichen für nichtig erklärte, einschränkend hinzu, in dieser Beziehung[20]) dürfe den canones durch keine Gewohnheit Abbruch geschehen. In mehreren Entscheidungen von Rechtsfällen, bei denen es sich um die Wahl eines Bischofs oder Abtes handelte, erkannte dann Innocenz III. an, dass wenigstens unter gewissen Voraussetzungen eine specielle Gewohnheit dem ius commune vorgehe[21]), und ebenso erklärte er eine in Frankreich gegen einen Satz des römischen Rechtes bestehende Gewohnheit, trotz ausdrücklicher Constatirung dieses Widerspruches,

---

spruch mit gesetzlichen Bestimmungen bedeuten, geht hervor aus den von Raymundus de Pennaforte gleichfalls weggelassenen Worten: quod quum nulla sit ratione subnixum, sed manifeste legibus adversetur. Gemeint sind wahrscheinlich die von der Kirche übernommenen Bestimmungen des römischen Rechts über die Subsidiarität des nothwendigen Eides (siehe dieselben bei Wetzell, System des ordentlichen Civilprocesses, 3. Aufl., § 26 N. 1a). — Zweifelhafter ist es, ob in cap. 26 X. de test. et attest. 2, 20 (Clemens III.) und in cap. 10 X. h. t. p. d. (Honorius III.) die Bezeichnung der dort verworfenen consuetudines als „iuri contrariae" einen Widerspruch mit einzelnen gesetzlichen Bestimmungen oder mit dem Geiste der Rechtsordnung (vgl. oben § 10 N. 22) ausdrücken sollen.

[18]) Cap. 3 X. de fideiuss. 3, 22: . . . . consuetudine, quae legi contraria est, non obstante. — Dem gleichfalls von Lucius III. herrührenden cap. 5 X. de iuram. cal. 2, 7 sind dieselben Worte von Raymundus de Pennaforte angefügt worden (s. Friedberg ad cap. 5 cit.).

[19]) Cap. 8 X. de iudic. 2, 1.

[20]) „in hac parte". Dass dieser Beisatz auf die Möglichkeit einer derogatorischen Gewohnheit für andere (unerhebliche) Fälle hinzuweisen scheine, hat schon Phillips K.-R. III S. 729 bemerkt.

[21]) Cap. 3 X. de causa poss. 2, 12 (a. 1200); cap. 8 X. h. t. (a. 1209); cap. 25 X. de V. S. 5, 40 (a. 1209); auch das von demselben Papste 1205 erlassene cap. 4 X. de postul. prael. 1, 5 erwähnt den von diesem im concreten Falle für die Wahl eines Erzbischofs durch das Domkapitel geforderten assensus der Suffraganbischöfe, „si esset de antiqua et approbata consuetudine requirendus", allerdings ohne die hierin liegende Abweichung von dem damaligen gemeinen Kirchenrechte hervorzuheben.

für rechtsgültig[22]). Gregor IX. setzte in einem 1228 erlassenen Rescript über eine Bischofswahl die Möglichkeit eines dem ius commune derogirenden Gewohnheitsrechtes einer einzelnen Kirche voraus[23]). Dieser Papst unternahm es aber auch, die in der damaligen Doktrin[24]) sehr bestrittene Frage, ob resp. in wiefern eine Gewohnheit einem Gesetze derogire, in allgemeiner Weise zu entscheiden. Im Verfolg der in den päpstlichen Rescripten während des letzten halben Jahrhunderts zur Geltung gekommenen Anschauung und im Einklang mit der in der romanistischen und kanonistischen Doktrin vorherrschenden Ansicht erkannte der Papst grundsätzlich die derogatorische Kraft des Gewohnheitsrechtes gegenüber dem ius positivum an. Indem er dabei den Wortlaut der l. 2 C. Iust. h. t. zu Grunde legte, aber in entsprechender Weise abänderte, bekundete er zugleich deutlich seinen Willen, dass die Constantinische lex fortan nur in dieser modificirten Gestalt für die Kirche Geltung haben solle. Die derogatorische Kraft des Gewohnheitsrechtes machte er jedoch abhängig von zwei Voraussetzungen, welche ebenfalls schon durch die bisherige Entwickelung des kanonischen Rechtes vorgezeichnet waren. Die eine Voraussetzung, welche im kanonischen Recht gleichmässig für jedes Gewohnheitsrecht gilt[25]), ist die Rationabilität des Inhaltes; die zweite Voraussetzung, welche in dem cap. 11 mit den Worten: „nisi legitime sit praescripta“ bezeichnet ist, bezieht sich auf die Zeitdauer der Uebung und erstreckt sich, wie wir näher sehen werden, wahrscheinlich nur auf Gewohnheitsrechte, welche einem gemeinen Kirchengesetze derogiren.

2. Angesichts des lebhaften Streites, dessen Gegenstand

---

[22]) Cap. 4 X. de arbitris 1, 43.

[23]) Cap. 50 X. de elect. 1, 6. Das von den Kaplänen der Stadt Cumae beanspruchte Recht auf Theilnahme an der Wahl des dortigen Bischofs wird vom Papste nicht anerkannt, weil diese nicht bewiesen hätten, dass ihnen dasselbe de iure (d. h. wohl nach geschriebenem Sonderrecht) oder de consuetudine zukomme. Darin liegt die mittelbare Anerkennung, dass ein solches partikuläres Gewohnheitsrecht, wenn es nachgewiesen wäre, dem ius commune (welches ausschliessliche Wahlberechtigung der Mitglieder des Domkapitels statuirte) vorgehen würde.

[24]) Siehe unten § 15 II (Legisten) und § 26 II (Kanonisten).

[25]) Oben § 10.

die Bedeutung der Aussprüche des kanonischen Rechtes und insbesondere des cap. 11 X. h. t. über die legitima praescriptio der consuetudo bildet[26]), erscheint es als nöthig, genauer auf deren Sinn und Tragweite einzugehen.

In Gratian's Dekret findet sich dieser Ausdruck oder ein ähnlicher nicht. Die von Gratian aus dem römischen Recht und aus kirchlichen Quellen aufgenommenen Stellen über das Gewohnheitsrecht heben nur im Allgemeinen das Erforderniss der längeren Dauer der Uebung hervor[27]). Wenn Gratian selbst die Bekräftigung durch die Länge der Zeit nur für die partikuläre Gewohnheit, nicht auch für die Uebung der ganzen Kirche zu fordern scheint[28]), so darf man nicht übersehen, dass er bei der letzteren, wie der seinem dictum unmittelbar vorausgehende canon beweist[29]), nur eine auf Tradition, also auf eine wenigstens mündliche Gesetzgebung, gegründete Uebung im Auge hat.

Dagegen tritt uns in den Decretalensammlungen Gregor's IX. und Bonifaz' VIII. eine beträchtliche Zahl von Stellen entgegen, in denen für die Rechtsgültigkeit einer consuetudo verlangt wird, dass dieselbe „praescripta"[30]) legitime praescripta[31]),

---

[26]) Sehr zahlreiche Litteraturangaben finden sich in der oben N. 2 angeführten Abhandlung Kreutzwald's. In den letzten Jahrzehnten haben vornehmlich die scharfsinnigen, aber m. E. im Wesentlichen verfehlten Ausführungen Schulte's (Kirchenrecht I S. 222—241) die alte Kontroverse neu belebt.

[27]) So z. B. c. 4 Dist. 1 (longa consuetudo); c. 4 Dist. 11 (usus longaevus); c. 6 Dist. 12 (diuturni mores), c. 7 (longa consuetudo); c. 10 qu. 1 C. 10 (antiqua consuetudo).

[28]) Dictum Gratiani ante c. 12 Dist. 12: Hoc autem de consuetudine illa intelligendum est, que vel universalis ecclesiae usu, vel temporis prolixitate roboratur.

[29]) c. 11 princ. Dist. 12 (Augustinus): Illa autem, que non scripta, sed tradita custodimus, que quidem toto orbe terrarum observantur, datur intelligi ab ipsis apostolis, vel plenariis conciliis . . . . . commendata atque statuta retineri.

[30]) Cap. 50 X. de elect. 1, 6 (ex consuetudine iam praescripta).

[31]) Cap. 3 X. de causa poss. 2, 12 (hier erklärt der Papst den auf eine consuetudo gestützten Anspruch der Geistlichen der Kollegiatkirchen zu Sutri, an der Bischofswahl theilzunehmen, für unbegründet, weil sie durch ihre Theilnahme an den drei letztvorhergegangenen Bischofswahlen das

„canonice praescripta“ [32])[33]) sei. Der ersterwähnte Ausdruck erscheint gegenüber den beiden anderen als der weniger genaue. Dass aber die beiden letzteren unter sich gleichbedeutend sind, kann um so weniger bezweifelt werden, als Bonifaz VIII., welcher allein in cap. 3 h. t. in 6to die Bezeichnung „praescripta canonice“ gebraucht, in einer anderen Dekretale[34]), wie schon früher Innocenz III. [35]) und Gregor IX. [36]) die Bezeichnung „praescripta legitime“ anwendet, ohne dass irgend ein sachlicher Grund für eine Verschiedenheit des Ausdruckes erkennbar wäre. Hergenommen ist die Bezeichnungsweise von der Verjährung, welche im kanonischen Recht technisch „praescriptio“ heisst[37]), wie der Erwerb eines subjektiven Rechts bezw. die Befreiung von einer Rechtspflicht durch Verjährung mit „praescribere“ bezeichnet wurde[38]). Als Gegenstand der

---

Wahlrecht: „propter brevitatem temporis usque ad praescriptionem legitimam non producti“ nicht hätten erwerben können); cap. 11 X. h. t. (nisi fuerit . . . . . legitime praescripta); cap. 9 de off. ordin. in 6to 1, 16 (de speciali privilegio vel consuetudine iam praescripta legitime). Dagegen ist das von Kreutzwald l. c. S. 1 und S. 36—37, im Anschluss an ältere Kanonisten, hieher gezählte cap. 5 de praeb. in 6to 3, 4, wo ebenfalls von einer praescriptio legitima die Rede ist, wohl nicht auf ein Gewohnheitsrecht zu beziehen (vgl. unten N. 75 und den Text dazu). In cap. 11 X. de iure patron. 3, 38 ist unter der legitima praescriptio jedenfalls nur die Ersitzung zu verstehen (in sämmtlichen vorausgehenden Sammlungen steht an der betreffenden Stelle „longa praescriptione“).

[32]) Cap. 3 h. t. in 6to (dum tamen alias sit praescripta canonice).

[33]) Ungenau ist die Behauptung Schulte's (l. c. S. 223 sub III), dass in allen von ihm dort unter II angeführten Stellen, zu denen auch cap. 50 X. de elect. (oben N. 30) und cap. 3 h. t. in 6to (s. die vorige N.) sowie c. 8 X. h. t. und cap. 25 X. de V. S. 5, 40 (in denen sich gar kein derartiger Ausdruck findet) gehören, die Gültigkeit der consuetudo davon abhängig gemacht sei, dass sie legitime praescripta sei.

[34]) Cap. 9 de off. ordin. in 6to (oben N. 31).

[35]) Cap. 3 X. de causa poss. 2, 12.

[36]) Cap. 11 X. h. t.

[37]) Vgl. besonders den Dekretalentitel de praescriptionibus (X. 2, 26; in 6to 2, 13).

[38]) Dass das Wort „praescribere“ (bezw. „praescriptio“), wenigstens mit einem auf den Zeitablauf deutenden Zusatz, schon von den Römern in diesem Sinne gebraucht wurde, beweisen die von Fitting in der Zeitschrift für Rechtsgeschichte X S. 337 und in der Zeitschrift der Savigny-Stiftung, Romanistische Abth. IX S. 394, XIV S. 259 angeführten Stellen.

Praescription stellt sich die consuetudo selbst dar[39]). Man darf aber hieraus nicht folgern[40]), dass die Stellen des kanonischen Rechts, welche von einer consuetudo praescripta sprechen, nicht die Begründung eines Rechtssatzes, sondern nur den Erwerb eines subjektiven Rechtes im Auge haben[41]). Allerdings lassen die päpstlichen Rescripte, welche diesen Ausdruck gebrauchen, es theilweise als zweifelhaft erscheinen, ob sie sich auf ein subjektives Recht oder auf objektives Recht beziehen[42]). Aber als sicher muss jedenfalls betrachtet werden, dass die allgemeine Bestimmung im zweiten Theile des cap. 11 X. h. t. von einer consuetudo im objektiven Sinne des Wortes redet[43]); diese Auslegung wird sowohl durch den Zusammenhang mit dem ersten Theile der Stelle[44]) als durch die Rücksicht auf die Bedeutung der zu Grunde liegenden Bestimmung Kaiser Constantin's gefordert. Dazu kommt, dass auch durch ein Gewohnheitsrecht unmittelbar subjektive Rechte begründet werden

---

[39]) So mit Recht Schulte l. c. S. 239, welchem in dieser Hinsicht auch sein Hauptgegner Kreutzwald l. c. S. 59 zustimmt.

[40]) Wie dies Schulte l. c. S. 239—240 thut.

[41]) Dass der erwähnte Ausdruck sich nur auf subjektive Rechte beziehe, haben bekanntlich schon vor Schulte insbesondere Glück (Erläut. der Pandekten, I S. 465 ff.) und K. Fr. Eichhorn (Grundsätze des Kirchenrechtes, II S. 42—44) darzuthun gesucht.

[42]) Der von Kreutzwald l. c. §§ 3—10 gegen die Ausführungen Schulte's, welcher alle fraglichen Stellen nur auf eine consuetudo als Erwerbsgrund subjektiver Rechte bezieht, unternommene Gegenbeweis scheint mir nicht in allen Beziehungen durchaus zwingend zu sein. Insbesondere ist zuzugeben, dass in cap. 3 X. de causa poss. die Titelrubrik, in welcher die Stelle sich findet, für die Auffassung der consuetudo im Sinne Schulte's spricht, wie denn auch hier als Gegenstand der legitima praescriptio das subjektive Wahlrecht bezeichnet ist (vgl. oben N. 31, aber auch unten den Text nach N. 51).

[43]) Dies hebt namentlich Phillips in seinem Lehrbuch des Kirchenrechtes (3. Aufl. § 21 N. 5) gegen Schulte hervor. Vgl. auch Scheurl in der Zeitschrift für Kirchenrecht III S. 66 (gesammelte kirchenrechtliche Abhandlungen S. 215) und Dove in Richter's Lehrbuch, 8. Aufl., § 84 N. 12.

[44]) Schulte l. c. S. 237 bezieht die consuetudo im ersten Theile des cap. 11 sowohl auf die Uebung eines Rechtssatzes, als auf die Ausübung einer Berechtigung; dagegen soll der Ausdruck im zweiten Theile der Stelle nur die letztere Bedeutung haben (l. c. S. 239).

können[45]); und es liegt besonders nahe, die Dekretalen, welche die consuetudo mit einem Privilegium parallelisiren[46]) oder als Auslegerin eines Privilegs[47]) behandeln, von einem speciellen Gewohnheitsrecht, auf welches unmittelbar ein subjektives Recht bestimmter Personen gegründet wird, zu verstehen. Andrerseits kann auch die Anwendung einer für die Verjährung technisch gewordene Bezeichnung auf die consuetudo nicht etwa als Beweis gelten, dass die Päpste nur eine Verjährung im gewöhnlichen Sinne gemeint hätten. Während die Glossatoren Verjährung und Gewohnheitsrecht grundsätzlich bereits von einander schieden, stellten sie doch zwischen beiden mehrfache Analogien auf[48]), und vor allem glaubten sie und mit ihnen die älteren Kanonisten, dass schon das römische Recht für die Entstehung eines Gewohnheitsrechtes eine der Verjährungszeit entsprechende Dauer der Uebung verlangt habe[49]). Die betreffende Zeit wurde überwiegend, gemäss der für die ordentliche Ersitzung von Grundstücken[50]) inter praesentes erforderlichen Zeitdauer, auf 10 Jahre bestimmt. Eine bestimmte Zeit werden, im Einklang mit der damaligen Doktrin, auch die Päpste im Sinne gehabt

---

[45]) Dies macht in sehr zutreffender Weise Scherer l. c. I S. 135 geltend.

[46]) So in cap. 9 de off. ord. in 6to 1, 16 (siehe die betr. Worte oben N. 31). Ebenso wird die in cap. 50 X. de elect. 1, 6 mehrfach vorkommende Unterscheidung zwischen der Begründung des Anspruches de iure und de consuetudine (resp. ex consuetudine iam praescripta) zu verstehen sein, nur dass der erstere Ausdruck neben dem Privileg auch ein Statut bezeichnen mag.

[47]) So in cap. 25 X. de V. S. 5, 40. (Nicht nur verwies das Privileg des Papstes Paschalis für das Kloster St. Bertin auf die bisherige gewohnheitsmässige Uebung, sondern auch die spätere consuetudo entsprach der Auslegung, welche der Vertreter des Klosters St. Bertin dieser Bestimmung des Privilegs gab.)

[48]) Unten § 14 I 1.

[49]) Unten § 14 I 1 und § 26 II.

[50]) Die Bezeichnung der consuetudo als „longa" war der nächste Anlass zur Parallelisirung derselben mit der — nach Justinianischem Recht nur auf Grundstücke anwendbaren — longa praescriptio (siehe unten § 14 I 1). Dass aber überhaupt das kanonische Recht stillschweigend das Schema der Immobilienersitzung zum Normalschema für die kanonische Ersitzung gemacht und, so gut es ging, auf alle Verhältnisse, wo die Kirche Verjährung zuliess, übertragen habe, hat O. Reich, die Entwicklung der kanonischen Verjährungslehre von Gratian bis Johannes Andreae (Berlin 1880), S. 3 vgl. S. 123—124, hervorgehoben.

haben, wenn sie von einer consuetudo praescripta resp. legitime oder canonice praescripta sprachen[51]). Hiefür ist zunächst geltend zu machen, dass Innocenz III. in dem cap. 3 X. 2, 12[52]) das Vorhandensein einer dem ius commune derogirenden consuetudo specialis aus dem Grunde verneint, weil die Zeit, in welche die angeführten Uebungshandlungen fallen, zur „praescriptio legitima" nicht ausreiche, ohne dass in der Dekretale irgend eine Andeutung über Bemessung der erforderlichen Zeit nach den konkreten Umständen hinzugefügt wäre[53]). Ferner aber ist anzunehmen, dass die Päpste mit den in Frage stehenden Ausdrücken eine gewohnheitsrechtliche Uebung von mindestens vierzigjähriger Dauer bezeichnen wollten. Diese Annahme gründet sich vor allem auf cap. 25 X. („Abbate") De verb. sign. 5, 40. Hier berichtet Innocenz III., dass die Mönche des Klosters St. Bertin sich für ihre Behauptung, die Mönche von Auri-le-Château müssten den Abt dieses Klosters aus der Mitte jener wählen, sowohl auf ein päpstliches Privileg als auf eine diuturna consuetudo berufen hätten; hinsichtlich der letzteren sei ihnen der Beweis gelungen, dass die Mönche des Klosters Auri-le-Château seit 40 Jahren und länger[54]) ihren Abt aus dem Kloster St. Bertin gewählt hätten. Damit sollte, wie mit grösster Wahrscheinlichkeit behauptet werden darf[55]), gesagt

---

[51]) Gegenüber der im 18. Jahrhundert herrschenden und auch noch von Savigny vertretenen abweichenden Ansicht wird dies jetzt ganz überwiegend angenommen (vgl. insbes. Puchta, Gew.-Recht II S. 97—99; Windscheid Lehrbuch § 16 Anm. 1; Phillips K.-R. III S. 741 ff.; Schulte K.-R. I S. 223—224; Scherer l. c. § 23 IV; Richter-Dove l. c. § 84 N. 12).

[52]) Vgl. jedoch über diese Stelle auch oben N. 42.

[53]) In demselben Sinne verwerthet Kreutzwald l. c. S. 77 auch das Wort iam („ex consuetudine iam praescripta") in c. 50 X. de elect. (vgl. auch cap. 9 de off. ord. in 6to: „de consuetudine iam praescripta legitime").

[54]) „a XL annis et infra".

[55]) Die Gegenargumente Schulte's (l. c. S. 229—230) scheinen mir in keiner Weise durchschlagend zu sein. Insbesondere aber ist es nicht richtig, wenn Sch. sagt, der Papst ignorire die Anführung der Mönche von St. Bertin hinsichtlich der vierzig Jahre. In seiner Schlussentscheidung bezieht er sich freilich nur ganz allgemein auf das von beiden Parteien Vorgebrachte; zu Anfang der Dekretale aber hat er schon ausdrücklich konstatirt, dass die Mönche von St. Bertin hinsichtlich der mehr als vierzigjährigen Uebung genügenden Beweis erbracht hätten.

werden, dass von Seiten des Klosters St. Bertin das Vorhandensein der erforderlichen Uebungszeit für das dem ius commune widersprechende Gewohnheitsrecht nachgewiesen sei[56]). Dass aber dieser grössere Zeitraum für eine einem (gemeinen)[57]) Kirchengesetz derogirende Gewohnheit gefordert wurde, erklärt sich durch die zu Grunde liegende, allerdings von den Päpsten nicht ausdrücklich ausgesprochene, theoretische Auffassung einer solchen. Dem Gewohnheitsrecht wurde gemäss der hierarchischen Grundanschauung über die Stellung der kirchlichen Gesetzgebungsorgane und gemäss der geschichtlichen Entwickelung der kirchlichen Ansichten über Zulässigkeit eines derogatorischen Gewohnheitsrechtes an sich eine geringere Autorität als dem Gesetze zugeschrieben, wie dies auch aus der Fassung des cap. 11 X. h. t.[58]) erhellt. Insofern aber das partikuläre derogatorische Gewohnheitsrecht gegenüber dem ius commune der Kirche[59]) gewissermassen eine Befreiung (Immunität) der betreffenden engeren Gemeinschaft darstellte[60]), wurde die Zeit, welche vom

---

[56]) Auffallend ist, dass schon Kaiser Friedrich I. in seiner Sententia de bonis clericorum decedentium a. 1173 (Constitutiones et acta publica Imperatorum et regum, ed. Weiland, Tom. I Nr. 240) hervorhebt, dass die von ihm dadurch bestätigte, dem weltlichen Recht widersprechende, aber dem Kirchenrecht entsprechende „libertas" der Mainzer Kleriker, welche er zugleich als Gewohnheitsrecht auffasst (vgl. unten N. 60) „per quadraginta annos et amplius" ohne Unterbrechung ausgeübt sei. Allerdings liess sich der Kaiser in dem zu entscheidenden Rechtsstreite von des Kirchenrechtes kundigen Personen unterweisen, und diese hatten vielleicht die auf dem Boden des Kirchenrechtes erwachsene Anschauung, dass jedes nicht ausdrücklich verliehene Privileg zu seiner Entstehung einer mindestens vierzigjährigen Uebung bedürfe.

[57]) Vgl. unten N. 59.

[58]) Nur unter den bestimmten erschwerenden Voraussetzungen soll das Gewohnheitsrecht sogar dem Gesetzesrecht Abbruch thun dürfen (. . . . . non est usque adeo valitura, ut vel iuri positivo debeat praeiudicium generare, nisi fuerit rationabilis et legitime sit praescripta).

[59]) Die päpstlichen Rescripte, welche das Erforderniss der praescriptio für das derogatorische Gewohnheitsrecht statuiren, beziehen sich sämmtlich auf eine dem ius commune der Kirche widersprechende partikuläre consuetudo, und auch cap. 11 X. h. t. wird eine solche wenigstens hauptsächlich im Auge haben (vgl. den Text unten nach N. 67).

[60]) So zutreffend Kreutzwald S. 58—59. Für weniger richtig halte ich den von ihm (S. 59) gleichfalls herangezogenen Gesichtspunkt einer dem

Justinianischen Recht[61]) wie von den kirchlichen canones[62]) für die Ersitzung eines der Kirche zustehenden (Immobiliar-) Rechts gefordert wurde, auch für die Bildung eines Gewohnheitsrechtes, durch welches die Autorität eines Kirchengesetzes überwunden werden sollte, als erforderlich angesehen[63]). Der zwiefache Ausdruck „consuetudo legitime praescripta" und „consuetudo canonice praescripta" scheint auch gerade auf die Sanktion der vierzigjährigen Verjährungszeit sowohl durch das weltliche als durch das kirchliche Recht[64]) hinzuweisen[65]).

Gesetzesrecht aufzuerlegenden Servitut. Eine werthvolle Bestätigung erhält die hier vertretene Auffassung durch die oben (N. 56) angeführte Reichssentenz. Der Mainzer Klerus, welcher bei dem Kaiser wegen Beeinträchtigung der Testirfreiheit eines seiner Mitglieder durch Mainzer Bürger klagte, berief sich für diese „libertas" auf eine „consuetudo longa et communi usu totius cleri approbata" sowie auf das ius scriptum, und fand in beiden Beziehungen Unterstützung bei den vom Kaiser befragten kirchenrechtskundigen Personen. Der Kaiser bestätigte dann „universum Maguntine civitatis clerum et canonicos . . . . . in libertate emunitatis, quam longa consuetudine optinuerunt, et in scripto iure, quod auctoritate Romane ecclesiae et sanctorum patrum traditione acceperunt". Bei dem Rechtsstreit handelte es sich um die den Grundsätzen des deutschen Rechts widersprechende Befugniss der Geistlichen, auch im Siechbett letztwillig zum Nachtheil ihrer Verwandten über ihre Mobilien zu verfügen (vgl. Stobbe, Handbuch des deutschen Privatrechts Bd. V S. 200).

[61]) Nov. 111 c. 1 und Nov. 131 c. 6 (Auth. Quas actiones hinter l. 23 C. de ss. eccl. 1, 2).

[62]) Cap. 4 und 9 X. de praescript. 2, 26.

[63]) Anders Phillips, K.-R. III S. 744 und 750—751, welcher annimmt, dass die kanonische Klagverjährung von vierzig Jahren auf die Gewohnheit übertragen worden sei. Dies steht aber nicht im Einklang mit der Bezeichnung „consuetudo praescripta" (vgl. oben N. 39) und ebenso wenig mit der seit dem 13. Jahrhundert in dem kanonischen Recht sich geltend machenden Zurückdrängung der erlöschenden Verjährung durch die Ersitzung (Reich l. c. S. 38 ff., S. 46 ff., dessen Beweisführung, wenn auch im Einzelnen vielfach zu beanstanden, doch wohl im Ganzen zu einem richtigen Ergebniss gelangt ist).

[64]) Vgl. die in N. 61 und 62 angeführten Stellen.

[65]) Die zwiefache Bezeichnung entspricht der Unterscheidung von praescriptio canonica und praescriptio civilis in dem berühmten cap. 20 X. de praescript. 2, 26. — Im Gegensatz zu der hier vertretenen Ansicht will Kreutzwald l. c. den Ausdruck „praescriptio legitima" nur auf die durch das kanonische Recht bestimmte Verjährungszeit beziehen (richtiger Redlich in der Zeitschrift für Kirchenr., 3. Folge VII S. 326, welcher aber den

Das Erforderniss der legitima praescriptio, also nach dem eben Erörterten einer vierzigjährigen Uebungsdauer, besteht dem Wortlaut des cap. 11 X. h. t. zufolge für jedes Gewohnheitsrecht, durch welches dem „ius positivum" derogirt werden soll. Man wird zunächst geneigt sein, hierunter wegen des Gegensatzes zu dem im ersten Theile der Stelle erwähnten ius naturale, sowie gemäss dem heutigen Sprachgebrauch[66]), alle Rechtssätze menschlichen Ursprungs zu verstehen. Jedoch erscheint es mindestens als unsicher, ob eine so weite Bedeutung des Ausdruckes und damit eine so weite Ausdehnung des Erfordernisses der vierzigjährigen Uebungszeit vom Papste beabsichtigt war, und daneben kommt der Zweifel in Betracht, ob unter der consuetudo auch eine Gewohnheit der ganzen Kirche begriffen sein sollte[67]). Insbesondere sprechen die übrigen Stellen des Corpus iuris canonici, welche das Erforderniss der (legitima resp. canonica) praescriptio für eine consuetudo erwähnen, dafür, dasselbe auf den Widerspruch einer partikulären Gewohnheit mit dem gemeinen Kirchenrecht[68]) zu beschränken; ebenso wird diese Beschränkung nahe gelegt durch den wahrscheinlich dem Verlangen der vierzigjährigen Dauer zu Grunde liegenden Gesichtspunkt einer Immunität gegenüber der regelmässigen kirchlichen Ordnung[69]). Andrerseits bildet freilich die Erwägung, dass die Anschauung von der Superiorität des Gesetzes, welche früher in der Kirche ein derogatorisches Gewohnheitsrecht völlig auszuschliessen schien, für die spätere nur verklausulirte Zulassung eines solchen massgebend gewesen ist[70]), ein gewichtiges Argument zu Gunsten der Annahme, dass nach cap. 11 cit. auch partikuläre Sätze nur durch eine wenig-

---

ebenfalls quellenmässigen Ausdruck „consuetudo canonice praescripta" garnicht erwähnt).

[66]) Eine andere Stelle des Corpus iuris canonici, in welcher der Ausdruck „ius positivum" vorkäme, ist mir nicht bekannt.

[67]) Vgl. oben § 10 a. E. die Erörterung, ob die Worte „nisi sit rationabilis" auch auf eine Gewohnheit der ganzen Kirche zu beziehen sind.

[68]) Denn um einen solchen handelt es sich in diesen (oben N. 30—32 angeführten) Stellen durchgängig.

[69]) Oben Text vor N. 60.

[70]) Oben II 1.

stens vierzigjährige consuetudo aufgehoben werden können[71]); jedoch lässt sich nicht verkennen, dass immerhin den nicht vom obersten Gesetzgeber der Kirche erlassenen kirchlichen Gesetzesnormen eine geringere Autorität auch im Verhältniss zum Gewohnheitsrecht zukommen wird[72]. Auf weltliche Gesetze, soweit diese nicht etwa von der Kirche für ihre Verhältnisse recipirt waren[73]), hat der Papst überhaupt schwerlich den besonderen Schutz gegen gewohnheitsrechtliche Aufhebung ausdehnen wollen. Endlich macht der geschichtliche Entwickelungsgang und insbesondere die Anknüpfung an l. 2 C. h. t. wahrscheinlich, dass unter dem „ius positivum" in cap. 11 cit. nur Gesetzesrecht, nicht auch Gewohnheitsrecht zu verstehen ist, also das Erforderniss der legitima praescriptio auf ein neues Gewohnheitsrecht, welches älterem Gewohnheitsrecht widerspricht, sich nicht erstreckt. — Auf andere als derogatorische Gewohnheitsrechte bezieht sich cap. 11 X. h. t. schon nach seinem Wortlaute nicht. Auch die übrigen Stellen, welche das Erforderniss der praescriptio für ein Gewohnheitsrecht erwähnen, handeln nur von einer dem bestehenden (gemeinen) Recht der Kirche widerstreitenden consuetudo. Dies würde freilich für cap. 5 de praebendis 3, 4 in 6to nicht zutreffen, wenn die Stelle überhaupt von einem Gewohnheistrechte spräche[74]); aber dieselbe darf wohl schon deshalb nicht von einem solchen verstanden werden, weil wir sonst annehmen müssten, dass sie einen einzigen Uebungsfall als zur Entstehung eines Gewohnheitsrechtes ge-

---

[71]) In neuester Zeit hat Kreutzwald l. c. S. 86 diesen Standpunkt, wenn auch mit anderer Begründung, lebhaft verfochten; jedoch meint er andrerseits, dass das Erforderniss der vierzigjährigen Dauer für eine einem partikulären Gesetze (Statute) widersprechende Gewohnheit häufig durch eine stillschweigende Billigung des Gesetzgebers werde ersetzt werden.

[72]) Einer ähnlichen Erwägung giebt Phillips, K.-R. III S. 758 Ausdruck.

[73]) Wie das römische Recht. Immerhin aber folgt daraus nicht, dass das cap. 11 auch auf die für kirchliche Verhältnisse gleichgültigen Bestimmungen des Corpus iuris civilis Anwendung finden sollte.

[74]) Dass dieselbe auf ein Gewohnheitsrecht zu beziehen sei, behauptet nach dem Vorgang zahlreicher älterer Schriftsteller Kreutzwald S. 36–37. Jedoch will er das darin seiner Ansicht nach enthaltene Erforderniss der legitima praescriptio für eine consuetudo praeter legem nicht als ein allgemeines gelten lassen (S. 87 N. 200).

nügend hinstellte[75]). Vor allem aber lässt weder der geschichtliche Entwicklungsgang der kanonisch-rechtlichen Theorie des Gewohnheitsrechtes, noch die für die Forderung vierzigjähriger Uebungszeit der consuetudo massgebende Analogie annehmen, dass dieses Erforderniss auch auf die consuetudo secundum oder praeter legem sich erstrecken sollte.

Somit kommen wir zu dem oben bereits vorweggenommenen Resultate, dass das kanonisch-rechtliche Erforderniss der legitima praescriptio sich wahrscheinlich beschränkt auf solche neu sich bildende Gewohnheitsrechte, welche ihrem Inhalte nach einem gemeinen Kirchengesetze widersprechen.

III. Dem Geiste des cap. 11 X. h. t. entspricht auch die von Bonifaz VIII. in cap. 1 De constit. in 6to 1, 2 über das Verhältniss eines neuen allgemeinen Kirchengesetzes zu schon bestehenden besonderen Gewohnheitsrechten getroffene Bestimmung[76]). Freilich handelt es sich dabei gar nicht um eine für Gewohnheitsrechte eigenthümliche Norm, sondern die Festsetzung des Papstes sollte überhaupt das Verhältniss einer für die ganze Kirche erlassenen päpstlichen Konstitution zu älteren

---

[75]) Cap. 5 cit.: Quum de beneficio ecclesiastico, consueto clericis saecularibus assignari, provideri mandatur, de illo debet intelligi, quod tanto tempore ab uno vel pluribus saecularibus clericis, institutis in eo rectoribus, existit continue ac pacifice gubernatum, ut praescriptio legitima sit completa .... Wahrscheinlich will der Papst nur sagen, wenn in einem Provisionsmandat Verleihung einer Pfründe, welche weltlichen Clerikern verliehen zu werden pflegen (nachher kommt in der Stelle in demselben Sinne das Wort „solitus" vor), angeordnet sei, so solle dies verstanden werden von einem Beneficium, welches wenigstens die gesetzliche Verjährungszeit hindurch, d. h. 40 Jahre, in der näher bezeichneten Weise von Weltgeistlichen (von einem oder von mehreren hinter einander) verwaltet worden sei. Darnach würde es sich also nur um Auslegung eines Ausdruckes in den päpstlichen Provisionsmandaten handeln.

[76]) Licet Romanus Pontifex, qui iura omnia in scrinio pectoris sui censetur habere, constitutionem condendo posteriorem, priorem, quamvis de ipsa mentionem non facit, revocare noscatur: quia tamen locorum specialium (das Wort ist wahrscheinlich mit Friedberg zu streichen; vgl. oben § 9 N. 33) et personarum singularium consuetudines et statuta, quum sint facti et in facto consistant, potest probabiliter ignorare: ipsis, dum tamen sint rationabilia, per constitutionem a se noviter editam, nisi expresse caveatur in ipsa, non intelligitur in aliquo derogare.

Rechtssätzen von örtlich resp. persönlich beschränkter Geltung regeln.

Im römischen Rechte findet sich keine deutliche generelle Entscheidung dieser Frage. Allerdings behauptet Ulpian in l. 3 § 5 D. de sepulcro violato 47, 12, ein allgemeines Rescript des Kaisers, durch welches Beerdigung innerhalb der Städte verboten wurde, müsse einer das Gegentheil bestimmenden älteren lex municipalis [77]) vorgehen, weil den Festsetzungen des Kaisers Geltung in allen Orten zukomme [78]); es muss aber mindestens als zweifelhaft erscheinen, ob der Jurist bei dieser Entscheidung nicht den aus dem Inhalt des Rescriptes vermutheten Willen des Kaisers, seinem Verbote absolut gemeine Geltung zu geben [79]), wesentlich berücksichtigte [80]). Immerhin stützten die Glossatoren und früheren Kanonisten vorzugsweise auf diese Stelle die Behauptung, dass überhaupt ein späteres Gesetz den älteren partikulären Gewohnheitsrechten vorgehe [81]). Auf dem Gebiete des kanonischen Rechtes musste jedoch ein solcher Grundsatz praktisch um so bedenklicher erscheinen, je mehr Gegenstände durch die päpstliche Gesetzgebung eingehend geregelt wurden; denn diese allgemeinen Bestimmungen konnten unmöglich den besonderen Bedürfnissen aller einzelnen Theile und Glieder der Kirche genügen. Deshalb bestimmte Bonifaz VIII. in seinem Gesetzbuch das Verhältniss neuer päpstlicher Gesetze zu älteren Gewohnheitsrechten und Statuten einzelner Orte (Gegenden) und Personen ausdrücklich dahin, dass die älteren Normen, falls sie rationell seien, durch die besonderen neuen päpstlichen Konstitutionen unberührt bleiben sollten, wenn nicht letztere ausdrücklich Abweichendes in dieser Hinsicht festsetzen.

---

[77]) Dass Ulpian voraussetzte, die lex municipalis, welche Beerdigung innerhalb der Stadt erlaubt, sei älter als das allgemeine kaiserliche Verbot, war schon die überwiegende Ansicht der Glossatoren. Auch v. Savigny (System I S. 289 und S. 422) versteht die Stelle in diesem Sinne.

[78]) Ueber diesen allgemeinen Ausspruch vgl. oben § 6 N. 40.

[79]) Hiefür mochte besonders die Strafdrohung gegen die Magistrate, welche die Beerdigung in der Stadt dulden würden, ins Gewicht fallen (v. Savigny l. c. S. 422 verweist auf die „polizeilichen Gründe" des Verbotes).

[80]) Vgl. auch das oben (§ 6 II 3 b) über das Reskript Traian's an den jüngeren Plinius Bemerkte.

[81]) Vgl. die Nachweisungen unten § 15 III 4 und § 26 IV.

Diesen Satz begründete er freilich nicht etwa durch das vernünftige Bedürfniss der einzelnen engeren Kreise oder durch den auf eine Schonung bestehender und nicht unvernünftiger partikulärer Rechtsnormen (präsumtiv) gerichteten Willen des obersten Gesetzgebers. Indem er vielmehr ausging von der Vorstellung, dass das Oberhaupt der Kirche das gesammte bestehende Recht kenne[82]) und demgemäss auch stillschweigend durch ein neues Gesetz das frühere (auf denselben Gegenstand bezügliche) Recht aufhebe, erklärte er die fortdauernde Geltung der nicht besonders erwähnten partikulären Statuten und Gewohnheiten durch ihre blos thatsächliche Natur. Für diese Auffassung war wohl, neben der zu der damaligen Zeit verbreiteten Doktrin über das Gewohnheitsrecht[83]), eine missverstandene Aeusserung Julian's in l. 32 D. de leg.[84]) massgebend.

---

[82]) Die Worte „qui iura omnia in scrinio pectoris sui censetur habere“ werden freilich von manchen hervorragenden Schriftstellern nicht so ausgelegt, wie hier im Texte, sondern auf die unumschränkte Gesetzgebungsgewalt des Papstes bezogen (so z B. Schulte, K.-R. I S. 82 Anm. 2 und Geschichte der Quellen und Litteratur des kanonischen Rechts II S. 34—35 in Anm. 3; Hinschius, K.-R. III S. 740; Gierke, Das deutsche Genossenschaftsrecht III S. 614, besonders Anm. 265). Für diese Auffassung spricht allerdings die bekannte Anschauung Bonifaz' VIII. über die Rechtsstellung des Papstthums sowie die Bedeutung, welche die Worte „in scrinio eius pectoris totius iuris summa consistit“ auch m. E. in der von Hinschius l. c. Anm. 7 angeführten Stelle des Lucas Tudensis haben. Andrerseits aber kann der Ausspruch der Kaiser Honorius und Theodosius in l. 19 C. de testam. 6, 23 (toto iure, quod nostris est scriniis constitutum, teste), welcher den ähnlichen mittelalterlichen Sentenzen zu Grunde liegt, nicht von einer Schaffung alles Rechts durch den Kaiser, sondern nur von seiner Kenntniss und Bekundung des bestehenden Rechts verstanden werden. Und nur ein derartiger Sinn des Zwischensatzes entspricht dem Zusammenhange des hier erörterten cap. 1: Die dem Papste zugeschriebene Kenntniss des gesammten Rechtes findet ihr Gegenstück in der leicht auch bei ihm möglichen Nichtkenntniss der als blosse Thatsachen betrachteten Gewohnheiten und Statuten. So fasst auch schon die Glosse zu cap. 1 die fraglichen Worte auf, und die nämliche Auslegung geben denselben manche neuere Schriftsteller (so Reiffenstuel, Ius canonicum universum, Prooemium nr. 213—216; Scherer l. c. § 25 Anm. 5 und Text vor dieser Anm.).

[83]) Vgl. unten § 16 und § 22 I.

[84]) . . . . nam quid interest suffragio populus voluntatem suam declaret an rebus ipsis et factis (durch konkludente Handlungen)? Vgl. über diese Worte oben § 3 II.

Seit Bonifaz VIII. finden wir auch häufig in allgemeinen Kirchengesetzen die früher nur vereinzelt[85]) in solchen vorkommende Bestimmung, dass entgegengesetzte (bisherige) Gewohnheiten bezw. Statuten kein Hinderniss der allgemeinen Geltung bilden sollen[86]).

Wir haben uns diese Erscheinung nicht etwa nur durch die fortschreitende Centralisation des Rechtes in der Kirche, sondern auch wesentlich durch den Einfluss der Bestimmung des oben besprochenen cap. 1 de constit. in 6to zu erklären.

---

[85]) So cap. 13 X. de off. iud. ord. 1, 31.

[86]) So z. B. cap. 40 de elect. in 6to 1, 6; Clem. 5 und 7 eod. tit. 1, 3; Clem. 2 de aet. et qual. 1, 6; Clem. 2 de statu monach. 3, 10; Extrav. comm. cap. 3 de elect. 1, 3. Ebenso die meisten Disciplinarbeschlüsse des Tridentischen Concils.

III. Abschnitt.

Die Glossatoren.

§ 12.

Allgemeines.

I. „In den Theorien und im Gerichtsgebrauch späterer Zeiten ist Vieles durchaus nicht gründlich zu verstehen möglich, als indem es auf den Anfang zurückgeführt wird, der in den Schriften der Glossatoren liegt". Diese Worte v. Savigny's[1]) treffen für die Lehre vom Gewohnheitsrechte in hohem Masse zu. Insbesondere sind die Wurzeln der hinsichtlich dieser Rechtsquelle in Deutschland herrschend gewordenen gemeinrechtlichen Doktrin und Praxis grösstentheils in der Glosse zu finden, und in Bezug auf einzelne fortdauernd streitig gebliebene Fragen bietet die Glosse bereits eine Fülle verschiedener Auffassungen.

Freilich eine tiefgehende und ausgebildete Theorie des Gewohnheitsrechtes würde man bei den Glossatoren vergeblich suchen. Eine solche war schon in Folge der gesammten Anschauung und Methode der Schule unmöglich[2]). Der feste Glaube in die unbedingte Autorität der Justinianischen Rechtssamm-

---

[1]) Geschichte des römischen Rechts im Mittelalter, 2. Ausgabe, Bd. V S. 234.

[2]) Ueber den „wissenschaftlichen Charakter der Glossatorenschule" vgl. neben v. Savigny, l. c. V. S. 228—240, besonders Stintzing, Geschichte der deutschen Rechtswissenschaft, Abth. 1 S. 88—89 und 102—106, sowie Landsberg, Die Glosse des Accursius' S. 23—52.

lungen, der Mangel an geschichtlichem Sinn und geschichtlicher Kenntniss, die scholastische Gewöhnung und zumal die wesentlich exegetische Behandlungsweise des Stoffes[3]) schlossen ein selbstständiges Eindringen in die Natur der Rechtsquelle und eine von einheitlicher Grundauffassung getragene Erörterung der Einzelheiten aus. Dazu kam noch das Fehlen einer scharfen Unterscheidung zwischen Gewohnheitsrecht und Gesetz[4]). Dieser Mangel beruht zum grossen Theil auf der in den römischen Quellen hervortretenden äusserlichen Eintheilung des Rechts in ius scriptum und ius non scriptum[5]) sowie auf der in Julian's bekanntem Ausspruch enthaltenen Parallelisirung der Entstehung von lex und consuetudo[6]). Es ward aber auch wohl von erheblichem Einfluss in dieser Hinsicht, dass die Statuten der Italienischen Städte[7]) überwiegend nicht neue Satzungen, sondern aufgezeichnetes Gewohnheitsrecht enthielten[8]). So erschien den

---

[3]) Mit Recht hebt andrerseits Stintzing a. a. O. S. 102 hervor, die Bedeutung des Wirkens der Glossatoren liege gerade darin, „dass sie zuerst die exacte Methode der Exegese auf das Justinianische Recht in seiner Gesammtheit und in seiner Reinheit zur Anwendung brachten". (Ueber ihre unvollkommenen systematischen Versuche vgl. unten N. 21.)

[4]) Vgl. hierüber Puchta, Gew.-R. I S. 150, II S. 38 und 41, sowie Gierke, Das deutsche Genossenschaftsrecht III S. 216. — Den später verbreiteten Ausspruch, dass die consuetudo ein statutum tacitum sei (Gierke a. a. O. vor N. 90), habe ich jedoch bei den Glossatoren nicht gefunden, und derselbe wäre auch mit der Anschauung wenigstens der älteren Glossatoren über die rechtsbildenden Gemeinschaften (s. unten § 13 a. E.) nicht vereinbar.

[5]) Oben § 1 II 1.

[6]) Oben § 3 II.

[7]) Dieselben begannen in der ersten Hälfte des 11. Jahrhunderts, wurden in den beiden folgenden Jahrhunderten häufig und umfassend (Savigny l. c. III S. 513). Eine direkte Erwähnung derselben von Seiten der Glossatoren kommt allerdings nur sehr vereinzelt vor (so weist die Gl. Solonis zu § 2 J. h. t. auf Bologneser Statutarrecht hin; allgemein sagt Azo in seinem Commentarius zum Codex ad l. 8 Quom. et qu. iud. 7, 43 num. 6: hodie moderatur tempus, deciduntur lites per statuta civitatum); aber auch die zahlreichen Aeusserungen der Glosse, welche ein Recht der Municipien zu statutarischen Festsetzungen anerkennen (vgl. die Citate bei Gierke l. c. III § 7 Note 85—87), lassen darauf schliessen, dass den Glossatoren die damaligen Statute der Italienischen Städte nicht völlig unbekannt waren.

[8]) Sie selbst bezeichneten sich deshalb vielfach als „consuetudini" oder „costume" (Pertile, Storia del diritto italiano, 2. Ed., Vol. I pag. 392).

Glossatoren die lex municipalis als consuetudo scripta[9]); so bezogen sie Stellen des römischen Rechts, welche von einer lex, insbesondere einer lex municipii, sprachen, auf eine consuetudo[10]).

Andrerseits lässt sich nicht verkennen, dass immerhin gerade in der Lehre vom Gewohnheitsrecht die Glossatoren verhältnissmässig Bedeutendes geleistet haben. Wie schon die Zahl und die Ausführlichkeit ihrer auf diese Rechtsquelle bezüglichen Erörterungen darzuthun geeignet ist, haben sie derselben ein hervorragendes Interesse zugewandt. Wir werden kaum fehlgehen, wenn wir uns dieses zunächst durch den Anreiz erklären, welchen einige besonders bemerkenswerthe und schwer zu deutende resp. zu vereinigende Aussprüche der Justinianischen Rechtssammlungen ausübten[11]). Daneben wirkte wahrscheinlich der Hinblick auf die damals in Italien zahlreich bestehenden, vom römischen Recht unabhängigen oder sogar denselben widersprechenden Gewohnheitsrechte. Wie sehr die Glossatoren auch an dem reinen römischen Recht festhielten, völlig haben sie doch — wie wir eben schon andeuteten[12]) — die sie umgebenden Rechte späteren Ursprungs nicht bei Seite gelassen[13]), vielmehr namentlich den lehenrechtlichen Gewohnheiten ihre Aufmerk-

---

[9]) Placentini Summa ad Cod. h. t. (lex i. e. consuetudo municipalis); Gl. aut legem ad l. 2 C. h. t. (secundum M. loquitur — l. 32 D. h. t. in f. — ibi de alia consuetudine scripta, scilicet iure municipali); Gl. si lex ad l. 1 C. de emanc. 8, 48 (id est consuetudo).

[10]) Vgl. neben den in der vorhergehenden Note angeführten Stellen die Gl. ex lege ad l. 3 D. qu. cui. univ. 3, 4; die Gl. sepeliri ad l. 3 D. de sep. viol. 47, 12; die Gl. secundum legem ad l. 4 C. de iure reipubl. 11, 29.

[11]) Wie die gl. ordinaria zur rubrica des Codextitels „Quae sit longa consuetudo" darüber klagt, dass die in dem Titel enthaltenen Gesetze auf diese Frage keine genügende Antwort geben (vgl. oben § 1 N. 1), so sagt auch Azo in seiner Summa ad Cod. h. t. § 1, dass dieselben „obscure quaestionem istam prosequuntur". — Ueber die ausserordentliche Mühe, welche sich die Glossatoren gegeben haben, die l. 32 D. h. t. und die l. 2 C. h. t. zu vereinigen, s. unten § 15 II.

[12]) Oben N. 7.

[13]) Zu weit gehen die Behauptungen Landsberg's (l. c. S. 43), die Glossatoren hätten es zu Stande gebracht, sich gegen den sie überall umgebenden Rechtsstoff abzuschliessen; um das Recht, welches factisch galt, hätten sie sich gar nicht gekümmert. Richtiger Gierke l. c. III S. 219 N. 100.

samkeit zugewandt[14]) und auch sonstige neuere Gewohnheiten in Bezug auf verschiedene Rechtsverhältnisse gelegentlich herangezogen[15]). Wenn hiezu auch einzelne auf kirchliche Materien bezügliche consuetudines gehören[16]), so haben immerhin dagegen die Glossatoren den Aussprüchen des kanonischen Rechts und der beginnenden kanonistischen Doktrin über das Gewohnheitsrecht im Ganzen nur sehr geringe Beachtung geschenkt[17]).

II. Unsere Darstellung der Lehre der Glossatoren vom Gewohnheitsrecht wird in erster Linie auf die glossa ordinaria des Accursius[18]) Bezug nehmen, nicht nur wegen des umfassenden in dieser zusammengestellten Stoffes, sondern vor allem auch wegen des massgebenden Einflusses, den sie auf

---

[14]) Vgl. über die Berücksichtigung der libri feudorum von Seiten der Bologneser Juristen v. Savigny l. c. III S. 521 ff. und Landsberg l. c. S. 40—41. Die Glosse zu den Anfangsworten der l. 32 D. h. t. führt als Beispiel für Rechtsverhältnisse, „de quibus scriptis legibus non utimur", die feuda an. Ebenso ist z. B. der Casus ad l. 1 C. h. t. dem Lehnrecht entnommen.

[15]) So vielfach zur Erläuterung der l. 39 D. h. t. ein Bologneser Gewohnheitsrecht über die Tragung der Gefahr beim Transport von Wein (vgl. unten § 14 III 1); so ein Bologneser Gewohnheitsrecht über die Termine für Zahlung des Miethzinses (Gl. Diuturna ad l. 33 D. h. t.); ein Gewohnheitsrecht in Betreff der Erlaubtheit des Baues von Säulenhallen auf öffentlichen Wegen (Gl. ad rubr. C. h. t.); neuere Gewohnheitsrechte überhaupt und speciell ein Bologneser Gewohnheitsrecht hinsichtlich der Wahlen der Stadtmagistrate (Gl. Circulum ad Auth. Coll. III tit. 2); ein besonders in Modena und Ravenna geltendes Gewohnheitsrecht, dass die Laien, welche praedia ecclesiastica zur Emphyteuse erhalten haben, ihr Recht durch zweijährige Nichtzahlung des Canon nicht verwirken (Azo's Commentarius ad l. 2 C. h. t. num. 5); ein allgemein in Italien und in Frankreich geltendes Gewohnheitsrecht, wodurch der in l. 12 (14) § 4 C. de iudic. 3, 1 vorgeschriebene Eid der Advokaten abgeschafft ist (Azo's Comment. ad h. l.).

[16]) Wie ein Gewohnheitsrecht, vermöge dessen die Cleriker zum Kirchengut gehörige Sachen ohne bischöfliches Decret verkaufen (Gl. Diuturna ad l. 33 h. t.; Gl. ad rubr. C. h. t.).

[17]) Ueber die damalige Arbeitstheilung zwischen Legisten und Kanonisten und die ablehnende Haltung der ersteren gegenüber dem kanonischen Recht vgl. v. Savigny l. c. III S. 514—516; Landsberg l. c. S. 37—38. Ueber eine vereinzelte Berücksichtigung des letzteren in der Lehre der Glossatoren vom Gewohnheitsrecht s. § 14 I 1 a. E.

[18]) Ich citire dieselbe nach der Ausgabe des Corpus iuris civilis Venetiis apud Juntas, V vol. 1598 (bei zweifelhaften Stellen habe ich ältere Ausgaben eingesehen).

die Weiterentwickelung der Lehre geübt hat[19]). Daneben sind die übrigen gedruckt vorliegenden Schriften von Glossatoren, soweit sie mir zur Zeit erreichbar waren, berücksichtigt, namentlich: der ausführliche Commentar Azo's zum Codex[20]); die Versuche einer mehr systematischen Darstellung des römischen Rechts, die Summen[21]); die von Haenel zusammengestellten Schriften über Controversen der Glossatoren[22]). Endlich sind auch ein paar romanistische Arbeiten aus der Zeit der Glossatoren, welche aber nicht aus der Bologneser Rechtsschule herrühren[23]), benutzt: Das Florentiner Rechtsbuch[24]) und die Glossen zum Werk des Magister Vacarius[25]).

---

[19]) Eine eingehende und unbefangene Würdigung der glossa ordinaria des Accursius und ihrer Bedeutung hat Landsberg l. c. S. 52—64 gegeben. Dieselbe trifft auch für die Lehre vom Gewohnheitsrecht durchaus zu.

[20]) Azonis ad singulas leges XII librorum Codicis Justinianei Commentarius et magnus apparatus, Lugduni 1596. (Von seinem Schüler Alexander de Sancto Aegidio herausgegebene Vorlesungen; daher in den Titelausgaben von 1581 und 1611 als Lectura bezeichnet — v. Savigny l. c. V S. 19, der selbst ib. S. 24 diesen Titel für den allein richtigen erklärt.)

[21]) Dieselben schliessen sich durchaus an die sog. Legalordnung an. Unter ihnen ist die verhältnissmässig hervorragendste Leistung die unlängst (Berlin 1894) von Fitting zuerst herausgegebene Summa Codicis des Begründers der Glossatorenschule, Irnerius, neben welcher auch die gleichfalls von Fitting (Berlin 1894) zuerst edirten Questiones de iuris subtilitatibus des Irnerius, sowie die von Savigny l. c. Bd. IV S. 438 ff. und von Besta, L'Opera d' Irnerio Vol. II, Torino 1896 (Glossa inedite d' Irnerio al Digestum vetus) herausgegebenen Glossen desselben hier in Betracht kommen. (Dass Irnerius in der That der Verfasser sowohl der eben genannten Summa als der Questiones ist, hat Fitting gegenüber den von mehreren Seiten erhobenen Einwendungen in der Zeitschrift der Savigny-Stiftung f. Rechtsgesch. XVII, Romanist. Abth., S. 1—96 m. E. siegreich nachgewiesen). Ausserdem habe ich benutzt die Summa Codicis des Rogerius (Biblioth. Iuridica Medii Aevi, collegit atque edidit Augustus Gaudentius, Vol. I, Bononiae 1888), die Summa Placentini in Codicis libros IX (Moguntiae 1536) und die Summa Azonis ad novem priores libros Codicis (Basileae 1563).

[22]) Dissensiones Dominorum ed. Gustavus Haenel, Lipsiae 1834.

[23]) Mit dieser Behauptung schliesse ich mich hinsichtlich des Florentiner Rechtsbuches den Ausführungen Landsberg's (l. c. S. 76—77) gegen Conrat (vgl. die nächste Note) an.

[24]) Herausgegeben von Max Conrat (Cohn), Berlin 1882.

[25]) Nach den Auszügen bei Wenck, Magister Vacarius, Lipsiae 1820.

§ 13.

Entstehungs- und Geltungskreise des Gewohnheitsrechts.

I. Obgleich die Glossatoren wenigstens theilweise das Gewohnheitsrecht mit einem stillschweigenden Vertrage identificirten[1]), brach sich doch unter ihnen die Erkenntniss Bahn, dass hier nicht wie bei dem Vertrage die Einzelnen lediglich durch ihren eigenen Willen verpflichtet würden, sondern vielmehr auch ohne ihren eigenen Willen als Glieder einer Gemeinschaft[2]). Für diese Ansicht machte man geltend, dass durch die consuetudo auch die Wahnsinnigen und andere Personen, welche ihren Consens weder ausdrücklich noch stillschweigend erklären könnten, gebunden würden[3]).

II. Nach Verschiedenheit der Gemeinschaften, aus denen Gewohnheitsrecht entspringt und für welche es gilt, unterscheiden die Glossatoren consuetudines generales s. communes s. universales und speciales s. particulares[4]). Unter den

— Vgl. über die Bedeutung dieser Glossen für die Dogmengeschichte des 12. Jahrhunderts v. Savigny l. c. IV S. 430.

[1]) So heisst es in der Gl. aut legem ad l. 2 C. h. t.: merito (nachher aber verwirft Accursius doch diese Ansicht) parificant consuetudinem pacto, cum ipsa sit tacitus consensus. Die Glosse zu Vacarius (bei Wenck S. 184) verweist zur Unterstützung dieser Ansicht auch auf die Bezeichnung der consuetudo als „tacita civium conventio" in l. 35 D. h. t. Vgl. auch unten § 15 II 2 bes. N. 24.

[2]) Zu dieser Erkenntniss hat die Zurückführung der verbindlichen Kraft der consuetudo auf den tacitus consensus populi (unten § 14 II) wesentlich beigetragen, wie insbesondere aus Azo's Comment. ad l. 2 C. h. t. num. 2 hervorgeht.

[3]) Azonis Summa ad Cod. h. t. § 6; Azonis Comment. l. c.; Gl. aut legem ad l. 2 C. h. t.

[4]) So Gl. imitantur ad § 9 J. h. t. (distingue, aut est generalis consuetudo . . . . aut specialis); Gl. abrogentur ad l. 32 D. h. t. (aut est consuetudo generalis . . . . aut est specialis). Gl. sepeliri ad l. 3 D. de sep. viol. 47, 12 (sive sit generalis . . . . sive specialis); Gl. aut legem ad l. 2 C. h. t. (setzt wiederholt cons. generalis und cons. specialis einander gegenüber); Placentini Summa in Cod. h. t. (consuetudo alias communis . . . . alias specialis; vgl. die Summa Codicis des Irnerius ad h. t. 8, 48 § 3: tam ius commune quam speciale ex consuetudine constitui potest, was Rogerius in seiner Summa Cod. h. t. 8, 44 wörtlich wiederholt); Azonis Comment. ad l. 2 C. h. t. num. 4 und 6. Die Bezeichnung cons. particularis

ersteren verstehen sie Gewohnheitsrechte des populus Romanus, resp. der urbs Roma, welche für das ganze Römische Reich, resp. für die ganze Welt Geltung haben[5]); die letzteren Bezeichnungen gebrauchen sie für Gewohnheitsrechte, denen vermöge ihrer Entstehung ein beschränkterer Geltungskreis zukommt[6]). Als Gemeinschaften mit besonderem Gewohnheitsrechte heben sie die einzelnen populos[7]), terras[8]), civitates[9]), municipia[10]), oppida[11]), loca[12]) hervor, ohne genauer zwischen

---

findet sich in der Gl. de quibus causis ad l. 32 D. h. t. und in Azo's Comment. ad l. 12 (14) C. de iudic. 3, 1 num. 4. Die consuetudo generalis wird auch als universalis bezeichnet in der Glosse zum Mag. Vacarius bei Wenck S. 185.

[5]) Placentini Summa in Cod. h. t.: Consuetudo .... communis, ut populi Romani (vgl. Azonis Comment. ad l. 2 C. h. t. num. 4: generalis consuetudo qua utitur populus Romanus vel Imperator). Der Casus (Viviani) ad l. 32 C. h. t. hebt hervor, dass wenn die Gesetze der Römer von allen beobachtet würden, auch die consuetudo urbis Romae allgemeine, wenngleich nach der · qu. lex nur subsidäre, Geltung haben müsse. Der generalis consuetudo schreibt Geltung per totum mundum zu die Gl. imitantur ad § 9 J. h. t. — Es entspricht nur den allgemeinen Anschauungen der Glossatoren, wie uns dieselben schon in den Werken des Irnerius entgegentreten, wenn sie stadtrömische Gewohnheiten und Gewohnheiten des populus Romanus im weiteren Sinne nicht oder wenigstens nicht deutlich unterscheiden.

[6]) Belege geben die folgenden Anmerkungen.

[7]) So Placentini Summa in Cod. h. t.: Consuetudo .... specialis ut cuiuscunque populi (vgl. auch Irnerii Questiones tit. I § 10: .... ut multi populi non modo moribus verum etiam scripto constituant sibi iura legibus contraria). Casus ad § 9 I. h. t.: .... ius non scriptum est illud, quod usus populi Romani vel alterius populi approbat et observat.

[8]) Azonis Comment. ad l. un. C. de lit. contest. 3, 9 num. 12; Casus ad l. 32 D. h. t. (vgl. auch Gl. Controversiarum ad l. 1 C. h. t.).

[9]) Azonis Comment. ad l. 2 C. Si contra ius 1, 22 num. 12 und ad l. 2 C. h. t. num. 4; Gl. civitas constituit ad § 11 J. h. t.; Gl. ad Vacarium bei Wenck S. 185.

[10]) So z. B. Gl. de quibus causis ad l. 32 D. h. t.: consuetudo particularis alicuius municipii derogat legi in eo municipio.

[11]) Summa Cod. des Irnerius h. t. (cuiusvis oppidi); Rogerii Summa Cod. h. t. (ebenso); Azonis Comment. ad l. 1 C. h. t. num. 2 (oppidum i. e. castrum), ad l. 2 C. h. t. num. 4 (burgus vel oppidum).

[12]) Z. B. Gl. de quibus ad l. 32 h. t. (consuetudo alicuius loci); Gl. aut legem ad l. 2 C. h. t. (de speciali — sc. consuetudine — alicuius loci); Azonis Comment. ad l. 2 C. h. t. num. 7 (si secundum consuetudinem iudicat

diesen verschiedenen Verbänden resp. Bezeichnungen zu unterscheiden; daneben finden sich auch einzelne Hinweise auf besondere Gewohnheitsrechte nichtstädtischer Ortschaften[13]). Vorzugsweise aber denken die Glossatoren bei Erwähnung besonderer Gewohnheitsrechte an solche der einzelnen Municipien[14]). Andrerseits jedoch führen sie die Entstehung besonderer Gewohnheitsrechte nicht ausdrücklich auf ein der betreffenden Gemeinschaft zustehendes Autonomierecht zurück[15]); vielmehr findet sich wenigstens bei älteren Glossatoren die Auffassung, dass die gesetzgebende Gewalt nur dem römischen Volke, resp. seinem Vertreter, dem Kaiser, zustehe, wogegen auch andere dem römischen Reich untergeordnete Gemeinschaften Gewohnheitsrechte erzeugen könnten[16]).

---

in eo loco ubi est; vgl. desselben Comment. ad l. un. C. de lit. contest. 3, 9 num. 12: ex consuetudine terrae, ut est in quibusdam locis).

[13]) Placentini Summa in Cod. h. t. (consuetudo . . . . specialis, ut cuiuscunque populi, vicanei); Azonis Comment. ad l. 1 C. h. t. num. 2 (sive sit oppidum, i. e. castrum, sive villa).

[14]) So erörtert die Gl. aut legem ad l 2 C. h. t. am Schlusse die Frage, ob die municipes, welche bewusst gegen ein Gesetz gewohnheitsmässig handeln, sich eines Deliktes schuldig machen. Die Gl. ad rubr. C. h t. spricht davon, dass das Volk oder der dasselbe vertretende Rath durch seinen Willen beiträgt zur Bildung eines Gewohnheitsrechts (vgl. unten § 14 II 1).

[15]) Gewisse Anklänge an eine solche Ableitung begegnen uns allerdings bei den Glossatoren. So lautet z. B. die Gl. civitas constituit zu § 11 J. h. t : sc. de consuetudine speciali vel lege municipali scripta; vgl. auch Azo ad l. 1 C. h. t. num. 1. Wenn dieser aber nach den oben in N. 13 angeführten Worten fortfährt: sive quaelibet universitas, quae per se consules habebant, so scheint er dabei vorzugsweise an richterliche Handlungen, welche ein Gewohnheitsrecht des Gemeinwesens bilden, gedacht zu haben.

[16]) So sagt Irnerius in seiner Summa Cod. h. t. § 2, das geschriebene Recht und das ungeschriebene unterscheiden sich darin, quod ius scriptum nisi civitatis Romanae non admittitur, ius autem consuetudinarium non solum urbis Rome sed etiam cuiusvis oppidi recipiendum est. (In seinen Questiones tit. I § 10 vgl. mit § 14 hatte er neben „nostra civitas", d. h. Rom, den nicht zum römischen Reiche gehörigen Völkern ein Recht der Gesetzgebung zuerkannt). Den Ausspruch der Summa des Irnerius wiederholte wörtlich Rogerius in seiner Summa C. h. t. —. Wenn Gierke l. c. Bd. III S. 215 und 216 hervorhebt, dass die Glossatoren „von Alters her" eine allgemeine Anerkennung der statuta municipalia im Corpus iuris civilis gefunden und „von Alters her" die Autonomie mit dem Gewohnheitsrecht völlig auf gleiche Stufe gestellt hätten, so ist nicht zu übersehen, dass die oben

§ 14.

Erfordernisse des Gewohnheitsrechts.

In der Lehre von den Erfordernissen der Entstehung eines (gültigen) Gewohnheitsrechts haben sich die Glossatoren im Ganzen eng an die Aussprüche des Corpus iuris civilis angeschlossen. In Bezug auf die beiden wesentlichen Entstehungsmomente des Gewohnheitsrechts haben sie jedoch, theilweise in Folge Missverständnisses von Quellenstellen, eine Reihe von specielleren Anforderungen ausgeprägt, während ihre Aeusserungen über die hindernde Wirkung eines Irrthums oder mangelnder Rationabilität ein starkes Auseinandergehen der Auffassungen zeigen. Mehrfach haben sie sich bemüht, die einzelnen Erfordernisse des Gewohnheitsrechts in kurzer Darstellung aneinanderzureihen [1]; jedoch geben diese Versuche kein vollständiges Bild ihrer Lehrmeinungen.

I. Dass die Glossatoren der gewohnheitsmässigen Uebung — der consuetudo in diesem Sinne — eine wesentliche Bedeutung für die Entstehung der nicht auf Gesetz beruhenden Rechtsnormen zuschrieben, können wir schon daraus entnehmen, dass sie für den Inbegriff der letzteren frühzeitig die den römischen Quellen fremde Bezeichnung „ius consuetudinarium" aufbrachten [2]. Die consuetudo in diesem Sinne ist ihnen aber gleichbedeutend mit dem Inbegriff der das Gewohnheitsrecht erzeugenden Handlungen [3]. Im Einzelnen sind die Ansichten der Glosse über die Zeit der Uebung und über Zahl und Gleichmässigkeit der Uebungshandlungen sowie über die Frage der Gerichtlichkeit der letzteren in Betracht zu ziehen; dagegen lassen sich die — an sich auch hierher gehörigen — Erörterungen der Glossa-

---

in dieser Note angeführten Werke zu der Zeit, wo G. dies schrieb, noch nicht gedruckt vorlagen.

[1]) So die Summa Placentini ad C. h. t. v. v. oportet etc.; Summa Azonis ad C. h. t. §§ 2—5; Gl. ad rubr. C. h. t.

[2]) Wir finden den Ausdruck schon bei Irnerius in seiner Summa Cod. h. t. §§ 2 u. 3. Vgl. ferner die Summa Rogerii ad Cod. h. t.; Azonis Comment. ad l 1 C. si contra ius 1, 22 num. 11 (iure non scripto i. e. consuetudinario); Gl. ergo ad l. 40 D. h. t.

[3]) So sagt die Gl. factis ad l. 32 § 1 D. h. t.: factis, i. e. consuetudine.

toren über das Verhältniss der consuetudo zur ratio von ihren Ansichten über den Einfluss eines Irrthums auf Bildung resp. Geltung eines Gewohnheitsrechtes nicht trennen (siehe unten III).

1. Die Zeit[4]), welche für Entstehung einer consuetudo und somit eines Gewohnheitsrechts erforderlich sei, suchten die Glossatoren aus den Quellen näher in der Art zu bestimmen, dass sie Beiwörtern, mit denen die Römer die längere Dauer der Uebung überhaupt bezeichneten, eine engere technische Bedeutung beilegten. So behauptete Placentin[5]), indem er von der Bezeichnung des gewohnheitsmässigen usus als longaevus ausging[6]), dieser müsste ein unvordenklicher sein, und in demselben Sinne deuteten einige Glossatoren das der consuetudo gegebene Beiwort „inveterata[7])". Die später herrschende Schulmeinung aber wurde begründet von Johannes Bassianus, welcher sich auf die Bezeichnung der consuetudo als longa in den Rubriken des Digesten- wie des Codextitels berief und auch das Beiwort „diuturna" in demselben Sinne verwerthete[8]). Das Beiwort „longa" sollte nach dieser Auffassung denselben Zeit-

---

[4]) Die Ansichten der Glossatoren in dieser Beziehung hat eingehend und im Wesentlichen zutreffend Puchta l. c. II S. 95—98 erörtert. Immerhin werden seine Ausführungen durch die folgende Darstellung in einigen Punkten ergänzt resp. berichtigt.

[5]) Summa Cod. h. t.: Oportet autem consuetudinem esse longaevam hominumque excedere memoriam.

[6]) Für die Annahme, dass seine Forderung der Unvordenklichkeit der Gewohnheit auf der im Text bezeichneten Grundlage beruhte, spricht nicht nur der Wortlaut seiner Aeusserung (s. die vor. Note), sondern namentlich auch Azo's Comment. ad l. 2 C. h. t. princ. (Consuetudinis ususque longaevi. Potes glossare, que, pro id est, et tunc faciet lex pro opinione aliorum qui dixerunt consuetudinem induci ex longaevo tempore, cuius non extat memoria) sowie die Gl. longaevi ad l. 2 C. h. t. (cuius scilicet non extat memoria). Die von Puchta l. c. II S. 95 versuchte Erklärung erscheint nicht nur als eine sehr künstliche, sondern steht auch im Widerspruch mit der Ansicht der Glossatoren, dass longaevum tempus 100 Jahre bedeute.

[7]) Gl. inveterata ad l. 32 § 1 D. h. t. Hiebei liess man sich leiten von dem Anklang des Wortes „inveterata" an die vetustas. Dagegen sagt die Gl. ad rubr. C. h. t., die unvordenkliche Uebung heisse potius „vetustas quam consuetudo".

[8]) Gl. inveterata ad l. 32 § 1 D. h. t.; Gl. ad rubr. C. h. t.

raum wie bei der longi temporis praescriptio bezeichnen [9]), d. h. 10 resp. 20 Jahre [10]); ebenso sollte das Beiwort „diuturna" gemäss der in l. 16 § 3 D. qui et a quib. 40, 9 gegebenen Definition des Wortes „diu" eine zehnjährige Dauer bedeuten [11]). Einigermassen unsicher blieb hiebei, ob die 20jährige Dauer der longi temporis praescriptio inter absentes auch auf die consuetudo anzuwenden sei [12]). Nach einer Notiz des Odofredus sollen einige Glossatoren überhaupt praescriptio und consuetudo für identisch erklärt haben [13]). In den uns vorliegenden Schriften der Glossatoren scheint sich aber keine Aeusserung

---

9) Azonis Summa ad C. h. t. § 2, Comment. ad l. 2 C. h. t. num. 1; Gl. inveterata ad l. 32 § 1 D. h. t.; Gl. ad rubr. C. h. t.; Gl. diuturni ad § 9 J. h. t.

10) Ueber die Frage, ob unter dem longum tempus bei der consuetudo eventuell 20 Jahre zu verstehen seien, s. unten N. 12.

11) Gl. inveterata ad l. 32 § 1 D. h. t.; Gl. diuturni ad § 9 J. h. t.; Gl. decennio ad l. 16 § 3 D. qu. et a quib. 40, 9, wo aber auch andere Bedeutungen des Wortes „diu" mit Stellen des Corpus iuris civilis belegt werden.

12) Meist wird in der Glosse nur die Zeit von 10 Jahren als erforderlich hingestellt; so in den N. 9 angeführten Stellen, ferner in Gl. perpetuo ad l. 38 D. h. t. und in Gl. momento ad l. 2 C. h. t. (hier bezieht die Gl. das Wort „momento", ebenso wie Azo in seinem Comment. ad l. 2 C. h. t. num. 7, irrig auf die erforderliche Uebungszeit). Azo in seiner Summa ad C. h. t. num. 2 begründete diese Ansicht durch den Hinweis darauf, dass es sich hier regelmässig um Uebung inter praesentes handle (cum res tantum inter praesentes agatur frequenter). Dagegen in der Gl. contradictorio ad l. 34 D. h. t. geht Accursius mit Berufung auf Johannes Bassianus und Azo von der Ansicht aus, dass inter absentes eine 20jährige Uebungszeit erforderlich sei; jedoch ist es zweifelhaft, ob Jo. Bassianus und Azo in Wahrheit diese Meinung gehabt haben (vgl. das obige Citat aus Azo's Summa und die Bemerkungen Puchta's l. c. II S. 96—97 bes. N. 129 und N. 131). Die Glosse diuturna zu l. 33 D. h. t. erklärt kurz dieses Wort durch „X vel. XX annorum" und hat dabei wohl auch den Unterschied zwischen consuetudo inter praesentes und inter absentes im Auge. Dagegen ist hierauf nicht zu beziehen die Aeusserung der Gl. ad rubr. C. h. t. „si inducitur consuetudo decem annis, multo magis viginti aut triginta annis". Eine Sonderstellung nahm Jacobus Balduini ein, indem er für die Einführung einer consuetudo als eines „ius uniforme" allgemein einen Zeitraum von 20 Jahren verlangte (wie es scheint, weil immer ein Theil des Volkes abwesend sei). Vgl. über seine Ansicht Jacobus de Ravanis, Tractatus de consuetudine (unten § 17 N. 12) I 8 num. 2 und num. 6.

13) Odofredi Super Digesto veteri Commentaria ad h. t.

zu finden, aus welcher zu entnehmen wäre, dass die Verfasser die consuetudo als Entstehungsursache des Gewohnheitsrechtes oder gar diese Rechtquelle selbst mit der Verjährung zusammengeworfen hätten; vielmehr treten die beiden Institute durchaus als verschiedene hervor[14]). Wenn Accursius die vollendete consuetudo als praescripta bezeichnet[15]) und für die Begründung einer consuetudo auch das Wort „praescribere" [16]) gebraucht, so will er damit nur kurz ausdrücken, dass die Uebung die für die longi temporis praescriptio und folglich auch für die (longa) consuetudo erforderliche Zeit hindurch bestanden habe resp. dauern müsse[17]). Sehr wahrscheinlich ist aber, dass er diese Ausdrucksweise aus dem kanonischen Recht[18]) herübergenommen hat; darauf weist besonders hin die Gl. consuetudini zu l. 3 in f. C. de episc. aud. 1, 4, wo mit Anführung einer Stelle des kanonischen Rechts[19]) von der zur Begründung einer consuetudo erforderlichen praescriptio die Rede ist[20]).

---

[14]) Insbesondere enthalten auch die Abhandlungen des Rogerius über die praescriptiones nichts über das Gewohnheitsrecht; ebenso wenig der wohl von einem Kanonisten verfasste, von Gross herausgegebene Tractatus de praescriptione.

[15]) Gl. aut legem v. f. ad l. 2 C. h. t. v. v. post praescriptam consuetudinem; Gl. temporaria ad l. 166 D. de R. J. v. v. ante praescriptam (sc. consuetudinem).

[16]) Gl. temporaria ad l. 166 D. de R. J. v. v. consuetudo praescribatur.

[17]) Hiefür spricht der Zusammenhang der eben angef. Gl. temporaria. Accursius setzt hier auseinander, dass durch eine ein- oder zweimalige Abweichung von einer schon rechtsbeständig gewordenen Gewohnheit (iam corroborata est consuetudo) diese nicht wieder aufgehoben werde, wenn nicht eine entgegengesetzte Gewohnheit präscribirt d. h. begründet werde (praescribatur vel inducatur); dagegen können auch durch eine einmalige entgegengesetzte Handlung die noch nicht präscribirte Gewohnheit unterbrochen werden. Ebenso behandelt Accursius in der Gl. aut legem an der qu. Stelle die Frage der Unterbrechung der consuetudo. Gerade diese Frage legte eine Heranziehung der Analogie der Verjährung besonders nahe.

[18]) S. über die Anwendung der Ausdrücke „praescripta" resp. „praescriptio" auf die consuetudo im kanonischen Recht oben § 11 II 2.

[19]) Cap. 3 X. de causa poss. et propr. 2, 12 (vgl. über diese Stelle oben § 11 N. 42).

[20]) Merkwürdigerweise scheint keiner der neueren Schriftsteller darauf geachtet zu haben, dass auch in der Glosse zum Corpus iuris civilis

2. Ueberwiegend wurde von den Glossatoren angenommen, dass auch die Zahl der erforderlichen Uebungshandlungen im Corpus iuris civilis fest bestimmt sei, und zwar sollten darnach zwei Uebungsakte genügen [21]). Diese zuerst von Johannes Bassianus und von Azo [22]) vertretene Ansicht wurde gestützt auf eine Codexstelle, welche den Ausdruck „consuetudo“ in einem ganz anderen Zusammenhang gebraucht [23]). Vorzugsweise aber wurde sie angewandt auf gerichtliche Uebungshandlungen [24]). Bekämpft wurde die Auffassung andrerseits, weil zwei Handlungen nicht die, auf l. 1 C. h. t. gegründete, Forderung der frequentia der Handlungen erfüllten [25]).

3. Verhältnissmässig wenig hat sich die Glosse mit dem Erforderniss der Gleichmässigkeit der die Gewohnheit bildenden Handlungen beschäftigt. Doch hob Johannes Bassianus hervor, dass, wenn die gerichtlichen Urtheile bald zu Gunsten der consuetudo, bald gegen dieselbe gelautet hätten, in Wahrheit keine consuetudo vorhanden sei [26]), und Accursius, der diese Aeusserung aufnahm, betonte zudem, dass selbst durch eine abweichende Handlung eine sich bildende Gewohnheit unterbrochen werden könne, wogegen einzelne nach Entstehung eines Gewohnheitsrechtes vorkommende gegentheilige Handlungen dasselbe unberührt liessen [27]).

---

eine Uebertragung der Bezeichnungen „praescribere“ und „praescriptio“ auf die consuetudo sich findet.

[21]) Azonis Summa ad Cod. h. t. § 3; Eiusdem Comment. ad l. 3 C. de episc. aud. 1, 4 num. 17 und ad l. 1 C. h. t. num. 3; Gl. diuturni ad § 9 J. h. t. (ad minus bis); Gl. inveterata ad l. 32 D. h. t.; Gl. diuturna ad l. 33 D. h. t.; Gl. ad rubr. C. h. t.; Gl. consuetudini ad l. 3 C. de episc. aud. 1, 4.

[22]) Beide nennt als Autoritäten für diese Auffassung Odofredus, Super Digesto veteri Commentaria ad h. t. und Super Codice ad l. 2 C. h. t. In Betreff Azo's vgl. auch die N. 21 i. A. citirten Stellen.

[23]) l. 3 in f. C. de episc. aud. 1, 4: . . . . remissionem veniae criminu, nisi semel commissa, non habeant, ne in eos liberalitatis Augustae referatur humanitas, qui impunitatem veteris admissi non emendationi potius quam consuetudini deputarunt (vgl. über diese Stelle oben § 2 N. 15 a. E.).

[24]) Vgl. unten 4.

[25]) So Jacobus Balduini nach dem Zeugniss des Odofredus (an den in N. 22 citirten Stellen).

[26]) Gl. contradictorio in f. ad l. 34 D. h. t.

[27]) Gl. temporaria ad l. 166 D. de R. J.; Gl. aut legem v. f.

4. Viel Raum in den Erörterungen der Glossatoren über das Gewohnheitsrecht nimmt die Gerichtlichkeit der Uebungshandlungen ein. Auf Grund einerseits der l. 34 D. h. t., andrerseits der l. 13 C. De sent. et interloc. 7, 45 [28]) warfen sie die Fragen auf, ob die eine Gewohnheit bildenden Handlungen gerichtliche sein müssten und ob andrerseits nicht die Annahme, dass aus gerichtlichen Entscheidungen Gewohnheitsrecht entstehe, dem Verbot Justinian's, nach Präjudicien zu entscheiden, widerstreite.

a. Eine Bejahung der ersteren Frage scheinen mehrere Stellen der glossa ordinaria [29]) zu enthalten, welche, ausdrücklich auf l. 34 h. t. [30]) hinweisend, nur gerichtliche Handlungen — sowohl Urtheile, welche den fraglichen Rechtssatz zu Grunde legen, als sofortige Zurückweisungen demselben widersprechender Klagen [31]) — als eine Gewohnheit bildend erwähnen. Aber schon Placentinus verstand die l. 34 cit. dahin, dass dadurch die „contradictorio iudicio" bestätigte Gewohnheit nur für besonders sicher und werthvoll erklärt werde [32]), und in Ueber-

---

ad l. 2 C. h. t. (vgl. über diese beiden Aeusserungen des Accursius auch N. 17).

[28]) S. über die erstere Stelle oben § 7 I 2a, über die letztere § 8 z. A. und IV.

[29]) Gl. diuturni ad § 9 J. h. t.; Gl. inveterata ad l. 32 D. h. t.; Gl. contradictorio ad l. 34 D. h. t.

[30]) Die Auslegung dieser Stelle war übrigens bei den Glossatoren eine sehr unsichere und bestrittene, besonders, da nicht genau unterschieden wurde, ob die Aeusserung Ulpian's auf ein vom Gericht als schon bestehend anerkanntes oder auf ein erst mit Hülfe des gerichtlichen Urtheils sich bildendes Gewohnheitsrecht zu beziehen sei, und da zudem die Lesart (contradictorio oder non contradictorio) als zweifelhaft galt (vgl. auch oben § 7 N. 8).

[31]) Gl. inveterata ad l. 32 D. h. t. (Sed qualiter decennio consuetudo introducitur? Respond. si bis fuerit iudicatum in illo tempore, vel libellum vel querimoniam propositam contra talem consuetudinem spreverit iudex); damit stimmt überein die Gl. diuturni ad § 9 J. h. t. Ein Beispiel für Bildung eines Gewohnheitsrechts durch Nichtannahme von Klagen („de porticibus supra vias publicas") mit Verweisung auf l. 34 sowie auf l. 35 D. h. t. giebt die Gl. ad rubr. C. h. t.

[32]) Summa Placentini ad C. h. t.: Item probatior atque praestantior erit consuetudo, si aliquando confirmata fuerit contradictorio iudicio, ut D. de le. cum de (l. 34 cit.).

einstimmung mit Azo[33]) führt Accursius wiederholt[34]) auch als genügend an, dass es beständig so gehalten worden sei ohne Widerspruch.

b. Grosse Mühe gaben sich die Glossatoren und sehr verschiedene Wege schlugen sie ein, um den Zwiespalt zwischen der Annahme, dass (wenigstens zwei übereinstimmende) gerichtliche Entscheidungen ein Gewohnheitsrecht begründen, und dem oben erwähnten Verbot Justinian's zu beseitigen[35]). Am meisten Anklang scheint die einfache Lösung des Johannes Bassianus[36]) gefunden zu haben, dass alsdann eben nicht mehr nach früheren Urtheilen, sondern nach einem Gewohnheitsrecht geurtheilt werde[37]); doch konnte man sich nicht verhehlen, dass so indirekt immerhin ein verbotener Erfolg herbeigeführt werde, was indessen mit Berufung auf verschiedene Quellenstellen für zulässig erklärt wurde[38]). Eine andere bemerkenswerthe Auffassung ging dahin, dass die gerichtlichen Entscheidungen allein noch kein Gewohnheitsrecht bildeten, sondern nur, wenn eine stillschweigende Sanktion des darin enthaltenen Rechtssatzes durch den Gesetzgeber hinzukomme[39]).

---

[33]) Azonis Summa ad C. h. t. § 5, Comment. ad l. 1 C. h. t. num. 4.

[34]) Gl. diuturna ad l. 33 D. h. t.; Gl. ad rubr. C. h. t. (vgl. hiezu auch Puchta l. c. II S. 31 N. 16). — Irnerius scheint sogar nur oder vorzugsweise an aussergerichtliche Uebungshandlungen gedacht zu haben, wenn er in seiner Summa Cod. h. t. sagt: nihil . . . . . interest populus suffragio voluntatem suam declaret, an ipsis negotiis cotidie ex usu et consuetudine hoc ostendat. Ihm folgt auch hier Rogerius in seiner Summa Cod. ad h. t.

[35]) Vier verschiedene Lösungsversuche enthält die Gl. ad rubr. C. h. t. Auf drei sind dieselben reducirt in der Gl. inveterata ad l. 32 D. h. t. (vgl. unten N. 39).

[36]) Diesen nennt Accursius in der Gl. magistratus ad l. 13 C. de sent. et interloc. als Urheber der in Frage stehenden Lösung.

[37]) So Accursius in der Gl. magistratus ad l. 13 cit. und in der Gl. diuturni ad § 9 J. h. t.

[38]) Gl. diuturni ad § 9 J. h. t.; Gl. ad rubr. C. h. t.

[39]) So Azo in seiner Summa ad Cod. h. t. § 4 und in seinem Comment. ad l. 1 C. h. t. num. 3. Im Wesentlichen übereinstimmend Accursius in der Gl. inveterata zu l. 32 D. h. t. (auf welche auch die Gl. perpetuo zu l. 38 D. h. t. verweist), jedoch mit Beifügung anderer Lösungsversuche, ohne eigene Entscheidung. In der Gl. ad rubr. C. h. t. giebt Accursius zunächst dieselbe Erklärung wie in den N. 37 genannten Glossen, führt aber dann unter den sonstigen Lösungsversuchen an erster Stelle die der Ansicht Azo's ent-

II. Gegenüber der Uebung tritt das zweite, innere, Entstehungsmoment des Gewohnheitsrechts bei den Glossatoren einigermassen zurück. Jedoch ist ihnen, im Anschluss an die römischen Quellen, unzweifelhaft, dass jede consuetudo auf consensus beruht[40]), und insbesondere gemäss der Erörterung Julian's in l. 32 D. h. t. nehmen sie an, dass dieser consensus eine stillschweigende Willensäusserung der Gesammtheit des populus sei[41]), und dass der zu Grunde liegende Wille dahin gehe, dem geübten Satz für die Zukunft rechtliche Geltung zu verleihen, ihn zu einem Gewohnheitsrecht zu machen[42]). Hiebei stiessen sie aber auf verschiedene Schwierigkeiten, welche sie durch theilweise recht künstliche Behelfe zu heben suchten.

1. Wenn schon zwei Handlungen, insbesondere zwei gerichtliche Entscheidungen zur Begründung einer consuetudo, wie die bei den Glossatoren herrschende Ansicht war, ausreichten, wie sollte sich darin hinlänglich der Wille der Gesammtheit, dass der betreffende Satz in Zukunft zu befolgen sei, aussprechen? Deshalb nahmen die Glossatoren an, die Uebungshandlungen müssten unmittelbar wenigstens von dem Repräsentanten des Volkes, dem Rath oder dem Vorsteher, resp. beiden zusammen, in rechtssetzender Absicht vorgenommen sein[43]),

---

sprechende Modification an. — Vgl. über die Theorien der Glossatoren hinsichtlich des Erfordernisses gesetzgeberischer Zustimmung zur Entstehung eines Gewohnheitsrechts unten II, 1 und 3.

[40]) Gl. consensu ad § 9 J. h. t. (v. v. alias non potest esse consuetudo); Gl. quod non ratione ad l. 39 D. h. t. (v. v. cum consuetudo non sit sine consensu); Gl. aut legem ad l. 2 C. h. t. (merito parificant consuetudinem pacto, cum ipsa sit tacitus consensus).

[41]) Irnerius, Summa Cod. h. t. § 2 (Quem ad modum ius scriptum auctoritate populi Romani nititur, imo eius cui hoc a populo permissum est, ita ius non scriptum rebus ipsis et factis eodem iudicio declaratur); Rogerius, Summa Cod. h. t. (iuditio populi). Vgl. auch die in N. 44 zu diesem Paragraphen angeführten Glossen.

[42]) „Eo animo ut sit consuetudo deinceps" Gl. inveterata ad l. 32 D. h. t. Vgl. die eingehenderen Citate in den folgenden Noten.

[43]) So am deutlichsten die Gl. inveterata ad l. 32 D. h. t. (si potestas bis iudicavit consilio convocato, eo animo ut sit consuetudo deinceps). Vgl. die Gl. ad l. 12 D. de off. praes. 1, 18 (nisi sit factum hac mente . . . . . ut quia semper ita voluerit — sc. der Magistrat zu Rom — iudicari inducendo consuetudinem).

oder es müsse zu den anderweitigen Uebungshandlungen hinzukommen der Wille des Volkes resp. seines Repräsentanten, dass es künftig so gehalten, insbesondere so geurtheilt werden solle[44]). Es erhellt jedoch nicht, woraus insbesondere in dem letzteren Falle — der zudem von dem ersteren durchaus nicht deutlich unterschieden wurde[45]) — der massgebende Wille hinsichtlich des zukünftigen rechtlichen Verhaltens geschlossen werden sollte.

2. Wenn und sofern das Volk durch seinen Gesammtwillen das Gewohnheitsrecht erzeugte, war an sich die Annahme begründet, dass hier, wie bei ausdrücklichen Beschlüssen der Gesammtheit, die Stimmenmehrheit[46]) zu entscheiden habe. Da aber die Glossatoren der Ansicht waren, dass durch Mehrheitsbeschluss den einzelnen Mitgliedern des Gemeinwesens nicht Rechte entzogen resp. Lasten auferlegt werden könnten[47]), wogegen sie dem Gewohnheitsrecht allerdings diese weitgehenden Wirkungen zuschrieben[48]), so kamen sie zu dem Ergebniss, dass der Wille der Mehrheit zur Schaffung eines Gewohnheitsrechtes nicht genüge[49]), während sie freilich andrerseits, wie wir oben sahen[50]), auch nicht die Zustimmung aller Einzelnen, welche durch das Gewohnheitsrecht gebunden werden sollten, für nöthig hielten.

3. In der grossen, unten[51]) zu behandelnden Streitfrage

---

[44]) Die Gl. ad rubr. C. h. t. sagt: licet duae vices faciant consuetudinem, verum est, si populo placuerit vel consilio (quod eius vicem repraesentat) placet, ut idem fieret in futurum. Soll hier durch die Verschiedenheit der Zeit, in welcher das Verbum steht (placuerit — placet) eine nachträgliche Willensäusserung des Volkes und eine mit den zwei gerichtlichen Urtheilen gleichzeitige, resp. in ihnen enthaltene, Willensäusserung des Raths unterschieden werden?

[45]) Vgl. die vorige Note.

[46]) Die Glossatoren „entlehnten das Majoritätsprincip den römischen Quellen als einen für alle Korporationen gültigen Rechtssatz" (Gierke, Das deutsche Genossenschaftsrecht III S. 220. Belege ebendas. N. 101).

[47]) Gierke l. c. S. 222 bes. N. 108.

[48]) Azonis Summa ad Cod. h. t. § 6; Gl. aut legem ad l. 2 C. h. t. (haec autem consuetudo patrimonio singulorum detrahit et aliquem obligat, quod facere non potest pars maior).

[49]) S. die in der vor. N. angeführten Aeusserungen.

[50]) § 13 I.

[51]) § 15 II.

über die Kraft des Gewohnheitsrechts, einem allgemeinen Gesetz zu derogiren, suchten diejenigen Glossatoren, welche der Ansicht waren, dass die gesetzgebende Gewalt, wenigstens soweit die allgemeine Gesetzgebung in Betracht komme, ausschliesslich auf den Kaiser, princeps, übergegangen sei[52]), und welche doch eine solche derogatorische Kraft des Gewohnheitsrechts als fortdauernd anerkannten, sich dadurch zu helfen, dass sie eine stillschweigende Zustimmung des Kaisers zur gewohnheitsrechtlichen Aufhebung resp. Nichtbefolgung der lex annahmen[53]). Dabei scheinen sie vorausgesetzt zu haben, dass der Kaiser eine generalis consuetudo kenne, während seine Kenntniss der specialis consuetudo fingirt wurde[54]). Aus der Gl. cognoscitur zu l. 3 C. h. t. ergiebt sich aber, dass auch bei Gewohnheitsrechten, welche durch Gesetz nicht auferlegte (öffentliche) Verpflichtungen, begründeten, die stillschweigende Zustimmung des Kaisers angenommen wurde[55]). Irnerius scheint sogar

---

[52]) Vgl. hierüber Gierke l. c. S. 215—216 und die dort in N. 86 und N. 88 gegebenen Citate sowie die unten § 15 II 1 folgenden Erörterungen.

[53]) In der Gl. aut legem ad l. 2 C. h. t. sagt Accursius mit Bezug auf l. 32 D. h. t.: Tu dic secundum Jo. (Joannem Bassianum), Azo (vgl. jedoch über dessen Ansicht unten § 15 N. 22) et nos breviter, quod ibi (l. 32 D. h. t.) loquitur de generali consuetudine, quam princeps patitur ex certa scientia, quae generaliter tollit legem, ut ibi. Weiterhin heisst es in derselben Glosse, dass die mit Bewusstsein gegen ein Gesetz handelnden municipes nicht strafbar seien, „quia princeps scire fingitur et sic consentire". Vgl. die Glosse bei Wenck, Magister Vacarius S. 185, wonach Einige behaupten, ein Gesetz werde durch eine entgegenstehende allgemeine Gewohnheit aufgehoben „principe qui auctor est sciente et consensum prebente".

[54]) Dies glaube ich den in der vorigen Note angeführten Aeusserungen des Accursius entnehmen zu dürfen (vgl. auch unten § 16 N. 6).

[55]) Die angef. Glosse sagt: Cognoscitur ex consuetudine ab aliquo, vel aliquibus. Vel dic praestitum per patientiam principis permittentis uti consuetudine aliqua. Azo, ut sic faciat ad titulum (sc. quae sit longa consuetudo). Azo, auf den sich Accursius hier beruft, erwähnt aber in seinem Comment. ad l. 3 C. h. t. den Kaiser nicht in Bezug auf die longa consuetudo, sondern hebt die Möglichkeit hervor, dass es sich in l. 3 cit. nur um Fortdauer von Verpflichtungen, die durch kaiserliches Privileg begründet seien, handle. — Die Annahme Puchta's (l. c. II S. 41, Text vor N. 36), dass die in der l. 3 cit. erwähnten Gewohnheiten dem geschriebenen oder dem öffentlichen Recht entgegen seien, finde ich weder in der l. 3 selbst noch in dem Wortlaut der Glosse begründet.

bereits allgemein für seine Zeit die Autorität des Gewohnheitsrechts auf den stillschweigend erklärten Willen des Kaisers gegründet zu haben[56]).

III. Die Erörterungen der Glossatoren über die Frage, welchen Einfluss Irrthum und Irrationabilität auf die Entstehung resp. Geltung eines Gewohnheitsrechts haben, gründeten sich hauptsächlich auf die vieldeutige und schon damals verschieden ausgelegte l. 39 D. h. t.; daneben wurde besonders der Ausspruch Justinian's in Nov. 134 über „malae consuetudines" und in geringerem Umfange auch die Aeusserung Constantin's in l. 2 C. h. t., dass die ratio durch eine consuetudo nicht überwunden werden könne, berücksichtigt.

1. Von den oben[57]) als möglich erwähnten Deutungen der l. 39 cit. treten zwei in der Glosse besonders hervor. Die eine legte das Hauptgewicht auf den Widerspruch einer consuetudo mit der ratio, die andere auf den einer consuetudo zu Grunde liegenden Irrthum. Als Schulbeispiel für diese Erörterungen diente die in Bologna bestehende Gewohnheit, dass wenn der Eigenthümer von Wein bei dem Transporte desselben Hand an das Fuhrwerk, auch nur um zu helfen, angelegt hatte, die Gefahr des Transports von dem Frachtführer auf ihn überging[58]). Diese Gewohnheit erachteten die Glossatoren übereinstimmend für eine verkehrte. Die einen wollten ihr dennoch für den Transport von Wein rechtlich bindende Kraft zuerkennen, aber wegen ihres irrationellen Inhaltes die analoge Anwendung auf den Transport anderer Flüssigkeiten, z. B. von Oel, versagen; die anderen nahmen an, dass der Gewohnheit,

---

[56]) Summa h. t. (VIII 48) § 2: Quem ad modum etc. (s. den Wortlaut oben N. 41). Hinsichtlich der Auslegung dieser Worte stimme ich Fitting (Zeitschrift der Savigny-Stiftung f. Rechtsgeschichte XVII, Romanist. Abth. S. 70) bei. Vielleicht sind auf die stillschweigende Zustimmung des Kaisers auch zu beziehen die Worte der Glosse des Irnerius zu l. 36 D. h. t. bei Besta l. c. pag. 7: distinguendum est .... an approbatione an vero per universitatem aliquid inolevit. — Vgl. auch unten § 15 II 1.

[57]) § 5 II 2.

[58]) Gl. quod non ratione ad l. 39 D. h. t.; Gl. praeses ad l. 1 C. h. t. (vgl. auch Azonis Comment. ad l. 1 C. h. t. num. 6 und 7). Die herkömmliche Anwendung dieses Beispiels erhellt aus Odofredus, Super Digesto veteri Commentaria ad l. 39 D. h. t. und Super Codice ad l. 1 h. t.

weil sie auf einem Irrthum beruhe, überhaupt — auch in Bezug auf den Transport von Wein — keine rechtlich bindende Kraft zukomme[59]). Die letztere Ansicht wurde darauf gegründet, dass überhaupt der Irrthum den für eine consuetudo unentbehrlichen consensus ausschliesse[60]). Nach Odofredus[61]) hätten die antiqui nur die analoge Ausdehnung der (irrthümlich) contra rationem entstandenen consuetudo für unstatthaft gehalten, wogegen Johannes Bassianus und Azo der auf Irrthum beruhenden consuetudo jede rechtliche Geltung versagt hätten; aber die uns erhaltenen Schriften der älteren Glossatoren, von Irnerius an, zeigen, dass diese vielmehr die letztere Ansicht vertraten[62]). In der glossa ordinaria zu l. 39 D. h. t. finden wir beide Auffassungen neben einander[63]); jedoch hat sich Accursius, wie wir aus anderen Stellen seines Commentars ersehen[64]), für die

---

[59]) Beide Auffassungen sind erwähnt in der Gl. ad l. 39 D. h. t., dagegen nur die erstere in der Gl. praeses ad l. 1 C. h. t. (dies erklärt sich daraus, dass die Stelle von den Glossatoren, wie Azo's Comment. ad l. 1 cit. num. 6 sqq. und der Casus ad hanc l. beweisen, wesentlich auf analoge Anwendung einer consuetudo bezogen wurde. Auch nimmt die Glosse praeses an, dass die irrationelle Gewohnheit keine auf Irrthum beruhende sei).

[60]) Diesen Satz finden wir nicht nur in der Gl. zu l. 39 D. h. t., sondern auch in der Gl. consensu ad § 9 J. h. t. (mit Verweisung auf die l. 39 D. h. t.).

[61]) S. die Citate aus Odofredus' Schriften in N. 58.

[62]) So Irnerius, Questiones III § 2 (eiusmodi est et illa — sc. interpretatio —, que consuetudine iuducta est, ne tamen illis relinquatur ullus locus, que prosiliunt ex errore), Summa Cod. h. t. § 3 (item ne illud, quod errore et non ratione inductum est, licet consuetudine obtentum est, recipiatur), Glosse ad l. 23 D. h. t. bei Besta l. c. pag. 6 (errore carente); Rogerii Summa Cod. h. t. (item ne illud quod errore et non ratione introductum est, licet consuetudine obtemperatum est, recipiatur); Summa Placentini in Cod. h. t. (oportet ut eadem — consuetudo — ratione fuerit introducta . . . . ne quod errore inventum est, rationem vincat aut legem). — Dass Azo sich derselben Meinung anschloss, zeigen seine Summa ad Cod. h. t. § 7 und sein Comment. ad l. 2 C. h. t. num. 4 und 5; jedoch scheint aus seiner Erörterung an der letzterwähnten Stelle hervorzugehen, dass er dem Irrthum bei einer generalis consuetudo keine Bedeutung beilegte.

[63]) Accursius giebt hier keine eigene Entscheidung; doch lässt schon die Ausführlichkeit der für die zweite Auffassung angeführten Begründung darauf schliessen, dass er dieser sich zuneigte (vgl. die folg. Note).

[64]) S. insbes. Gl. consensu ad § 9 J. h. t. und Gl. aut legem ad l. 2 C. h. t. (hier beruft er sich für die von ihm angenommene Ungültigkeit einer

zweite entschieden. Auf demselben Standpunkt steht das Florentiner Rechtsbuch[65]). Dagegen Vacarius trat nachdrücklich dafür ein, dass wenigstens nicht jeder Irrthum den zu einer consuetudo erforderlichen consensus ausschliesse und dass Irrationabilität einer consuetudo nur deren analoge Anwendung hindere[66]).

2. Die Frage nach der Bedeutung des Irrthums für die Bildung eines Gewohnheitsrechts wurde auch vielfach im Zusammenhange mit der Frage in Betreff der derogatorischen Kraft einer consuetudo gegenüber einer lex erörtert. Hier wurde der Irrthum nicht sowohl auf die Rationabilität der Uebung, als vielmehr auf das Vorhandensein eines der Uebung widersprechenden Gesetzes bezogen[67]). Ueberwiegend wurde von denjenigen, welche die derogatorische Kraft der consuetudo behaupteten, angenommen, dass dazu eine sichere Kenntniss (certa scientia)[68]) des durch die consuetudo zu überwindenden Gesetzes erforderlich

irrthümlichen consuetudo auf seine Glosse zu l. 39 D. h. t.). — Ueber die nur scheinbar widersprechende Gl. praeses ad l. 1 C. h. t. s. oben N. 59.

[65]) I § 7 (consuetudo . . . . per surreptionem introducta rationem non debet temerare. que nec consuetudo est dicenda, sed vetustas erroris). Die letztangeführten Worte weisen auf kanonistischen Einfluss hin (vgl. Landsberg's Ausführung, l. c. S. 77, über die nicht ganz unwahrscheinliche Zugehörigkeit des Werks zu einer kanonistischen Schule).

[66]) Vacarius (bei Wenck S. 186) macht zunächst ad l. 32 D. h. t. geltend, der Irrthum hinsichtlich der Existenz eines Gesetzes (vgl. unten 2) könne nicht die Aufhebung dieses Gesetzes durch Gewohnheitsrecht resp. den dafür erforderlichen consensus verhindern, denn was könne ein Irrthum schaden, der sich gar nicht auf das in Frage stehende Verhältniss beziehe? Er bemerkt dann zu l. 2 C. h. t., durch dieselbe werde nur analoge Ausdehnung einer Gewohnheit, welche einem Gesetze oder der ratio iuris widerspreche, ausgeschlossen.

[67]) So Azonis Comment. ad l. 2 C. h. t. num. 4 und 5; Gl. abrogentur ad l. 32 D. h. t; Gl. ad l. 12 D. de off. praes. 1, 18; Gl. aut legem ad l. 2 C. h. t.; Gl. sequi ad § 7 J. de satisdat. 4, 11. — Ob der Irrthum sich auf das eine oder auf das andere der beiden im Text erwähnten Momente beziehe, wurde aber nicht immer genau unterschieden. Insbesondere berief man sich auch für die Ungültigkeit der irrthümlich contra legem entstandenen consuetudo auf l. 39 D. h. t. (so Azo l. c. num. 5 und die eben angeführten Glossen abrogentur und aut legem; vgl. auch oben N. 64).

[68]) Die certa scientia wurde im Allgemeinen bei den Uebenden resp. bei dem populus verlangt; jedoch scheint Accursius für eine allgemein gesetzaufhebende Gewohnheit das entscheidende Gewicht auf die certa scientia des princeps gelegt zu haben (vgl. oben II 3, bes. N. 53).

sei [69]). Diese Ansicht wurde aber besonders mit dem Argument bekämpft, dass die Lage der bewusst das Gesetz Verletzenden nicht besser sein dürfe, als die der aus Irrthum demselben Zuwiderhandelnden [70]).

3. Theils in engem Zusammenhang mit der Verwerfung irrthümlicher bezw. irrationeller Gewohnheiten, theils unabhängig von dieser sprachen die Glossatoren allgemein schlechten Gewohnheiten rechtliche Geltung ab [71]). Diese Auffassung scheinen sie hauptsächlich auf Nov. 134 c. 1 gegründet zu haben; die glossa ordinaria [72]) citirt dafür auch Stellen des decretum Gratiani sowie die Konstitution K. Friedrich's II. contra statuta ecclesiasticae libertati praeiudicantia a. 1220 [73]). Genauere An-

---

[69]) S. die in N. 67 angeführten Acusserungen. Als Urheber dieser Ansicht erscheint nach einer Notiz des Odofredus (Super Digesto vet. Comment. ad l. 32 D. h. t.; Super Codice ad l. 2 C. h. t.) Bulgarus; nach einer Gl. zum Mag. Vacarius (bei Wenck S. 184) Irnerius, neben dem dort auch Bulgarus genannt wird.

[70]) So Placentinus in seiner Summa in Cod. h. t. (eine andere damit übereinstimmende Aeusserung desselben Schriftstellers citirt die Glosse zum Mag. Vacarius bei Wenck S. 184). Accursius in der Gl. aut legem ad l. 2 C. h. t. schliesst sich dieser Ansicht mit Berufung auf l. 13 D. de noxal. act. 9, 4 an; jedoch kommt er in seiner weiteren Ausführung hinsichtlich der partikulären derogatorischen Gewohnheiten zu dem entgegengesetzten Ergebniss durch Heranziehung der fingirten Zustimmung des princeps. Azo in seinem Comment. ad l. 2 C. h. t. num. 7 wendet gegen Placentin ein, ein solches Delikt sei veniale, „quia ius civile per aliud ius civile tolli potest"; deshalb begehe der Richter, welcher geschworen habe, „secundum leges prout melius ei visum fuerit" zu urtheilen, keinen Meineid, wenn er nach dem besonderen Gewohnheitsrechte des betreffenden Ortes entscheide.

[71]) So Irnerius in seiner Summa Codicis ad h. t. § 3 vor dem in N. 62 citirten Satze (dum tamen illud diligenter intuentur, ne mali mores imitentur. Hinsichtlich des letzten Wortes ist die Lesart unsicher; vgl. Fitting ad h. l.); Rogerii Summa Cod. h. t., gleichfalls vor dem in N. 59 angeführten Satze (dum tamen illud diligenter intueatur ne mali mores admittantur); Placentini Summa ad Cod. h. t, an der in N. 62 durch Punkte bezeichneten Stelle (mali enim mores diligenter cavendi sunt); Gl. inveterata ad l. 32 D. h. t. (vel non exemplis male iudicantis, sed bene sic); Gl. ad rubr. C. h. t. (vel non malis — sc. exemplis — sed bonis); Gl. aut legem ad l. 2 C. h. t. (quinti dicunt etc.); Gl. male ad Auth. Coll. IX tit. 10 (Nov. 134).

[72]) S. die am Schluss der vor. N. angeführte Gl. male.

[73]) Bei Weiland Constitutiones etc. Imperatorum et Regum, Vol. II Nr. 79.

gaben, was unter einer mala consuetudo zu verstehen sei, finden sich aber bei den Glossatoren nicht [74]). Dagegen wurde in den Erörterungen über l. 2 C. h. t. die ratio, welche wie die lex von der consuetudo nicht überwunden werden könne, als der Geist des Gesetzes bezw. der dem Gesetze zu Grunde liegende und auch in analogen Fällen anzuwendende Billigkeitsgedanke gedeutet, während eine andere Ansicht, ratio und lex als Hendiadyoin fassend, unter der rationabilis lex, die durch consuetudo nicht aufgehoben werden könne, ein Gesetz vernünftigen Inhalts verstand [75]).

§ 15.

Kraft des Gewohnheitsrechtes.

I. Dass im Allgemeinen das Gewohnheitsrecht legis vicem habe, ihm dieselbe Kraft wie dem Gesetze zukomme, wurde von den Glossatoren auf Grund der Aussprüche des Corpus iuris civilis als unzweifelhaft angenommen [1]). Die in den Quellenstellen zerstreuten Aeusserungen über die verschiedenen Wirkungen des Gewohnheitsrechts im Verhältniss zu den vorhandenen gesetzlichen Normen fassten sie übersichtlich zusammen [2]), indem sie drei resp. vier [3]) solcher Arten der Be-

---

[74]) Dass die consuetudo nicht dem ius naturale widersprechen dürfe, hebt, offenbar unter kirchlichem Einfluss, Azo in seinem Comment. ad l. 2 C. h. t. num. 7 hervor.

[75]) S. den Anfang der grossen Gl. aut legem ad l. 2 C. h. t. — Die Worte im Florent. Rechtsbuch I § 7: id est, ut hic exponit, non vincit rationabilem legem vel non vincit legem scriptam halte ich mit Conrat ad h. l. für ein Glossem.

[1]) Irnerius in seiner Summa Cod. h. t. § 2; Rogerii Summa Cod. h. t.; Azonis Summa ad Cod. h. t. § 6 und Comment. ad l. 2 C. h. t. num. 7 (servatur tanquam lex consuetudo); Casus ad § 9 J. h. t.; Casus (Viviani) ad l. 32 D. h. t. — Einige Glossatoren scheinen freilich analoge Ausdehnung einer consuetudo (specialis?) ausgeschlossen zu haben („consuetudo restringenda est ad casum suum in quem inventa est"; „consuetudo non generat ex se aliquid sicut mulus"). Vgl. hierüber und hiegegen Azonis Comment. ad l. 1 C. h. t. num. 6 in f.—9.

[2]) So insbes. Azo in seiner Summa ad Cod. h. t. § 6; Gl. imitantur ad § 9 J. h. t.; Gl. leges imitatur ad l. 3 C. h. t.

[3]) Je nachdem man die bestärkende Wirksamkeit (s. unten, bes. N. 7) mitzählte oder nicht.

thätigung (virtutes) des Gewohnheitsrechts unterschieden: Normirung nicht durch Gesetze bestimmter Verhältnisse[4]); bindende Auslegung von Gesetzen[5]); Aufhebung resp. Abänderung von Gesetzen[6]); Bestärkung von Gesetzen[7]). Die letzterwähnte Funktion des Gewohnheitsrechtes, im Ganzen seltener erwähnt, wurde aus dem Worte „retinet" in l. 3 C. h. t. abgeleitet[8]). Die Glosse hat auch bereits für das verschiedene Verhältniss der consuetudo zur lex die später technisch gewordenen Bezeichnungen gebraucht: consuetudo secundum legem, praeter legem und contra legem[9]). Während aber die Statthaftigkeit

---

[4]) Vgl. in dieser Beziehung neben den in N. 2 angeführten Aeusserungen insbes. Casus und Gl. de quibus causis ad l. 32 D. h. t.; Gl. diuturna ad l. 33 D. h. t.; Gl. praeses ad l. 1 C. h. t.

[5]) Von dieser Wirkung des Gewohnheitsrechts sprechen speciell Irnerii Questiones III § 2, desselben Summa Cod. h. t. § 4 und seine Glosse ad l. 23 D. h. t. bei Besta pag. 6 (ut . . . . . in obscuro sequamur consuetudinis auctoritatem); Rogerii Summa Cod. h. t.; Azonis Comment. ad l. un. C. de lit. contest. 3, 9 num. 10; Gl. minime ad l. 23 h. t. (dieselbe hebt hervor, dass durch die auslegende consuetudo auch ein neuer Sinn der Gesetzesbestimmung eingeführt werden könne); Gl. si de interpretatione etc. ad l. 37 D. h. t.

[6]) Diese Wirksamkeit des Gewohnheitsrechts wird als corrigere legem bezeichnet (Gl. imitantur ad § 9 J. h. t.; Gl. abrogentur ad l. 32 D. h. t.; Gl. leges imitatur ad l. 3 C. h. t.) — Das Nähere über die Ansichten der Glossatoren hinsichtlich einer solchen Kraft des Gewohnheitsrechts s. unten II.

[7]) Diese Wirksamkeit des Gewohnheitsrechts wird corroborare (legem) genannt in der Gl. leges imitatur ad l. 3 C. h. t. In demselben Sinne spricht Azo in seinem Comment. ad l. 2 C. h. t. num. 4 von einer lex consuetudine vallata, die Gl. aut legem ad l. 2 C. h. t. von einer lex consuetudine roborata, die Gl. abrogentur in f. ad l. 32 D. h. t. von einer lex consuetudine approbata, die Glosse ad Vacarium (bei Wenck S. 184) von einer consuetudo legi subnixa.

[8]) So die Gl. leges imitatur ad l. 3 C. h. t., welche das „retinet" in dieser Stelle erklärt durch die Worte „sc. cum utitur populus sicut lex dicit".

[9]) In der Gl. abrogentur ad l. 32 D. h. t. werden unterschieden consuetudo contra legem und secundum legem vel saltem non contra. Auch in Azo's Comment. ad l. 1 C. h. t. num. 1 und in der Gl. aut legem ad l. 2 C. h. t. wird die consuetudo, „quae est secundum legem" der „quae est contra legem", entgegengesetzt. Den Ausdruck „praeter legem" gebraucht in Bezug auf Verhältnisse, welche nicht durch Gesetz, sondern nur durch Gewohnheitsrecht geregelt sind, die Gl. praeses ad l. 1 C. h. t.

von Gewohnheitsrecht secundum legem und praeter legem allgemein und unbeschränkt behauptet wurde, gingen die Ansichten über die Frage, ob resp. inwiefern dem Gewohnheitsrecht Geltung contra legem zukomme, weit auseinander[10]).

II. Für die Mannigfaltigkeit der Auffassungen in letzterwähnter Beziehung war hauptsächlich massgebend die Antinomie zwischen l. 32 D. h. t. und l. 2 C. h. t.[11]), welche zahlreiche Lösungsversuche hervorrief. Neben diesen Stellen wurde in den Erörterungen über die „correctorische" Kraft des Gewohnheitsrechts namentlich einerseits der Ausspruch der Justinianischen Institutionen über die Aufhebung von Gesetzen durch den tacitus consensus populi, andererseits das Verbot eines über das gesetzliche Zinsmaximum hinausgehenden Gewohnheitsrechts in l. 26 § 3 C. de usuris 4, 32 berücksichtigt. Eine nicht unbedeutende Rolle spielte auch in der Controverse die l. 3 § 5 D. de sep. viol. 47, 12, welche freilich nur von dem Verhältniss einer lex municipalis zu einer später erlassenen entgegenstehenden allgemeinen Vorschrift der Kaisers spricht[12]). In der vorliegenden Frage bemerken wir einen gewissen Gegensatz zwischen den älteren und den späteren Glossatoren: Die ersteren stellten überwiegend wenigstens für ihre Zeit eine gesetzüberwindende Kraft des Gewohnheitsrechts in Abrede[13]), während die späteren eine solche Kraft des Gewohnheitsrechts

[10]) Eine Zusammenfassung der verschiedenen Ansichten der Glossatoren über diese von ihnen mit Vorliebe erörterte Frage geben die Dissensiones Dominorum (Codicis Chisiani collectio § 46 bei Haenel S. 151—153, nebst den Abweichungen aus Hugolinus' Sammlung in Note v), die Glosse zum Magister Vacarius bei Wenck S. 184—185 und die Glosse des Accursius aut legem ad l. 2 C. h. t. (eine weniger vollständige Zusammenstellung enthält die Gl. abrogentur zu l. 32 D. h. t.). — Immerhin ist es übertrieben, wenn Odofredus zu l. 32 D. h. t. und zu l. 2 C. h. t. bemerkt, über das Verhältniss dieser beiden Stellen zu einander „tot sunt sententiae quot sunt capita" (s. dagegen insbesond. unten II 4).

[11]) S. über das Verhältniss dieser beiden Stellen und über die anderen für die Controverse wichtigen Aeusserungen der römischen Quellen oben § 6 II 3.

[12]) Vgl. über die Identificirung von lex municipalis und consuetudo municipalis bei den Glossatoren oben § 12 I und über die l. 3 § 5 cit. oben § 11 III.

[13]) S. die näheren Nachweise unten 1.

im Allgemeinen anerkannten[14]). Auf dem letzteren Standpunkt steht auch die Glosse des Accursius. Von den verschiedenen Ansichten der Glossatoren dürften folgende hervorzuheben sein:

1. Schon Irnerius bemerkte zu l. 32 h. t., die darin enthaltene Anerkennung der Aufhebung von Gesetzen durch den consensus populi entspreche der Zeit Julian's, in welcher das Volk die gesetzgebende Gewalt hatte; weil aber heutzutage diese dem Kaiser übertragen sei, würde die desuetudo des Volks nichts vermögen[15]). Jedoch scheint Irnerius auch für seine Zeit die Möglichkeit der Aufhebung eines Gesetzes durch ein allgemeines Gewohnheitsrecht mit stillschweigender Zustimmung des Kaisers anerkannt zu haben[16]). Dagegen Placentin[17]), welcher annahm, dass schon zur Zeit Julian's durch die lex regia eine Uebertragung der gesetzgebenden Gewalt auf den Kaiser stattgefunden habe[18]), erblickte demgemäss auch,

---

[14]) S. hierüber insbes. unten 4.

[15]) Glosse des Irnerius zu l. 32 D. h. t. (aus Ms. Paris. 4451a) bei v. Savigny, Geschichte des Röm. R.'s im M. A., 2. Ausg., Bd. IV S. 458 bis 459. Dass diese mit der Signatur y am Schluss versehene Gl. wirklich von Irnerius herrührt, ergiebt sich, wie Sav. l. c. N. a und Bd. V S. 32 N. e bemerkt hat, aus der Anführung derselben mit Irnerius' Namen durch Carolus de Tocco in Lombardam II 42 l. 1.

[16]) Nachdem er in der Summa Cod. h. t. § 2 gesagt hat, dass das Gewohnheitsrecht der einzelnen oppida dem geschriebenen Recht nicht widerstreiten dürfe und dann im § 3 den Ausspruch Constantin's, dass durch die consuetudo weder die ratio noch die lex überwunden werden könne, wiederholt hat, fügt er dennoch am Schlusse des § 4 hinzu: . . . . per consuetudinem leges ipse abrogantur. Für die Annahme, dass er hier nur allgemeine Gewohnheitsrechte im Auge gehabt habe, spricht, neben dem Vergleich mit § 2 cit., die Einschaltung des Wortes „omnium" bei Rogerius in seiner Summa Cod. h. t. Ueber das Erforderniss einer stillschweigenden Zustimmung des Kaisers s. oben § 14 N. 56 und N. 68.

[17]) Placentinus in seiner Summa in Cod. h. t.

[18]) In principem per regiam legem populus Romanus omne ius transtulit. ergo ius condendi iura et abrogandi: sicque ius tale sibi non reservavit. — Irrig ist m. E. die Angabe Puchta's (l. c. II S. 204), Placentin habe behauptet, dass in der l. 32 D. h. t. republikanische Grundsätze vorgetragen würden, die unter einer monarchischen Verfassung nicht gelten könnten (vgl. dagegen auch unten N. 20); das passt nur auf die Argumentation des Irnerius (schon Azo und Accursius haben aber die Ansichten der beiden nicht auseinandergehalten).

ähnlich wie Martinus[19]), in der lex 32 cit. nicht die Anerkennung einer gesetzaufhebenden Kraft der desuetudo[20]), und stellte folglich für seine Zeit eine solche entschieden in Abrede[21]). Wider die Auffassung, dass die Uebertragung der gesetzgebenden Gewalt auf den Kaiser derogatorisches Gewohnheitsrecht ausschliesse, wurde aber schon von Hugolinus eingewendet, dass die Substanz der Gewalt jedenfalls bei dem Volke zurückgeblieben sei[22]).

2. Diejenigen Glossatoren, welche die consuetudo als stillschweigenden Vertrag der Gemeinschaftsglieder auffassten[23]), behaupteten, ein specielles Gewohnheitsrecht gegen ein Gesetz sei in demselben Umfange zulässig, wie ein von der gesetzlichen Bestimmung abweichender specieller Vertrag[24]). Ueber die von anderer Seite unternommene principielle Widerlegung dieser Ansicht s. oben § 13 I.

---

[19]) Nach der Gl. aut legem ad l. 2 C. h. t. behauptete dieser, unter der lex in l. 32 D. h. t. sei nur die consuetudo scripta eines Municipiums zu verstehen, welche durch eine spätere consuetudo aufgehoben werde, „non autem lex scripta in corpore iuris tollitur consuetudine, ut hic“ (sc. l. 2 C. h. t.).

[20]) Nach Placentin l. c. ist in dem Ausspruch der Digesten (l. 32 D. h. t.), consuetudinem abrogare legem, unter lex nur eine frühere consuetudo (contraria) zu verstehen.

[21]) Placentin's Erörterung über die Frage, ob eine lex durch eine consuetudo aufgehoben werden könne, beginnt mit den Worten: Ita tamen secundum consuetudinem iudicare debebit (der Richter), si iuri scripto adversa non fuerit.

[22]) S. das bei Haenel Dissens. domin. S. 585 abgedruckte Hugolini Distinctionum Specimen ex Cod. Bamb. dist. CXLVIII. Ihm schloss sich an Azo in seinem Comment. ad l. 2 C. h. t. num. 2, welcher hervorhob, der Kaiser sei nicht maioris postetatis quam totus populus, sondern nur quam quilibet de populo. Vgl. über diese staatsrechtliche Auffassung eines Theiles der mittelalterlichen Schriftsteller Gierke l. c. III S. 575 nebst den dort in N. 159 gegebenen Citaten. Zu den Anhängern der Theorie, dass die translatio imperii vom Volk auf den Kaiser eine widerrufliche sei, gehörte auch Vacarius, welcher aber, so lange der Widerruf nicht vom Volke erklärt sei, Abschaffung eines vom Kaiser erlassenen Gesetzes durch desuetudo für unstatthaft erklärte (bei Wenck S. 185 a. E. — 186).

[23]) Oben § 13 I bes. N. 1.

[24]) Diese Ansicht wird erwähnt in der Gl. abrogentur ad l. 32 D. h. t.; in der Gl. aut legem ad l. 2 C. h. t; in Azo's Summa Cod. h. t. § 7 und

3. Von einigen Glossatoren wurde behauptet, dass zwar an sich ein Gesetz durch Gewohnheitsrecht aufgehoben werden könne, dass aber dies hinsichtlich eines durch entsprechende consuetudo bekräftigten Gesetzes nicht gelte[25]). Hiefür berief man sich auf die Analogie des Satzes, dass der durch Tradition vollzogene Kauf durch blossen dissensus nicht rückgängig gemacht werden könne[26]).

4. Die später lange Zeit hindurch herrschend gewordene[27]), unter den Glossatoren wahrscheinlich schon von Bulgarus, sicher von Johannes Bassianus, Pillius, Azo und Accursius vertretene Ansicht[28]) bezog den Schluss der l. 2 C. h. t. nur auf specielle

---

in seinem Commentar. ad l. 2 C. h. t. num. 2 und 3; in den Dissensiones Domin. des Hugolinus (bei Haenel S. 151 N. v.); in der Glosse zu Vacarius (bei Wenck S. 184). Als ihr Urheber wird an den beiden letztangeführten Stellen Albericus genannt. Derselbe machte beispielsweise geltend, dass, wie durch Vertrag keine höheren Zinsen als die gesetzlich erlaubten (usurae centesimae) ausgemacht werden dürften, so auch die höhere Zinsen zulassende Gewohnheit einer Stadt dem Gesetz nicht derogiren könne. Unter Anführung zahlreicher Beispiele erklärte sich für diese Ansicht auch Carolus de Tocco in Lombardam. l. c. (vgl. oben N. 15). Dagegen Azo in seinem Comment. ad l. 2 C. h. t. num. 3 sucht durch eine Reihe von Beispielen nachzuweisen, dass „ubi pactum non valet, quandoque consuetudo valet".

25) Ueber die Lehre der Glossatoren von der gesetzbestärkenden Wirksamkeit des Gewohnheitsrechts s. oben I bes. N. 7 und 8.

26) S. besonders Azo's Summa Cod. h. t. § 7 und Comment. ad l. 2 C. h. t. num. 4; Gl. aut legem ad l. 2 C. h. t. v. v. Quarti dicunt etc. Die l. 32 § 1 h. t. sollte von einer nicht durch Gewohnheit bekräftigten lex, die l. 2 C. h. t. dagegen von einer lex mit gewohnheitsrechtlicher Bestärkung sprechen (Gl. abrogentur in f. ad l. 32 D. h. t.). Die Ausführung in der Glosse zu Vacarius (bei Wenck S. 184), dass nach Ansicht Einiger nur eine auf ein Gesetz sich stützende Gewohnheit ein früheres Gesetz zu überwinden vermöge, beruht vielleicht auf einem Missverständniss der hier erörterten Lehre.

27) Vgl. insbes. über die Theorie der Postglossatoren unten § 21 II.

28) In der Gl. abrogentur ad l. 32 D. h. t. beruft sich Accursius für diese Ansicht nur auf Johannes, welchen auch Hugolinus und Azo, sowie Carolus de Tocco als Urheber derselben bezeichnen; in der Gl. imitantur ad § 9 J. h. t. nennt er als Vertreter derselben Johannes und Pillius, in der Gl. aut legem ad l. 2 C. h. t. Johannes und Azo. Dass der letztere der Meinung des Johannes zustimmte, ersehen wir auch aus Azo's Summa ad Cod. h. t. § 7 und aus seinem Comment. ad l. 2 C. h. t. num. 4—6. Nach der Glosse ad Vacarium (bei Wenck S. 185) soll aber vor Johannes Bassianus schon Bulgarus dieselbe Auslegung der

Gewohnheiten, erkannte aber auch diesen derogatorische Kraft gegenüber einem allgemeinen Gesetze zu. Sie nahm an, dass der Ausspruch Constantin's der speciellen Gewohnheit nur die Kraft versage, ein entgegenstehendes allgemeines Gesetz zu abrogiren d. h. allgemein aufzuheben; eine solche Kraft komme nur einer allgemeinen consuetudo zu; wohl aber werde durch eine entgegenstehende (spätere) specielle consuetudo die Geltung der lex für den Bereich der consuetudo ausgeschlossen[29]. Beschränkt wurde diese Bedeutung der consuetudo im Verhältniss zur lex praecedens allerdings durch Verbindung mit der Theorie, dass die consuetudo nicht auf einem Irrthum hinsichtlich des Daseins des Gesetzes beruhen dürfe[30], sowie ferner durch die Annahme, dass, wenn ein Gesetz ausdrücklich jede entgegenstehende specielle Gewohnheit verbiete, dieses Verbot die rechtsgültige Entstehung einer solchen Gewohnheit ausschliesse[31]. Dagegen wurde insbesondere auf Grund der l. 3 § 5 D. de sep. viol. gelehrt, dass durch ein späteres

---

Schlussworte der l. 2 C. h. t. gegeben haben, während allerdings hinsichtlich der gesetzaufhebenden Kraft der generalis consuetudo zwischen seiner Ansicht und des Joh. Bass. eine Verschiedenheit (welche?) bestanden habe.

[29]) So Azo an den in der vor. Note citirten Stellen; Gl. de quibus causis in f. und Gl. abrogentur ad l. 32 D. h. t.; Gl. vel perpetua ad l. 6 D. qu. cui. univ. 3, 4; Gl. consuetudo ad l. 14 D. comm. praed. 8, 4 (auf diese Stelle gründete Joh. Bassianus seine Ansicht nach dem Zeugniss des Carolus de Tocco in Lombardam l. c.) Gl. sepeliri ad l. 3 D. de sep. viol. 47, 12; Gl. aut legem ad l. 2 C. h. t.; Gl. imitantur ad § 9 J. h. t. cf. Gl. tacito consensu ad § 11 J. h. t.; Gl. ad Vacarium bei Wenck S. 185.

[30]) S. über diese Theorie oben § 14 III 2. In Verbindung mit der hier erörterten Lehre von der bald allgemein bald nur partikulär gesetzüberwindenden Kraft der consuetudo tritt uns das Erforderniss der sicheren Kenntniss des Gesetzes entgegen in Azo's Summa ad Cod. h. t. § 7 und in seinem Comment. ad l. 2 C. h. t. num. 5; in der Gl. abrogentur ad l. 32 D. h. t. und der Gl. aut legem ad l. 2 C. h. t. sowie in der Gl. ad Vacarium bei Wenck S. 185.

[31]) Azonis Summa ad Cod. h. t. § 7 (. . . . legi consuetudo derogat: nisi lex consuetudinem prohiberet admitti, ut in usuris habemus); Gl. abrogentur ad l. 32 D. h. t. (die consuetudo „expresse a iure inhibita", wie durch l. 26 § 3 C. de usuris 4, 32, kann das entgegenstehende Gesetz nicht überwinden); Gl. aut legem ad l. 2 C. h. t. (nisi prohibita sit a lege consuetudo specialis, ebenfalls mit Verweisung auf l. 26 § 3 C. cit.).

(allgemeines) Gesetz jede vorher bestehende specielle consuetudo aufgehoben werde[32]).

Wir werden kaum fehlgehen mit der Vermuthung, dass die so schliesslich bei den Glossatoren zur vorherrschenden Geltung gelangte, in sich nicht widerspruchslose[33]) Ansicht über einen Conflict zwischen consuetudo und lex einigermassen, wenngleich wohl unbewusst, durch das praktische Bedürfniss bestimmt wurde. Für die Glossatoren handelte es sich wesentlich um das Verhältniss der Bestimmungen des Corpus iuris civilis zu den abweichenden besonderen Gewohnheitsrechten der Italienischen Städte[34]), deren völlige Beseitigung aus dem Rechtsleben sie, trotz aller Begeisterung für das Justinianische Recht, nicht ernstlich in das Auge fassen konnten, während die vorjustinianischen consuetudines keine praktische Bedeutung mehr hatten.

§ 16.

Beweis des Gewohnheitsrechts.

Bei den Glossatoren tritt uns, wenngleich nur in ganz vereinzelten Aeusserungen, die später so lange herrschende und so wichtig gewordene Theorie entgegen, dass das Gewohnheitsrecht im Prozesse von der Partei, welche sich auf dasselbe berufe, zu beweisen sei[1]). Allerdings waren sich die Glossa-

---

[32]) Azonis Summa ad Cod. h. t. § 7 und Comment. ad l. 2 C. h. t. num. 6 (an der letzteren Stelle beruft sich A. auf l. 3 D. de leg. 1, 3); Gl. abrogentur ad l. 32 D. h. t.; Gl. sepeliri ad l. 3 D. de sep. viol. 47, 12; Gl. aut legem ad l. 2 C. h. t.; Gl. imitantur ad § 9 J. h. t.; Gl. ad Vacarium bei Wenck S. 185 (hier wird Joh. Bassianus als Urheber auch dieser Auslegung der l. 3 § 5 D. de sep. viol. genannt).

[33]) Denn warum sollen, während die Bildung eines partikulären Gewohnheitsrechts gegen ein allgemeines Gesetz bei dem Fehlen eines ausdrücklichen Verbots für zulässig erachtet wird, alle bisherigen partikulären Gewohnheitsrechte durch jedes neue inhaltlich ihnen widersprechende allgemeine Gesetz ohne ausdrückliche Erklärung aufgehoben werden? Vgl. die Erörterung über c. 1 de constit. in 6to 1, 2 oben § 11 III.

[34]) Vgl. über diese und über die Stellung der Glossatoren zu denselben oben § 12 I.

[1]) Ex professo behandelt und deutlich bejaht finden wir diese Frage nur von Azo in seinem Comment. ad l. 1 C. h. t. num. 1 und 2 und von

toren bewusst, dass der Richter ex officio die Rechtssätze zu kennen und zu berücksichtigen habe[2]), sowie dass nur Thatsachen, nicht auch Rechtssätze, Gegenstand des Beweises seien[3]). Sie erkannten auch durchaus an, dass die consuetudo wirkliche Rechtssätze erzeuge[4]). Aber sie glaubten andrerseits, dass das römische Recht, insbesondere die l. 1 C. h. t., für das Gewohnheitsrecht Parteibeweis fordere[5]). Die glossa ordinaria sucht dies durch zwei Gesichtspunkte zu rechtfertigen: Nur das geschriebene Recht sei so sicher und bestimmt, dass eine allgemeine Kenntniss (und folglich auch eine richterliche Kenntniss) desselben vorausgesetzt werden könne[6]); ferner hänge das nichtgeschriebene Recht ab von einer Thatsache, und diese Thatsache müsse bewiesen werden[7]). Für diese letztere Be-

---

Accursius in der Gl. probatis iis ad l. 1 C. h. t. — Dass die consuetudo „exemplis probatur", heben hervor die Gl. inveterata ad l. 32 D. h. t. und die Gl. ad rubr. C. h. t. Von entgegengesetzten allegationes der Parteien hinsichtlich einer consuetudo spricht die Gl. contradictorio ad l. 34 D. h. t. Jedoch lässt sich aus diesen Stellen kein sicherer Schluss auf die qu. Theorie der Glossatoren ziehen.

²) S. besonders die Gl. advocatis ad rubr. C. Ut quae desunt 2, 11 und die Gl. et proferre ad l. 1 C. eodem tit.

³) Gl. probatis iis ad l. 1 C. h. t. (probatur ius, quod non debet esse, mit Verweisung auf l. 5 D. de probat. 22, 3). — Anders jedoch, wie es scheint, Azo in seinem Comment. ad l. 2 C. h. t. num. 1: Licet in iure scripto qui dicit aliquid prohibitum esse iure aliquo, debeat probare, quia omnia praesumuntur concessa, nisi probentur prohibita ut D. de prob. ab ea parte (= l. 5 D. 22, 3). Als Besonderheit des Gewohnheitsrechts scheint A. angenommen zu haben, dass der, welcher seine (affirmative) Befugniss auf ein solches stütze, dasselbe beweisen müsse.

⁴) S. insbes. die Gl. tunc ius ad l. 32 D. h. t. (i. e. consuetudo) und die Gl. probatis iis ad l. 1 C. h. t. (cum consuetudo est ius); vgl. das oben § 14 I über die Bezeichnung „ius consuetudinarium" Gesagte.

⁵) Azo ad l. 1 C. h. t. v. v. probatis iis: Debet enim probare qui allegat consuetudinem. Gl. probatis iis cit.: (ius) non scriptum . . . . est necesse probari, ut hic dicitur.

⁶) Accursius (Gl. probatis iis cit.) beruft sich hiefür auf l. 2 D. de iur. et facti ignor. 22, 6. So meinte auch Joh. Bassianus, mit Berufung auf l. 2 cit., dass der Kaiser ein specielles Gewohnheitsrecht nicht zu kennen brauche (Azonis Comment. ad l. 2 C. si contra ius 1, 22 num. 11—12); vgl. oben § 14 Text vor N. 54.

⁷) Die Gl. probatis iis fährt fort: at hic (ius) non scriptum pendet ex facto, quod factum est necesse probari, ut hic dicitur.

gründung werden, wie wir mit grösster Wahrscheinlichkeit annehmen können, die Worte Julian's, dass bei dem Gewohnheitsrecht das Volk seinen Willen „rebus ipsis et factis" äussere, massgebend gewesen sein[8]).

[8]) Erklärt doch andrerseits die Gl. factis zu l. 32 D. h. t. dieses Wort durch consuetudine' (vgl. oben § 14 N. 3). — Als Gegenstand des Beweises ist demnach gedacht die gehörige Uebung des Rechtssatzes, welche sich wieder zusammensetzt aus einer Mehrzahl einzeln zu beweisender Uebungshandlungen (consuetudo exemplis probatur — vgl. die Citate in N. 1 zu diesem Paragraphen).

IV. Abschnitt.

Die Postglossatoren.

§ 17.

Allgemeines.

I. Die allgemeine Stellung, welche die Postglossatoren in der juristischen Dogmengeschichte einnehmen[1]), tritt in der Lehre vom Gewohnheitsrecht stark und deutlich hervor. Sie stehen auf den Schultern der Glossatoren, machen deren Auffassungen wesentlich zum Ausgangspunkt und zur Grundlage ihrer Erörterungen, wogegen sie dem Quellenmaterial nur in geringem Masse selbstständiges Studium zuwenden. Dennoch verdankt ihnen, wie die Rechtswissenschaft überhaupt, so insbesondere auch die Lehre vom Gewohnheitsrecht erhebliche Förderung. Sie behandeln eingehend zahlreiche Einzelfragen, allerdings vermöge ihrer dialektischen Methode vielfach in sehr formalistischer Weise und mit kaum erträglicher Weitschweifigkeit, andererseits aber doch auf Grund ihrer praktischen Kenntnisse und Neigungen mit starker Berücksichtigung der wirklichen Verhältnisse und Bedürfnisse ihrer Zeit sowie der

---

[1]) Eine allgemeine Charakteristik der Postglossatoren haben gegeben insbes. v. Savigny, Gesch. des Röm. R.'s im Mittelalter, 2. Ausg., Bd. VI S. 1—25 und S. 467 ff.; Stintzing, Gesch. der deutschen Rechtswiss. Abth. 1 S. 89 und S. 102 ff. (namentlich S. 111—113); Landsberg, Die Glosse des Accursius' S. 64—69. Vgl. auch Gierke, Deutsches Genossenschaftsr. III S. 353—355.

in ihrer Umgebung zur Anwendung kommenden Rechtsnormen [2]). So finden wir namentlich auch, dass sie mit grosser Ausführlichkeit eine Fülle von einzelnen auf das Gewohnheitsrecht bezüglichen Fragen erörtert und dabei den praktischen Gesichtspunkten, sowie den zahlreichen Gewohnheitsrechten, welche damals neben dem Corpus iuris civilis in den Städten und Landschaften Italiens sowie auch Frankreichs bestanden, eifrige Beachtung geschenkt haben. In der Lehre vom Gewohnheitsrecht speciell können wir zudem ein gewisses Bestreben der Postglossatoren, die verschiedenen Einzelfragen von einem einheitlichen Grundgedanken aus zu entscheiden, nicht verkennen, und insofern kann man sagen, dass sie zuerst eine Theorie des Gewohnheitsrechts aufgestellt haben. Doch war auch dieser Grundgedanke kein selbstständiger, sondern nur eine Ausprägung der von den römischen Juristen, vor allem von Julian, geäusserten und von den Glossatoren eifrig angenommenen Auffassung. Der sonst bei den Postglossatoren vielfach nachweisbare Einfluss germanischer Rechtsanschauungen ist in ihren Ausführungen über das Gewohnheitsrecht nicht zu bemerken. Mit den Aussprüchen des kanonischen Rechts und der Kanonisten über diese Rechtsquelle zeigen sie sich meist wohl bekannt, aber materiell räumen sie denselben im Ganzen nur einen geringen Einfluss auf ihre Ansichten ein [3]) und heben mehrfach

[2]) Wie sehr sie ihr Interesse auch den Erzeugnissen der partikulären Gesetzgebung zuwandten, zeigen ihre besonderen Schriften über die Statuten. — Irrig ist die Annahme Gierke's l. c. S. 386, dass Albericus de Rosate die erste Monographie „de statutis" geschrieben habe. Seinem Werke waren Quaestiones statutorum des Jacobus de Arena (citirt von Alb. de Ros. in seinem Comment. de statutis, Qu. VII nr. 1 und öfter, bei Savigny nicht erwähnt); des Guido de Suzaria (Savigny V S. 395) und des Albertus de Gandino (Sav. V S. 565) sowie eine ähnliche Schrift des Rolandinus de Romanciis (Sav. V S. 558) vorausgegangen.

[3]) Dies gilt selbst von Baldus, welcher auch auf dem Gebiete des kanonischen Rechts in umfassendem Masse schriftstellerisch thätig war. Petrus Ravennas, welcher ebensowohl Legist wie Kanonist war, lässt freilich in seiner Abhandlung über das Gewohnheitsrecht (abgedruckt in den Tractatus Utriusque Iuris, Venet. 1584, Tom. II fol. 381—390) den kanonistischen Standpunkt sehr hervortreten, die Schrift gehört aber als Commentar zum Dekretalentitel De consuetudine zunächst zur kanonistischen Litteratur (vgl. unten § 23 III a. E.).

Verschiedenheiten der civilrechtlichen Sätze über das Gewohnheitsrecht von den kanonischrechtlichen hervor[4]).

II. Wie im Allgemeinen die Arbeiten der einzelnen Postglossatoren keine bedeutende Originalität bekunden und die späteren unter ihnen die Ansichten der älteren in ermüdender Art wiederholen, so sind diese Erscheinungen auch in ihren Erörterungen über das Gewohnheitsrecht wahrzunehmen. Es wird deshalb genügen, ihre einschlägigen Schriften mit einer gewissen Auswahl heranzuziehen. Vor allem habe ich diejenigen exegetischen Arbeiten citirt, welche nach dem zutreffenden Urtheil v. Savigny's[5]) neben der Glosse in erster Linie grosses Ansehen bis zum Schluss des Mittelalters sich erworben hatten: also die Commentare von Cinus[6]), Albericus de Rosate[7]), Bartolus de Saxoferrato[8]), Baldus de Ubaldis[9]) und Jason de Mayno[10]). Neben diesen Autoren ist

---

[4]) Vgl. unten § 18 III 2, § 20 I 1. — Bartolus hat in seiner Abhandlung über die Differentiae inter ius canonicum et civile eine besondere Nummer (num. 179) den Verschiedenheiten dieser beiden Rechte in der Behandlung des Gewohnheitsrechts gewidmet.

[5]) L. c. VI S. 468.

[6]) Cyni Pistoriensis in Codicem et aliquot titulos primi Pandectarum Tomi Commentaria (Francof. ad Moenum 1578).

[7]) Benutzt habe ich vornehmlich seine Commentaria super Digesto veteri (Lugd. 1545) und super Codice (Lugd. 1545—1548), ausserdem sein Dictionarium Juris tam Civilis quam Canonici (Venet. 1573) und seine Commentaria de Statutis (Tractatus Utr. Jur., Tom. II Fol. 2—85). — Besonders ausführlich sind seine Erörterungen über das Gewohnheitsrecht zur l. 32 D. h. t. (181 Nummern); dieselben enthalten, wie Alb. selbst im princ. hervorhebt, eine vermehrte und besser geordnete Ueberarbeitung seiner Erörterungen ad rubr. Cod. Qu. s. l. c.

[8]) Von seinen Werken (Basil. 1588—89) sind für unsere Lehre vor allem seine Commentare zum Digestum vetus und zum Prima pars Codicis wichtig, ausserdem seine Consilia, Tractatus et Quaestiones. — Für die Lehre vom Gewohnheitsrecht haben jedoch die Erörterungen des Bartolus keine so hervorragende und tiefgreifende Bedeutung, wie für manche andere Lehren, insbesondere auch für die verwandte von den Statuten.

[9]) Hier kommt hauptsächlich sein Commentar zum Digestum vetus (Venet. 1572) und zum Codex (Venet. 1573) in Betracht, für einzelne Fragen auch sein Commentar zu den Libri feudorum (Lugduni 1566).

[10]) Auch von seinen Schriften ist hier vornehmlich sein Commentar zum Digestum vetus (Lugd. 1582) und zum Codex (Aug. Taurinorum 1579) zu berücksichtigen.

Odofredus[11]) von mir häufiger angeführt, weil er den Uebergang von den Glossatoren zu den Postglossatoren bezeichnet; Jacobus de Ravanis[12]), Petrus de Bellapertica[13]) und Johannes Faber[14]) aber als Repräsentanten der französischen Juristenschule des 14. Jahrhunderts, welche auf die Postglossatoren in Italien einen erheblichen Einfluss übte[15]).

§ 18.

Begriff des Gewohnheitsrechts.

Unterscheidung von verwandten Begriffen.

Insbesondere die dialektische Methode hat die Postglossatoren zu schärferer Sonderung der verschiedenen quellenmässigen Bedeutungen des Wortes „consuetudo“ sowie zu Versuchen sorgfältiger Abgrenzung zwischen der consuetudo als Inbegriff in bestimmter Weise entstandener Rechtssätze einerseits und verwandten juristischen Begriffen andrerseits geführt. Mit beiden Bestrebungen stehen in engem Zusammenhang genauere Definitionen des Gewohnheitsrechts in dem eben erwähnten Sinne.

I. Die Postglossatoren unterscheiden im Wesentlichen richtig die verschiedenen Bedeutungen, in denen der Ausdruck „consuetudo“ im Corpus iuris civilis gebraucht ist[1]). Das Wort

---

[11]) Super Digesto veteri Commentaria (Parrhisiis 1504) und Super Codice (Parrhisiis 1514).

[12]) Seine eingehende Erörterung über das Gewohnheitsrecht ist erst in allerneuester Zeit durch den Druck veröffentlicht worden (Les oeuvres de Jacques de Révigny (Jacobus de Ravanis) d'après deux manuscrits de la Bibliothèque nationale par Pierre de Tourtoulon, Paris 1899, pag. 53—102). Leider ist die handschriftliche Ueberlieferung dieses (an § 9 J. de iure nat. angeknüpften) Theils der Vorlesungen des scharfsinnigen französischen Juristen eine wenig befriedigende.

[13]) Benutzt habe ich seine Lectura super prima parte Codicis (Parrhisiis s. a.) und seine Quaestiones et Decisiones aureae (Basil. 1607).

[14]) Seine Commentarii in Institutiones (Venet. 1572) und sein Breviarium in Codicem (Lugd. 1550) geben kurze, aber sehr inhaltreiche Erörterungen, insbesondere auch über das Gewohnheitsrecht.

[15]) Vgl. über diesen Einfluss der „Ultramontani“ v. Savigny VI S. 26—27.

[1]) S. oben § 2 II 1.

bezeichnet nach ihrer Darlegung bald etwas rein Thatsächliches, bald Thatsachen, durch welche Rechtssätze geschaffen werden, bald das so aus Thatsachen sich ergebende objektive Recht[2]). Innerhalb der rein faktischen Gewohnheit unterscheiden sie weiter consuetudinem hominis und consuetudinem loci[3]). Dass die letztere — der Geschäftsgebrauch[4]) — sich in den Wirkungen dem Gewohnheitsrecht nähere, wurde bereits von ihnen erkannt[5]), jedoch ohne genauere Bestimmung der Verschiedenheit der Wirkungen[6]). Bei ihren Erörterungen über consuetudo im Rechtssinn aber fassten sie vorzugsweise nicht die Rechtsquelle, sondern deren Produkte, also die consuetudo in der dritten der oben angegebenen Bedeutungen, in das Auge.

II. Für die consuetudo in diesem Sinne fanden die Postglossatoren theilweise eine kurze Definition Azo's, welche sich an die in den Institutionen Justinian's gegebene eng anlehnt[7]), zutreffend und genügend[8]). Mehrfach aber wurde diese Defi-

---

[2]) Diese drei Bedeutungen scheint Jacobus de Ravanis l. c. I 1 zuerst scharf unterschieden zu haben. Ihm folgte hierin unter den italienischen Postglossatoren wohl zuerst Jacobus Butrigarius (ad l. 32 D. h. t. num. 4. Ich benutze die Romae 1606 erschienene Ausgabe seines Commentars zum Digestum vetus). Die Bedeutung des Wortes consuetudo = längere Zeit fortgesetzte Ausübung resp. Erwerbgrund eines subjektiven Rechts (vgl. oben § 2 N. 16 und § 11 N. 42) bezeichnet Bartolus (Differentiae inter ius canon. et civile num. 179) als eine Besonderheit des kanonischen Rechts. Dagegen führt Joh. Faber (ad § 9 J. de iure nat. num. 4) dafür auch Stellen aus den Digesten und dem Justinian. Codex an; ebenso citirte Oldradus, wie Alb. de Ros. ad l. 32 D. h. t. num. 82 mittheilt, in diesem Sinne l. 1 in f. D. de aq. et aq. pluv. arc. 39, 3.

[3]) S. bes. Alb. de Rosate ad l. 32 D. h. t. num. 157.

[4]) Alb. de Ros., welcher diese faktische Ortsgewohnheit auch als „observantia" bezeichnet, führt als Belege für eine solche u. A. l. 1 princ. D. de usur. 22, 1 und l. 6 D. de evict. 21, 2 (vgl. über diese Stellen oben § 2 N. 21 und § 6 N. 50 und 51, resp. § 4 N. 14) an.

[5]) Nach Alb. de Ros. l. c. num. 158 ist sie dem Gewohnheitsrecht ähnlich, aber schwächer.

[6]) Alb. de Ros. l. c. num. 159 schreibt ihr in Bezug sowohl auf Gesetze als Rechtsgeschäfte ergänzende und erläuternde Kraft zu.

[7]) Azonis Summa ad h. t. § 1: Consuetudo est ius non scriptum diuturnis moribus introductum. (Cf. § 9 J. de iure nat.)

[8]) Auch Bartolus, welcher in seinem Commentar zu l. 31 (32) D. h. t. num. 6 die Definition Azo's verworfen hatte (vgl. unten N. 10), billigte die-

nition angegriffen, hauptsächlich weil sie das nicht wesentliche Moment des Nichtgeschriebenseins als wesentlich hinstelle [9]). Von den Gegnern wurden verschiedene andere und weitläufigere [9a]) Begriffsbestimmungen unternommen. In Einzelheiten von einander abweichend stimmen dieselben darin überein, dass sie den tacitus consensus populi als Entstehungsgrund des Gewohnheitsrechts hervorheben [10]).

III. Die Bemühungen der Postglossatoren, den Begriff des Gewohnheitsrechts gegenüber verwandten Begriffen genauer abzugrenzen, bezogen sich vornehmlich auf das Verhältniss desselben zum Statut bezw. Gesetz, zur Verjährung (praescriptio) und zum stilus.

1. Während die Glossatoren, wie wir sahen, die Begriffe consuetudo und lex durchaus nicht scharf auseinanderhielten [11]), suchten ihre Nachfolger neben der Uebereinstimmung auch die Verschiedenheit dieser beiden Begriffe genauer festzustellen [12]). Insofern aber die Gewohnheitsrechte, welche sie vor Augen

---

selbe in der repetitio num. 6 zu derselben lex sowie in seinem Commentar zu l. 2 C. h. t. num. 4. (Im folgenden werde ich die Commentare des Bartolus und des Baldus zu der l. de quibus, welche in den von mir benutzten Ausgaben dieser Commentare als l. 31 bezeichnet ist, immer, der gewöhnlichen Zählung gemäss, als Commentar zu l. 32 D. h. t. citiren.)

[9]) So schon von Jacobus de Ravanis und Petrus de Bellap. (s. Cynus ad l. 2 C. h. t. num. 3). Ersterer bei Tourtoulon l. c. I 1 definirte die consuetudo in dem fraglichen Sinne als ius per (oder propter) mores vel usum introductum.

[9a]) Ueber Jacobus' de Rav. kurze Begriffsbestimmung s. jedoch die vorige Note.

[10]) Bartolus ad l. 32 D. h. t. num. 6 erklärte ausdrücklich, dieses Moment dürfe in der Begriffsbestimmung nicht fehlen. Seine eigene Definition des Gewohnheitsrechts (ius non scriptum, moribus et usibus populi, vel a maiori parte ipsius, ratione initiatum et continuatum et introductum, habens vim legis) fand, ungeachtet ihrer Weitschweifigkeit und geringen Deutlichkeit, und obgleich er selbst an ihr nicht festhielt (s. oben N. 8 und unten § 19 N. 12) erheblichen Anklang.

[11]) Oben § 12 I.

[12]) S. namentlich Jac. de Rav. l. c. I 2, Petrus de Bellap. ad l. 1 und ad l. 2 C. h. t.; Joh. Faber ad § 9 J. h. t. num. 3 und ad Cod. h. t. num. 4; Cynus ad l. 2 C. h. t. num. 3—5; Alb. de Ros. ad l. 32 D. h. t. num. 95—98; Bart. ad l. 9 D. de J. et J. 1, 1 num. 4 und num. 18—19; Bald. ad l. 2 C. h. t. num. 4.

hatten, ganz überwiegend partikuläre waren und nichtsouveränen Gemeinwesen entstammten, wurden ihnen hauptsächlich die „Statuten“ [13]) gegenübergestellt, die jedoch selbst durchaus als den allgemeinen Gesetzen (leges) gleichartig aufgefasst wurden [14]). Die Entstehung des Statuts resp. Gesetzes und des Gewohnheitsrechts wurde auf dieselbe Autorität — den Willen derselben Gemeinwesen resp. Organe — zurückgeführt und aus dieser Gleichheit des Ursprungs Gleichheit der Wirkung abgeleitet [15]). Der Grundunterschied zwischen den beiden Gattungen von Rechtssätzen aber wurde, im Anschluss an den viel erörterten Ausspruch Julian's, in der Art und Form der Aeusserung des rechtsschaffenden Willens erblickt [16]): wie das Statut durch ausdrückliche Willenserklärung, so sollte andrerseits die consuetudo durch stillschweigende Willenserklärung entstehen [17]). Auf diesen Gegensatz wurden alle weiteren Verschiedenheiten in den Erfordernissen von Statut und Gewohnheitsrecht zurückgeführt: so insbesondere die Unterschiede hinsichtlich der Zeit der Entstehung [18]), der Zahl der Entstehungsakte [19]) und auch in Betreff der Schriftlichkeit. Das für die Akte der Gesetzgebung als nothwendig resp. regelmässig anerkannte Moment der schriftlichen Fixirung bei der Entstehung wurde als durch die Entstehungsart des Gewohnheitsrechts ausgeschlossen hingestellt [20]); daneben jedoch wurde hervorge-

[13]) Vgl. über den Statutenbegriff und die Statutentheorie der Postglossatoren die lichtvollen Erörterungen Gierke's l. c. III S. 385—389 und 456—460.

[14]) Gierke III S. 385 und S. 459.

[15]) S. bes. P. de Bellap. ad l. 2 C. h. t. und Baldus ad l. 2 C. h. t. num. 4.

[16]) Baldus sagt an der in der vor. Note angeführten Stelle: Consuetudo et statutum non differunt penes causam efficientem et eius potestatem, sed differunt penes modum et formam.

[17]) Jac. de Rav. l. c. I 2 num. 5 in f., Petrus de Bellap. ad l. 1 C. h. t.; Johannes Faber ad § 9 J. 1, 2 num. 3 und ad Cod. h. t. num. 4; Cynus ad l. 2 C. h. t. num. 3 und 4; Alb. de Ros. ad l. 32 D. h. t. num. 95; Bart. ad l. 9 D. 1, 1 num. 19; Bald. ad l. 32 D. h. t. princ. und ad l. 2 C. h. t. num. 4; Jason de Mayno ad l. 32 D. h. t. num. 31.

[18]) Unten § 20 I 1.

[19]) Unten § 20 I 2.

[20]) Cynus ad l. 2 C. h. t. § 3; Alb. de Ros. ad l. 32 D. h. t. num. 90; Bart. ad l. 32 D. h. t. rep. num. 7; Bald. ad l. 32 D. h. t. num. 8.

hoben, dass die praktisch häufige spätere Niederschreibung des Gewohnheitsrechts zum besseren Beweise die rechtliche Natur der betreffenden Normen nicht ändere[21]). Es wurde aber auch angenommen, dass derselbe Rechtssatz zugleich dem Gewohnheitsrecht und dem Gesetzesrecht angehören könne, sei es, dass gewohnheitsrechtlichen Normen später die ausdrückliche Sanktion des Gesetzgebers zu Theil werde, sei es, dass ein Gesetz bestätigt werde durch gewohnheitsrechtliche Anwendung[22]). Ob der Unterschied zwischen Statut und Gewohnheitsrecht ein so wesentlicher sei, dass die Berufung des Klägers auf die eine statt auf die andere Rechtsquelle eine Abweisung der Klage zur Folge haben müsste, war bestritten[23]). Ein gewisser Vorzug des Gesetzes vor dem Gewohnheitsrecht wegen der Art seiner Entstehung und der dadurch bewirkten grösseren Vernunftmässigkeit oder wenigstens wegen der grösseren Bestimmtheit seines Inhalts wurde von einigen Seiten behauptet[24]), andrerseits aber insbesondere geltend gemacht, dass die (partikulären) Gewohnheitsrechte oft besser seien als das (allgemeine)

---

[21]) So bes. Joh. Faber ad Cod. h. t. num. 4; Alb. de Ros. ad rubr. Cod. h. t. num. 14; Bart. ad l. 32 D. h. t. rep. num. 8.

[22]) Jac. de Rav. l. c. I 2 (der aber hervorhebt, dass durch eine ein bestehendes Statut bestätigende consuetudo keine neue Verpflichtung neben der alten begründet werde); Cynus ad l. 32 D. h. t. num. 4 und 6; Bart. ad l 32 D. h. t. rep. num. 8. — Ueber die abweichende Ansicht des Alb. de Ros., dass die consuetudo secundum legem „proprie“ nicht consuetudo sei, vgl. unten § 21 I a. E.

[23]) Die Frage wurde namentlich aus Anlass eines zu Rheims vorgekommenen Falles, in welchem die Klage statt auf ein Statut auf Gewohnheitsrecht gegründet war, von den französischen sowie von den italienischen Juristen erörtert (wie aus Jac. de Rav. l. c. I 2 num. 4 hervorgeht, schon von den Glossatoren). Die in diesem Falle erfolgte Abweisung des Klägers wurde gebilligt von Cynus ad l. 32 D. h. t. num. 6 und von Bart. ad l. 32 D. h. t. num. 19; den entgegengesetzten Standpunkt vertraten Jac. de Rav. l. c. I 2 num. 4 und Joh. Faber ad § 9 J. 1, 2 num. 19.

[24]) Jacobus de Belvisio behauptete, das Gesetz sei präsumtiv vernünftiger und gerechter, als das Gewohnheitsrecht, weil es „inducitur cum maiori deliberatione et solemnitate“; deshalb sollte im Zweifel die Analogie eines bestehenden Gesetzes der eines bestehenden Gewohnheitsrechts vorgehen. Alb. de Ros. (ad l. 32 D. h. t. num. 33) stimmte dem letzteren Satze zu, mit der Begründung, dass „illud quod est expressum est magis extensibile quam tacitum“.

Gesetz[25]). Grosse Schwierigkeit machte den Postglossatoren bei ihrer Grundauffassung des Verhältnisses zwischen Gesetz und Gewohnheitsrecht die ganz verschiedene Behandlung derselben im Prozesse; doch erhoben sie sich hier nur sehr vereinzelt zu einer dem Kern ihrer Theorie entsprechenden unbefangenen Anschauung[26]).

2. Schon die Glossatoren hielten sich, wie wir sahen[27]), mit ganz vereinzelten Ausnahmen frei von einem Zusammenwerfen der Begriffe consuetudo und praescriptio. Die Postglossatoren unternahmen es, näher das Verhältniss dieser beiden Begriffe zu bestimmen. Wohl insbesondere durch den Sprachgebrauch des kanonischen Rechts liess sich Odofredus leiten, als er die praescriptio für das genus, die consuetudo für eine species dieses genus erklärte[28]). Die späteren Postglossatoren aber erkannten nur eine Verwandtschaft zwischen praescriptio und consuetudo an[29]), welche sie wesentlich in dem Erforderniss eines gewissen Zeitablaufs erblickten[30]). Die Unterschiede zwischen den beiden Begriffen wurden im Einzelnen von ihnen sehr mannigfaltig bestimmt[31]); mehrfach wurde aber bereits als Grundverschiedenheit hervorgehoben, dass die consuetudo objektives Recht sei resp. schaffe, wogegen die praescriptio nur ein Institut des objektiven Rechts, eine Erwerbart

---

[25]) So hoben die beiden in der vorigen N. erwähnten Schriftsteller hervor (s. Alb. de Ros. l. c. num. 14 und 17), dass die lex in suo genere iusta doch in specie, für einen bestimmten Ort, iniusta sein und deshalb ein specielles Gewohnheitsrecht den Vorzug vor dem allgemeinen Gesetze verdienen könne. In demselben Sinne sagt Baldus (ad l. 32 D. h. t. num. 11): Saepe meliores sunt consuetudines quam ius commune.

[26]) Unten § 22 I.

[27]) Oben § 14 I 1.

[28]) Odofredus ad l. 32 D. h. t.

[29]) Schon Oldradus pflegte nach dem Zeugniss des Alb. de Ros. (ad l. 32 D. h. t. num. 82) zu sagen, dass die consuetudo „maximam habet vicinitatem cum praescriptione“.

[30]) Vgl. unten N. 34.

[31]) Sechs Unterschiede verzeichnet Alb. de Ros. in seinem Dictionarium Juris v. consuetudo. Vgl. die theilweise abweichenden Ausführungen desselben ad l. 32 D. h. t. num. 83–86 und ad rubr. C. h. t. num. 45—48, sowie Baldus ad l. 32 D. h. t. num. 13.

subjektiver Rechte sei[32]). Vermöge der Erkenntniss dieser wesentlichen Verschiedenheit wurde auch von einem Theil der Postglossatoren die kanonischrechtliche Bezeichnung der consuetudo als praescripta verworfen[33]), während andere diese Bezeichnung im Sinne des Erfordernisses des Ablaufs einer bestimmten Zeit für Entstehung eines Gewohnheitsrechts zu gebrauchen kein Bedenken trugen[34]). Dass ungeachtet der principiellen Verschiedenheit bereits im Corpus iuris civilis der Ausdruck „consuetudo" auch im Sinne von praescriptio, in Bezug auf den Erwerb nur subjektiver Rechte, vorkommt, wurde von einzelnen Schriftstellern bemerkt[35]).

3. Der vereinzelt im Justinianischen Codex und in der Dekretalensammlung Gregor's IX.[36]) vorkommende Ausdruck

---

[32]) So machte insbesondere Cynus (ad l. 2 C. h. t. num. 7 und num. 23 a. E.) die Natur der consuetudo als „ius disponens" (objektives Recht) im Unterschiede gegenüber der praescriptio geltend (vgl. die folgende Note). Den gleichen Gedanken wiederholte, mit näherer Ausführung, Bartolus (ad l. 32 D. h. t. rep. num. 10 und ad l. 2 C. h. t. num. 11 und 16). Wenn der letztere in seinen Consiliis (num. 136 und 227) die von altersher bestehende Befugniss der Einwohner eines castrum, sich selbst ihren Podesta zu wählen, auf Verjährung und nicht auf Gewohnheitsrecht zurückführen will, so liegt dem deutlich die Ansicht zu Grunde, dass es sich hier um Erwerb eines subjektiven Rechtes, nicht um die Frage des Bestehens eines besonderen objektiven Rechtssatzes, handle.

[33]) So bereits von Jac. de Rav. l. c. II § 2 num. 3 (Sed dicendum ad istam questionem, quod ille peccatum fecit, qui dixit prescribi consuetudinem, unde non inducitur per viam prescriptionis, sed per consensum populi collectum particulariter) und 4 (Unde in consuetudine non est proprie prescriptio sed assensum ut dictum est); vgl. auch ebendas. II 7 num. 3 und II 8 num. 4 in f. Ihm folgten Petrus de Bellap. und Cynus, welcher sogar (ad l. 2 C. h. t. num. 7) der den entgegengesetzten Standpunkt vertretenden Glosse verwirft, sie wisse nicht, was sie sage.

[34]) Alb. de Ros. ad l. 32 D. h. t. num. 106 behauptet, die Forderung der Kanonisten, dass die consuetudo praescripta sein müsse, bedeute nur, dass wo immer Zeitablauf erforderlich sei, praescriptio vorhanden sei. Wenn diese Auffassung auch für die meisten Kanonisten nicht zutrifft, so fügt doch Baldus (ad l. 2 C. h. t. num. 4) dem Satze, dass die consuetudo praescripta sein müsse, die ausdrückliche Erklärung hinzu: id est roborata tempore. Vgl. auch unten § 26 N. 44.

[35]) S. oben N. 2 die hieher gehörigen Aeusserungen Joh. Faber's und Oldradus'.

[36]) So in l. 1 C. de sacros. eccles. 1, 2 (wo die Glosse das Wort durch dispositio in scriptis erklärt) und in c. 8 X. de confirm. 2, 30.

„stilus" wurde von Petrus de Bella Pertica, welchem Cynus sich anschloss, mit verfehlter Etymologie für das aus dem Gebrauch eines Gerichts fliessende[37]), eben deshalb von dem eigentlichen Gewohnheitsrecht verschiedene Recht erklärt[38]). Dagegen Albericus de Rosate bezog den Ausdruck nur auf einen Gebrauch „in scribendo vel dictando", dem er, wie es scheint, keine rechtliche Bedeutung beilegte[39]). Wichtig aber wurde die Auffassung des Bartolus, welcher unter „stilus" einen Gebrauch nicht nur im Reden und Schreiben, sondern auch im gerichtlichen Verfahren verstand, im Gegensatz zur consuetudo, welche sich auf den Inhalt der Entscheidungen beziehe[40]).

§ 19.

Entstehungs- und Geltungskreise des Gewohnheitsrechts.

I. Der schon bei den Glossatoren zur Herrschaft gelangten Ansicht[1]) folgend, betrachteten die Postglossatoren das Gewohnheitsrecht, im Gegensatz zu dem auf Uebereinstimmung der Einzelwillen beruhenden Vertrage, als Produkt einer menschlichen Gemeinschaft[2]). Gemäss ihrer Grundanschauung von dem

---

[37]) (ius) ab uno iudice stillatum.

[38]) Cynus ad l. 2 C. h. t. num. 7, mit Berufung auf Petrus de Bellap.

[39]) Alb. de Ros. ad l. 32 D. h. t. num. 99. — Aehnlich Joh. Faber ad § 9 J. 1, 2 num. 3, welcher jedoch den Ausdruck „stilus" nur auf schriftliche Aeusserungen bezog und dabei bemerkte, dass „stilus" und „consuetudo" oft (zu seiner Zeit?) promiscue gebraucht würden.

[40]) Bart. ad l. 32 D. h. t. rep. num. 10, ad l. 2 C. h. t. num. 9.

[1]) Oben § 13 I.

[2]) Dies geht insbesondere aus der beständigen Parallelisirung der consuetudo mit der lex resp. dem statutum (oben § 17 III 1) hervor. Ueber die Gegenüberstellung von pactum und consuetudo s. insbes. Baldus ad l. 32 D. h. t. num. 13 sqq.; derselbe hebt dort hervor, dass die Regel „quod non potest pactum, nec potest consuetudo" falsch sei, „nisi intellegeremus de pacto publica auctoritate totius populi munito"). Um so auffallender ist, dass der nämliche Schriftsteller ad lib. feud. II tit. 1 num. 9 aus der Bezeichnung der consuetudo als „tacita civium conventio" den Schluss zieht, dass dieselbe, wie das pactum, nicht auf andere Personen oder Sachen ausgedehnt werden dürfe und also stricti iuris sei (ihm stimmte hierin zu Philippus Decius in seinen Consiliis — Francof. ad M. 1588 — Cons. 483 num. 22).

Wesen des Gewohnheitsrechts und dessen Verhältniss zum Gesetz resp. Statut aber legten sie denjenigen Gemeinschaften, welche durch ausdrücklich erklärten Willen objektives Recht zu setzen befugt seien, auch eine entsprechende Befugniss zur Schaffung von Gewohnheitsrecht bei [3]). Daher wurde nur Korporationen [4]) bezw. ihren gesetzgebenden Organen [5]) die rechtliche Fähigkeit der Gewohnheitsrechtsbildung zugeschrieben. Insofern nun aber der Consens eines populus für die wesentliche Grundlage jeder Rechtssetzung galt [6]), wurde der Zweifel aufgeworfen, ob ein eine engere Gemeinschaft als eine civitas [7]) bildender Theil eines populus Gewohnheitsrecht schaffen könne [8]); diese Frage wurde zwar ganz überwiegend bejaht [9]), jedoch theilweise Bestätigung

---

[3]) S. insbes. Petrus de Bellap. ad l. 1 C. h. t.; Cynus ad l. 1 C. h. t. princ.; Alb. de Ros. ad l. 32 D. h. t. num. 96, Commentaria de statutis qu. III num. 9; Bart. ad l. 32 D. h. t. rep. num. 11. — Umgekehrt schliesst Bart. (in seiner Erklärung der l. 9 D. 1, 1 num. 4) auch aus der nach l. 32 D. h. t. und § 10 J. h. t. de iure nat. 1, 2 jedem Volke mit iurisdictio zukommenden Befugniss, sich ohne Zustimmung eines Höheren Gewohnheitsrecht zu schaffen, auf eine ebenso freie Gesetzgebungsbefugniss jedes solchen Volkes.

[4]) Vgl. die Nachweisungen unten N. 11 und 12. Man muss dabei sich gegenwärtig halten, dass die Postglossatoren alle territorialen Zwangsverbände, insbesondere auch Provinzen und regna, unter die Kategorie der universitas einreihten (Gierke, Genossenschaftsr. III S. 356—357).

[5]) S. über das Erforderniss des consensus totius populi vel maioris partis populi und über die Frage einer Ersetzung des Volkswillens bei der Bildung von Gewohnheitsrechten durch den Willen von Volksrepräsentanten unten § 20 II.

[6]) S. oben § 18 III 1 und unten § 20 II.

[7]) Diese galt fortdauernd als „eigentlicher Typus der Korporation“ (Gierke l. c. III S. 356).

[8]) Gegen die Zulässigkeit der Schaffung eines Gewohnheitsrechts durch eine „certa pars populi“ für diesen Theil wurde sogar das Verbot einer seditio geltend gemacht (Alb. de Ros. ad l. 32 D. h. t. num. 109). Wenn Petrus de Bellap. ad l. 1 C. h. t. behauptete, dass vier Bauern einer villa ruralis kein Gewohnheitsrecht und ebenso wenig ein Statut machen könnten, so stützte er diese Behauptung darauf, dass nach l. 1 D. de leg. 1, 3 für die Gesetzgebung (und folglich für die Rechtsschaffung überhaupt) eine copia virorum prudentum vorhanden sein müsse (ähnlich auch schon Jac. de Rav. l. c. VI 3).

[9]) So insbesondere von Alb. de Ros. ad l. 32 D. h. t. num. 109 und 140; Bartolus ad l. 9 D. 1, 1 num. 3, ad l. 32 D. h. t. num. 15, ad l. 2 C. num. 18, Tract. num. 179; Baldus ad l. 1 C. h. t. num. 1. Dafür wurde auch

solcher Gewohnheitsrechte durch die übergeordnete civitas, resp. den dominus, gefordert[10]). In der Regel wurden nur Gebietskörperschaften als gewohnheitsrechtsbildend genannt[11]); immerhin hob Bartolus hervor, dass auch die Domkapitel Gewohnheitsrechte erzeugen[12]), und Baldus schloss aus l. 3 C. h. t., dass auch Gewohnheitsrechte der einzelnen collegia der Kaufleute oder Handwerker innerhalb einer Stadt gültig seien[13]).

II. Der Geltungskreis der einzelnen Gewohnheitsrechte

---

angeführt, dass ein solcher Theil eines Volkes selbst wieder als ein Volk für sich erscheine.

[10]) Die Entscheidung, ob der consensus superioris civitatis für Gewohnheitsrechte untergeordneter Gemeinwesen erforderlich sei, hing wesentlich davon ab, wie die einzelnen Schriftsteller sich zu der Frage stellten, ob resp. inwieweit ein populus ohne iurisdictio oder mit beschränkter iurisdictio sich frei Statuten ohne Genehmigung eines Höheren geben könne (s. darüber Gierke l. c. III S. 387, 389, 457). — Insbesondere nahm Bartolus an, dass der populus ohne iurisdictio sowie der populus mit beschränkter iurisdictio über deren Schranken hinaus nur „auctoritate superioris" wie Statuten so Gewohnheitsrechte schaffen könne (ad l. 9 D. 1, 1 num. 3 und 5; vgl. auch oben N. 3). Baldus (ad l. 32 D. h. t. num. 4) erklärte die consuetudo einer villa für kraftlos, da deren Einwohner kein ius statuendi hätten, wenn nicht ausdrückliche Zustimmung der superiores vorliege, wogegen er ad l. 1 C. h. t. num. 4 das Erforderniss der Bestätigung per superiorem auf solche besondere Gewohnheitsrechte eines untergeordneten Gemeinwesens beschränkte, welche gegen das Gesetz oder das Gewohnheitsrecht des übergeordneten Gemeinwesens (propriae civitatis) verstossen. Allgemein erklärte er ad l. 2 C. h. t. num. 2 wie die Begründung von Statuten, so die Begründung (Einführung) von Gewohnheitsrechten für einen Ausfluss der iurisdictio.

[11]) Neben dem römischen Reich (vgl. unten § 20 II 5 über die consuetudines generales) und den einzelnen civitates wurden insbesondere einerseits regna, provinciae, terrae, andrerseits oppida, burga, villae, castra als Entstehungs- resp. Geltungskreise von Gewohnheitsrechten bezeichnet. Vgl. z. B. die oben in N. 9 citirten Aeusserungen, sowie Jason de Mayno ad l. 32 D. h. t. num. 88. Allgemein sagt Cynus zu l. 1 C. h. t. initio, das oppidum in dieser Stelle sei nur Beispiel für den locus universitatis, quae possit ius facere sibi.

[12]) Bart. ad l. 32 D. h. t. rep. num. 6. Es ist dies um so bemerkenswerther, als Bart. einsah, dass die Gewohnheitsrechte solcher Korporationen nicht auf einen consensus populi gegründet werden könnten, weshalb er sogar seine bisherige Definition des Gewohnheitsrechts aufgab. (Vgl. oben § 18 N. 8 und 10.)

[13]) Baldus ad l. 3 C. h. t.: Per hanc legem apparet quod valet consuetudo collegiorum huius civitatis, puta mercatorum et aliarum artium.

wurde, entsprechend dem Geltungskreis der Gesetze resp. Statuten, dahin bestimmt, dass die Geltung sich auf alle einzelnen Theile des rechtsbildenden Gemeinwesens, so weit dieselben nicht ein abweichendes besonderes Recht hätten [14]), erstrecke [15]), und dass durch den Rechtssatz alle einzelnen Mitglieder, auch so weit sie durch ihren Willen zur Bildung des Gewohnheitsrechts nicht beitragen könnten oder dissentirten, verpflichtet würden [16]). Wenn nichtsdestoweniger der consuetudo populi bindende Kraft für die Kleriker versagt ward [17]), so gründete sich dies wesentlich auf die Anschauung, dass die Kirche gegenüber den politischen Gemeinwesen ein besonderes unabhängiges Gemeinwesen, der Klerus gegenüber den Laien ein besonderes Volk sei [18]).

§ 20.

Erfordernisse des Gewohnheitsrechts.

Auch in der Lehre von den Erfordernissen eines (gültigen) Gewohnheitsrechts haben sich die Postglossatoren im Ganzen eng an die Aufstellungen der Glosse angeschlossen. In einzelnen Beziehungen jedoch tritt bei ihnen oder wenigstens bei einigen überhaupt selbstständiger denkenden unter ihnen eine freiere resp. den Erscheinungen und Bedürfnissen des Rechtslebens

---

[14]) Ueber die Frage, unter welchen Voraussetzungen die Postglossatoren dies für zulässig hielten, s. oben N. 10 und unten § 20 II 5, § 21 II 1.

[15]) S. insbes. Alb. de Ros. ad l. 32 D. h. t. num. 140 und Jason de M. ad l. 32 D. h. t. num. 88.

[16]) S. hierüber unten § 20 II 1. Dass andrerseits die consuetudo nicht mehr als das statutum dritten, ausserhalb der Gemeinschaft Stehenden präiudiciren könne, hob besonders Bartolus scharf hervor (ad l. 32 D. h. t. rep. num. 10).

[17]) Jac. de Rav. l. c. V 3; Cynus ad l. 2 C. h. t. num. 27; Alb. de Ros. ad l. 32 D. h. t. num. 97 und 138. — Damit steht nicht im Widerspruch die Auffassung Joh. Faber's, welcher mit Innocenz IV. annahm, dass die Kleriker nur dann an die Laiengewohnheit gebunden seien, wenn der Satz von den Laien und den Klerikern gemeinsam geübt sei.

[18]) Bei Jac. de Rav. und bei Cynus an den in der vor. Note angef. Stellen finden wir ausserdem noch das Argument, dass die Kleriker den Laien gegenüber maiores, die maiores aber nicht durch statuta (also auch nicht durch consuetudines) minorum gebunden werden können.

mehr Rechnung tragende Auffassung hervor, und vor allem betonen sie das innere Entstehungsmoment des Gewohnheitsrechts weit stärker als ihre Vorgänger, so dass sie selbst das Moment der Uebung mit seinen einzelnen Erfordernissen auf das erstere zurückzuführen suchen.

I. Ablauf einer gewissen Zeit und Handlungen in bestimmter oder durch das Ermessen des Richters zu bestimmender Zahl und von einer gewissen Beschaffenheit galten den Postglossatoren als erforderlich für Bildung eines Gewohnheitsrechts, als causa consuetudinis [1]), aber nur deshalb, weil in ihnen der für Entstehung eines Gewohnheitsrechts erforderliche consensus tacitus in geeigneter Weise sich bekunde [2]).

1. Hinsichtlich der erforderlichen Zeit nahmen die Postglossatoren fast sämmtlich die in der Glosse herrschend gewordene Meinung [3]) an, dass dieselbe durch das römische Recht auf 10 Jahre festgesetzt sei [4]). Wenn die Accursische Glosse es als zweifelhaft erscheinen liess, ob nicht, wie bei der longi temporis praescriptio, 20 Jahre „inter absentes" erforderlich

---

[1]) So sagt Baldus ad l. 2 C. h. t. num. 4: die consuetudo „habet causam suam ex tempore et ex actibus". Aehnlich bezeichnet schon Jac. de Rav. l. c. I 1 num. 2 den usus als die „causa consuetudinis".

[2]) S. bes. Jac. de Rav. II 1 num. 3, II 8 num. 6 und IV 11; Petrus de Bellap. ad l. 1 C. h. t.; Cynus ad l. 1 C. h. t. num. 1, 13 und 15; Alb. de Ros. ad l. 32 D. h. t. num. 47 und 52; Bart. ad l. 9 D. 1, 1 num. 18 und 19, ad l. 32 D. h. t. num. 18, ad l. 2 C. h. t. num. 12 und 17; Baldus ad l. 2 C. h. t. num. 4; Jason de M. ad l. 32 D. h. t. num. 41. Vgl. unten N. 32 über die Bezeichnung des tacitus consensus populi als causa immediata oder proxima consuetudinis. Alb. de Ros. ad l. 32 D. h. t. num. 47 bezeichnet sogar die Uebungshandlungen nur als instrumenta consuetudinis.

[3]) S. oben § 14 I 1.

[4]) Odofr. ad l. 32 D. h. t.; Jac. de Rav. II 8 num. 6; Petr. de Bellap. ad l. 1 C. h. t.; Joh. Faber ad § 9 J. 1, 2 num. 12 und ad C. h. t. num. 9 (derselbe zeigt jedoch insofern Unsicherheit in dieser Frage, als er an anderen Stellen — ad § 9 J. 1, 2 num. 6 und num. 13 und ad C. h. t. num. 6 und 7 in f. — allgemein oder wenigstens unter gewissen Voraussetzungen — Uebung während unvordenklicher Zeit fordert); Cynus ad l. 2 C. h. t. num. 13; Alb. de Ros. ad l. 32 D. h. t. num. 26 und 80 (communis opinio); Bart. ad l. 32 D. h. t. num. 9; Bald. ad l. 32 D. h. t. num. 27; Jason de M. ad l. 32 D. h. t. num. 43 und num. 95 (illud tenent omnes). — Für actus extraiudicales verlangte Jac. Butrig. (ad l. 32 D. h. t. num. 7) unvordenkliche Zeit.

seien, so wurde jetzt die Analogie jenes Institutes in dieser Hinsicht allseitig als unzutreffend zurückgewiesen[5]). Dagegen machte Petrus de Bellapertica scharfsinnig geltend, dass möglicherweise 10 Jahre für Bildung eines concreten Gewohnheitsrechts nicht genügten, weil die erforderliche Zahl von Uebungshandlungen erst innerhalb eines längeren Zeitraums stattfinde[6]). Die vom kanonischen Recht aufgestellte Forderung einer vierzigjährigen Uebungszeit wurde von den Postglossatoren allgemein als für das Civilrecht nicht massgebend angesehen[7]).

2. Im Anschluss an die bei den Glossatoren vorherrschende Meinung[8]) wurde meist angenommen, dass zwei Uebungsfälle zur Entstehung eines Gewohnheitsrechts erforderlich seien[9]). Dass ein Fall nicht genügen könne, dafür suchte man nunmehr auch eine innerliche Begründung in dem Wesen des tacitus consensus[10]). Vielfach aber wurde die Zweizahl der Uebungs-

---

[5]) Die Begründung dieser Zurückweisung war eine verschiedene. Odofr. ad l. 32 D. h. t. giebt als Grund an, dass „plures sunt praesentes quam absentes" (ebenso Jac. de Rav. l. c. II 8 num. 6 und Alb. de Ros. ad l. 32 D. h. t. num. 83); Petrus de Bellap. ad l. 1 C. h. t., dass das Gewohnheitsrecht „ius uniforme" sei (vgl. hiezu oben § 14 N. 12 a. E.); Cynus ad l. 2 C. h. t. num. 13, dass eine bestimmte Zeit nur erforderlich sei, um den animus der an der Uebung Betheiligten darzuthun.

[6]) Petrus de Bellap. ad l. 1 C. h. t.

[7]) S. insbes. Jac. de Rav. II 8 num. 4; Johannes Faber ad § 9 J. 1, 2 num. 12; Alb. de Ros. ad l. 32 D. h. t. num. 81; Bart. ad l. 32 D. h. t. rep. num. 14 (die 40 Jahre des kanonischen Rechts sind nur contra canones et iura spiritualia erforderlich); Bald. ad l. 32 D. h. t. num. 27—28 (nur für eine consuetudo über Veräusserung von res ecclesiasticae sind 40 Jahre erforderlich); Jason de M. ad l. 32 D. h. t. num. 44.

[8]) Oben § 14 I 2.

[9]) So Odofredus ad l. 32 D. h. t.; Cynus ad l. 32 D. h. t. num. 13 und num. 21 a. E. (1 Fall genügt nicht); Alb. de Ros. ad l. 32 D. h. t. num. 48—53 (1 Akt genügt nicht, weil dann keine frequentia vorliegt und in Wahrheit auch kein consensus populi; Baldus ad l. 32 D. h. t. num. 38 (der consensus tacitus populi muss iteratus sein); Jason de M. ad l. 32 D. h. t. num. 95. — Nach Jac. de Rav. l. c. I 2 num. 5 und IV 11 sollte aber ein einziger Akt genügen, wenn aus demselben der Consens des grösseren Theils des Volks erhelle (ähnlich Joh. Faber ad § 9 J. num. 7—8, ad C. h. t. num. 7).

[10]) S. bes. die in der vorigen Note angeführten Aeusserungen des Alb. de Ros. und des Baldus.

fälle nur als Minimum aufgefasst in der Art, dass je nach den concreten Umständen eine grössere Zahl von Fällen zur genügenden Bekundung des tacitus consensus populi erforderlich sein könne [11]). Bartolus in seinem Commentar zum Digestum vetus [12]) erklärte zwei gerichtliche Akte für genügend, während er für aussergerichtliche eine grössere frequentia verlangte; in seinem Commentar zum Codex [13]) dagegen wollte er die Zahl der erforderlichen Akte überhaupt, weil dieselbe gesetzlich nicht bestimmt sei, dem arbitrium iudicis überlassen. Die letztere, schon von den französischen Juristen Jacobus de Ravanis [13a]), Petrus de Bellapertica [14]), Joh. Faber [15]) und Guilelmus de Cuneo sowie von mehreren Italienischen Juristen vor Bartolus vertretene Ansicht [16]) wurde auch von Baldus getheilt [17]). Sie drang aber weder in der Praxis noch in der Theorie durch [18]).

3. Die Frage der **Gleichmässigkeit** der Uebungshand-

---

[11]) So der Franzose Guilelmus de Cuneo, dem Alb. de Ros. ad l. 32 D. h. t. num. 48—49 folgt. Aehnlich erklärte Jac. Butrig. ad l. 32 D. h. t. num. 7 zwei Fälle für genügend, wenn magna quaestio inter magnates entschieden sei, weil dann Kenntniss des Volkes anzunehmen; sonst seien mehr Fälle erforderlich.

[12]) Ad l. 32 D. h. t. num. 10—12, rep. num. 13 und 21.

[13]) Ad l. 2 C. h. t. num. 12.

[13a]) L. c. IV 11: Unde arbitrabitur iudex utrum ex actibus, qui probantur, habeatur consensus maioris partis populi (die l. 3 C. de episc. audi. I, 4, auf welche die Forderung der Zweizahl von der Glosse gestützt wurde — oben § 14 N. 23 — bezog Jac. de Rav. l. c. I 1 num. 3 schon richtig auf eine Gewohnheit des Einzelnen).

[14]) Ad l. 1 C. h. t. (P. erklärt aber zwei Akte für jedenfalls ungenügend, weil frequentia erforderlich sei; möglicherweise genügten in concreto nicht einmal 15 Fälle).

[15]) Ad C. h. t. num. 7 (So viele Akte seien erforderlich, dass ein guter Richter die Kenntniss und die stillschweigende Zustimmung des Volkes nebst dem Ablauf der Zeit daraus entnehmen könne).

[16]) Bart. ad l. 2 C. h. t. num. 12 citirt für dieselbe neben Guil. de Cuneo den Kanonisten Hostiensis und den Bologneser Legisten Martinus Syllimanus.

[17]) Bald. ad l. 32 D. h. t. num. 15, ad l. 1 C. h. t. num. 2.

[18]) Bart. l. c. sagt, dass die Praxis der gegentheiligen Ansicht der Glosse folge, und Jason de M. (ad l. 32 D. h. t. num. 95) erklärt mehr als ein Jahrhundert später die Meinung (der Glosse), dass zwei Uebungsakte intra decennium zur Bildung eines Gewohnheitsrechts genügen, für die allgemeine.

lungen wurde, wie von den Glossatoren[19]), so auch von den Postglossatoren nur wenig erörtert, und letztere waren zudem in deren Beantwortung nicht einig. Während Johannes Faber[20]) der Ansicht der glossa ordinaria folgte, nahm dagegen Cynus mit Jacobus de Ravanis[20a]) und Petrus de Bellapertica an, dass, wenn nur die Zustimmung der Mehrheit des Volkes feststehe, einzelne entgegenstehende Uebungsfälle die Bildung eines Gewohnheitsrechts nicht zu hindern vermöchten[21]). Bartolus[22]) liess dies unbedingt blos für aussergerichtliche Akte[23]), dagegen nur unter gewissen Umständen[24]) für gerichtliche Urtheile gelten, und ähnlich behauptete Baldus[25]), dass ein gegentheiliger Akt, wenn öffentlich und notorisch, die „praescriptio" der consuetudo unterbreche.

4. Dass gerichtliche Entscheidungen ein Gewohnheitsrecht begründen könnten, wurde von den Postglossatoren durchaus nicht bezweifelt[26]). Andrerseits aber waren sie übereinstimmend der Ansicht, dass auch aussergerichtliche Handlungen für die Bildung eines Gewohnheitsrechts genügten[27]).

---

[19]) Oben § 14 I 3.

[20]) Ad Cod. h. t. num. 11.

[20a]) L. c. II § 2 num. 4.

[21]) Cynus ad l. 2 C. num. 23. — Wie er hier erwähnt, machten einige moderniores, welche dieser Ansicht im Allgemeinen beistimmten, eine Ausnahme bei der consuetudo contra legem.

[22]) Ad l. 32 D. h. t. rep. num. 16; ad l. 2 C. h. t. num. 34.

[23]) Weil die Parteien durch ihre abweichende Festsetzung gar nicht der (sich bildenden) consuetudo entgegentreten wollten.

[24]) Vor allem sollte es darauf ankommen, ob die Leiter des Staates (vgl. unten II 4) gegen das betreffende Urtheil sich erklärt hätten.

[25]) Bald. ad l. 32 D. h. t. num. 29. Damit scheint jedoch seine Ausführung ad l. 1 C. h. t. num. 2 nicht in Einklang zu stehen.

[26]) Bart. ad l. 32 h. t. num. 13 schreibt den actus iudiciales sogar eine besondere Wichtigkeit für die Bildung resp. Erkenntniss des Gewohnheitsrechts deshalb zu, weil aus ihnen leicht die stillschweigende Zustimmung des Volkes erhelle (vgl. unten II 3 und 4). Bei ihm finden wir aber auch (ad l. cit. rep. num. 21) eine scharfe Unterscheidung zwischen gerichtlichen Entscheidungen der eben erwähnten Art und einem gerichtlichen Urtheil, welches das Bestehen eines Gewohnheitsrechts anerkennt und beweist.

[27]) S. bes. Jac. de Rav. l. c. II 2 (der für diese Ansicht auch l. 38 D. de leg. 1, 3 geltend macht); Cynus ad l. 2 C. h. t. num. 9 (der sich, gegenüber den Glossatoren — antiqui patres — auf Petrus de Bellap. und andere

In dieser Beziehung wurden namentlich Verträge[28]) und Schiedssprüche[29]) erwähnt. Besonders in Verbindung mit der Frage der Gerichtlichkeit der Uebungshandlungen wurde auch erörtert, ob eine vorausgegangene contradictio für Entstehung eines Gewohnheitsrechts nothwendig sei. Diese Frage wurde zwar verneint[30]); aber mehrseitig wurde angenommen, dass gerichtliche Entscheidungen nur dann für die Bildung eines Gewohnheitsrechts in Betracht kämen, wenn sie gegenüber einem Vertreter der Gesammtheit als iustus s. legitimus contradictor erfolgt seien[31]).

II. Als principaler Faktor — causa immediata sive proxima[32]) — des Gewohnheitsrechts erschien den Postglossatoren der tacitus consensus populi, und zwar erblickten sie diesen auch in der Zustimmung der Mehrzahl[32a]). Als Inhalt dieses Volkswillens galt ihnen, wie den Glossatoren, die Erhebung des geübten Satzes zu einer Rechtsnorm für die Zukunft. Die Frage, in welcher Weise ein solcher Volkswille ohne ausdrückliche Erklärung genügend ermittelt werden könne, führte jedoch zu Antworten, die dem Grundgedanken fast nur noch eine scheinbare

---

Moderne beruft); Alb. de Ros. ad l. 32 D. h. t. num. 48; Bart. ad l. 32 D. h. t. num. 13 und rep. num. 13 (istud communiter tenent doctores), ad l. 2 C. num. 19, Differ. inter ius canon. et civile num. 179 (consuetudo circa gesta communiter hominum im Gegensatz zur consuetudo circa factum et processum iudicii); Jason de M. ad l. 32 D. h. t. num. 84.

[28]) Bart. ad l. 32 D. h. t. rep. num. 13 (frequens actus in contractibus inducit consuetudinem. Hiefür beruft er sich auf l. 31 § 20 D. de aed. ed. 21, 1).

[29]) Alb. de Ros. ad l. 32 D. h. t. num. 75; Jason de M. ad l. 32 D. h. t. num. 84 (sententiae arbitrorum et arbitratorum).

[30]) Jac. de Rav. l. c. II, 3; Petrus de Bellap. ad l. 2 C. h. t. (wenn keine contradictio vorausgegangen, erhelle sogar viel stärker der consensus populi als bei vorausgegangener contradictio); Cynus ad l. 2 C. h. t. num. 10; Alb. de Ros. ad l. 32 D. h. t. num. 72 und ad l. 35 D. h. t.; Bart. ad l. 2 C. h. t. num. 20.

[31]) So Alb. de Ros. ad l. 32 D. h. t. num. 61 und Bart. ad l. 2 C. h. t. num. 32 nebst den dort Citirten.

[32]) Causa immediata: Jac. Butrig. ad l. 32 D. h. t. num. 7 (cf. num. 3) und Alb. de Ros. ad eand. l. num. 52. Causa proxima: Bart. ad l. 32 D. h. t. num. 18.

[32a]) Mit Recht hebt Tourtoulon (l. c. pag. 54) hervor, dass dieser Gedanke die ganze Abhandlung des Jacobus de Ravanis durchdringe.

Bedeutung liessen. Bestritten war, ob die Zustimmung des Volks auch ersetzt werden könne durch die Zustimmung seiner Vertreter. Eine sehr unsichere Beantwortung fand auch die verwandte Frage, ob resp. inwieweit die Zustimmung des Kaisers für Bildung von Gewohnheitsrechten erforderlich sei. Hinsichtlich der eben erwähnten Punkte ist noch folgendes hervorzuheben:

1. Wie die Postglossatoren überhaupt Gesetzgebung und Gewohnheitsrechtsbildung mit einander parallelisirten[83]), so verlangten sie für die Entstehung von Gewohnheitsrechten den Consens des populus im staatsrechtlichen Sinne. Demgemäss sollte es nicht ankommen auf die Zustimmung derjenigen Mitglieder der Gemeinschaft, welche auch von der Theilnahme an der Gesetzgebung ausgeschlossen seien[84]), wie der Wahnsinnigen, der Minderjährigen und der Frauen[85]), obgleich Uebungshandlungen der beiden letzteren Kategorien von Personen für die Entstehung eines Gewohnheitsrechts erheblich sein könnten[86]). Ferner wurde, wie für die ausdrücklichen Willensbethätigungen und so insbesondere auch für die Gesetzgebung der Körperschaften das Majoritätsprincip zur allgemeinen Anerkennung gelangte[87]), dasselbe auch für die Bildung von Gewohnheitsrechten durchaus als massgebend angesehen, so dass auch hier dem consensus totius populi der consensus maioris partis völlig gleichstehen sollte[88]).

---

[83]) Oben § 18 III 1.

[84]) Es kommt nur an auf den consensus habilium ad legis ordinationem faciendam: Cynus ad l. 2 C. h. t. num. 26 (ähnlich schon Jac. de Rav. l. c. II 2 in f.).

[85]) Die mangelnde Zustimmung der furiosi und anderen Willensunfähigen war schon von der Glosse als für die Bildung und verpflichtende Kraft der Gewohnheitsrechte gleichgültig bezeichnet worden (oben § 13 I). Hiemit übereinstimmend erklärte die Zustimmung der infantes und furiosi für irrelevant Odofr. ad l. 32 D. h. t. Darüber hinausgehend aber nahm Jac. de Rav. (l. c. V 2, VI 2 und 3) an, dass Frauen, ebenso Cynus (ad l. 32 D. h. t. num. 13—14) und Bartolus (ad l. 2 C. h. t. num. 13), dass Frauen und Minderjährige bei der Frage des tacitus consensus populi ausser Betracht bleiben müssten.

[86]) Bart. ad l. 2 C. h. t. num. 13 (Frauen) und num. 37 (Minderjährige).

[87]) S. hierüber Gierke l. c. III S. 392—393, 470—471.

[88]) So insbes. Odofr. ad l. 32 D. h. t. (vgl. über die Bedeutung dieses Schriftstellers für die Lehre von der verbindlichen Kraft der korporativen

2. Verhältnissmässig wenig finden wir bei den Postglossatoren eine nähere Bestimmung des tacitus consensus populi nach seinem Inhalt. So weit sie jedoch in dieser Hinsicht sich äussern, tritt unverkennbar hervor, dass auch sie, wie die Glossatoren[39]), annahmen, der Wille des Volkes müsse auf Schaffung einer Rechtsnorm für die Zukunft gerichtet sein[40]). So schrieb insbesondere ein Theil der Postglossatoren der Nichtanwendung eines Gesetzes keine derogatorische Kraft zu, falls nicht feststehe, dass diesem non usus die Absicht der Begründung eines gegentheiligen Gewohnheitsrechts zu Grunde liege[41]). Wenn dagegen Jason de Mayno[42]) die Behauptung der Glosse zum Decretum Gratiani[43]), dass die Uebungsakte die Einführung eines Gewohnheitsrechts bezwecken müssten, insbesondere aus praktischen Gründen[44]) stark beanstandete, so wollte er damit wohl nur den animus der unmittelbar an der Uebung Betheiligten[45])

Mehrheitsbeschlüsse Gierke l. c. III S. 392); Jac. de Rav. l. c. I 2 num. 5, IV 9—11 und an zahlreichen anderen Stellen (vgl. oben N. 32a); Petrus de Bellap. ad l. 1 C. h. t. (consensus totius populi vel maioris partis); Cynus ad l. 1 C. h. t. num. 1; Alb. de Ros. ad l. 32 D. h. t. num. 122; Bart. ad l. 32 D. h. t. num. 6 und ad l. 2 C. h. t. num. 11.

[39]) Oben § 14 II, bes. N. 42 und 43.

[40]) So Cynus ad l. 32 D. h. t. num. 4 (populi sic volentis fieri et observari in futurum); Alb. de Ros. ad l. 32 D. h. t. num. 47 (animus inducendae consuetudinis), num. 55 und 56 (Wille des Volkes, „quod sic servetur in futurum"); Bart. ad l. 2 C. h. t. num. 11 (die consuetudo ist ius disponens ex consensu . . . . populi . . . . universaliter constitutum).

[41]) So nach Cynus ad l. 2 C. h. t. num. 8 einige moderni; mit diesen stimmt überein Alb. de Ros. ad l. 32 D. h. t. num. 15. Dagegen behauptete allerdings Cynus l. c., dem Alb. de Ros. ad l. cit. num. 41 folgt, man könne nicht wissen, in welcher Absicht die Anwendung des Gesetzes unterlassen sei (Jac. de Rav. l. c. II 1 nahm andererseits an, aus dem non usus, welcher die erforderliche Zeit hindurch bestanden habe, folge von selbst die Absicht der Aufhebung des nicht angewandten Gesetzes). — Vgl. unten § 21 II 1 a. E. die Erörterung über desuetudo und consuetudo contraria.

[42]) Ad l. 32 D. h. t. num. 95.

[43]) Gl. institutum (nicht „constitutum", wie Jason de M. citirt) ad c. 1 Dist. 5. — Vgl. über diese wichtige Aeusserung unten § 24 I.

[44]) Nachdem er den Ausspruch der Glosse erst im Allgemeinen für erstaunlich („dicit mirabiliter") erklärt hat, fügt er hinzu, wenn derselbe richtig wäre, „mirabiliter limitaret hanc materiam".

[45]) Nur von dem animus dieser spricht die cit. Glosse.

für möglicherweise gleichgültig erklären[46]). Eine scharfe Unterscheidung zwischen dem Willen der die Uebungshandlungen Vornehmenden und dem Gesammtwillen des Volkes resp. der Majorität finden wir freilich bei den Postglossatoren im Allgemeinen nicht; doch treten uns hie und da bei ihnen Ansätze zu einer solchen Unterscheidung entgegen[47]).

3. Der rechtschaffende Wille des Volkes, bezw. der Mehrzahl der Volksglieder, sollte allerdings nach Ansicht der Postglossatoren zunächst in den während längerer Zeit wiederholten Uebungshandlungen sich äussern und aus denselben erkannt werden[48]). Da aber an diesen Uebungsakten möglicherweise und praktisch wohl meist nur eine kleinere Zahl von Volksgliedern unmittelbar betheiligt war, wie sollte man alsdann die erforderliche Willensmeinung der Mehrzahl feststellen? Zum Theil griff hier die schon von den Glossatoren[49]) angerührte Frage einer Repräsentation des Volkes auch bei Aeusserung seines tacitus consensus ein (s. 4). Zum Theil aber half man sich mit blossen Wahrscheinlichkeitsannahmen. Es sollte genügen, dass das Volk (bezw. die Majorität) von den Uebungsakten Kenntniss oder auch nur wahrscheinlich Kenntniss erlangt und nicht widersprochen habe[50]). Zudem wurde mehr-

---

[46]) Jason de M. schliesst seine Kritik der Aeusserung der Gl. mit den Worten: Sed non ponit pro constanti.

[47]) Bemerkenswerth in dieser Hinsicht ist besonders die Behauptung des Jac. Butrig. (ad l. 32 D. h. t. num. 3) dass es auf die sententia resp. den Irrthum des Richters nicht ankomme, sondern nur auf das Wissen und die Zulassung des Volkes, was Alb. de Ros. ad l. 32 D. h. t. num. 20 wiederholte (vgl. unten N. 50). Auch die Ausführungen des Bartolus über die Bedeutsamkeit der Handlungen von Frauen und Minderjährigen für Bildung eines Gewohnheitsrechts und über die Nichtberücksichtigung ihres Willens bei Ermittelung des Willens der Majorität (oben N. 35 und 36) können hieher gezogen werden.

[48]) Vgl. die oben N. 2 zu diesem Paragraphen citirten Aeusserungen.

[49]) S. oben § 14 II 1.

[50]) S. bes. Joh. Faber ad Cod. h. t. num. 7 (wenn ein Akt zur Gewohnheitsrechtsbildung genügen soll, muss derselbe „ad veram notitiam populi vel maioris partis populi" gelangt sein; sonst sind so viele Akte mit Zeitablauf erforderlich, dass der gute Richter daraus das Wissen und den stillschweigenden Consens des Volkes entnehmen kann) und ad § 9 J. 1, 2 num. 7 (wenn die Häufigkeit der Akte und der Ablauf der Zeit bewiesen ist, werden das Wissen und

fach für ausreichend erklärt, wenn die Zahl der bei den verschiedenen Handlungen Gegenwärtigen zusammen genommen die Mehrheit der Volksglieder ausmache[51]); doch suchte Albericus de Rosate das Unzutreffende dieses Rechenexempels darzuthun[52]).

4. Während Petrus de Bellapertica[53]) ausdrücklich erklärte, dass die Zustimmung des Volkes resp. der Majorität nicht durch die Zustimmung des Rathes ersetzt werden könne, behauptete dagegen Albericus de Rosate[54]), dass Gewohnheitsrechte wie Gesetze nicht nur von dem Volke selbst, sondern auch von den Räthen und von den Magistraten der staatlichen Gemeinwesen geschaffen werden könnten. Aehnlich nahm Bartolus[55]) mit der Glosse an, dass die ein Gewohnheitsrecht begründenden gerichtlichen Urtheile unter Mitwirkung des Rathes als Repräsentanten der Volksmeinung[56]) gefällt werden müssten; es scheint sogar,

---

der Wille der maior pars populi präsumirt); Cynus ad l. 2 C. h. t. num. 14 (der Consens der Majorität wird daraus geschlossen, dass dieselbe, obgleich bei den Uebungshandlungen anwesend, nicht widersprochen hat, wobei es gleichgültig ist, ob ihr ein Recht des Widerspruchs zukam); Jac. Butrig. und Alb. de Ros. in den oben N. 47 citirten Stellen (scientia et patientia populi), sowie Letzterer ad l. 32 D. h. t. num. 47 (aus den Uebungshandlungen muss necessario vel probabiliter die Zustimmung des Gesetzgebers hervorgehen); Bart. ad l. 32 D. h. t. rep. num. 16 und ad l. 2 C. h. t. num. 34 (es kommt darauf an, ob das Volk gegen die in Frage stehenden gerichtlichen Urtheile „murmuravit"); Jason de M. ad l. 32 D. h. t. num. 84 (fordert nur verisimilem notitiam populi).

[51]) Jac. de Rav. IV 10 und 11; Cynus ad l. 32 D. h. t. num. 22 (eventuell genügt sogar richterliche Schätzung der Zahl der bei den verschiedenen Akten Anwesenden); Bart. ad l. 2 C. h. t. num. 32—33 (hinsichtlich der Namen der Anwesenden ist bei einem grösserem Volke Nachsicht zulässig). — Nach Alb. de Ros. (s. die folgende Note) war Petrus de Bellap. Urheber dieser Zusammenzählungstheorie; ich finde dieselbe aber schon in den zu Anfang dieser Note angeführten Erörterungen des Jac. de Ravanis.

[52]) Alb. (ad l. 32 D. h. t. num. 122) wendet ein, die in den verschiedenen Fällen Anwesenden könnten ja dieselben Personen sein. Es ist auffallend, dass Bart. (s. die vor. N.) auf diesen begründeten Einwand keine Rücksicht nahm.

[53]) Ad l. 1 C. h. t.

[54]) Ad l. 32 D. h. t. num. 45—46, num. 58 sqq. Cf. desselben Comment. de Statutis Qu. III num. 8, wonach überhaupt die Magistrate, was sie in ihrem Amte thun, kraft der Autorität des Volkes thun, „et ideo populus facere videtur".

[55]) Ad l. 32 D. h. t. num. 10.

[56]) „adde quod repraesentat mentem populi".

dass er überhaupt nur die Zustimmung der Leiter des staatlichen Gemeinwesens als nothwendig zur Entstehung eines Gewohnheitsrechts erachtete[57]).

5. Ein Theil der Postglossatoren[58]) nahm an, dass wie zu ihrer Zeit ein allgemeines Gesetz nur vom Kaiser gegeben werden könne, so auch ein allgemeines Gewohnheitsrecht nur durch den (stillschweigend erklärten) Willen des Kaisers entstehe, wogegen andere behaupteten, dass das Volk die Befugniss stillschweigender Rechtsschaffung auf den Kaiser nicht übertragen habe[59]). Für die consuetudo contra legem generalem wurde freilich überwiegend mit der Accursischen Glosse[60]) die Zustimmung des princeps als nothwendig bezeichnet[61]); jedoch beschränkte man nicht nur theilweise die Tragweite dieses Erfordernisses[62]), sondern fand auch eine allgemeingültige Er-

---

[57]) Ad l. 32 D. h. t. rep. num. 16 sagt er, unter „populus" seien zu verstehen „decuriones et alii, qui regunt civitatem".

[58]) So Petrus de Bellap. in seinen Quaestiones et Decisiones Qu. CCCCLXII und Alb. de Ros. ad l. 32 D. h. t. num. 45 (nach num. 66—67 soll jedoch ein allgemeines Gewohnheitsrecht erst dadurch entstehen, dass zu einer zweimaligen Entscheidung des Kaisers, welche keine Gesetzeskraft in Anspruch nimmt, widerspruchslose Befolgung per longum tempus hinzukomme, oder dadurch, dass die Handlungsweise einzelner Völker oder Magistrate im ganzen Reich mit Wissen und Willen des Kaisers befolgt werde — also durch Zusammenwirken des kaiserlichen Willens mit allgemeiner Uebung).

[59]) Vgl. über diese Ansicht einiger moderniores Cynus ad l. 32 D. h. t. num. 25. Nach Bart. ad l. 2 C. h. t. princ. behauptete Guil. de Cuneo gegen Placentinus (vgl. oben § 15 II 1) sogar, dass das Volk die Befugniss stillschweigender Rechtserzeugung garnicht habe übertragen können. Jac. de Rav. l. c. VI pr. und 1 scheint sowohl dem Volke als dem Kaiser — jedem von beiden auch allein — das Recht der Einführung einer consuetudo zuzuschreiben.

[60]) Oben § 14 II 3.

[61]) S. die Citate in den zwei folgenden Noten sowie Bart. ad l. 2 C. h. t. num. 23, der jedoch die entgegenstehende Ansicht nicht völlig verwirft. Für die gegentheilige Ansicht insbes. Joh. Faber ad Cod. h. t. num. 8 (cf. denselben ad § 9 J. 1, 2 num. 11), welcher sich auch auf c. 1 de constitut. in 6to beruft.

[62]) So Petrus de Bellap. Quaest. CCCCLXII cit., welcher nur für eine consuetudo gegen ein nicht erlaubendes Gesetz, wenn dieser consuetudo keine causa probabilis (kein öffentlicher Nutzen) zu Grunde liege, stillschweigende Billigung des Kaisers verlangte.

theilung der kaiserlichen Zustimmung in der lex Omnes populi[63]), auf welche man sogar meist das Recht der einzelnen Völker, sich überhaupt Gesetze wie Gewohnheitsrechte zu geben, zurückführte[64]).

III. Die Lehre von der Bedeutung des Irrthums für die Bildung resp. Geltung des Gewohnheitsrechts wurde von den Postglossatoren insofern vertieft, als sie die vieldeutige l. 39 D. h. t. weniger zum Mittelpunkt ihrer hieher gehörigen Erörterungen machten und dagegen von einer genaueren Unterscheidung verschiedener Gegenstände und der verschiedenen Subjekte des Irrthums ausgingen. In der Frage der Bedeutung der ratio für das Gewohnheitsrecht füllten sie durch Berücksichtigung der Frage, welche Gewohnheitsrechte für irrationell zu erachten seien, einigermassen eine Lücke in den Erörterungen der Glossatoren aus. Immerhin finden wir in diesen beiden eng zusammenhängenden Lehren auch bei den Postglossatoren mannigfache Unklarheiten. Nur sehr vereinzelt warfen sie die Frage auf, ob auch Zwang den für Bildung eines Gewohnheitsrechts erforderlichen consensus ausschliesse[64a]).

1. Odofredus lehrte noch in Uebereinstimmung mit der bei den Glossatoren vorherrschenden Ansicht[65]), die irrthümliche

---

[63]) So Jac. Butr. ad l. 32 D. h. t. num. 5 und Alb. de Ros. ad eandem l. num. 132 (mit Berufung auf Dinus). Alb. l. c. num. 16 verwendet in demselben Sinn auch die l. 2 C. h. t. (vgl. über deren Auslegung bei den Postglossatoren unten § 21 II 1) — Dagegen behauptete Cynus ad l. 2 C. h. t. num. 13, mit Berufung auf Petrus de Bellap. (s. aber über diesen auch die vor. N. sowie oben N. 58), die consuetudo contra legem gelte nicht legis auctoritate, sondern erhalte ihre Kraft unmittelbar vom Volke.

[64]) Vgl. hierüber und über die Gegner dieser Auslegung die Nachweise bei Gierke III S. 386—387.

[64a]) Eingehend behandelte Jac. de Rav. l. c. II, 5 (vgl. auch II 6 §§ 2 sqq.) in Verbindung mit der Bedeutung des error für die consuetudo die Frage, „utrum usus per coactionem possit inducere consuetudinem"; er verneinte dieselbe für den Fall, dass der Zwang von Seiten eines Privaten geübt werde, anders aber sei es bei einem gerichtlichen Zwang auf Grund eines rechtskräftigen Urtheils. Die späteren Postglossatoren scheinen nur durch den Einfluss der kanonistischen Doktrin (s. über diese unten § 25 III) zu einer Berührung der Frage und zur negativen Beantwortung bestimmt worden zu sein: so Baldus in Lib. feud. I tit. 1 num. 10 (consuetudines cum violentia praescribi non possunt); Phil. Decius Consil. CCXV num. 2.

[65]) Oben § 14 III 1.

consuetudo sei überhaupt keine wirkliche consuetudo, weil der für den Begriff erforderliche consensus durch den Irrthum ausgeschlossen werde [66]); jedoch beschränkte er die Tragweite dieses Satzes auf partikuläre Gewohnheiten, weil es nicht wahrscheinlich sei, dass der Kaiser oder das römische Volk irre [67]). So erklärten auch Cynus [68]) und Albericus de Rosate [69]) den Irrthum bei der consuetudo generalis für irrelevant. Dass es nicht auf den Irrthum des Richters, sondern nur auf das Wissen und die Zustimmung des Volkes ankomme, wurde mehrfach hervorgehoben [70]). Im Uebrigen unterschied man den error in iure und den error in facto und bei letzterem wiederum, ob der Irrthum sich auf die causa impulsiva — das Motiv — oder auf die causa finalis — dem Endzweck [71]) — beziehe [72]). Die Ansichten über den Einfluss dieser verschiedenen Arten des Irrthums auf Entstehung resp. Geltung von Gewohnheitsrechten gingen aber sehr auseinander. Mit den französischen Juristen Jacobus de Ravanis [72a]) und Petrus de Bellapertica nahm Cynus [73]) an, die (partikuläre) irrthümliche Gewohnheit gegen ein (allgemeines) Gesetz sei ungültig und ebenso die (partikuläre) irrthümliche Gewohnheit praeter legem, wenn der Irrthum sich

---

[66]) Odofr. ad l. 39 D. h. t. und ad l. 2 C. h. t.

[67]) Odofr. ad l. 32 D. h. t.

[68]) Ad l. 2 C. h. t. num. 25.

[69]) Ad l. 32 D. h. t. num. 103 und 131. Alb. an der erstgenannten Stelle scheint den Irrthum jedes Volkes, wie den des Kaisers, für gleichgültig zu erklären (vgl. auch ibid. num. 4, wonach die longitas temporis bei der consuetudo überhaupt praesumptionem consensus und erroris exclusionem mit sich bringt); in num. 131 aber beschränkt er die Annahme auf den populus Romanus (vgl. auch die unten N. 74 und 75 angeführten Aeusserungen desselben Schriftstellers).

[70]) Vgl. die oben N. 47 zu diesen Paragraphen angeführten Aussprüche des Jac. Butr. und des Alb. de Ros.

[71]) Als causa finalis der consuetudo wird von Baldus (ad l. 32 D. h. t. num. 14) ausdrücklich deren „ratio et utilitas" bezeichnet.

[72]) Aus der Polemik des Alb. de Ros. ad l. 32 D. h. t. num. 20 ist übrigens zu entnehmen, dass schon damals die Ansicht, jedes Gewohnheitsrecht beruhe auf einem Irrthum, hervorgetreten war (vgl. auch unten N. 75).

[72a]) Seine Erörterungen über diese Frage liegen uns jetzt l. c. II, 4 (besonders num. 7) vor.

[73]) Ad l. 2 C. h. t. num. 11 cll. num. 25.

auf den Endzweck des Rechtssatzes beziehe, dagegen nicht, wenn ein Irrthum nur in causa impulsiva vorliege. Dieser Ansicht schloss sich auch Albericus de Rosate[74]) an, welcher aber hinsichtlich des error in iure besonders darauf hinwies, dass, wenn das Volk glaube, etwas sei Recht und demgemäss gegen das bestehende Recht handle, keine consuetudo entstehen könne, weil der Wille, neues Recht zu schaffen, fehle[75]). Dagegen Bartolus[76]) lehrte, dass durch thatsächlichen Irrthum des Volkes der consensus und folglich eine consuetudo praeter legem ausgeschlossen werde, während er dem Rechtsirrthum des Volkes, mit Berufung auf l. 39 D. h. t., nur die Wirkung zuschrieb, dass das darauf beruhende irrationelle Gewohnheitsrecht nicht analog ausgedehnt werden dürfe. Ihm schloss sich insbesondere Jason de Mayno an[77]). Umgekehrt scheint Baldus angenommen zu haben, dass thatsächlicher Irrthum des Volks den Consens desselben und folglich die Entstehung eines Gewohnheitsrechts niemals ausschliesse, dass aber für Gewohnheitsrechte contra legem Kenntniss des bestehenden Gesetzes erforderlich sei[78]).

2. Die Frage, ob und inwiefern der Irrationabilität Bedeutung für Entstehung resp. Geltung des Gewohnheitsrechts

---

[74]) Ad l. 32 D. h. t. num. 77 und ad l. 39 D. h. t.

[75]) Aehnlich auch schon Jac. de Rav. l. c. II 4 num. 7. — In seinen Erörterungen zur rubr. C. h. t. num. 45 behauptet Alb. sogar allgemein, dass, während bei der Verjährung Unwissenheit und bona fides erforderlich sei, bei dem Gewohnheitsrecht „scientia et quodammodo mala fides“ erfordert werde. Dies bezieht sich aber doch, wie der Zusatz „sc. quod populus sciat se uti contra legem“ zeigt, nur auf die consuetudo contra legem.

[76]) Ad l. 2 C. h. t. num. 21.

[77]) Ad l. 32 D. h. t. num. 55. Jason erklärt hier allerdings überhaupt die consuetudo per errorem inducta für gültig; doch beweist der Zusammenhang mit seinen vorausgehenden Erörterungen und die Berufung auf Bartolus, dass er dabei nur den Rechtsirrthum im Auge hat.

[78]) In seinem Commentar zur l. 32 D. h. t. num. 11 erklärt Baldus allerdings den Irrthum schlechthin für gleichgültig, wenn consensus populi oder mutuum bonum vorliege, und ähnlich sagt er ad l. 2 C. h. t. num. 6, Irrthum hebe den zum Gewohnheitsrecht erforderlichen Consens nicht auf, weil error in causa seu ratione überhaupt nicht den Consens ausschliesse. Dagegen aber schreibt er ad l. 32 D. h. t. num. 32 der consuetudo contra legem (humanam) nur dann Geltung zu, wenn sie ex certa scientia populi eingeführt sei.

zukomme, wurde, wie wir eben sahen [79]), mehrfach im Hinblick auf den solcher Abweichung von der ratio zu Grunde liegenden Irrthum behandelt. Dieselbe wurde aber auch unabhängig vom Einfluss des Irrthums erörtert und dann, im Einklang mit der Ansicht der Glosse über schlechte Gewohnheiten [80]) und mit dem Standpunkt des kanonischen Rechts [81]), dahin beantwortet, dass irrationelle Gewohnheiten keine rechtliche Kraft hätten [82]). Einwirkung des kanonischen Rechts tritt auch in Versuchen näherer Bestimmung der Fälle der Irrationabilität hervor, indem hieher vor allem Widerspruch mit dem ius divinum resp. ius naturale [83]) sowie Sündhaftigkeit oder Verletzung kirchlicher Grundsätze [84]) gezählt wurde. Daneben wurde namentlich Verletzung der utilitas publica als Grund der Ungültigkeit einer consuetudo betrachtet [85]). Dass die Entscheidung über Rationabilität der Gewohnheit gemeiniglich dem Richter überlassen wurde, bezeugt Albericus de Rosate [86]). Das Erforderniss

---

[79]) S. das unter 1 über die Behandlung des error in causa finali und über Bartolus' Auslegung der l. 39 D. h. t. Bemerkte.

[80]) Oben § 14 III 3.

[81]) Oben § 10 III.

[82]) S. bes. Odofr. ad l. 32 D. h. t.; Joh. Faber ad § 9 J. 1, 2 num. 13 und ad Cod. h. t. num. 10; Alb. de Ros. ad l. 32 D. h. t. num. 101; Bald. ad l. 32 D. h. t., num. 32 cll. num. 11; Jason de M. ad l. 32 D. h. t. num. 35.

[83]) Odofr. ad l. 32 D. h. t. stellte sogar (wie Gratian, s. oben § 10 I) das Erforderniss der Rationabilität nur in dem engen Sinne auf, dass die consuetudo nicht dem ius naturale widersprechen dürfe; er fügte aber dann alsbald eine Reihe ähnlicher Forderungen (s. die beiden folgenden Noten) hinzu. Aehnlich scheint Baldus ad l. 32 D. h. t. num. 32 die consuetudo contra rationem mit der consuetudo contra ius divinum zu identificiren.

[84]) So bezeichnet Odofr. l. c. die Gewohnheit, welche gegen die Regeln oder gegen den Nerv der kirchlichen Disciplin verstösst, für ungültig; Jac. de Rav. l. c. VII 5 die Gewohnheit, welche gegen die Freiheit der Kirche eingeführt ist; Joh. Faber (in den N. 82 citirten Stellen) die Gewohnheit, welche Anlass zur Sünde giebt; Baldus (ad l. 32 D. h. t. num. 11) die Gewohnheit, welche ein malum culpae inducit (diesem setzt er gleich das malum poenae publicae).

[85]) So Odofr. l. c.; Jac. de Rav. l. c. VII 5; Cynus ad l. 32 D. h. t. num. 25.

[86]) Ad l. 32 h. t. num. 101. — Es scheint hiefür kanonistischer Einfluss massgebend gewesen zu sein, vgl. unten § 25 III 3. Joh. Faber (ad § 9

der Rationabilität wurde aber nicht als ein der consuetudo specifisches, sondern als auch für die lex geltend angesehen[87].

§ 21.
Kraft des Gewohnheitsrechts.

I. Gemäss ihrer Grundanschauung über das begriffliche Verhältniss zwischen Gesetz und Gewohnheitsrecht[1]) und in Uebereinstimmung mit den Glossatoren[2]) schrieben die Postglossatoren dem Gewohnheitsrecht im Allgemeinen dieselbe Kraft zu wie dem Gesetz[3]). Die von der Glosse aufgebrachten Ausdrücke für die verschiedenartigen Beziehungen der einzelnen concreten Gewohnheitsrechte zu den bestehenden einzelnen Gesetzen — consuetudo secundum legem, praeter legem und contra legem[4]) — wurden nunmehr ständig gebraucht. Ebenso wurden die verschiedenen Wirkungen des Gewohnheitsrechts meist mit Rücksicht auf das Verhältniss zu den vorhandenen Gesetzen und nach Massgabe der Glosse[5]) unterschieden[6]), während allerdings einzelne Schriftsteller eine grössere Zahl von Wirkungsarten des Gewohnheitsrechts aufstellten[7]). Die Wirkung der

---

J. 1, 2 num. 15) beruft sich für die Ueberlassung der Entscheidung, ob die consuetudo tendat ad noxam, an den Richter ausdrücklich auf Hostiensis.

[87]) S. namentlich Alb. de Ros. ad l. 32 D. h. t. num. 101 (mit Berufung auf Decret. Grat. c. 2 Dist. 4) und Bart. ad l. 9 D. de inst. et iure 1, 1 num. 21 und 22. Nach letzterem können auch durch statuta die Bestimmungen des ius naturale vel gentium nicht völlig aufgehoben werden und darf ferner das statutum dem ius divinum nicht „simpliciter" widersprechen und nicht Anlass zur Sünde geben. (Die Ausdrücke „statutum" und „lex" werden von ihm in dieser Erörterung als gleichbedeutend gebraucht.)

[1]) Oben § 18 III 1.

[2]) Oben § 15 I.

[3]) S. z. B. Cynus ad l. 3 C. h. t. num. 1; Bart. ad l. 32 D. h. t. num. 6; Bald. ad l. 32 D. h. t. num. 33.

[4]) S. oben § 15 I, bes. N. 9.

[5]) Oben § 15 I, N. 2—8.

[6]) Z. B. Petr. de Bellap. ad l. 3 C. h. t.; Joh. Faber ad § 9 J. 1, 2 num. 24; Alb. de Ros. ad l. 32 D. h. t. num. 22; Bart. ad l. 32 D. h. t. num. 5.

[7]) Wie Alb. de Ros. ad l. 32 D. h. t. num. 125 und 129 berichtet, wurden von einem Autor 5, von anderen 8 virtutes consuetudinis unterschieden.

gewohnheitsmässigen Befolgung eines Gesetzes bezeichneten die Postglossatoren regelmässig mit dem Ausdrucke „confirmare legem“ [8]). Von der gewohnheitsrechtlichen Interpretation eines Gesetzes wurde diese Funktion des Gewohnheitsrechts näher dergestalt unterschieden, dass sie nur dann Platz greifen sollte, wenn die Auslegung des Gesetzes eine unzweifelhafte sei [9]). Derselbe Jurist, bei dem wir diese Unterscheidung finden, bemerkte aber auch, dass die gewohnheitsmässige Beobachtung eines Gesetzes eigentlich gar keine „consuetudo“ (kein Gewohnheitsrecht) sei, wenngleich sie dem Gesetze eine grosse Autorität verleihe [10]).

II. Das Problem der Geltung des Gewohnheitsrechts contra legem beschäftigte auch die Postglossatoren sehr. Fast allgemein wurde dasselbe im Sinne der bei den späteren Glossatoren vorherrschend gewordenen und in die glossa ordinaria aufgenommenen Ansicht [11]), mit Hinzufügung einiger neuer Argumente und Distinktionen, beantwortet. Dagegen wurde die verwandte Frage, wie das Verhältniss eines allgemeinen Gesetzes zu vorher bestehenden speciellen Gewohnheitsrechten zu beurtheilen sei, unter der Einwirkung der hierauf bezüglichen Dekretale Bonifaz VIII. resp. der kanonistischen Theorie anders als von der Glosse entschieden [12]).

1. Die Lehre, dass nicht nur der späteren consuetudo generalis die Kraft zukomme, das frühere allgemeine Gesetz aufzuheben, sondern auch die consuetudo specialis innerhalb ihres Bereiches dem vorausgegangenen allgemeinen Gesetz derogire, fand bei den Postglossatoren beinahe ausnahmslose Billigung [13]). Insbesondere wurde auch der Schluss der l. 2 C. h. t.

Alb. setzt hinzu, diese Zahl liesse sich noch leicht vermehren. — Beachtenswerth ist die Bemerkung des Odofredus ad l. 3 C. h. t., dass das Gewohnheitsrecht auch, wie das Gesetz, ein Privileg gewähren könne.

[8]) Petr. de Bellap. ad l. 3 C. h. t.; Cynus ad l. 2 C. h. t. num. 6; Alb. de Ros. ad l. 32 D. h. t. num. 22; Bart. ad l. 32 h. t. num. 5.

[9]) Alb. de Ros. ad l. 32 D. h. t. num. 22.

[10]) Alb. de Ros. ad l. 32 D. h. t. num. 90.

[11]) Oben § 15 II 4.

[12]) S. hierüber unten 2.

[13]) S. insbesondere Odofr. ad l. 32 D. h. t. und ad l. 2 C. h. t.; Jac. de Rav. l. c. VII 4 und 6 (hier ist wohl pag. 102 lin. 17 statt „inquit“ „vincit“

mit der glossa ordinaria überwiegend dahin ausgelegt, dass derselbe sich nur auf partikuläre Gewohnheiten beziehe und diesen nur die Kraft, das allgemeine Gesetz allgemein aufzuheben, versage[14]. Die gesetzesaufhebende resp. derogatorische Kraft des Gewohnheitsrechts suchte man theils durch innere Gründe zu rechtfertigen[15], theils durch die Erlaubniss des Kaisers, welche man meist als generell ertheilt ansah[16]. Beschränkt wurde diese Wirkung des Gewohnheitsrechts nach der Meinung auch zahlreicher Postglossatoren durch das Erforderniss, dass das Dasein des Gesetzes dem die gegentheilige Gewohnheit schaffenden Volke hinreichend bekannt sei[17]. Die weitere von den Glossatoren aufgestellte Beschränkung, dass gegen ein ausdrückliches gesetzliches Verbot eine rechtsgültige specielle Gewohnheit sich nicht bilden könne[18], wurde auch

---

zu verbessern); Petr. de Bellap. ad l. 2 C. h. t. (etwas abweichend Quaest. CCCCLXII, vgl. oben § 20 N. 62); Joh. Faber ad § 9 J. 1, 2 num. 24 und ad Cod. h. t. num. 18; Cynus ad l. 2. C. h. t. num. 25; Alb. de Ros. ad l. 32 D. h. t. num. 17; Bart. ad l. 32 D. h. t. num. 5 und Differ. inter ius canonic. et civ. num. 179; Bald. ad l. 2 C. h. t. num. 3; Jason de M. ad l. 32 D. h. t. num. 35.

14) So Odofr. ad l. 2 C. h. t.; Petr. de Bellap. ad eandem l.; Alb. de Ros. ad l. 32 D. h. t. num. 18; Bart. ad l. 2 C. h. t. princ. — Dagegen wollten Nicolaus de Matarellis und einige andere Postglossatoren (zu denen auch Jac. de Rav. l. c. VII 4 u. 6 zu gehören scheint), wie Cynus ad l. 2 C. h. t. num. 1 berichtet, den Schluss dieser Konstitution nur auf eine der ratio widersprechende oder von einem Gesetz verworfene consuetudo beziehen, und Baldus (ad l. 32 D. h. t. num. 11) meinte, derselbe spreche nur von einer sowohl dem ius naturale als dem ius civile widerstreitenden consuetudo.

15) S. oben § 18 N. 25 die Aeusserungen des Alb. de Ros. und des Baldus, dass möglicherweise resp. häufig das besondere Gewohnheitsrecht eines Ortes für diesen den Vorzug vor dem allgemeinen Gesetz verdiene. Alb. de Ros. ad l. 32 D. h. t. num. 14 und 17 macht für die gesetzaufhebende Kraft des Gewohnheitsrechts auch geltend, dass das anfangs gerechte Gesetz, da alles sich ändere, ungerecht werden und deshalb seine Ersetzung durch eine entgegengesetzte consuetudo billigenswerth sein könne.

16) S. hierüber oben § 20 II 5.

17) S. oben § 20 III 1 die Erörterung über die Ansichten der Postglossatoren in Betreff der Bedeutung des Irrthums als Hindernisses der Entstehung resp. Geltung von Gewohnheitsrecht.

18) Oben § 15 II 4 (Text vor N. 31).

von den Postglossatoren angenommen [19]), wobei Petrus de Bellapertica [20]) besonders hervorhob, dass das Gesetz die Bildung eines abweichenden allgemeinen Gewohnheitsrechts im Voraus gar nicht verbieten könne [21]); einige aber behaupteten, auch einem künftige specielle Gewohnheitsrechte verbietenden Gesetz könne durch specielles Gewohnheitsrecht derogirt werden [22]). Die Aufhebung einer consuetudo durch den Kaiser insbesondere wegen Widerspruchs derselben mit dem öffentlichen Wohl sollte auch als Verbot der Wiedereinführung jener consuetudo gelten [23]). Dagegen sollte die Gesetzesklausel „non obstante quacumque consuetudine in contrarium faciente" nach der herrschenden Ansicht kein Verbot künftiger Gewohnheitsrechte enthalten [24]). Mehrfach wurde auch der Begriff der von Julian in l. 32 D. h. t. erwähnten desuetudo, insbesondere ihr Verhältniss zur contraria consuetudo erörtert. Einige Postglossatoren scheinen die erstere mit der blos thatsächlichen Nichtanwendung eines Gesetzes identificirt zu haben [25]); dagegen nahm insbesondere

---

[19]) Odofr. ad l. 32 D. h. t. (die consuetudo darf nicht specialiter vel nominatim a legibus reprobata sein); Jac. de Rav. l. c. VII 6; Petr. de Bellap. ad l. 2 C. h. t.; Cynus ad l. 2 C. h. t. num. 25; Alb. de Ros. ad l. 32 D. h. t. num. 19; Bart. ad l. 32 D. h. t. num. 5 (als Beispiele führt er, neben der l. 26 § 3 C. de usur., die Authentiken Navigia und Omnes an); Bald. ad l. 2 C. num. 3.

[20]) Ad l. 2 C. h. t.

[21]) Demgemäss wollte Petr. de Bellap. auch alle künftige consuetudines verbietende Gesetzesbestimmungen nur auf consuetudines speciales beziehen.

[22]) Alb. de Ros. ad l. 32 D. h. t. num. 19, welcher diese Ansicht einiger Schriftsteller erwähnt, will dieselbe als richtig anerkennen für den Fall, dass die consuetudo durch Richtersprüche mit Zustimmung des Volkes eingeführt werde.

[23]) Jac. de Rav. l. c. VII 6 (derselbe behauptet, dass demzufolge durch l. 14 C. de contrah. empt. 4,38 auch für die Zukunft die Bildung eines Gewohnheitsrechts, welches ein Retraktsrecht des nächsten Verwandten anerkenne, ausgeschlossen sei); Bald. ad l. 2 C. h. t. num. 3; Jason de M. ad l. 1 C. 1,1 num. 73—74 (behauptet allgemein: si lex reprobat consuetudinem, reprobat etiam futuram).

[24]) Jason de M. ad l. 32 D. h. t. num. 55 (communis opinio). Den entgegengesetzten Standtpunkt vertraten noch Odofr. ad l. 32 D. h. t. und Jac. de Rav. l. c. VII 6.

[25]) S. oben § 20 N. 41. Auch Joh. Faber (ad § 9 J. 1,2 num. 25 und

Cynus[26]) an, dass die desuetudo dieselbe Wirkung wie die contraria consuetudo habe, bestimmte aber den Unterschied beider Begriffe sehr willkürlich[27]).

2. Gegenüber der bisher bei den Legisten herrschenden Ansicht[28]) behauptete Albericus de Rosate[29]), in Uebereinstimmung mit den Kanonisten[30]), dass gemäss c. 1 de constit. in 6to ein bestehendes specielles Gewohnheitsrecht durch ein späteres allgemeines Gesetz nicht aufgehoben werde. Johannes Faber[31]) wollte die Aufhebung einer consuetudo praecedens durch die nachfolgende lex generalis auf die Fälle beschränken, dass die Aufhebung des Gewohnheitsrechts im Gesetz ausdrücklich erklärt werde oder der Gesetzgeber wenigstens das Gewohnheitsrecht gekannt habe. Wesentlich denselben Standpunkt scheint Bartolus eingenommen zu haben[32]). Feiner unterschied Baldus[33]), indem er annahm, dass in Ermangelung einer ausdrücklichen Bestimmung in dem neuen allgemeinen Gesetze durch dasselbe die bestehende specielle Gewohnheit aufgehoben werde, wenn das Gesetz eine Strafe für seine Uebertretung androhe oder wenn die Absicht des Gesetzgebers, das Gewohnheitsrecht aufzuheben, anderweitig feststehe.

---

ad Cod. h. t. num. 10) spricht der desuetudo gesetzesaufhebende Kraft ab, wenn nicht factum contrarium hinzukomme.

[26]) Ad l. 2 C. h. t. num. 8 (mit Berufung auf Petrus de Bellap.).

[27]) Die desuetudo sollte der forma legis, die contraria consuetudo der substantia legis widersprechen. Damit stimmt überein die Begriffsbestimmung der desuetudo bei Alb. de Ros. ad l. 32 D. h. t. num. 37—38, dessen Erörterungen über desuetudo und contraria consuetudo (vgl. noch seinen Commentar zu derselben lex, num. 7, 15 und 41) aber sehr unklar sind.

[28]) Ueber die Ansicht der Glossatoren s. oben § 15 II 4 (Text vor N. 32). Ihr schloss sich Jac. de Rav. l. c. VII 3 an. Denselben Standpunkt vertrat auch noch Cynus ad l. 2 C. h. t. num. 25 gegen die abweichende Lehre der Kanonisten.

[29]) Ad l. 32 D. h. t. num. 131.

[30]) Vgl. über deren Ansicht unten § 26 IV.

[31]) Ad § 9 J. 1, 2 num. 24; ad Cod. h. t. num. 18.

[32]) In dem Commentar zur l. 32 D. h. t. num. 5 schliesst er sich freilich noch, gegenüber der kanonistischen Lehre, der Ansicht der Glosse an; in der repetitio zur selben lex, num. 4 und 5, macht er aber eine Ausnahme für den Fall, dass die consuetudo dem Gesetzgeber unbekannt war.

[33]) Ad l. 32 D. h. t. num. 11.

§ 22.

Beweis des Gewohnheitsrechts.

I. Die Ansicht der glossa ordinaria, dass das Gewohnheitsrecht, wenngleich es objektives Recht sei, im Processe bewiesen werden müsse[1]), fand bei den Postglossatoren allgemeine Annahme[2]). Für dieselbe berief man sich mit der Glosse einerseits auf die Unsicherheit des Gewohnheitsrechts resp. auf dessen Abhängigkeit von Thatsachen[3]), andrerseits auf l. 1 C. h. t.[4]). Neben dieser Quellenstelle wurden von Albericus de Rosate[5]) auch l. 34 D. h. t., Nov. 106, sowie ein paar vom Beweise einer consuetudo sprechende Stellen des kanonischen Rechts[6]) herangezogen. Immerhin war die Frage sehr bestritten, ob resp. inwieweit für die Berücksichtigung eines Gewohnheitsrechts von Seiten des Gerichts die Allegation Seitens einer Partei in der Klage, bezw. der Klagebeantwortung, erforderlich sei. Die französischen Juristen Jacobus de Ravanis und Petrus de Bellapertica[7])

---

[1]) Oben § 16.

[2]) Alb. de Ros. ad l. 32 D. h. t. num. 115: Omnes concordant, quod probari debeat (consuetudo). Vgl. insbesondere auch, aus der Zeit nach Alb. de Ros., Bart. ad l. 32 D. h. t. num. 7 und ad l. 2 C. h. t. num. 29; Bald. ad l. 1 C. h. t. num. 3; Jason de M. ad l. 32 D. h. t. num. 88.

[3]) So Jac. de Rav. l. c. IV 2 (zu beweisen ist das Gewohnheitsrecht, weil es, anders als die lex, consistit in facti varietate); Joh. Faber ad § 9 J. 1, 2 num. 18 und ad C. h. t. num. 13 (mit Berufung auf c. 1 de constit. in 6to bezeichnet er sogar die consuetudo geradezu als factum); Cynus ad l. 2 C. h. t. num. 19 (Unsicherheit der consuetudo); Bart. ad l. 32 D. h. t. num. 7 (die consuetudo „consistit in facto, quod saepe prudentissimos fallit"); Bald. ad l. 1 C. h. t. num. 4 (consuetudo pendet ex facto, quod est probandum).

[4]) So Petrus de Bellap. ad l. 2 C. h. t.; Cynus ad l. 2 C. h. t. num. 19; Alb. de Ros. ad l. 32 D. h. t. num. 115 (vgl. die beiden folgenden Noten); Bart. ad l. 32 D. h. t. num. 7 (citirt irrig l. 2 C. h. t.).

[5]) Ad l. 32 D. h. t. num. 115.

[6]) Cap. 8 X. de consuet. 1, 4 und cap. ult. X. de off. archid. 1, 23.

[7]) Beide citirt von Alb. de Ros. ad l. 32 D. h. t. num. 112—114. Jac. de Rav. l. c. VII 3 erklärt freilich die Allegation nur dann für überflüssig,

und ihnen folgend Cynus[8]) sowie auch Albericus de Rosate[9]) erklärten die Allegation für unnöthig; Johannes Faber[10]) behauptete ihre Nothwendigkeit nur für nicht notorische consuetudines, Bartolus[11]) für nicht notorische consuetudines contra legem, wogegen die Ansicht der meisten Juristen der Postglossatorenzeit in jedem Fall ausdrückliche Berufung auf das Gewohnheitsrecht gefordert zu haben scheint[12]). Das Bedürfniss eines Beweises wurde für notorische consuetudines allgemein, gemäss dem Satze „notoria non egent probatione", verneint[13]). Für processualische Gewohnheiten erklärte Bartolus einen summarischen Beweis als genügend[14]). Aus der Natur des Gewohnheitsrechts als objektiven Rechts folgerten Petrus de Bellapertica und Cynus[15]) sogar, dass eine probatio semiplena desselben hinreiche, insbesondere der Richter die Zeugen nur zur Information in Abwesenheit des Gegners über dasselbe zu vernehmen habe; diese Ansicht, welche nach dem Zeugniss des

---

wenn beide Parteien seit langer Zeit an dem Orte leben und daher dessen Gewohnheitsrecht kennen müssen, fügt aber schliesslich hinzu: Imo est in iudicio consuetudo.

[8]) Ad l. 2 C. h. t. num. 18.

[9]) Ad l. 32 D. h. t. num. 112 (vgl. aber auch unten N. 12).

[10]) Ad § 9 J. 1, 2 num. 18 und ad Cod. h. t. num. 113.

[11]) Ad l. 2 C. h. t. num. 29.

[12]) Alb. de Ros. fügt der Behauptung, dass die consuetudo an sich ebenso wenig wie die lex allegirt zu werden brauche, hinzu: Doctores tamen tenent contrarium. Ebenso begleitet Bart. (num. 29 cit.) seine Ansicht mit den Worten: Quidquid dicant Doctores Moderni. So behauptete auch später Jason de M. (ad l. 32 D. h. t. num. 88), das notorium befreie wohl von dem onus probandi, aber nicht von dem onus allegandi.

[13]) S. insbes. Jac. de Rav. l. c. IV 11 in f., Petr. de Bellap. ad l. 2 C. h. t.; Joh. Faber ad § 9 J. 1, 2 num. 18 und ad Cod. h. t. num. 13; Alb. de Ros. ad l. 32 h. t. num. 116; Bart. ad l. 2 C. h. t. num. 29; Jason de M. ad l. 32 h. t. num. 88.

[14]) Bart. ad l. 32 D. h. t. num. 22. — Weiter noch ging Joh. Faber (ad § 9 J. 1, 2 num. 20), welcher meinte, dass, ebenso wie bei den notorischen Gewohnheitsrechten, bei den auf „litis ordinationem" bezüglichen der Richter sich summarisch zu informiren habe, also der Parteibeweis entfalle. Aehnlich zählte Alb. de Ros. ad l. 32 D. h. t. num. 117 die processualischen Rechtssätze zu den gerichtsnotorischen.

[15]) Ad l. 2 C. h. t. num. 20 (mit Berufung auf Petr. de Bellap.).

Cynus zu seiner Zeit von den Laien getheilt und herkömmlich zur Anwendung gebracht wurde, scheint aber später von den Juristen durchaus verworfen[16]) und mehr und mehr aus der Praxis verdrängt worden zu sein.

II. Ueber die Beweismittel und im Zusammenhang damit über den Gegenstand des Beweises finden wir bei Bartolus eingehende Erörterungen[17]). Er lässt, wenn auch ohne strenge Sonderung, sowohl einen unmittelbaren Beweis eines bestehenden Gewohnheitsrechts zu als einen mittelbaren durch Bekundung der thatsächlichen Uebung bezw. der einzelnen Akte, aus denen diese sich zusammensetzt. Der unmittelbare Beweis kann geführt werden durch eine officielle, zum Zwecke des Beweises erfolgte Aufzeichnung oder durch Aufzeichnung von Seiten eines Doktors[18]) oder durch das niedergeschriebene Endurtheil des Gerichts des betreffenden Bezirks, worin ausgesprochen ist, dass ein solches Gewohnheitsrecht bestehe; in den beiden letzteren Fällen wird jedoch Gegenbeweis vorbehalten. Es ist aber auch der Zeugenaussage des homo peritus, wie insbesondere des advocatus oder bonus procurator, über Vorhandensein eines Gewohnheitsrechts zu glauben, während die Aussage des homo imperitus ohne nähere Angaben nur als Aussage über die Thatsache der Gewohnheit aufzufassen ist. Vollen Beweis geben auch zwei gerichtliche Entscheidungen, selbst interlokutorische, aus denen das Dasein des Gewohnheitsrechts zu folgern ist, während aussergerichtliche Uebungsakte in grösserer Zahl bewiesen werden müssen[19]). Für den Beweis der einzelnen Akte sind 2 Zeugen erforderlich[20]). Neben der erforderlichen Zahl

---

[16]) Schon Alb. de Ros. (ad l. 32 D. h. t num. 118) erklärte sich entschieden gegen dieselbe.

[17]) Bart. ad l. 32 D. h. t. rep. num. 21—24.

[18]) Quia ei cum tanta examinatione officium doctoratus publica auctoritate decernitur (num. 21 cit.). — Dagegen behauptet Jason de M. ad l. 32 D. h. t. num. 89 mit Berufung auf Bartolus (?), dem Zeugniss eines „doctor excellens" über das Bestehen einer consuetudo sei ebenso wenig wie dem der Glosse zu glauben, weil die consuetudo facti sei.

[19]) Vgl. oben § 20 I.

[20]) And. Aus. Baldus ad l. 32 h. t. num. 39, weil „per singula generis probatur genus".

von Akten ist auch der Ablauf der erforderlichen Zeit von den Zeugen zu bekunden[21]).

---

[21]) Ausdrücklich hebt Joh. Faber (ad § 9 J. 1, 2 num. 7; vgl. denselben ad Cod. h. t. num. 7) hervor, dass wenn die frequentia actuum und der transcursus temporis bewiesen worden, der animus inducendi consuetudinem und die certa scientia (Abwesenheit eines Irrthums) zu präsumiren seien.

V. Abschnitt.

Die Kanonisten.

§ 23.

Allgemeines.

I. In der kanonistischen Wissenschaft des Mittelalters, und zwar sowohl in den Werken der Dekretisten als in denen der Dekretalisten, nehmen die Erörterungen über das Gewohnheitsrecht einen breiten Raum ein[1]). Dies erklärt sich zunächst und vor allem durch die umfassende Berücksichtigung dieser Rechtsquelle in den kanonischrechtlichen Sammlungen, welche die Grundlage für fast alle kanonistischen Vorlesungen und Schriften während des Mittelalters bildeten[2]). Daneben aber wirkte der Hinblick auf die zahlreichen Gewohnheitsrechte, welche sich trotz des durch die päpstlichen Dekretalengesetzgebung mehr und mehr anwachsenden einheitlichen Rechts in den verschiedenen kirchlichen Kreisen erhielten[3]), und wenn-

---

[1]) Der Ueberblick, welchen Schulte in seinem „Kathol. Kirchenrecht", Bd. I S. 206—209 über die Ansicht der Glosse und über die spätere kanonistische Theorie in Betreff des Gewohnheitsrechts giebt, wird den eingehenden recht werthvollen Erörterungen der Kanonisten von der Mitte des 13. Jahrhunderts bis zu Ende des Mittelalters nicht gerecht.

[2]) Vgl. v. Schulte, Gesch. der Quellen und Litteratur des kanon. Rechts §§ 52 und 53, 117 und 118, besonders Bd. II S. 468.

[3]) Vgl. v. Schulte, Gesch. der Qu. und Litt. I S. 100—102, II S. 469, welcher aber andererseits wohl zu sehr die allerdings auch in der kanonistischen Litteratur des Mittelalters stark sich geltend machende Einheitstendenz hervorhebt. — Die beständige Rücksicht, welche Rufinus in seiner Summa

gleich die rechtliche Gültigkeit mancher kirchlicher oder weltlicher consuetudines insbesondere vom Standpunkt der Rationabilität bezweifelt oder verworfen wurde[4]), so trugen doch gerade diese Untersuchungen wesentlich zur Ausdehnung und Vertiefung der kanonistischen Lehre vom Gewohnheitsrechte bei.

Die beiden entgegengesetzten Anschauungen, welche für die Beurtheilung und Behandlung des Gewohnheitsrechts in der katholischen Kirche massgebend geworden sind[5]), treten auch in der kanonistischen Doktrin deutlich hervor. Es lässt sich dabei nicht verkennen, dass zuerst, insbesondere im Anschluss an Gratian's Dekret, die dem Gewohnheitsrecht ungünstige Tendenz in der kanonistischen Wissenschaft überwog, dann aber, namentlich unter Einfluss des cap. 11 X. h. t. und des cap. 1 de constitut. in 6to, einer günstigeren Betrachtungsweise wich[6]), welche sich nur wenig gegen Ende des Mittelalters abschwächte[7]).

II. Gegenstand und Inhalt ihrer Erörterungen über das Gewohnheitsrecht entnahmen die Kanonisten, wie ich eben schon angedeutet habe, in erster Linie den im Decretum Gratiani und in den officiellen Dekretalensammlungen enthaltenen Aussprüchen über diese Entstehungsart von Rechtssätzen. Einen gewissen, jedoch nicht sehr bedeutenden Einfluss auf die kanonistische Theorie übten auch die Auffassungen der scholastischen Philosophie[8]), insbesondere die Lehre des Thomas von Aquino

---

zum Decretum Gratiani auf allgemeine und besondere Gewohnheiten nahm, betont Schulte in der Einleitung zu seiner Ausgabe des Werks, pag. XLVIII; ebenso in seiner Gesch. II S. 127 die stete Berücksichtigung von Praxis und Gewohnheiten in Hostiensis' Summa super titulis decretalium. Aber noch zu Anfang des 16. Jahrhunderts sagte Rochus Curtius am Schlusse seines Commentars zu cap. 11 X. h. t. (unten N. 28): Quantum enim temporis et ocii per multos annos suffurari potuimus, id totum circa consuetudines congerendas et declarandas impendimus".

4) Unten § 25.

5) Oben § 9 III.

6) S. besonders die unten § 26 gegebenen Nachweise über die Ansichten der Kanonisten in Betreff des Verhältnisses zwischen Gesetz und Gewohnheitsrecht.

7) So sagt noch Panormitanus ad rubr. h. t. num. 3: Non sumus in materia odiosa.

8) Insbesondere spiegelt sich in den Ausführungen der Kanonisten über

über die Grundlagen des objektiven Rechts[9]). Dagegen hat in sehr umfassendem und starkem Masse die Doktrin der Legisten, und zwar sowohl der Glossatoren als der Postglossatoren, auf die Anschauungen der Kanonisten über das Gewohnheitsrecht eingewirkt[10]). In allen Punkten, welche nicht durch Bestimmungen des kanonischen Rechts eine von den Sätzen des römisch-justinianischen Rechts abweichende Regelung erhalten hatten oder in Bezug auf welche das kanonische Recht nicht wenigstens eine klare Entscheidung einer nach Civilrecht bestrittenen Frage zu geben schien, schlossen sich die Kanonisten auf das engste an die Ausführungen der Legisten an. Dies gilt im Ganzen gleichmässig hinsichtlich der Definition des Gewohnheitsrechts, hinsichtlich seiner Entstehungskreise, seiner Erfordernisse, seiner Wirkungen, seiner processualischen Geltendmachung. Ausdrücklich sagt Johannes Andreae, welcher in seinem Tractatus de consuetudine die Meinungsäusserungen auch aller Legisten möglichst vollständig anführte[11]), dass er sich hauptsächlich an Cynus anschliessen wolle[12]). Die Kanonisten des 15. Jahrhunderts folgen vornehmlich der Autorität des Bartolus. Demgemäss beschränken sich die von den Legisten

---

das Erforderniss der Rationabilität des Gewohnheitsrechts (unten § 25, besonders II) die Lehre der Scholastiker vom ius divinum und vom ius naturale (Gierke l. c. III S. 609 ff.) und ihre tiefgreifende Streitfrage, ob das Recht Produkt des Willens oder der Vernunft oder beider sei (Gierke, Johannes Althusius, Cap. I Anm. 44).

[9]) Von der lex überhaupt und von ihren verschiedenen Arten handelt Thomas in seinem Hauptwerk, der Summa Theologica, II 1 Quaest. XC bis CVIII; speciell von der Frage „utrum lex humana per consuetudinem aboleatur, et utrum consuetudo obtineat vim legis“ in Qu. XCVII art. 3. Ich benutze die Ausgabe von Migne, Paris 1864. — Ausdrücklich beruft sich auf Thomas' Lehre Guido de Baysio (Archidiaconus) in seinem Commentar zum Dekret, ad c. 7 Dist. 11. Vgl. auch unten § 25 II.

[10]) Eine starke Einwirkung der Lehre der Glossatoren tritt namentlich in Hostiensis' Summa (aurea) hervor. Ueber den Anschluss der späteren Kanonisten an die Theorie der Postglossatoren vgl. die im Text gleich folgenden Ausführungen.

[11]) Panormitanus ad c. 11 X. h. t. num. 1 sagt von diesem Tractatus Johannes Andreae's (vgl. unten N. 23): In quo interserit omnia dicta legistarum usque ad tempus suum.

[12]) Johannes Andreae l. c. num. 1.

unabhängigeren Erörterungen der Kanonisten fast ganz auf die oben in den §§ 10 und 11 behandelten Specialfragen der Lehre vom Gewohnheitsrecht: das Verhältniss der consuetudo zur ratio im weiteren Sinne und zur lex bezw. dem statutum mit Einschluss des, wesentlich nur für derogatorische Gewohnheitsrechte anerkannten, Erfordernisses der legitima praescriptio.

Allerdings sollte man erwarten, dass die gesammte kirchliche Anschauungsweise und vor allem das grosse Gewicht, welches die Kirche auch für das Rechtsgebiet auf die bona fides legte, die kanonistische Doktrin zu einer eingehenden Berücksichtigung auch des inneren Momentes der Gewohnheitsrechtsbildung, namentlich des Willens resp. der Ueberzeugung der Uebenden, bestimmt hätte. Es lässt sich nun nicht verkennen, dass die Kanonisten in der That dieser Seite der Lehre vom Gewohnheitsrecht eine grössere Aufmerksamkeit als die Legisten zugewandt und einige wichtige Ausführungen in dieser Hinsicht gegeben haben; indessen zu einer klaren Auffassung und Beantwortung der Frage haben, wie im nächsten Paragraphen gezeigt werden soll, auch sie es nicht gebracht.

Besonders bemerkenswerth ist, dass die Kanonisten den Sätzen in Betreff des Gewohnheitsrechts, welche sie im Corpus iuris civilis nicht begründet fanden und lediglich auf Bestimmungen resp. auf den Geist des kanonischen Rechts zurückführten, grossentheils nur für das Gebiet des letzteren, nicht auch des Civilrechts, Geltung beilegten[13]). Dies zeigte sich vor allem in Bezug auf das Erforderniss der legitima praescriptio[14]), tritt aber auch in den Erörterungen der Kanonisten über das Erforderniss der Rationabilität und in einigen anderen Punkten hervor[15]).

III. Innerhalb der kanonistischen Doctrin verdient für die Lehre vom Gewohnheitsrecht zunächst die glossa ordinaria zu den im Corpus iuris canonici vereinigten Sammlungen hervor-

---

[13]) Vgl. andrerseits das oben § 17 I a. E. hinsichtlich der Stellung der Postglossatoren zu den Aussprüchen des kanonischen Rechts und der Kanonisten über das Gewohnheitsrecht Bemerkte.

[14]) Unten § 26 III 2 a. E.

[15]) Unten § 25 II und III 2 a. E. Vgl. auch unten § 26 Text vor N. 54 und vor N. 71.

ragende Beachtung[16]); für die Dogmengeschichte besonders wichtig sind die ausführlichen Erläuterungen des Johannes Teutonicus zu den einschlägigen Stellen des Decretum Gratiani und ihre theilweise auf cap. 11 X. h. t. gestützte Berichtigung durch Bartholomaeus Brixiensis. Von der sonstigen Litteratur zum Dekret hat aus älterer Zeit die Summa des Rufinus[17]) durch Eigenart der Erörterungen über das Gewohnheitsrecht Bedeutung, während aus späterer Zeit der Apparatus des Guido de Baysio (Archidiaconus)[18]) auch für unsere Lehre wesentlich als inhaltsreiches Sammelwerk in Betracht kommt[19]). Unter den Arbeiten der früheren Dekretalisten hat der Apparat Papst Innocenz IV.[20]) für diese Lehre nicht eine solche Autorität erlangt, wie für viele andere Gegenstände des kanonischen Rechts[21]); dagegen übten die auf das Gewohnheitsrecht bezüglichen Ausführungen des Henricus de Segusio (Hostiensis)[22]) einen tiefgreifenden dauernden Einfluss. Besonders eingehend und nicht ohne Selbstständigkeit behandelten das Gewohnheitsrecht im vierzehnten Jahrhundert Johannes Andreae[23]) und

---

[16]) Ich benutze die Lyon 1584 in 3 Bänden erschienene glossirte Ausgabe des Corpus iuris canonici.

[17]) Herausgegeb. von Joh. Friedrich v. Schulte, Giessen 1892. — Geringere Bedeutung haben für die Geschichte unserer Lehre die ebenfalls von Schulte (Giessen 1890 resp. 1891) herausgegebenen Summae des Paucapalea und des Stephanus Tornacensis, sowie die Summa Magistri Rolandi (herausgegb. von Thaner, Innsbruck 1874).

[18]) Ich benutze die Venedig 1503 erschienene Ausgabe: Archidiaconus super Decretorum Volumine.

[19]) Vgl. über den allgemeinen Charakter des Werks die treffenden Bemerkungen v. Schulte's, Gesch. der Quellen u. s. w. II S. 188.

[20]) Ich benutze die Frankfurt a/M. 1579 veröffentlichte Ausgabe: Innocentii Quarti Pontif. Max. in quinque libros Decretalium Commentaria.

[21]) Wie die folgenden Paragraphen darthun werden, darf man durchaus nicht mit Schulte (Kathol. K.-R. I S. 208—209) Innocenz' IV. Theorie des Gewohnheitsrechts als wesentlichen Abschluss der kanonistischen Lehre ansehen.

[22]) Vornehmlich kommt hier seine — seit alter Zeit als aurea bezeichnete — Summa in Betracht, weniger seine Lectura in quinque Decretalium libros (die erstere habe ich in der Basel 1573, die letztere in der Paris 1512 erschienenen Ausgabe benutzt).

[23]) Unter seinen zahlreichen Schriften — zu denen bekanntlich auch die glossa ordinaria zum Liber Sextus und zu den Clementinen gehört — sind für

Antonius de Butrio[24]); nicht ohne Werth sind auch die kürzeren Erörterungen des französischen Kanonisten Henricus Bouhic (Bohic)[25]). Ein sehr hohes Ansehen erlangten mit Recht die klaren und scharfsinnigen Erläuterungen des Nicolaus de Tudeschis (Panormitanus) zu dem Dekretalentitel de consuetudine[26]). An ihn schliesst sich zunächst an[27]) der ausführlich alle Lehrmeinungen über das Gewohnheitsrecht citirende und discutirende Commentar des Rochus Curtius zum Kapitel Cum tanto[28]). Dagegen bietet Petrus' von Ravenna Commentar zum Titel de consuetudine[29]) nur eine ungeordnete Compilation von Aussprüchen anderer Schriftsteller[30]).

---

unseren Gegenstand am wichtigsten seine Novella Commentaria in Decretales Gregorii IX. (hier citirt nach der Lyon 1505 erschienenen Ausgabe), und zwar vor allem der auf die Erklärung der rubrica und der einzelnen capita des Titels de consuetudine folgende Tractatus de consuetudine.

[24]) Seine Commentarii in Decretales sind von mir in der Venedig 1578 erschienenen Ausgabe benutzt.

[25]) Ich benutze seine Distinctiones in libros V Decretalium in der Lyon 1520 veröffentlichten Ausgabe.

[26]) Ich citire die Venedig 1605 erschienene Ausgabe: Abbatis Panormitani Commentaria in quinque libros Decretalium. Einzelne bemerkenswerthe Ausführungen enthält auch der Decretalen-Commentar seines Lehrers Zabarella (Cardinalis Florentinus); ich habe die Venedig 1612 erschienene Ausgabe desselben benutzt.

[27]) Rochus Curtius sagt selbst im Eingang seiner Arbeit: Procedam . . . . . accuratissime quantum ingenii mei vires patientur, ordinem Abbatis Panorm. . . . . sequendo, et ea maxime, quae ipse attingit, discutiendo.

[28]) Abgedruckt in den Tractatus Utriusque Iuris, Tom. II, Venet. 1584, fol. 345—380. — Der Tractatus ist in dieser Ausgabe in eine allgemeine Praefatio (zur rubrica de consuetudine), eine specielle Praefatio (jedoch ohne besondere Ueberschrift) zum cap. Cum tanto und in 9 Sectiones getheilt. Diese 11 Theile umfassen zusammen 571 Nummern (Paragraphen).

[29]) Ebenfalls in den Tractatus Utr. Jur. tom. II (fol. 381—390) abgedruckt (vgl. oben § 17 N. 3). Ueber diese wohl nur wenig ältere Schrift sagt Rochus Curtius (l. c., Praef. in cap. Cum tanto num. 1): Quidam etiam Dominus Petrus Raven., qui memoria excellebat, quasdam allegationes et conclusiones in hac materia fecit, tamen nec articulos, nec difficultates discussit.

[30]) Noch einige andere, hier nicht genannte kanonistische Schriften habe ich gelegentlich in den folgenden Paragraphen angeführt.

§ 24.

Der animus inducendi consuetudinem und die Rechtsüberzeugung als Erfordernisse des Gewohnheitsrechts.

In Uebereinstimmung mit den Legisten waren die Kanonisten der Ansicht, dass zur Bildung jedes Gewohnheitsrechts neben äusseren Handlungen ein inneres Moment erforderlich sei, welches sie ebenfalls in einem Rechtssetzungswillen der Uebenden, resp. des populus, erblickten[1]). Daneben legten sie aber auch auf die Rechtsüberzeugung der Uebenden erhebliches Gewicht. Die letzteren Erörterungen gingen freilich aus einer Vermengung der Ausübung resp. des Erwerbs subjektiver Rechte und der Uebung resp. Entstehung von Rechtssätzen hervor[1a]); sie beförderten jedoch nicht nur eine sichere Ausscheidung zahlreicher Fälle, in denen trotz längerer gleichmässiger Uebung die Bildung eines Gewohnheitsrechts nicht angenommen werden sollte, sondern enthielten auch den Ansatz zu einem wesentlichen Fortschritt der Theorie.

I. Schon die Glosse zum Decretum Gratiani hebt hervor, für das Vorhandensein einer consuetudo genüge nicht öftere Wiederholung einer Handlung, selbst wenn die Uebenden im Glauben an ein ihnen zustehendes Recht so gehandelt hätten[2]); vielmehr müsse auch vorliegen die Absicht, dass das Gleiche in Zukunft geschehe, als Gewohnheit beobachtet werde[3]). Hiefür beruft sich die Glosse auf zwei Digestenstellen, welche aller-

[1]) Vgl. über diese Auffassung sowohl der Glossatoren als der Postglossatoren oben § 14 II und § 20 II.

[1a]) Unbewusst mag dabei freilich auch die germanische Unterscheidung zwischen rechter und unrechter Gewohnheit (unten § 30) mitgewirkt haben.

[2]) Das Nähere hierüber s. unten II.

[3]) Gl. institutum ad c. 1 Dist. 5: Videtur hic manifeste, quod plures vices non sufficiunt ad hoc ut aliquid dicatur consuetudo, nisi institutum sit, quod illud pro consuetudine amodo servetur . . . . unde licet aliquid saepius factum sit, nisi eo animo factum sit ut in posterum fieret: etiam si suo iure id fieret, talis usus non dicetur usus. Aehnlich sagt die Gl. consuetudinem zu c. 7 Dist. 8: Requiritur (sc. ad hoc quod consuetudo praeiudicet iuri) quod eo animo fiat ut credant se ius habere et in posterum illud intendant facere; alioquin talis usus non dicitur usus.

dings nur von Vorhandensein und Schutz eines Rechtsbesitzes ohne irgend eine Beziehung auf ein Gewohnheitsrecht sprechen[4]). Nicht nur die Glosse zu cap. 11 X. h. t. wiederholt diese Ausführung im wesentlichen[5]), sondern auch die sonstige kanonistische Doktrin hat sich ihr ohne Widerspruch angeschlossen[6]). Zwischen dem Willen der Uebenden und dem der Gesammtheit, für welche die consuetudo Geltung erlangen sollte, wurde dabei von den Kanonisten vielfach in ähnlicher Weise wie von den Legisten[7]) unterschieden[8]).

---

[4]) Die in der vorigen Anm. citirte Glosse institutum fährt fort: ut D. de itin. actuque priva. l. 1 § Julianus (sollte heissen: Vivianus) recte ait et l. ult. Die Glosse consuetudinem citirt nur die erstere Stelle.

[5]) Die Gl. legitime sit praescripta ad cap. 11 X. h. t. bezeichnet als Erforderniss einer dem ius commune präjudicirenden consuetudo, unter Berufung auf die beiden eben in N. 4 genannten Pandektenstellen: quod sis usus illa consuetudine sive vicibus illis quibus usus es eo animo ut intendas sive credas, te ius habere et (dieses Wort fehlt in manchen Ausgaben) ut in posterum id facias. — Es ist kaum anzunehmen, dass diese Gl. oder Johannes Teutonicus in der cit. Glosse consuetudinem das fragliche Erforderniss auf derogatorische Gewohnheitsrechte beschränken wollte; andrerseits ist auch nicht wahrscheinlich, dass Barth. Brix. durch die Schlussworte zur Glosse consuetudinem: „Hoc breviter teneas, quod sufficit secundum canones, quod sit rationabilis, et praescripta ut ext. de consue. c. ulti." oder Bernardus Parmensis durch die hiemit sachlich ganz übereinstimmenden Schlussworte zur angeführten Glosse legitime sit praescripta dieses Requisit für beseitigt erklären wollte, insbesondere da ja nach den beiden angeführten Glossen zum Decret bei dem Fehlen desselben gar keine consuetudo (resp. kein usus) vorliegen sollte.

[6]) Rochus Curtius ad cap. 11 X. h. t. sect. IV num. 36 sagt, indem er den Zweifel seines Lehrers, des Legisten Jason de Mayno, gegen die Richtigkeit der Forderung des animus consuetudinem introducendi (s. oben § 20 II 2) erwähnt, die Ansicht der Glosse sei communis opinio, „quinimmo neminem vidi hic contradicere". Allerdings hatte Hostiensis (Summa ad h. t. num. 6 und Lectura ad cap. 9 h. t.) sich in Bezug auf den Beweis des Gewohnheitsrechts durch richterliche Handlungen gegen das Verlangen erklärt, dass nachgewiesen werden müsse, „iudicem eo animo pronunciasse quod de caetero sic pronunciaretur in futurum", aber diesen Widerspruch begründete er nur durch das Argument, dass die Möglichkeit des Beweises nicht eingeschränkt werden dürfe.

[7]) S. oben § 14 II 1 (Glossatoren) und § 20 II 3 (Postglossatoren).

[8]) Die Glosse spricht nur von dem animus derjenigen, welche die Uebungshandlungen vornehmen (s. die Citate oben in N. 3 und 5); sie verlangt aber (cit. Glossen consuetudinem und legitime sit praescripta),

II. Die Glosse erklärte zugleich, mit Berufung auf die eben erwähnten Pandektenstellen, für erforderlich, dass die Uebungshandlungen vorgenommen seien in dem Glauben der Handelnden, zu den betreffenden Handlungen berechtigt zu sein[9]). Diese Annahme wurde insbesondere von Innocenz IV. getheilt[10]) und dahin ergänzt, dass neben dem Glauben an das vorhandene subjektive Recht auf der einen Seite der Glaube an eine entsprechende Rechtsverbindlichkeit auf der Gegenseite erforderlich sei[11]). Dem schlossen sich die späteren Kanonisten an[12]). Dieses Erforderniss wurde aber mit dem unter I.

---

dass der grössere Theil des Volkes an der Uebung selbst betheiligt gewesen sei. Dagegen sagt Goffredus Tranensis in seiner Summa in Titulos Decretalium (geschrieben um 1242, s. v. Schulte, Gesch. der Quellen und Litt., II S. 90. Ich benutze die Venet. 1564 erschienene Ausgabe) ad h. t. num. 3: Inducitur consuetudo cum populus incipit aliquid observare ea mente vel ut dicunt alii cum expresse placet populo aliquid observari pro consuetudine in futurum. Antonius a Butrio (ad c. 11 X. h. t. repet. num. 27) betrachtet als entscheidend, ob aus den Uebungshandlungen (der Einzelnen) der Wille des Volkes, dass der geübte Satz Rechtssatz sein soll, sich ergiebt. Rochus Curtius ad c. 11 X. h. t. sect. IV num. 46 meint, es genüge, wenn nur Einige die Uebungshandlungen vornähmen, diese aber zur Kenntniss des Volkes oder des grösseren Theiles des Volkes gelangten und dessen stillschweigende Zustimmung erhielten.

9) Gl. institutum ad c. 5 Dist. 1 in den an l. ult. D. de itin. actuque priv. 43, 19 sich anlehnenden Worten: etiam si suo iure id faceret. Gl. consuetudinem ad c. 7 Dist. 8 v. v. ut credant se ius habere und Gl. legitime sit praescripta ad c. 11 X. h. t. v. v. sive credas te ius habere (diese Worte sind wahrscheinlich auf l. 1 § 19 D. de aq. cott. et aest. 43, 20 zurückzuführen. Vgl. unten N. 23).

10) Innocenz IV. ad rubr. h. t. num. 4 vgl. mit seiner Erörterung ad c. 4 X. de postul. prael. 1, 5 num. 1 (s. auch die folgende Note).

11) Innocenz IV. ad c. 3 X. de causa poss. et propr. 2, 12 num. 5 (besonders wichtig sind die Worte „domino sciente et credente, quod iure suo utatur, et patiente". — Allerdings spricht Inn. hier wie in dem Commentar zu dem eben angef. c. 4 X. 1, 5 nur von dem Erwerb eines Rechtsbesitzes durch Rechtsausübung; aber die beiden Quellenstellen gebrauchen auch den Ausdruck „consuetudo", und dass Innocenz seine Erörterungen über die Erfordernisse der einen Rechtsbesitz begründenden Rechtsausübung auch auf Entstehung eines Gewohnheitsrechts erstrecken wollte, geht aus einem Vergleich mit seiner Erläuterung ad rubr. des Titels de consuetudine num. 4 hervor.

12) S. bes. Ant. a Butrio ad cap. 11 X. h. t. repet. num. 28 und Rochus Curtius ad idem cap. sect. VIII num. 27.

erwähnten in der Weise in Verbindung gebracht, dass im Zweifel der animus inducendi consuetudinem angenommen werden sollte, wenn die Handlung im Glauben an das betreffende Recht resp. an die betreffende Verbindlichkeit erfolgt sei[13]).

Unabhängig zumeist von diesen Erörterungen[14]) behandelten die Kanonisten, im Zusammenhang mit dem Verhältniss zwischen consuetudo und praescriptio, die Frage, ob zu der ersteren bona fides der Uebenden erforderlich sei. Diese Frage wurde anfänglich bejaht: so insbesondere von Bartholomaeus Brixiensis in seiner Ueberarbeitung der glossa ordinaria zum Dekret[15]) und von Innocenz IV.[16]). Mit schärferer Unterscheidung zwischen consuetudo und praescriptio[17]) dagegen wurde das Erforderniss der bona fides, ebenso wie das des iustus titulus, für die erstere überwiegend in Abrede gestellt: so namentlich von Hostiensis[18]),

---

[13]) Am deutlichsten spricht dies aus Roch. Curt. l. c. sect. VIII num. 27: In dubio dicitur quem uti animo inducendi consuetudinem, quando facit actum pro iure suo scilicet credens se ius habere ut in posterum id faciat. — Diese Ansicht lässt freilich ganz im Unklaren, wozu dem Handelnden bei einem solchen Glauben noch die Einführung einer consuetudo als wünschenswerth erscheinen sollte.

[14]) Vgl. aber auch unten N. 23.

[15]) Gl. usque ad hoc tempus ad C. 18 qu. 2 c. 31 in f.

[16]) Ad rubr. h. t. num. 4.

[17]) Johannes Teutonicus (in der eben — Anm. 15 — citirten Glosse) scheint consuetudo und praescriptio noch wesentlich zusammengeworfen zu haben. Sehr unsicher sind auch die Erörterungen der Gl. zu cap. 11 X. h. t. v. v. legitime sit praescripta über die Verschiedenheit der beiden Begriffe. (Vgl. auch Schulte, Kathol. K.-R. I S. 207 über die „ungenaue ja fast gänzlich mangelnde Sonderung der Begriffe consuetudo und praescriptio" in der Glosse). Eine schärfere Unterscheidung derselben beginnt mit Hostiensis' Summa ad h. t. num. 13—15 und Lect. ad c. 11 X. h. t. in f. Für die spätere Zeit vgl. bes. Ant. a Butrio ad cap. 11 X. h. t. rep. num. 48—49; Panorm. ad cap. 8 X. h. t. num. 22 und ad cap. 11 X. h. t. num. 20; Roch. Curt. ad c. 11 X. h. t. sect. V num. 3. Die späteren Kanonisten erkannten auch, wie die späteren Postglossatoren (oben § 18 III 2), grösstentheils, dass der wesentliche Unterschied zwischen consuetudo und praescriptio in der Begründung objektiven Rechts durch die erstere, nur subjektiver Rechte durch die letztere liege.

[18]) Summa ad h. t. num. 14 und Lect. ad c. 11 X. h. t. in f. — Wenn Host. an der erstangeführten Stelle hinzufügt, „sed caveat (der sich auf die consuetudo Berufende) de conscientia", so hat er dabei, wie sich aus der

von Johannes Andreae [19]), von Panormitanus [20]) und von Rochus Curtius [21]), während Antonius de Butrio schwankte [22]). Die naheliegende Frage, wie sich dieses Erforderniss zu dem eben erörterten des Glaubens an die Berechtigung des Handelnden verhalte, scheinen sich die kanonistischen Schriftsteller mit wenigen Ausnahmen [23]) garnicht vorgelegt zu haben [24]).

III. Für die nähere Bestimmung der Kategorieen von Fällen, in denen die sonst zur Bildung eines Gewohnheitsrechts genügenden Handlungen wegen des Mangels des erforderlichen animus resp. der erforderlichen Rechtsüberzeugung diese rechtschaffende Wirkung nicht haben könnten, waren zwei äussere Anhaltspunkte wichtig. Einerseits entnahm man aus einer der Digestenstellen [25]), auf welche das Erforderniss des Glaubens

---

Verweisung auf seine Bemerkung zum Tit. de censibus num. 5 ergiebt, nur die Rücksicht auf das Seelenheil im Auge.

[19]) Nov. Comment. ad c. 11 X. h. t. num. 36. — Allerdings sagt die von Joh. Andreae verfasste Glosse ad c. 3 h. t. in 6to v. canonice: sc. cum bona fide et titulo; aber derselbe bezog diese Dekretale nicht oder doch nicht zunächst auf eine consuetudo im eigentlichen Sinne (s. seine Nov. Comment. l. c. num. 37 und seine einleitende Gl. ad cap. 3 in 6to cit.).

[20]) Ad c. 8 X. h. t. num. 22 und ad cap. 11 X. h. t. num. 20.

[21]) Ad c. 11 X. h. t. sect. V num. 3.

[22]) Ad cap. 8 X. h. t. rep. num. 47 und wohl auch ad c. 11 X. h. t. num. 19 verlangte er bona fides, während er ad cap. 11 X. h. t. rep. num. 48 dieses Erforderniss verwarf.

[23]) Innocenz IV. ad rubr. h. t. num. 4 scheint mit der bona fides, welche er neben dem animus inducendi consuetudinem et utendi iure suo unter Berufung auf l. 1 § 19 D. de aq. cott. 43, 20 und auf l. 1 § ult. (l. ult?) D. de itin. actuque priv. 43, 19 fordert, nichts Anderes als den Glauben des Handelnden an sein Recht bezeichnen zu wollen (vgl. die l. 1 § 19 cit. v. v. qui se putat suo iure uti, sowie die oben N. 11 citirten Worte aus seinem Commentar zu cap. 3 X. 2, 12). Panorm. ad cap. 3 X. 2, 12 num. 26 sagt deutlich, dass das Erforderniss „quod credebat uti iure suo" identisch sei mit dem Erforderniss der bona fides.

[24]) Hervorzuheben ist noch, dass die Frage des Einflusses eines Irrthums auf die Entstehung resp. Geltung eines Gewohnheitsrechts von den Kanonisten, soweit ich sehen kann, gar nicht mit dem Erforderniss der Rechtsüberzeugung resp. des guten Glaubens in Verbindung gebracht wurde. Eigene Gedanken haben sie über diese Frage überhaupt nicht geäussert.

[25]) L. 1 § 6 D. de itin. actuque priv. 43, 19: Vivianus recte ait eum, qui propter incommoditatem rivi aut propterea, quia via publica interrupta

an eine bestehende Berechtigung gegründet wurde, dass die Handlungen, welche eine consuetudo bilden sollten, nicht durch äussere, den Willen der Rechtsübung ausschliessende Umstände, durch eine necessitas in diesem Sinne, motivirt sein dürften [26]). Andrerseits stützte man sich hauptsächlich auf eine Stelle des kanonischen Rechts, in welcher eine Partei geltend macht, dass ihr gleichmässiges Handeln in der erforderlichen Zeit doch keine consuetudo begründe, weil sie aus freiem Willen, des Friedens halber, nicht aus rechtlicher Nothwendigkeit, das betreffende Verhalten beobachtet habe [27]). Demgemäss erklärte schon die Glosse zum Dekret, dass die aus Freundlichkeit oder Nachsicht gestattete häufigere Vornahme einer Handlung nicht geeignet sei, eine consuetudo zu bewirken [28]). Die nicht aus dem Glauben an eine bestehende rechtliche Verpflichtung hervorgehenden und auch nicht auf Begründung einer rechtlichen Verpflichtung

---

erat, per proximi vicini agrum iter fecerit, quamvis id frequenter fecit, non videri omnino usum ....

[26]) S. bes. Ant. a Butrio ad cap. 11 X. h. t. rep. num. 28 und Roch. Curt. ad idem cap. sect. IV num. 36. — Ohne nähere Begründung hatte Innocenz IV. aus cap. 42 X. de simonia V, 3 (s. seinen Kommentar ad h. l.) abgeleitet, dass nur lange Zeit fortgesetzte freiwillige Leistungen eine gewohnheitsrechtliche Verpflichtung für die Zukunft bewirkten.

[27]) Cap. 25 X. de V. S. 5, 40: .... Ad hoc autem pars adversa respondit, quod si etiam probaretur, quod infra praedicti temporis spatium de monasterio sancti Bertini semper fuerit abbas Alciatensis assumptus, ex hoc (tamen nullum Alciacensi monachis praeiudicium parabatur, quum hoc non ex necessitate aliqua factum fuerit, sed ex libera voluntate .... Sed) dici non poterat, quod (ex eo) consuetudo aliqua quasi contradicto iudicio fuerit introducta, quum in memorati Guarini electione pro bono pacis extra iudicium processum taliter dignoscatur. — Die hier eingeklammerten Worte sind partes decisae et restitutae.

[28]) Die Glosse „institutum" zu c. 5 Dist. 1 fährt nach dem Wort „servetur" (s. oben N. 3) fort: nam potest esse quod ex gratia vel tolerantia hoc saepius permissum sit, ut extra de verb. signific. abbate (cap. 25 cit.) et 10 quaest. 3 quia cognovimus. Die letztangeführte Stelle (C. 10 qu. 3 c. 6) erklärt, dass von den Bischöfen bisher widerrechtlich erhobene Abgaben fernerhin nicht gefordert und entrichtet werden sollen. — Innocenz IV., welcher durch seine Erörterungen zu cap. 4 X. de postul. prael. 1, 5 num. 1 und zu cap. 3 X. de causa poss. 2, 12 num. 5 zur Verbreitung dieser Anschauung wesentlich beitrug, setzte den ex gratia entspringenden Handlungen die ex debito hervorgehenden gegenüber.

für die Zukunft gerichteten Handlungen bezeichnete man als actus merae facultatis [29]). Die Frage aber, ob eine Handlung aus dem Glauben an ein bestehendes subjektives Recht resp. an eine entsprechende rechtliche Verbindlichkeit entspringe oder zu der eben bezeichneten Kategorie von Handlungen gehöre, sollte vornehmlich aus der Beschaffenheit der Handlung selbst beantwortet werden [30]). So war durch die Doktrin der Kanonisten die Erkenntniss der später s. g. opinio iuris s. necessitatis als eines wesentlichen Faktors des Gewohnheitsrechts angebahnt.

§ 25.

Verhältniss der consuetudo zur ratio.

I. Die zahlreichen Bestimmungen des kanonischen Rechts über die Bedeutung der ratio für Bildung resp. Geltung von Gewohnheitsrecht [1]) gaben der kanonistischen Wissenschaft natur-

[29]) S. besonders Panorm. ad cap. 10 X. de concess. praeb. 3, 8 num. 7, ad cap. 7 X. de cler. coniug. 3, 4 num. 9, ad cap. 29 X. de simonia 5, 3 num. 5; Roch. Curt. ad cap. 11 X. h. t. sect. IV num. 36 und sect. VII num. 26. — Die Bezeichnung scheint herzustammen von den Postglossatoren, welche zunächst in der Lehre vom Besitz resp. von der Ersitzung von Rechten das ius (ius debitum) und die facultas (thatsächliche Möglichkeit, so oder anders zu handeln) einander gegenüberstellten (s. z. B. Cynus ad l. 1 C. de servit. et aq. 3, 34 num. 8; Bart. ad l. 1 D. de condict. ex lege 13, 2 num. 4).

[30]) Innocenz IV. ad cap. 4 X. de postul. prael. 1, 5 num. 1 und ad cap. 3 X. de causa poss. et propr. 2, 12 num. 5; Panorm. ad idem cap. 3 num. 24; Roch. Curt. ad cap. 11 h. t. sect. VIII num. 27. — Besonders beliebt war das von Innocenz IV. zuerst aufgestellte Beispiel der häufigen gastlichen Aufnahme eines Bischofs oder Ritters im Hause eines anderen Bischofs bezw. Ritters. Wiederholt wird auch das Beispiel angeführt, dass jemand lange Zeit in der Mühle eines Anderen Getreide mahlen oder im Backofen eines Anderen Brot backen lässt. — Grosse Mühe giebt sich Panorm. ad cap. 29 X. de simonia 5, 3 num. 5, zu erklären, wie aus ursprünglich freiwilligen Gaben des Volkes an die Kirche bei Gelegenheit des Empfangs von Sakramenten gewohnheitsrechtlich Gebühren (Stolgebühren) entstehen können (vgl. oben N. 26 a. E.). Unter seinen drei Versuchen zur Lösung des Problems befindet sich auch die Annahme, dass, wenn jemand die Leistung verweigert, dann aber auf Vorhalten der übrigen sich der Uebung derselben angeschlossen hat, daraus hinlänglich hervorgeht der „consensus populi volentis introducere illam laudabilem consuetudinem".

[1]) Oben § 10.

gemäss Anlass, sich eingehend mit dem Verhältniss der consuetudo zur ratio zu beschäftigen. Bis zum Erlass der Gregorianischen Dekretalensammlung waren diese Erörterungen allerdings noch wenig umfangreich und beschränkten sich wesentlich auf das Verhältniss der consuetudo zum ius naturale[2]). Seitdem aber fanden sie vor allem in cap. 11 X. h. t. eine Grundlage und in vielen Entscheidungen des liber Extra[3]) Ausgangspunkte für weitere Ausgestaltung der Lehre und für eine reiche Casuistik. Die bald zur Herrschaft gelangende Ansicht, dass die Entscheidung über Rationabilität und Irrationabilität des einzelnen Gewohnheitsrechts dem Richter zu überlassen sei[4]), hinderte nicht wesentlich die Aufstellung von „theoricae et coniecturae" [5]), welche dem Richter in dieser Beziehung einen Anhalt gewähren sollten. Vertieft wurde zudem die ganze Lehre durch den Einfluss der thomistischen Philosophie.

II. Das letzterwähnte Moment machte sich zunächst und vornehmlich in den Erörterungen über die ratio als schöpferisches Element der consuetudo geltend. Ausgangspunkte für solche Betrachtungen waren schon in einzelnen Stellen des Decretum Gratiani gegeben[6]); aber erst die starke Hervorhebung dieser Bedeutung der ratio in Thomas von Aquino's philosophischer Theorie des Gewohnheitsrechts scheint die Kanonisten auf diesen Weg geführt zu haben.

Wie Thomas das Gesetz als Produkt des von der Vernunft bestimmten Willens auffasste[7]), so auch das Gewohnheits-

---

[2]) Unten III 1 und 2.

[3]) Vgl. die oben zu § 15 in den Anmerkungen (besonders N. 19—26) citirten Stellen.

[4]) Unten III 3.

[5]) Diesen Ausdruck gebraucht Roch. Curt. ad cap. 11 X. h. t. sect. II num. 20 (im Anschluss an Panorm. ad idem cap. num. 5).

[6]) So namentlich in c. 5 Dist. 1 (vgl. über diese, durch Isidor's Vermittlung aus Tertullian geschöpfte Stelle oben § 10 N. 10) und in c. 7 Dist. 12 (= l. 1 C. h. t.).

[7]) S. besonders seine Summa theol. II 1 Qu. XC art. 1: Utrum lex sit aliquid rationis. Ebendas. Qu. XCVII art. 3 sagt Thomas: Omnis lex proficiscitur a ratione et voluntate legislatoris: lex quidem divina et naturalis a rationabili Dei voluntate; lex autem humana a voluntate hominis ratione regulata. Aehnlich definirt er ibid. Qu. XCI art. 3 die lex (humana) als dic-

recht [8]), und er war sogar der Ansicht, dass gerade am allerwirksamsten — wirksamer noch als durch Worte — durch konkludente Handlungen der Willensentschluss und die diesem zu Grunde liegende vernünftige Ueberlegung bekundet würden [9]). Als der für die subjektive Vernunft massgebende Endzweck alles Rechts erschien ihm aber das gemeinsame Wohl, das bonum commune sive die utilitas communis [10]); dieses bonum sollte freilich ein verschiedenes sein für das ius divinum und für das ius humanum: für das erstere die ewige Seligkeit, für das zweite der äussere Frieden innerhalb der zeitlichen Gemeinschaft [11]). — Der Grundanschauung des Thomas über die ratio als wesentlichen Factor der consuetudo hat sich Guido de Baysio völlig angeschlossen [12]). Aber auch bei mehreren anderen späteren Kanonisten finden wir neben der voluntas resp. dem consensus die ratio als positive Grundlage der consuetudo anerkannt [13]). Anklänge an Thomas' Lehre von dem objektiven vernünftigen Endzweck der Rechtssätze und ihrer Hauptarten finden sich in der kanonistischen

---

tamen practicae rationis in principe, qui gubernat aliquam communitatem perfectam.

[8]) L. c. Qu. XCVII art. 3 (s. insbes. auch die folgende Note).

[9]) Nachdem er auseinandergesetzt hat, dass im äusseren Leben die Vernunft und der Wille des Menschen nicht nur durch das Wort, sondern auch durch die That sich bekunden, und dass oft wiederholte Handlungen eine Gewohnheit begründen, schliesst er hieraus, dass dieser gleiche Wirkung wie dem Gesetze zukommen müsse, „in quantum scilicet per exteriores actus multiplicatos interior voluntatis motus et rationis conceptus efficacissime explicatur. Cum enim aliquid multoties fit, videtur ex deliberato rationis iudicio provenire".

[10]) S. besonders l. c. Qu. XC art. 2 und Qu. XCV art. 3.

[11]) L. c. Qu. XCVIII art. 1: . . . . Est autem sciendum quod est alius finis legis humanae et alius legis divinae. Legis enim humanae finis est temporalis tranquillitas civitatis; ad quem finem pervenit lex cohibendo exteriores actus, quantum ad illa mala, quae possunt perturbare pacificum statum civitatis. Finis autem legis divinae est perducere hominem ad finem felicitatis aeternae. . . . .

[12]) Wörtlich hat er die oben in N. 9 citirten Ausführungen Thomas' in seinen Commentar zum Dekret (ad c. 7 Dist. 11) aufgenommen.

[13]) S. besonders **Baldus**, Ad tres priores libros Decretalium Commentaria (ich benutze die Ausgabe Lugduni 1585), ad rubr. h. t. num. 5 und ad cap. 11 X. h. t. num. 24, sowie **Roch. Curt.** ad c. 11 cit. sect. II num. 24 (vgl. aber auch unten N. 16).

Theorie des Gewohnheitsrechts hauptsächlich bei Antonius a Butrio, welcher behauptete, dass der Zweck des Civilrechts das bonum publicum, dagegen der des göttlichen Rechts und auch des kanonischen Rechts die felicitas animae sei, und hiernach die Rationabilität der einzelnen consuetudines beurtheilen wollte[14]); ihm stimmte mit geringer Modification Panormitanus zu[15]). Jedoch wurde von anderen Kanonisten in unbestimmter Weise jeglicher Vortheil, den ein Gewohnheitsrecht den an seiner Bildung Betheiligten bringe, als genügende positive Grundlage eines solchen angesehen[16]).

III. Einmüthig betrachteten die Kanonisten die ratio als Schranke der consuetudo. Dies gilt in erster Linie hinsichtlich der ratio im Sinne des ius naturale bezw. ius divinum[17]). Allgemein aber wurde wenigstens seit dem cap. 11 X. h. t.[18]) auch die auf anderen Gründen beruhende Irrationabilität als die Bildung resp. Geltung eines Gewohnheitsrechts hindernd erachtet. In der näheren Durchführung dieser Grundsätze zeigt sich aber andrerseits ein starkes Bestreben, durch Unterscheidungen und Präsumtionen den Bereich der Irrationabilität einzuengen[19]). Die Entscheidung der Frage, ob eine konkrete consuetudo als irrationell der rechtlichen Geltung entbehre, wurde seit Hostiensis durchgängig dem Richter zugeschrieben[20]).

1. Dass jede dem ius naturale widersprechende consuetudo nichtig sei, wurde in Uebereinstimmung mit Gratian von

---

[14]) Ant. a Butr. ad cap. 11 X. h. t. num. 14.

[15]) Panorm. ad cap. 11 X. h. t. num. 5 erklärt die Ansicht des Ant. a Butrio an sich für wahr; nur gebe es auch für das Seelenheil gleichgültige Gewohnheiten, welche vom kanonischen Recht gebilligt würden.

[16]) Nach Baldus ad cap. 11 X. h. t. num. 24 ist causa finalis der consuetudo „utilitas vel id quod habetur pro utilitate statuentium"; denn auch die Erfüllung des Willens sei als Vortheil zu betrachten. Mit dieser Fassung war allerdings die positive Bedeutung der ratio für die consuetudo in Wahrheit beseitigt. Vgl. auch die grösstentheils an Baldus sich anschliessenden Auseinandersetzungen des Roch. Curtius sect. II num. 23—26.

[17]) Ueber das gegenseitige Verhältniss dieser beiden Bezeichnungen resp. Begriffe in der kanonistischen Wissenschaft s. unten 1.

[18]) Ueber das Verhalten der älteren Kanonisten in der hier erwähnten Beziehung s. unten 2 z. A.

[19]) Unten 1 a. E. und 2 (Text nach N. 40).

[20]) Unten 3.

der Glosse zum Dekret hervorgehoben und von ihr dadurch begründet, dass der Wille Gottes, welcher in dem ius naturale sich bekunde, der höchste sein müsse[21]). Die Glosse zu cap. 11 X. h. t. begründet das Vorgehen des ius naturale gegenüber der consuetudo theils durch dessen Unabänderlichkeit[22]), theils, im engsten Anschlusse an den Wortlaut des cap. 11, durch die mit der Uebertretung des ius naturale gegebene Gefährdung des Seelenheils[23]). Die späteren Kanonisten machen einerseits den Willen Gottes, andrerseits die Rücksicht auf das Seelenheil für den Vorzug des ius naturale geltend[24]). Meist identificiren die Kanonisten, wie Gratian[25]), diesen Begriff mit den in der Bibel geoffenbarten Rechtssätzen[26]); manche spätere unterscheiden, Thomas von Aquino folgend[27]), zwischen dem im alten und im neuen Testament enthaltenen ius divinum und dem den Menschen von Gott eingepflanzten ius naturale, stellen jedoch beide Inbegriffe von Normen, insbesondere gegenüber der consuetudo, einander grundsätzlich gleich[28]). Bei Gratian aber fand die kanonistische Doktrin schon eine Unterscheidung zwischen moralischen Sätzen des alten Testaments, welche durchaus unabänderlich seien, und mystischen, welche zwar nicht

[21]) S. bes. die Gl. dignitate ad dictum Gratiani ante c. 2 Dist. 8 und den Casus sowie die Gl. sicut ad c. 2 cit.

[22]) Gl. naturali iure ad cap. 11 cit.

[23]) Casus ad c. 11 cit.

[24]) Den Willen Gottes z. B. Archid. ad c. 7 Dist. 11, das Seelenheil Panorm. ad cap. 11 X. h. t. num. 1 und Roch. Curt. ad idem cap. sect. II num. 3.

[25]) S. die oben § 10 N. 12 citirten Stellen.

[26]) So z. B. Gl. naturali ad dictum Grat. ante c. 1 Dist. 1, Gl. ius naturale ad c. 7 Dist. 1 (wo Joh. Teut. aber auch andere Bedeutungen des Ausdrucks hervorhebt — vgl. unten N. 34), Gl. cum ergo ad dictum Grat. post c. 4 Dist. 9; Summarium ad cap. 11 X. h. t. (iuri naturali seu divino) und Gl. iuri naturali ad idem cap.; Host. Summa ad h. t. num. 3 (iuri naturali i. e. divino); Joh. Andr. ad cap. 11 X. h. t. num. 1 und 2 (gebraucht die beiden Ausdrücke promiscue); Roch. Curt. ad cap. 11 X. h. t. praef. num. 2.

[27]) Thomas Summa theol. II 1 Qu. XCI. Vgl. über die von ihm herrührende Unterscheidung von ius naturale und ius divinum: Hinschius Kirchenrecht III S. 770—771, bes. S. 770 Anm. 1.

[28]) So Archid. ad c. 7 Dist. 11; Bouhic ad cap. 11 X. h. t. num. 1; Ant. a Butrio ad idem cap. num. 25; Panorm. ad cap. 11 X. h. t. num. 2.

ihrem moralischen Gehalt nach, wohl aber in ihrem buchstäblichen Inhalt der Abänderung unterliegen sollten[29]). Die kanonistische Doktrin erkannte im Anschluss hieran nicht nur die Rechtsgültigkeit einer den mystischen resp. Cäremonial-Vorschriften des ius divinum (ius naturale) widersprechenden consuetudo an[30]), sondern dehnte dies theilweise auch auf eine moralischen Vorschriften des göttlichen Rechts widerstreitende consuetudo aus, sofern nur dadurch keine Sünde herbeigeführt werde[31]). Mehrere Kanonisten des 15. Jahrhunderts wollten überhaupt den auf das ius naturale bezüglichen Ausspruch des cap. 11 X. h. t. „cuius transgressio periculum salutis inducit" im Sinne einer Einschränkung verstehen[32]).

---

[29]) Dictum Gratiani in f. Dist. 6 (vgl. über die geschichtlichen Wurzeln dieser Ansicht, insbes. über Augustin's Auffassung, Phillips Kirchenr. III S. 592—596).

[30]) Gl. his itaque zu dem in der vorigen Anm. citirten dictum Grat.; Gl. naturali iuri ad cap. 11 X. h. t.; Host. Summa ad h. t. num. 3 und Lect. ad cap. 11 X. h. t.; Jo. Andr. Tract. de consuet. num. 55 und ad cap. 11 X. h. t. num. 39; Bouh. ad cap. 11 X. h. t. num. 1; Zabar. ad c. 11 X. h. t. P. I num. 7 und 8; u. s. w. — Thomas von Aquino Summa theol. II 1 lehrt nicht nur ebenfalls, dass die Cäremonialvorschriften des alten Testaments mit der Ankunft Christi ihre Geltung (abgesehen von der figürlichen Bedeutung) verloren haben (l. c. Qu. CIII art. 3), sondern behauptet auch dasselbe hinsichtlich der (auf die gegenseitigen Verhältnisse der Mitglieder des jüdischen Volkes bezüglichen) praecepta iudicialia des alten Testaments (l. c. Qu. CIV art. 3). Demgemäss wird auch sein Ausspruch „nulla consuetudo vim legis obtinere potest contra legem (naturalem vel) divinam" (l. c. Qu. XCVII art. 3) nur auf die nach seiner Ansicht noch in Kraft stehenden göttlichen Vorschriften zu beziehen sein.

[31]) So Jo. Andr. ad cap. 11 X. h. t. num. 46 (auch gegen das ius naturale vel divinum gilt die consuetudo rationabilis i. e. per quam non induceretur peccatum); Ant. a Butr. ad cap. 11 X. h. t. num. 24; Panorm. ad cap. 11 X. h. t. num. 3 (die ratio naturalis kann Abänderung des praeceptum morale oder Unterscheidungen innerhalb desselben verlangen); Roch. Curt. ad c. 11 X. h. t. sect. II num. 3. — Allgemein hatte schon Innocenz IV. (ad c. 7 X. de constit. 1, 2 num. 4) dem menschlichen Gesetz die Befugniss zugesprochen, Unterscheidungen und Beschränkungen in der Durchführung der Vorschriften des ius naturale vorzunehmen.

[32]) Panorm. und Roch. Curt. an den in der vor. Anm. citirten Stellen. — Anders und wohl richtiger erklärt die Gl. im Casus ad c. 11 X. h. t.: contra ius naturale nulla consuetudo excusat, quia transgressio iuris naturalis inducit periculum salutis.

2. Ueber die Frage, ob resp. inwieweit auch andere Gründe, als Widerspruch mit dem ius naturale, die Irrationabilität und demgemäss die Ungültigkeit einer consuetudo bewirken, sprechen sich die älteren Kanonisten gar nicht oder nur ganz unsicher aus [33]). Dies gilt auch von der Glosse zum Decretum Gratiani [34]). Die Glosse zu cap. 11 X. h. t. bezeichnet als irrationell zunächst jede vom Gesetz gemissbilligte Gewohnheit; ausserdem aber der Kirche lästige resp. gegen das Princip der kirchlichen Ordnung oder gegen die Freiheit der Kirche verstossende Gewohnheiten [35]). Innocenz IV. betrachtete nur das Verhältniss der Gewohnheit zum Gesetz als entscheidend für die Frage der Rationabilität der ersteren [36]). Den bei den Kanonisten fortan massgebend gebliebenen Gesichtspunkt bezeichnete Hostiensis, indem er jede das Seelenheil gefährdende consuetudo für irrationell und deshalb für ungültig erklärte [37]). Daneben erkannte

---

[33]) So sagt Paucapalea ad c. 4 Dist. 11 (= l. 2 C. h. t.), unter ratio sei entweder ius naturale oder aequitas zu verstehen. Stephan von Tournay ad idem c. lässt es dahin gestellt, ob rationem aut legem = rationabilem legem sei oder ob ratio das ius naturale bedeute. Bernhard von Pavia Summa decret. (ed. Laspeyres, Ratisb. 1860) ad h. t. §§ 3 und 5 hebt sehr stark das Erforderniss der Rationabilität der consuetudo hervor (§ 5: de irrationabili non curo, quia semper est abiicienda), aber zum Beleg citirt er nur Stellen aus Gratian's Decret Dist. 8.

[34]) Johannes Teutonicus in der Gl. consuetudinem ad c. 7 Dist. 8 verlangt allerdings, mit Berufung auf cap. 1 X. de dolo et contum. 2, 14 und auf cap. 10 X. h. t., dass die consuetudo (iuri contraria) der naturalis aequitas entspreche. In der Gl. ius naturale ad c. 7 Dist. 1 führt er aber unter den verschiedenen Bedeutungen von ius naturale auch die = naturalis aequitas an.

[35]) Gl. rationabilis ad c. 11 cit.: Et quam consuetudinem dices rationabilem? Illam dico rationabilem, quam non improbant iura .... Illam dico generaliter rationabilem quae non obviat canonicis institutis. Irrationabilis est quae improbatur a iure....et onerosa consuetudo et generaliter ubi aliquid fit contra nervum ecclesiasticae disciplinae sive libertatem.

[36]) Innoc. IV. ad cap. 11 X. h. t.: (Rationabilis) .... dicitur omnis consuetudo, quae non obviat canonicis institutis, vel etiam quam ius sustinet etiam contra canonica instituta, irrationabilis est, quae a iure improbatur.

[37]) Summa ad h. t. num. 3: Si consuetudo contradicat iuri, quo non servato anima periclitatur, reprobanda est, nam generaliter tibi trado,

er freilich noch andere Gründe der Irrationabilität — Beschwerniss von Kirchen, Widerstreit mit unverzichtbarem öffentlichen Recht — an[38]). In ähnlicher Weise fügten auch die späteren Kanonisten meist dem Hauptgrunde der Irrationabilität[39]) andere Momente hinzu[40]). Daneben tritt aber, wie schon oben[41]) bemerkt wurde, bei den späteren Kanonisten das Bestreben, die Wirksamkeit der von ihnen anerkannten Irrationabilitätsgründe resp. das Erforderniss der Rationabilität einzuschränken, stark hervor. So wurde nicht jede der Kirche lästige Gewohnheit als irrationell und ungültig betrachtet, sondern nur wegen starker Beschwerniss der Kirche sollte einer consuetudo die Rechtsgültigkeit versagt werden[42]). Bei den

---

quod ubicunque consuetudine servata periclitaretur anima, non valet.

[38]) Summa l. c. — In der Lectura erklärt Host. ad cap. 9 X. h. t. die dem ius commune widersprechende consuetudo nicht nur dann für ungültig, wenn sie per ius expressum reprobatur (vgl. unten § 26 III 4) sondern auch, wenn sie iniqua ist.

[39]) Die Frage der Sündhaftigkeit wurde sogar, wie wir oben (Text vor N. 31) sahen, zum Kriterium für die Gültigkeit einer dem ius divinum morale widersprechenden consuetudo gemacht.

[40]) So hebt Ant. a Butr. ad cap. 11 X. h. t. rep. num. 14 zwar als entscheidenden Gesichtspunkt für die Irrationabilität einer consuetudo den Widerspruch mit dem bonum aeternum hervor; dagegen ad cap. 7 X. h. t. num. 21 bezeichnet er als non rationabilis jede consuetudo contra iura tenentia obedientiam, unionem et ecclesiasticam disciplinam et publicam utilitatem. Panorm., welcher ad cap. 11 X. h. t. num. 5 als Massstab für die Rationabilität der consuetudo hinstellt, dass sie keine Sünde nähre, erklärt in num. 23 die (derogatorischen) Gewohnheiten für ungültig, welche gegen die Freiheit der Kirche oder gegen das öffentliche Wohl verstossen. Ebenso erklärt Roch. Curt., nachdem er in der praefatio zu cap. 11 X. h. t. ausführlich von der Ungültigkeit sündhafter consuetudines gehandelt hat, auch Gewohnheiten gegen die Freiheit der Kirche resp. der Kirche lästige Gewohnheiten (sect. V num. 20 sqq.) und dem öffentlichen Wohl widersprechende Gewohnheiten (sect. VII c. 1) für ungültig. — Bei diesen Aeusserungen kann allerdings noch in Frage kommen, ob resp. inwieweit die Autoren etwa auch die aus den speciell genannten Gründen als irrationell verworfenen Gewohnheiten unter die allgemeine Kategorie der Sündhaftigkeit mitbegriffen.

[41]) Text vor N. 19.

[42]) Gl. consuetudines ad cap. 1 X. h. t. (hoc capitulum intelligitur de onerosa consuetudine, et quae multum laedit); Zabar. ad idem cap. („propter autoritatem consuetudinis“ muss die Kirche mässige gravamina er-

Gewohnheiten praeter legem und bei den ein Gesetz interpretirenden Gewohnheiten sollte die Irrationabilität gar nicht in Betracht kommen oder wenigstens die Rationabilität vermuthet werden[43]. Auch an sich wegen Irrationabilität ungültige Gewohnheiten sollten zur Vermeidung eines Aergernisses tolerirt werden[44]. Mehrfach wurde sogar behauptet, dass nur auf dem Gebiete des kanonischen Rechts, nicht auch auf dem des Civilrechts, das Erforderniss der Rationabilität für Gewohnheitsrechte bestehe[45].

3. Die Frage, wer über Irrationabilität einer Gewohnheit rechtlich zu entscheiden habe, wurde in der kanonistischen Wissenschaft zuerst, soweit ich sehen kann, von Innocenz IV. aufgeworfen und dahin beantwortet, dass diese Entscheidung nicht dem Gerichte zukomme, sondern nur dem Papste, dessen Aufgabe es sei, alle ihm bekannt gewordenen schlechten Gewohnheiten auszurotten[46]. Dagegen erklärte Hostiensis, dass,

---

tragen); Panorm. ad idem cap. num. 5; Roch. Curt. ad cap. 11 X. h. t. sect. V num. 20, num. 48 sqq. und sect. VI (mit Anführung sehr zahlreicher Beispiele).

[43]) Baldus ad c. 11 X. h. t. num. 11 (Rationabilität ist nur erforderlich bei consuetudines contra ius scriptum); Zabar. ad c. 11 X. h. t. P. II num. 18 (die Rationabilität der consuetudo, welche nicht contra legem ist, wird präsumirt); Roch. Curt. sect. II num. 24 und 25 (für die consuet. interpretativa ist rationabilitas nicht erforderlich). — Ueber die Frage, ob andrerseits bei consuetudines contra legem die Irrationabilität zu präsumiren sei, s. unten § 26 III 1 besonders N. 36.

[44]) Joh. Andr. ad cap. 2 de praeb. in 6to 3, 4 num. 7; Zabar. ad cap. 11 X. h. t. P. II num. 8; Roch. Curt. ad idem cap. sect. 2 num. 39.

[45]) Host. Lectura ad cap. 11 X. h. t. bemerkt allerdings zu den Worten „iuri positivo“: hic accipe pro iure canonico et civili. Ihm schloss sich entschieden an Roch. Curt. ad c. 11 X. h. t. sect. II num. 41. Als Hauptvertreter der entgegengesetzten Ansicht wird Joh. Andreae in seinen Additiones in Speculum Guilelmi Durantis, in Tit. de instrumentorum editione § 12 num. 14 angeführt; jedoch kann ich in seinen Erörterungen h. l. diesen Sinn nicht finden.

[46]) Innocenz IV. ad c. 5 X. h. t. num. 4: der Papst muss die mala consuetudo, sowie sie ihm bekannt geworden, exstirpiren. „Ubi enim est contentio, an aliquid possit esse de iure nec ne, non est ordo iudiciarius requirendus, qualis est consuetudo talis valeat nec ne“. Hiefür beruft sich Innoc. auf cap. 10 X. de fil. presb. 1, 17 (die dort gegebene päpstliche Bestimmung wird von der Glosse richtiger in der Weise erklärt, dass „in manifestis et notoriis ordo iudiciarius non est observandus“).

da keine sicheren Regeln über Rationabilität oder Irrationabilität von Gewohnheiten aufgestellt werden könnten, die Entscheidung hierüber dem Richter überlassen werden müsse[47]. Diese Ansicht ging, mit ausdrücklicher Berufung auf Hostiensis, in die Glosse zum liber Sextus über[48], und sie erlangte überhaupt allgemeine Zustimmung[49].

IV. Das Erforderniss der Rationabilität galt den Kanonisten nicht als ein specifisches für Gewohnheitsrechte, sondern sie hielten dasselbe, in Uebereinstimmung mit dem kanonischen Rechte[50], für ein den ungeschriebenen und den geschriebenen Rechtssätzen gemeinsames[51].

Wie Gratian selbst, so erklärte die Glosse zu seinem Dekret dem ius naturale widersprechende Gesetze für nichtig[52]. Nach der durch das Dekretalenrecht, insbesondere durch cap. 11 X. h. t., erfolgten Ausdehnung des Erfordernisses der Rationabilität in Bezug auf consuetudines nahm die kanonistische Doktrin an, dass wesentlich in demselben Sinne und in demselben Umfange das Erforderniss auch für Gesetze gelte[53]. Insbe-

---

[47]) Host. Summa ad h. t. num. 2 und Lect. ad cap. 9 X. h. t. An dem ersteren Ort citirt er für seine Behauptung eine Anzahl von Stellen aus den Digesten und aus dem liber Extra, welche in sehr verschiedenen Beziehungen eine Entscheidung dem Richter zuweisen.

[48]) Gl. rationabilia ad cap. 1 de constit. in 6to 1, 2.

[49]) S. insbes. Joh. Andr. ad cap. 11 X. h. t. num. 26; Bouhic ad idem cap. num. 1; Panorm. ad idem cap. num. 5 (der Richter soll aber auf die verschiedenen Theorieen über die Rationabilität der consuetudines Rücksicht nehmen); Roch. Curt. ad idem cap. sect. II num. 20 (communis opinio) und sect. VII num. 24.

[50]) Oben § 10 IV.

[51]) Ueber die gleiche Lehre der Postglossatoren s. oben 20 III 2 a. E.

[52]) Gl. dignitate ad dictum Gratiani ante c. 2. Dist. 8; Gl. sicut ad c. 2 Dist. 8; Gl. quod autem ad Dist. 9 initio. — Auch Innocenz IV. ad cap. 7 X. de constit. 1, 2 num. 3 stellt dem ius naturale widersprechende Gewohnheiten und Gesetze einander völlig gleich.

[53]) Die Glosse in dem Casus ad cap. 1 h. t. in 6to schliesst sogar umgekehrt von dem Erforderniss der Rationabilität der Gesetze auf das gleiche Erforderniss für Gewohnheitsrechte („Nota, quod ad hoc, quod valeat consuetudo, requiritur quod sit rationabilis: sicut enim in lege scripta requiritur rationabilitas c. erit autem lex 4 Dist. ita similiter in lege non scripta requiritur rationabilitas"). Ebenso Joh. Andr. Tractatus de consuet. num. 13. Aehnlich sagt Panorm. ad cap. 11 X. h. t. num. 23, die consuetudo contra

sondere sollten Gesetze, deren Befolgung sündhaft wäre[54]) oder welche die Kirche beschwerten[55]), kraftlos sein. Für diese Gleichstellung von Gesetzen und Gewohnheitsrechten berief man sich hauptsächlich auf c. 2 Dist. 4[56]). Einige spätere Kanonisten jedoch behaupteten, eine nachträgliche Prüfung der Rationabilität sei zwar bei Statuten, aber nicht bei Gesetzen i. e. S., welche von der höchsten Gewalt ausgingen, zulässig[57]). Diese Annahme stützte man theils auf den von Gratian in c. 3 Dist. 4 wiedergegebenen Ausspruch Augustin's[58]), theils auf eine Präsumtion, dass der Princeps für Erlass eines Gesetzes einen genügenden vernünftigen Grund gehabt haben werde[59]).

---

utilitatem publicam gelte nicht, weil die lex contra utilitatem publicam gemäss l. ult. C. Si contra ius vel util. publ. ungültig sei. S. ausserdem für den Satz des Textes insbes. Host. Lect. ad cap. 1 und ad cap. 11 X. h. t.; Bouhic ad cap. 11 X. h. t. num. 1; Roch. Curt. ad idem cap. sect. III num. 15. Vgl. auch die folgenden Noten.

[54]) So besonders Host. ad cap. 11 X. h. t.; Bouhic l. c. — Archid. ad c. 5 Dist. 1 erklärt, dass die Gesetze, welche Zinsen gestatten, weil sie der „religio" resp. dem Seelenheil widersprechen, garnicht für Gesetze zu erachten seien.

[55]) Ausdrücklich sagt Panorm. ad c. 1 X. h. t., dass consuetudines und statuta, welche die Kirche beschweren, gleich zu behandeln seien. Vgl. auch Roch. Curt. ad cap. 11 X. h. t. sect. V num. 20 sqq.; Phil. Decius (Super Decretalibus, ed. Lugd. 1551) ad cap. 1 X. h. t. num. 3. — Die Ungültigkeit gewohnheitsrechtlicher oder gesetzlicher Bestimmungen, welche Laien zu Ungunsten von Kirchen oder Geistlichen träfen, wurde auch von einzelnen Kanonisten in Uebereinstimmung mit den Postglossatoren (s. oben § 19 N. 18) darauf gegründet, dass Geistliche und Laien zwei verschiedene „populi", mit Ueberordnung der ersteren, seien (s. z. B. Bouhic ad cap. 7 X. de constit. 1, 2 num. 3).

[56]) Vgl. über diese Stelle oben § 10 IV 1 (im Text und N. 51). Daneben wurde auch cap. 6 X. de constit. 1, 2 (vgl. oben § 10 IV 2 im Text und Note 56—59) verwerthet (s. z. B. Panorm. ad cap. 11 X. h. t. num. 15 und Roch. Curt. ad idem cap. sect. III num. 15).

[57]) So Ant. a Butrio ad cap. 11 X. h. t. num. 27 (bei der consuetudo und bei der lex inferioris, nicht aber auch bei der lex principis kann die Vermuthung der Rationabilität — vgl. den oben folgenden Text — durch Gegenbeweis entkräftet werden); Felinus Sandeus (Lectura in Decretales, ed. Lugd. 1540) ad cap. 7 X. de constit. 1, 2 num. 60 (derselbe statuirt jedoch 6 „limitationes" des Satzes, dass die Rationabilität der Akte des Princeps nicht zu prüfen sei); Roch. Curt. ad c. 11 X. h. t. sect. II num. 27; Phil. Decius ad c. 2 X. de probat. 2, 19 num. 8.

[58]) S. denselben oben § 11 N. 12.

[59]) Für diese Annahme berief man sich auch auf die Glosse ex aliqua

§ 26.

Die Kraft des Gewohnheitsrechts gegenüber dem Gesetze.

I. Der Standpunkt Gratian's, dass der consuetudo gegenüber dem (in Wirksamkeit getretenen) Gesetze eine derogatorische Kraft überhaupt nicht zukomme[1]), wurde von der kanonistischen Wissenschaft bald verlassen; jedoch bestand zunächst noch eine grosse Unsicherheit namentlich in Bestimmung der näheren Voraussetzungen der Geltung einer einem Gesetz widerstreitenden späteren consuetudo[2]). Zu einer festeren gleichmässigeren Gestaltung gelangte die kanonistische Lehre auch in dieser Beziehung erst unter massgebender Einwirkung der Dekretale Quum tanto (cap. 11 X. h. t.). Die Einwendungen, welche gegen eine Beeinträchtigung resp. Aufhebung von Gesetzen durch Gewohnheitsrechte sich naturgemäss überhaupt und insbesondere auf dem Boden des kanonischen Rechts erhoben, wurden theils durch Berufung auf den Inhalt dieser päpstlichen Konstitution, theils mit Hülfe der thomistischen Doktrin zurückgewiesen[3]). Die Erfordernisse des derogatorischen kirchlichen Gewohnheitsrechts bestimmte man nunmehr im engsten Anschluss an die eben genannte Konstitution und war im Ganzen nur wenig geneigt, daneben sonstige, in dem cap. 11 nicht erwähnte Erfordernisse anzuerkennen oder andrerseits dem Erforderniss der legitima praescriptio Ausdehnung auf nicht derogatorische Gewohnheitsrechte zu geben[4]). Ebenso nahm man nur im geringen Masse Ausnahmen von der derogatorischen Kraft der Gewohnheit an[5]). Eine fortdauernde Geltung specieller Gewohnheitsrechte neben einem nachfolgenden allgemeinen Kirchen-

---

causa zu l. 4 D. de poenis 48, 19 („magna et iusta causa est eius — sc. Imperatoris — voluntas").

[1]) Oben § 11 I.

[2]) Das Nähere hierüber unten II.

[3]) Unten III 1.

[4]) Unten III 2 und 3. — Ueber die Ansicht, dass auch das Erforderniss der Rationabilität nur für derogatorische Gewohnheitsrechte bestehe, s. oben § 25 III 2 (Text und N. 43).

[5]) Unten III 4.

gesetze wurde von den späteren Kanonisten als Regel aus cap. 1 de constit. in 6to entnommen [6]).

In der Lehre von der Collision zwischen lex und consuetudo erstreckten aber die späteren Kanonisten die von ihnen vertretenen Sätze nicht ohne weiteres auch auf das Civilrecht, sondern erkannten in dieser Hinsicht erhebliche Verschiedenheiten zwischen dem kirchlichen und dem bürgerlichen Rechte an [7]).

II. Unter den älteren Dekretisten scheinen Paucapalea und Rolandus in Uebereinstimmung mit Gratian durchaus die Unterordnung der consuetudo unter die lex angenommen zu haben [8]). Für eine entgegengesetzte Auffassung boten jedoch Gratian's Erörterungen in Dist. 4 leicht Anlass [9]), und so finden wir in der That, dass schon Rufinus, auf dieselben gestützt, meinte, dass Kirchengesetze, abgesehen von den allgemein recipirten alten Concilienbeschlüssen, durch consuetudo contraria aufgehoben werden könnten, wofür er freilich Wissen und Zustimmung des Papstes als wesentlich voraussetzte [10]). Dagegen ist auf den Einfluss der Glossatoren des Civilrechts zurückzuführen die Ansicht des Stephanus von Tournay, dass das Volk ein Gesetz durch entgegenstehende consuetudo abschaffen könne, wenn es

---

6) Unten IV.

7) S. insbesondere unten III 2 a. E., ferner IV.

8) Paucapalea in seiner Summa erklärt ad c. 4 Dist. 11, unter der lex, welche von der consuetudo nicht überwunden werden könne, sei entweder das ius civile oder die lex scripta zu verstehen. Zu Dist. 12 sagt er: Ostensum est superius, quod usus ac prava consuetudo lege superatur. Nunc vult (sc. Gratianus) ostendere quia (= quod) non est resistendum consuetudini, cui canonica non obstat auctoritas. — Rolandus in seiner Summa Dist. 11 bemerkt nur, dass die consuetudo legi (et rationi) obtemperat.

9) Vgl. über dieselben oben § 11 I (N. 11 ff.)

10) Summa magistri Rufini ad Dist. 4. (Nach seinen hier gegebenen Ausführungen sind auch seine Bemerkungen zu Dist. 11 in. und zu c. 3 Dist. 12 zu erklären resp. zu ergänzen.) — Nur für die einem Gesetz derogirende specielle consuetudo, nicht auch für eine consuetudo generalis contra legem scheint Huguccio die Genehmigung des Princeps gefordert zu haben (s. die Gl. ordinaria ad Dist. 11 in.). Weitere Nachweisungen über kanonistische Schriften aus dem Ende des 12. resp. dem Anfang des 13. Jahrhunderts, welche die Geltung partikulärer, vom gemeinen Recht der Kirche abweichender Gewohnheiten auf stillschweigende Zustimmung des Papstes gründeten, giebt v. Schulte, Gesch. d. Qu. u. Litter. des canon. R.'s I S. 101 in der Anm.

Kenntniss dieses Widerstreits habe[11]). Die Grundzüge der herrschenden Lehre der Glossatoren[12]) hat sich Bernhard von Pavia in seiner Summa Decretalium angeeignet[13]). Auf einer von einem Theile der Glossatoren vertretenen Auffassung[14]) beruht wohl auch die Ansicht des Damasus, dass das Gewohnheitsrecht schlechthin im Stande sei, ein zu Gunsten der an der gewohnheitsmässigen Uebung Betheiligten gegebenes Gesetz zu ändern; dagegen verlangte er für gewohnheitsrechtliche Aenderung von Gesetzen, welche zu Gunsten dritter gegeben seien, bereits praescriptio der consuetudo, und speciell für eine dem ius ecclesiae präjudicirende consuetudo päpstliche Bestätigung[15]). Vielfach und eingehend hat sich die Glosse des Johannes Teutonicus zum Dekret mit der hier erörterten Frage beschäftigt[16]). Johannes sprach sich grundsätzlich dafür aus, dass ein Gewohnheitsrecht einem Gesetze vorgehen könne[17]); er machte aber diese Wirkung einer consuetudo von zahlreichen verschiedenen Voraussetzungen abhängig, welche er theils dem Civilrecht resp. der Doktrin der Glossatoren theils Aeusserungen der

---

[11]) Summa des Stephanus Tornacensis ad c. 5 Dist. 1 (vgl. über die entsprechende Theorie der Glossatoren oben 14 III 2, § 15 II 4). Auch zu c. 4 D. 11 hebt Stephan hervor, dass die consuetudo nicht auf Irrthum beruhen dürfe; er scheint dann aber auch der consuetudo, bei welcher dies zutrifft, keine Kraft gegen die lex rationabilis oder gegen die lex im Sinne des ius civile scriptum zuzuschreiben.

[12]) Vgl. oben § 15 II 4.

[13]) Tit. III De consuetudine §§ 3 und 5.

[14]) Oben § 15 II 2.

[15]) Damasus in seinen Questiones bei v. Schulte, Literaturgeschichte der Compilationes antiquae (Sitzungsberichte der Wiener Akademie der Wissenschaften, philos.-historische Klasse Bd. LXVI, S. 150.) — Ausführlich giebt auch Hostiensis in seiner Summa ad h. t. num. 12 die Ansicht des Damasus wieder.

[16]) Gl. cum deficit lex ad c. 5 Dist. 1; Gl. abrogatae ad Dictum Gratiani ante c. 4 Dist. 4; Gl. consuetudinem ad c. 7 Dist. 8; Gl. quod vero ad Dist. 11 in.; Gl. consuetudines ad c. 2 Dist. 11; Gl. vincat ad c. 4 Dist. 11; Gl. contra longam ad c. 7 Dist. 12. Im Widerspruch mit diesen Aeusserungen steht freilich die Gl. consuetudo ad c. 7 Dist. 12, welche wohl nicht von Johannes herrührt.

[17]) Zahlreiche — allerdings theilweise nicht zutreffende — Quellenstellen, in denen „consuetudo praeiudicat iuri“, führt Johannes in der Glosse cum deficit lex ad c. 5 Dist. 1 und in der G. consuetudinem ad c. 7 Dist. 8 auf.

Quellen des kanonischen Rechts entnahm[18]). Zu diesen von ihm behaupteten Erfordernissen gehörten insbesondere auch praescriptio der consuetudo[19]) und ausdrückliche Zustimmung des Princeps, resp. des Papstes[20]).

III. Eine kurze Zeit nach Erlass der Gregorianischen Dekretalensammlung scheint die Ansicht des Johannes Teutonicus noch grosse Autorität geübt zu haben. Wir finden wesentliche Uebereinstimmung mit seinen Ausführungen sowohl in der ursprünglichen Glosse zu cap. 11 X. h. t.[21]) als in den Erörterungen Papst Innocenz' IV. zur Rubrik des Titels de consuetudine[22]). Bald jedoch trat eine Vereinfachung der Lehre in der Richtung ein, dass man nur die im cap. 11 selbst bezeichneten Erfordernisse eines dem Gesetze derogirenden Gewohnheitsrechts noch anerkannte. Diese Auffassung bekundet sich unzweideutig schon in der Ueberarbeitung der Glosse zum

[18]) Am vollständigsten hat Joh. diese Erfordernisse eines dem Gesetze präjudicirenden Gewohnheitsrechts (nach meiner Zählung 10) in der cit. Gl. consuetudinem aufgeführt.

[19]) Cit. Gl. consuetudinem (Scias ergo quod ad hoc quod consuetudo praeiudicet iuri, requiritur quod sit praescripta). In der Gl. contra longam ad c. 7 Dist. 12 hebt Joh. (?) hervor, dass für die nicht einem Gesetze widerstreitende consuetudo dieses Erforderniss nicht bestehe (unten N. 50).

[20]) Gl. abrogatae ad dictum Gratiani ante c. 4 Dist. 4: Sed qualiter potest populus abrogare canonem, cum non possit condere canonem? maxime ex quo tota potestas translata est in principem. D. de const. princ. l. 1. Sed dic quod non potest abrogare nisi per expressum consensum Papae; ut extra de praeb. cum iamdudum (cap. 18 X. 3, 5), licet quidam dixerint, quod sufficeret sola scientia Papae. Wohl nur scheinbar weicht von dieser Aeusserung ab die von Joh. in der Gl. consuetudinem ad c. 7 Dist. 8, ebenfalls mit Berufung auf das cap. Quum iamdudum, für jede einem Gesetz präjudicirende Gewohnheit aufgestellte Forderung: quod sit de scientia principis inducta, non tamen de tolerantia; was hier als „tolerantia" bezeichnet ist, entspricht m. E. der „sola scientia" in der Gl. abrogatae.

[21]) Gl. legitime sit praescripta ad cap. 11 X. h. t.

[22]) In num. 3 ad rubr. cit. sagt zwar Innocenz IV.: Debes scire, quod semper consuetudo praeiudicat iuri. In num. 4 aber führt er zahlreiche Erfordernisse des derogatorischen Gewohnheitsrechts, resp. jedes Gewohnheitsrechts, auf, darunter insbesondere auch die scientia des Gesetzgebers mit dem Zusatz „et non sufficit toleratio" (vgl. oben N. 20). In num. 10 hebt er das Erforderniss der Zustimmung des superior für specielle Gewohnheitsrechte „contra ius vel praeceptum Domini Papae" besonders hervor.

Dekret durch Bartholomaeus von Brescia[23]), ebenso in Bernhard's von Parma Ueberarbeitung der Glosse zum liber Extra[24]) und in Hostiensis' Summa[25]). Dieselbe blieb seitdem die herrschende und wurde von den späteren Kanonisten vertieft und ausgebaut. In dieser Hinsicht ist folgendes hervorzuheben:

1. Gegen den Grundsatz, dass dem Gewohnheitsrecht auch gesetzesaufhebende Kraft zukomme, wurden, im engen Anschluss an Thomas von Aquino[26]), vornehmlich zwei Einwendungen[27]) aufgeführt, aber auch widerlegt[28]). Gegen den Einwand, dass

---

[23]) Am Schlusse der grossen Gl. consuetudinem ad c. 7 Dist. 8 (vgl. oben N. 18) sagt Bartholomaeus: Hoc breviter teneas, quod sufficit secundum canones, quod sit rationabilis et praescripta, ut ext. de consue. c. ulti. In demselben Sinne äussert er etwas eingehender am Schlusse der Gl. abrogatae (vgl. oben N. 20): Sed credo, quod consuetudo rationabilis et praescripta tollit leges, ut extra de consuet. c. ulti. etiam sine scientia principis, difficile enim esset eum omnes consuetudines, quae servantur, scire. Zur praescriptio consuetudinis gehörte freilich nach seiner Ansicht auch bona fides (Gl. usque ad hoc tempus ad c. 31 C. 18 qu. 2; vgl. oben § 24 II Text vor N. 15).

[24]) Am Schlusse der Gl. legitime sit praescripta ad cap. 11 X. h. t. (oben N. 21) sagt Bernardus: Sed secundum hanc decretalem satis sufficere videtur, si consuetudo solummodo sit rationabilis et praescripta.

[25]) Ad h. t. num. 12.

[26]) Summa theol. II 1 Qu. XCVII art. 3. Thomas erkennt hier in unzweideutigster Weise die Gleichheit der Kraft von Gesetz und Gewohnheitsrecht und demgemäss die Fähigkeit des letzteren, ein Gesetz aufzuheben, an („Et secundum hoc consuetudo et habet vim legis et legem abolet, et est legum interpretatrix").

[27]) Thomas l. c. erörtert an erster Stelle noch eine andere Einwendung gegen die gesetzesaufhebende Kraft des Gewohnheitsrechts, dass nämlich das menschliche Gesetz abgeleitet sei vom Gesetz der Natur und vom göttlichen Gesetz. Hierauf entgegnet er nur, dass in der That keine consuetudo gegen die lex naturae oder die lex divina rechtliche Geltung erlangen könne, d. h. er lässt gegen das menschliche Gesetz, soweit dieses nicht Vorschriften des göttlichen Willens wiederholt, Gewohnheitsrecht zu. Joh. Andreae ad cap. 11 X. h. t. num. 46 macht gegen dieselbe Einwendung geltend, dass auch wider das ius naturale vel divinum eine nicht sündhafte consuetudo eingeführt werden könne (vgl. oben § 25 III 1 a. E.), um so mehr deshalb gegen das ius positivum.

[28]) So besonders von Archidiaconus ad c. 7 Dist. 11 (vgl. die weiteren Citate in den N. 29 und 32).

das Gesetz ein bonum sei und daher nicht durch eine Reihe widersprechender und folglich schlechter Handlungen aufgehoben werden könne, berief man sich auf die Möglichkeit, dass der vernünftige Grund des Gesetzes hinwegfalle, und auf die aus der entgegengesetzten Gewohnheit sich ergebende Wahrscheinlichkeit, dass eine derartige Veränderung der Verhältnisse wirklich eingetreten sei[29]); aber selbst wenn die ratio des Gesetzes an sich fortdauere, könne dasselbe wegen der widersprechenden consuetudo nicht mehr zur Anwendung kommen und sei schon deshalb als untauglich zu betrachten[30]). Der zweite Einwand, dass Private kein Gesetz machen und deshalb auch kein Gesetz aufheben könnten, wurde für ganz unbegründet erklärt in dem Fall, dass das Volk gesetzgebende Gewalt habe[31]); wenn ihm aber diese nicht zustehe, so erlange die consuetudo Gesetzeskraft durch Zustimmung resp. durch Duldung von Seiten des Gesetzgebers[32]). Eine besondere Schwierigkeit bereitete den späteren Kanonisten noch der Umstand, dass gegen das gemeine Recht der Kirche von den (dem Papste) untergeordneten Geistlichen zwar keine Statuten, wohl aber Gewohnheitsrechte geschaffen werden könnten[33]). Diese Verschiedenheit erklärten

---

[29]) S. ausser Archid. a. a. O. Joh. Andreae ad cap. 11 X. h. t. num. 43 und 44; Panorm. ad idem cap. num. 6; Roch. Curt. ad idem cap. sect. II num. 38. Vgl. auch über eine ähnliche Anschauung des Albericus de Rosate oben § 21 N. 15.

[30]) Archid. l. c. beruft sich in dieser Hinsicht auf c. 2 Dist. 4, wonach zu den Erfordernissen der lex gehört, dass sie „possibilis" ist. Thomas von Aquino l. c. hatte als Grund für die Unerträglichkeit der Anwendung des Gesetzes hinzugefügt: „Difficile enim est consuetudinem multitudinis removere".

[31]) Dann mache eben das ganze Volk als solches das Gewohnheitsrecht und entstehe dieses also nicht durch Handlungen der Privaten.

[32]) Si vero multitudo non habeat liberam potestatem condendi sibi legem, vel legem a superiori potestate positam removendi, tamen ipsa consuetudo in tali multitudine praevalens obtinet vim legis, in quantum per eos toleratur, ad quos pertinet multitudini legem imponere; ex hoc enim ipso videntur approbare: Thomas v. Aquino l. c., welchem Archid. l. c. folgt. Joh. Andr. ad c. 11 X. h. t. num. 47 verweist gegenüber der fraglichen Einwendung auf die ausdrückliche oder stillschweigende Einwilligung des Papstes bezw. des Kaisers. Vgl. auch unten 3.

[33]) Für das Civilrecht bestand nach Ansicht der Kanonisten diese

sie formell durch die in cap. 11 X. h. t. zu Gunsten derogatorischer Gewohnheitsrechte allgemein ertheilte päpstliche Erlaubniss; materiell aber durch die Erwägungen, dass bei einem solchen Gewohnheitsrecht keine so bedenkliche Auflehnung gegen die höhere Autorität wie bei einem dem gemeinen Kirchenrecht widersprechenden Statut anzunehmen sei, und dass andrerseits die Verwerfung einer consuetudo ein grösseres Aergerniss als die eines Statuts mit sich bringe[34]). Daneben findet sich mehrfach ein Hinweis auf die in dem Erforderniss der legitima praescriptio consuetudinis liegende Erschwerung der Entstehung derogatorischer kirchlicher Gewohnheitsrechte und das hiedurch gegebene Correctiv gegen jene Befugniss der untergeordneten Geistlichen[35]). Als eine Wiederannäherung an den älteren Standpunkt erscheint aber die Ansicht mancher Kanonisten, dass bei der consuetudo contra canonem Irrationabilität zu vermuthen sei[36]).

2. Das Erforderniss der legitima praescriptio wurde seit dem cap. 11 X. h. t.[37]) allgemein als ein wesentliches für jedes einem gemeinen Kirchengesetz derogirende Gewohnheitsrecht angesehen. Die älteren Kanonisten betrachteten die praescriptio consuetudinis durchaus als eine Ersitzung der consuetudo resp. des gewohnheitsmässig geübten subjektiven Rechts[38]). Auf

---

Schwierigkeit nicht, da die Laien auch contra leges Imperatoris Statuten geben könnten. Vgl. unten 2 a. E.

[34]) S. bes. Panorm. ad cap. 11 X. h. t. num. 8 und 9, welchem Roch. Curt. ad idem cap. sect. III num. 9 folgt. Vgl. auch oben § 25 II Text vor N. 44.

[35]) Ant. a Butrio ad cap. 11 X. h. t. rep. num. 53; Panorm. ad idem cap. num. 7.

[36]) So Zabar. ad cap. 11 X. h. t. num. 18, dem Panorm. ad cap. 2 X. de probat. 2, 19 num. 4 und ad cap. 3 X. de eo qui mitt. in poss. 2, 15 num. 5 sowie Phil. Decius ad cap. 2 X. de probat. num. 8 sich anschlossen. Roch. Curt. ad cap. 11 X. h. t. sect. VII num. 24 will von dieser Präsumtion die allgemeinen und die unvordenklichen consuetudines ausnehmen.

[37]) Kanonistische Schriftsteller, welche schon vor dieser Dekretale das Erforderniss der praescriptio für (alle oder gewisse) derogatorische Gewohnheitsrechte aufstellten, habe ich oben II angeführt.

[38]) So die Glosse zum Dekret (Gl. consuetudinem ad c. 7 Dist. 8) und zum liber Extra (Gl. legitime praescripta ad 11 X. h. t.; Gl. iam praescripta ad c. 50 X. de elect. 1, 6; Gl. contradicto iudicio ad cap. 25

diesem Standpunkt steht insbesondere noch Durantis in seinem Speculum iudiciale[39]). Aber auch als eine schärfere Scheidung zwischen praescriptio und consuetudo bei den Kanonisten Platz griff und letztere wesentlich als Quelle von Rechtssätzen aufgefasst wurde[40]), hielt doch ein Theil der Kanonisten[41]) die Anschauung fest, dass die consuetudo im Sinne des die erforderliche Zeit hindurch geübten Rechtssatzes praeskribirt werde[42]). Andere jedoch, wenngleich sie den Sprachgebrauch des kanonischen Rechts nicht direkt zu verwerfen wagten[43]),

---

X. de V. S. 5, 40). Ebenso Innocenz IV. ad. rubr. h. t. num. 4. Dagegen tritt bei Hostiensis, welchen Kreutzwald l. c. pag. 61 ebenfalls als Vertreter dieser Auffassung citirt, dieselbe m. E. wenigstens nicht deutlich hervor. — Die angeführten Aeusserungen der Glosse und Innocenz' IV. bieten auch eine Bestätigung für die oben § 11 II 2 gegebenen Ausführungen über die Bedeutung der consuetudo praescripta im kanonischen Recht.

[39]) Liber IV Part. II Tit. de Publiciana et de servitutibus num. 19: „. . . cum consuetudo sine praescriptione non procedat, ut extra, de consuet. c. fi. nec praescriptio sine possessione, ut extra, de praescript. causam, quae (cap. 7 X. de praescr. 2, 26) et consuetudo sit ius, ut supra, sive facit sive dat, patet, quod dicendo, quod electio ad me pertinet de consuetudine, videor dicere de iure acquisito per possessionem continuam usus iure eligendi praescripti" (ich citire nach der Frankfurt a. M. 1592 erschienenen Ausgabe. Bei Kreutzwald l. c. pag. 61 lauten die letztangeführten Worte: usus iuris eligendi praescripti).

[40]) Vgl. oben § 24 N. 17.

[41]) Zu weit geht Kreutzwald pag. 63 in der Annahme, dass auch die späteren Kanonisten fast einstimmig als Gegenstand der praescriptio die consuetudo angesehen hätten (s. unten N. 43, 44 und 46).

[42]) So insbesondere, gegenüber den Angriffen des Petrus de Bellapertica und des Cynus auf die Bezeichnung „consuetudo praescripta" (vgl. oben § 18 N. 33), Joh. Andreae Tract. de consuet. num. 39 (dicimus ergo illud ius, quod disponit consuetudo, puta ut succedat primogenitus, ut optet antiquior canonicus, vel his simile, et spatio temporis ad id apto servatum per tacitum consensum statuere id volentium, dicitur consuetudo et praescripta respectu ipsius iuris quod inducitur) und Zabar. ad c. 11 X. h. t. P. II num. 30. Letzterer erklärte ausdrücklich die Ansicht für irrig, dass nur das „ius formatum" (subjektive Recht) präskribirt werden könne.

[43]) Zabar. a. a. O. erklärte es für eine grosse Verwegenheit, durch Verwerfung der bei den Kanonisten üblichen Bezeichnung die Dekretalen, welche mit der grössten Ueberlegung in den Concilien oder in der römischen Curie gegeben würden und welche jenen Ausdruck gebrauchten, zu verdammen. Dagegen Panorm. (ad cap. 11 X. h. t. num. 7) meinte, es werde eigentlich

gaben der Bezeichnung der consuetudo als praescripta eine andere Deutung, indem sie diesen Ausdruck einerseits auf das Erforderniss des Zeitablaufs[44]), andrerseits auf die einer praescriptio analoge Wirkung der genügend langen Uebung des Rechtssatzes bezogen[45]). In letzterer Hinsicht nahmen sie an, dass durch die consuetudo ähnlich wie durch eine praescriptio eine Minderung der Rechte des Kirchenobern (von dem das entgegenstehende Gesetz erlassen worden sei) bewirkt werde[46]). Die zur legitima praescriptio einer consuetudo (contra legem) erforderliche Zeit wurde allgemein auf 40 Jahre bestimmt[47]).

---

nicht die consuetudo, sondern die entgegenstehende lex präskribirt, jedoch die consuetudo als „praescripta" in dem gleich (N. 44) zu erwähnenden Sinne bezeichnet, und Roch. Curt. (ad cap. 11 X. h. t. sect. III num. 1) bemerkte, obwohl er ebenfalls sich dem gesetzlichen Sprachgebrauch fügen zu müssen glaubte („quia compilatores canonum hoc modo loquendi usi sunt, non possumus refragari"), die consuetudo würde richtiger praescribens als praescripta genannt werden.

[44]) So besond. Panorm. ad c. 11 X. h. t. num. 7: Sed tu dic quod textus non debet intelligi ut consuetudo praescribatur, sicut praescribitur dominium alicuius rei, sed debet esse praescripta, id est obtenta per cursum temporis requisiti ad praescriptionem. Cf. Roch. Curt. ad cap. 11 X. h. t. sect. III num. 2, sowie auch die in N. 46 angeführten Worte des Antonius a Butrio: „firmetur tempore praescriptionis".

[45]) S. die Citate in der folg. Note.

[46]) Als Begründer dieser Auffassung ist zu betrachten Ant. a Butrio ad cap. 11 X. h. t. num. 17 und rep. num. 39. Nach der von ihm an diesen beiden Stellen gegebenen Darlegung geht die consuetudo sogar, indem sie dem ius superioris (Papae) detrahirt, in eine praescriptio über („non omnino stat in viribus consuetudinis"; „non stat in finibus consuetudinis, sed praescriptionis"; „sapit naturam praescriptionis"); darauf beruhe das Erforderniss (rep. num. 39), dass eine solche consuetudo „firmetur tempore praescriptionis". — Ihm schloss sich im wesentlichen an Panorm. ad cap. 11 X. h. t. num. 7, welcher aber den Ausdruck „consuetudo praescripta" nur in dem oben (N. 44) bemerkten Sinn gelten lassen wollte. Vgl. auch Roch. Curt. ad c. 11 X. h. t. sect. III num. 3 und num. 35.

[47]) So die Gl. usque ad hoc tempus (Zusatz des Barthol. Brix.) ad c. 31 C. 18 qu. 2; Gl. legitime sit praescripta ad cap. 11 X. h. t.; Goffr. Tranensis Summa ad h. t. num. 8; Innocenz IV. ad c. 11 X. h. t.; Host. Summa ad c. 11 X. h. t. num. 3 (Omnes Canonistae dicunt spectandum tempus XL annorum); Joh. Andr. Tractatus de consuet. num. 38; Ant. a But. ad c. 8 X. h. t. num. 23, ad c. 11 X. h. t. num. 17; Zabar. ad c. 11 X. h. t. P. II num. 32; Panorm. ad c. 11 X. h. t. num. 11; Roch. Curt. ad c. 11 X. h. t. sect. III num. 4 und num. 35. Noch einige andere Citate giebt

Hiefür berief man sich auf solche Quellenstellen, welche für eine Verjährung gegen die Kirche den Ablauf eines Zeitraumes von dieser Länge fordern[48]). Der Uebung von wenigstens vierzigjähriger Dauer wurde theilweise eine Uebung seit unvordenklicher Zeit gleichgestellt[49]). Auf gesetzergänzende und gesetzauslegende Gewohnheiten wurde das Erforderniss nicht bezogen[50]), wohl aber auf Gewohnheiten, welche, ohne gegen

---

Kreutzwald l. c. pag. 83 nota 187. — Die später herrschende Ansicht, dass 10 Jahre genügten, vertrat, so viel ich sehen kann, von mittelalterlichen Kanonisten nur Andreas de Barbatia.

[48]) Die Gl. legitime sit praescripta beruft sich zunächst auf c. 3 X. de causa poss. 2, 12 (welche aber keine nähere Bestimmung der zur legitima praescriptio erforderlichen Zeit enthält) und auf c. 15 X. de praescr. 2, 26. Sie führt dann fort: de hoc potestis habere multa iura. ea enim solum locum habent in rebus ecclesiasticis. § 16 qu. 3 c. placuit § quas actiones (i. e. dictum Gratiani post c. 15 C. 16 qu. 3 § 6). Host. Summa ad c. 11 X. h. t. num. 3 stützte das Erforderniss 40jähriger Dauer der consuetudo legitime praescripta auch auf c. 3 C. 16 qu. 4 und auf c. 20 X. de cens. 3, 39. — Dass keine Quellenstelle direkt eine vierzigjährige Dauer der consuetudo fordere, gab Roch. Curt. in der Polemik gegen Andr. de Barbatia (oben N. 47 a. E.) zu; er machte aber geltend, dass cap. 11 X. h. t. die longaeva consuetudo für nicht genügend (zur Beseitigung eines Gesetzes) erkläre und also jedenfalls eine längere Zeit als 10 Jahre verlange.

[49]) So allgemein Gl. legitime sit praescripta ad cap. 11 X. h. t. (item et illa consuetudo praeiudicat iuri, cuius non extat memoria hominum); Goffr. Tran. ad h. t. num. 9. Nach Innocenz IV. ad cap. 8 X. h. t. num. 6 ist, wenn die consuetudo keine causa continua hat, „praescriptio cuius non extat memoria“ erforderlich; damit stimmt überein Joh. Andr. ad c. 11 X. h. t. num. 29. — Für gewisse Fälle, wie Eingriffe in Reservatrechte des Princeps resp. des Papstes, verlangten auch die Kanonisten des 15. Jahrhunderts unvordenkliches Bestehen der consuetudo (vgl. Kreutzwald l. c. pag. 81 n. 181).

[50]) Schon die Gl. contra longam ad c. 7 Dist. 12 unterscheidet in dieser Beziehung zwischen der consuetudo contra ius und der consuetudo, quae non est contra ius; nur für die erstere wird praescriptio gefordert; für die letztere soll longum tempus genügen. Barthol. Brix. scheint allerdings angenommen zu haben, dass nach cap. 11 X. h. t. für jede consuetudo praescriptio 40 annorum erforderlich sei. (Gl. mos est longa ad c. 4 Dist. 1; Gl. usque ad hoc tempus ad c. 31 C. 18 quaest. 2.) Dagegen Innocenz IV. ad cap. 8 X. h. t. num. 5 erklärte, 40jährige praescriptio sei nur für die speciell contra ecclesiam gerichtete consuetudo erforderlich. Ausdrücklich sagt Joh. Andr. in seinem Tract. de consuet. num. 38, die Kanonisten nehmen an, dass für die consuetudo praeter legem 10 Jahre genügen, während sie

ein Kirchengesetz zu verstossen, in die subjektiven Rechte der Kirche oder Geistlicher eingriffen[51]). Die Frage, ob auch für ein Gewohnheitsrecht gegen ein partikuläres Kirchengesetz die legitima praescriptio erforderlich sei, wurde garnicht aufgeworfen[52]). Auf ein Gewohnheitsrecht gegen das ius civile wurde von den Kanonisten das Erforderniss nicht erstreckt[53]); als inneren Grund für diese Verschiedenheit gegenüber dem kanonischen Recht machten sie geltend, dass alle einzelnen Völker befugt seien, sich auch Gesetze gegen das gemeine Civilrecht zu geben, während dem gemeinen Recht der Kirche durch

für die consuetudo iuri contraria 40jährige praescriptio verlangen wegen cap. 11 X. h. t. in f. In demselben Sinne äussern sich Ant. a But. ad c. 8 X. h. t. num. 23; Zabar. ad c. 11 X. h. t. P. II num. 32 (bei der consuet. secundum legem ist gar keine praescriptio — auch nicht 10jährige — erforderlich); Panorm. ad c. 11 X. h. t. num. 11; Roch. Curt. ad idem cap. sect. III num. 28 (nach num. 31 ist für die consuetudo interpretativa gar kein Zeitablauf erforderlich).

[51]) Innoc. IV. ad c. 8 X. h. t. num. 5 (welcher aber consuetudines gegen das objektive Recht und gegen subjektive Rechte der Kirche überhaupt noch nicht unterschieden zu haben scheint); Joh. Andr. ad cap. 11 X. h. t. num. 29; Ant. a But. ad idem cap. num. 17 (mit Berufung auf den Gerichtsgebrauch der Rota Romana); Panorm. ad idem cap. num. 11; Roch. Curt. ad idem cap. sect. III num. 32 und 33.

[52]) Schon die Glossen vilis auctoritas und legitime sit praescripta ad cap. 11 X. h. t. identificiren das „ius positivum" mit dem ius commune (so richtig Schulte Kath. K.-R. I S. 238 Anm. 50). Später wird häufig das Erforderniss der legitima praescriptio für die consuetudines contra legem superioris aufgestellt; aber damit scheinen doch nur Gesetze des Papstes gemeint zu sein (vgl. z. B. Panorm. ad c. 11 X. h. t. num. 7). Auch Kreutzwald weiss für seine Ansicht, dass das Erforderniss der legitima praescriptio auch für consuetudines contra legem particularem gelte (oben § 11 N. 71), nur Aussprüche neuzeitlicher Kanonisten anzuführen (l. c. pag. 43 N. 151). Immerhin konnte auch für solche consuetudines wegen des darin enthaltenen Eingriffs in ein subjektives Recht des einzelnen Bischofs u. s. w. nach Ansicht der mittelalterlichen Kanonisten legitima praescriptio erforderlich sein (vgl. den Text vor N. 51).

[53]) Host. Lect. ad cap. 11 X. h. t. scheint allerdings, indem er das „ius positivum" als ius canonicum et civile erklärte (vgl. oben § 25 N. 45), auch das Erforderniss der legitima praescriptio auf consuetudines contra ius civile bezogen zu haben. Den entgegengesetzten Standpunkt aber vertreten ausdrücklich: Ant. a But. ad c. 11 X. h. t. num. 17 (mit Berufung auf l. 10 D. si serv. vind. 8, 5!); Panorm. ad idem cap. num. 7 und num. 11; Roch. Curt. ad idem cap. sect. III num. 1 und num. 35.

partikuläre Gesetze nicht derogirt werden dürfe und also auch nicht durch partikuläre Gewohnheiten, falls diesem nicht eine dem ius superioris detrahirende legitima praescriptio zur Seite stehe[54]).

3. Während die älteren Kanonisten, so weit sie überhaupt eine derogatorische Kraft des Gewohnheitsrechts anerkannten, zumeist den Consens des Papstes für jedes einzelne derartige Gewohnheitsrecht verlangten[55]), wurden die späteren Kanonisten durch ihre grundsätzliche Annahme, dass cap. 11 X. h. t. die allgemeine päpstliche Erlaubniss für die Bildung resp. Befolgung derogatorischer Gewohnheitsrechte unter den in dieser Dekretale bestimmten Voraussetzungen ertheile[56]), naturgemäss dahin geführt, eine specielle päpstliche Genehmigung solcher gewohnheitsrechtlicher Sätze für unnöthig zu erachten. Dieser Schluss wurde in der That von der communis opinio gezogen[57]). Nur vereinzelt traten abweichende Ansichten hervor[58]).

4. In wesentlicher Uebereinstimmung mit den Legisten[59])

---

[54]) So argumentiren im wesentlichen übereinstimmend: Ant. a But. (ad cap. 11 X. h. t. num. 17 und rep. num. 39); Panorm. ad idem cap. num. 7; Roch. Curt. ad idem cap. num. 35. Nach Ant. a But. num. 39 cit. wird bei dem Vorhandensein der legitima praescriptio der consensus Papae fingirt oder durch dieselbe der fehlende päpstliche Consens supplirt. Folgerichtig behauptet er (ad idem cap. num. 24 und rep. num. 53), dass bei scientia et patientia Papae das Erforderniss der legitima praescriptio hinwegfalle.

[55]) Oben II.

[56]) Oben III nach N. 22.

[57]) Z. B. Host. Summa ad h. t. num. 12; Ant. a But. ad c. 11 X. h. t. num. 17 und rep. num. 39 (vgl. oben N. 54); Panorm. ad c. 11 X. h. t. num. 8; Roch. Curt. ad idem cap. sect. IV num. 24 und 25 (führt auch Zeugnisse dafür an, dass diese Ansicht communis opinio sei).

[58]) Mit Thomas von Aquino Summa theol. II 1 Qu. XCVII art. 3 hält Archidiac. ad c. 7 Dist. 11 die toleratio des Gesetzgebers für erforderlich zur Gesetzeskraft einer consuetudo, wenn das Volk keine gesetzgebende Gewalt habe (aus seinen Erläuterungen ad c. 4 Dist. 11 kann man aber vielleicht entnehmen, dass nach seiner Ansicht diesem Erforderniss auch dadurch genügt sein sollte, dass die consuetudo „toleratur ab aliquo iure", also insbesondere durch Erfüllung der in cap. 11 X. h. t. aufgestellten Erfordernisse). Joh. Andr. in seinen Additiones ad Speculum Durantis in tit. de instrum. editis § 12 num. 14 nimmt mit Petrus de Bellapertica an, dass die consuetudo ohne principis scientia bei evidens utilitas oder bei necessitas derogatorische Kraft habe.

[59]) Vgl. über die entsprechende Lehre der Glossatoren oben § 15 II 4

nahm die kanonistische Doktrin an, dass die Bildung eines derogatorischen Gewohnheitsrechts durch vorherige gesetzliche Untersagung rechtswirksam ausgeschlossen werde[60]); hiebei wurde zwischen gemeinen und partikulären Gewohnheitsrechten nicht unterschieden[61]). Die gesetzliche Reprobation eines bisherigen Gewohnheitsrechts sollte auch als Reprobation eines künftigen Gewohnheitsrechts des gleichen Inhalts verstanden werden[62]). Es wurde ferner angenommen, dass durch ein in einem Gesetze enthaltenes ausdrückliches Verbot entgegengesetzten Handelns auch jedes künftige entgegenstehende Gewohnheitsrecht verboten sei[63]), und in den Beschlüssen allgemeiner Concilien sollte ein solches Verbot sogar stillschweigend enthalten sein[64]). Andrerseits jedoch wurde die Tragweite dieser Sätze sehr eingeschränkt durch die Behauptung, dass, wenn die consuetudo sich auf eine zur Zeit des gesetzlichen Verbotes noch nicht vorhandene ratio gründe bezw. wenn das Gemeinwohl für eine Aufhebung des Gesetzes spreche, ein gültiges Gewohnheitsrecht gegen dasselbe sich bilden könne[65]).

(Text und N. 31), über die der Postglossatoren oben § 21 II 1 (Text und N. 19).

[60]) Host. Lect. ad cap. 9 X. h. t.; Joh. Andr. Novella super Sexto ad cap. 1 de constit. in 6to 1, 2; Bouhic ad cap. 11 X. h. t. num. 1; Zabar. ad idem cap. P. II num. 8; Panorm. ad idem cap. num. 24; Roch. Curt. ad idem cap. sect. VII num. 4.

[61]) Vielleicht wollte jedoch Joh. Andr. Novella super Sexto l. c. mit den Worten „princeps inferioris futuram legem ut consuetudinem tollere potest sed non parem" einen solchen Unterschied statuiren.

[62]) S. z. B. Bouhic ad c. 11 X. h. t. num. 1; Ant a But. ad c. 11 X. h. t. num. 8; Panorm. ad c. 2 X. de probat. num. 4. Roch. Curt. ad c. 11 X. h. t. sect. VII num. 5 bezweifelt allerdings die Richtigkeit dieser von ihm als communis opinio anerkannten Ansicht (s. aber auch denselben ibid. num. 14).

[63]) Roch. Curt. ad c. 11 X. h. t. sect. VII num. 7 und die dort Angeführten.

[64]) Baldus in tit. de pace Constant. (Anhang zu seinem Commentar in Libros Feudorum) princ. num. 22; ferner Roch. Curt. ad c. 11 X. h. t. sect. VII num. 8 und num. 25. Schon Guido de Baysio (Archidiaconus) soll in seinem Commentarius ad Sextum (mir nicht zugänglich) den berühmten Satz „lex edita in Concilio generali censetur habere clausulam derogatoriam ad dispositiones contrarias" aufgestellt haben.

[65]) Ant. a But. ad c. 11 X. h. t. rep. num. 53 (publica utilitas, jedoch mit der weiteren Forderung, dass der Gesetzgeber selbst bei den gewohnheits-

IV. Mit der unter den Glossatoren vorherrschenden Ansicht [66]) nahm Hostiensis [67]) an, dass durch ein neues allgemeines Gesetz bestehende specielle Gewohnheitsrechte aufgehoben würden. Dagegen seit Publikation des liber Sextus wurde auf Grund der von Bonifaz VIII. über diese Frage erlassenen Bestimmung [68]) von den Kanonisten [69]) allgemein gelehrt, dass ein neues generelles Gesetz specielle Gewohnheitsrechte nur dann aufhebe, wenn dies in dem Gesetz ausdrücklich erklärt sei, bezw. wenn das Gesetz dies beabsichtige [70]). In diesem Satze erblickte Panormitanus eine Verschiedenheit gegenüber der aus l. 3 § 5 D. de sepul. viol. zu entnehmenden Bestimmung des Civilrechts [71]), während andere Kanonisten die Pandektenstelle im Einklang mit dem cap. 1 de constit. in 6to auszulegen suchten [72]).

---

rechtsbildenden Akten, z. B. als Richter, das gesetzliche Verbot missbilligt haben müsse); Panorm. ad c. 11 X. h. t. num. 24 (nova ratio); Roch. Curt. ad c. 11 X. h. t. num. 11 (nova ratio) und num. 12 (publica utilitas. Hiezu bemerkt er treffend „et haec limitatio sub precedenti comprehendi potest").

[66]) Oben § 15 II 4 (Text und N. 32).

[67]) Summa ad h. t. num. 10, mit Berufung auf § divus (l. 3 § 5 D. de sepul. viol. 47, 12), „ut Azo legit et punctuat".

[68]) Cap. 1 de constit. in 6to 1, 2. Vgl. oben § 11 III.

[69]) Ueber die Ansichten der Postglossatoren s. oben § 21 II 2.

[70]) Gl. derogare ad c. 1 de constit. in 6to (vgl. unten N. 72); Bouhic ad c. 11 X. h. t. num. 1; Panorm. ad idem cap. num. 24, 25; Roch. Curt. ad idem cap. sect. VII num. 30.

[71]) Ad c. 11 X. h. t. num. 24—25. Panorm. begründet diese Verschiedenheit dadurch, dass „cives praesumuntur scire suam consuetudinem".

[72]) Schon die Gl. dissona ad c. 8 X. de fid. instrum. 2, 22 verstand die Pandektenstelle dahin, dass, wenn der Princeps beabsichtige, durch sein Gesetz das specielle Gewohnheitsrecht aufzuheben, letzteres unterliege. Dieser Auslegung schliesst sich die Gl. derogare ad c. 1 de constit. in 6to an. Auch Roch. Curt. num. 30 cit. will keinen Widerspruch zwischen l. 3 § 5 D. cit. und der Bestimmung Bonifaz' VIII. anerkennen.

VI. Abschnitt.

Das deutsche Recht im Mittelalter.

---

§ 27.

Allgemeines.

Bis zum Ausgang des Mittelalters war das Recht der deutschen Nation und ihrer einzelnen Theile ganz überwiegend gewohnheitsrechtlichen Ursprungs. Dennoch gab es bei den Deutschen vor der Reception der fremden Rechte keine Theorie des Gewohnheitsrechts, und auch von den neueren Schriftstellern hat bisher keiner den Versuch gemacht, die aus den mittelalterlichen Quellen zu entnehmenden deutschrechtlichen Gedanken über das Gewohnheitsrecht in umfassender Weise zusammenzustellen und eingehend zu würdigen.

I. Die Bedeutung des Gewohnheitsrechts als Quelle des einheimischen deutschen Rechts vor dessen Zurückdrängung durch die fremden Rechte hat allerdings Schwankungen unterlegen; aber im Ganzen war doch, wie auch von den Neueren allgemein anerkannt wird[1]), diese Rechtsquelle gegenüber der Satzung die entschieden vorherrschende.

---

[1]) Vgl. in dieser Hinsicht besonders Puchta Gew.-R. I S. 125 ff.; Borkowski, De veterum Germanorum iure consuetudinario paroemiarum habita ratione (Hallenser Doktordissertation, 1852), pag. 4—5; v. Amira, Grundriss des germanischen Rechts, 2. Aufl., S. 7; v. Roth, System des deutschen Privatrechts I S. 257; Stobbe, Handbuch des deutschen Privatrechts, 3. Aufl., I 161—162; Gierke, Deutsches Privatrecht I S. 159—160. — Die Bedeutung des Gesetzes als Quelle des älteren deutschen Rechts hebt verhältnissmässig stärker hervor E. Meier, Die Rechtsbildung in Staat und Kirche S. 36 ff.;

1. In der germanischen Urzeit vor der Völkerwanderung war das Recht, soweit wir ermitteln können, durchaus ein ungeschriebenes[2]), und es beruhte, wenngleich einzelne Gesetze und rechtsetzende Verträge wahrscheinlich bestanden haben[3]), jedenfalls fast ausschliesslich auf Gewohnheitsrecht. Soweit es nur durch die Betheiligten in ihren Lebensverhältnissen angewandt wurde, hob es sich meist nicht scharf ab von der blossen Sitte[4]); unzweideutiger gelangte es in den Entscheidungen, vielleicht auch schon in Weisthümern[5]), der Gerichte zum Ausdruck.

---

doch giebt auch er (S. 37) zu, „dass namentlich in Deutschland zu gewissen Zeiten unserer Geschichte die Gewohnheit eine sehr hervorragende Bedeutung für die Entstehung des Rechts gehabt habe“ (vgl. auch seine Aeusserung S. 69—70 über die Rechtsbildung im deutschen Reich während des Mittelalters).

[2]) Die Erzählung des Jordanis über die gothischen (getischen?) bellagines ist wenig glaubwürdig und giebt auch hinsichtlich ihrer Auslegung zu starken Zweifeln Anlass (vgl. Stobbe, Geschichte der deutschen Rechtsquellen I § 2 N. 24 und § 6 N. 2; Dahn, Die Könige der Germanen I S. 99, und Westgothischen Studien S. 7; Sickel, Gesch. der deutschen Staatsverfassung I S. 3 N. 1; Brunner, Deutsche Rechtsgeschichte I § 15 N. 2).

[3]) Dass es bei den Deutschen vor der Völkerwanderung einzelne ungeschriebene (auf Volksschlüssen beruhende) Gesetze gegeben habe, nehmen auch E. Meier l. c. S. 39; v. Amira, Krit. Vierteljahrsschrift XVIII S. 174 (von der Dingversammlung gebilligte Weisthümer); Sickel l. c. S. 176 (vgl. auch S. 165—166) an. Dass das ältere ungeschriebene Recht nicht durchweg als blosses Gewohnheitsrecht angesehen werden darf, bemerkt auch R. Schmid, Die Gesetze der Angelsachsen, 2. Aufl., S. XXVI. — Auf das Vorhandensein vertragsmässiger Rechtssätze neben den gewohnheitsrechtlichen hat Puchta l. c. S. 126—127, welcher gesetzliches Recht bei den Deutschen der Urzeit entschieden in Abrede stellte, hingewiesen. In der That wurden wohl insbesondere auch von der Landesversammlung beschlossene Vorschriften als auf Uebereinkunft der Volksgenossen beruhend angesehen (vgl. den folgenden Paragraphen I 3 und II 4).

[4]) Tacitus' (Germania c. 19 in f.) bekannter Ausspruch: „plus ibi (bei den Deutschen) boni mores valent quam alibi (bei den Römern) bonae leges“ begreift wahrscheinlich unter „mores“ unterschiedslos Sitten und Gewohnheitsrechte.

[5]) Dass schon in der ältesten Zeit bei den Deutschen Weisthümer („abstrakte Urtheile“) üblich gewesen seien, nehmen auch Dahn (Geschichte der deutschen Urzeit I. S. 200; Urgeschichte der germanischen und romanischen Völker, 2. Aufl., I S. 97) und Schroeder (Lehrbuch der deutschen Rechtsgeschichte, 3. Aufl., S. 15) an.

Einen sakralen Charakter scheint es wenigstens in der geschichtlichen Urzeit nur in einzelnen Beziehungen gehabt zu haben [6]).

2. Nach der Völkerwanderung fanden bei den verschiedenen deutschen Völkern, innerhalb und ausserhalb des fränkischen Reiches, umfassende Rechtsaufzeichnungen statt. Die geschriebenen Volksrechte enthielten aber in ihrer ursprünglichen Gestalt, neben manchen insbesondere auf religiös-kirchlichen Gesichtspunkten beruhenden gesetzgeberischen Neuerungen [7]), überwiegend altes Gewohnheitsrecht [8]), und auch die späteren Redaktionen und Revisionen haben an diesem Grundcharakter, wenn wir von der lex Wisigothorum absehen [9]), im Ganzen nur wenig geändert [10]). Zudem waren die geschriebenen Volksrechte durchaus keine erschöpfenden Aufzeichnungen des

---

[6]) Brunner l. c. I S. 109 behauptet, dass das Recht bei den Germanen in der Urzeit vor Einführung des Christenthums einen ausgeprägt sakralen Charakter besessen haben müsse. Dagegen Leist, Graeco-italische Rechtsgeschichte S. 634 (§ 81 N. d) und S. 767 stellt für die germanischen Völkerschaften, im Gegensatz zu den südeuropäischen, den Durchgang durch eine sakrale Rechtsschichte in Abrede und führt hierauf die viel frühere Geltung des bürgerlich-weltlichen Gewohnheitsrechts als Basis der ganzen Rechtsordnung bei den Germanen zurück. Auf eine nähere Ausführung und Begründung meiner oben im Text ausgesprochenen Auffassung muss ich an dieser Stelle verzichten. Nur möchte ich noch hervorheben, dass auch v. Amira, obgleich er die Ansicht v. Richthofen's, Brunner's u. s. w., dass die Germanen schon in der Heidenzeit das Recht auf göttlichen Ursprung zurückgeführt hätten, entschieden bekämpft (Grundriss S. 7—8) doch vielfach ein sakrales Element in den altgermanischen Institutionen anerkennt (s. besonders l. c. S. 147—148, 156—157).

[7]) Auf die Annahme des Christenthums als Ursache gesetzlicher Aenderungen des bisherigen Gewohnheitsrechts weisen besonders hin der längere Prolog zu der lex Salica (ed. Behrend, 2. Aufl., S. 169—171) und der s. g. gemeinschaftliche Prolog zu den Austrasischen Volksrechten (Leges III pag. 259).

[8]) Uebereinstimmend insbesondere Boretius, Beiträge zur Capitularienkritik, Leipzig 1874, S. 8—9; Brunner l. c. I S. 286; Dahn, Könige der Germanen VII 2 S. 48; Gierke, D. Priv.-R. I S. 4.

[9]) Die lex Wisigothorum in ihrer späteren Gestalt enthält fast nur eigentliches Gesetzesrecht (Stobbe, Gesch. der deutschen Rechtsqu. I S. 89 bis 90; Dahn, Westgoth. Studien S. 298—300).

[10]) Die Novellen in den geschriebenen Volksrechten enthalten nicht lediglich neue Satzungen, sondern auch „Aufzeichnungen von Weisthümern oder beachtenswerthe Aussprüche der Rechtspraxis" (Brunner l. c. I S. 290).

geltenden Rechts; vielmehr blieben neben ihnen zahlreiche ungeschriebene Rechtssätze theils des ganzen Volks[11]), theils kleinerer Gemeinschaften in Geltung[12]). Auch die fränkischen Kapitularien haben für die von ihnen geordneten Verhältnisse die Geltung des Gewohnheitsrechts keineswegs ausgeschlossen, sondern schreiben vielfach, während sie gewohnheitsmässigen Missbräuchen entgegentreten[13]), die Befolgung bestehender Gewohnheitsrechte vor, oder berufen sich auf solche[14]). Ueber-

[11]) In dieser Beziehung sind besonders viele Stellen der langobardischen Edikte bemerkenswerth (Ed. Rotharis c. 386; Prologus Liutprandi de anno XIII; Ed. Liutpr. c. 21, c. 28 epil., c. 62, c. 77, c. 95, c. 118, c. 133; Ed. Ahistulfi c. 17). — Dass auch neben dem „liber Constitutionum" Gundobad's bei den Burgundern Gewohnheitsrecht in weitem Umfange Geltung behielt, hebt v. Salis in seiner Ausgabe der leges Burgundiorum (Legum sect. I, tom. II pars I), Praefatio pag. 6 N. 2 hervor (and. Ansicht, ohne genügende Begründung, Halban, Das römische Recht in den germanischen Volksstaaten — Gierke's Untersuch. z. d. Staats- und Rechtsgesch. H. 56 — S. 282). Dass selbst bei den Westgothen neben dem romanisirten Gesetzesrechte zahlreiche germanische Rechtssätze sich in thatsächlicher Uebung erhielten, haben besonders Ficker's Forschungen gezeigt (vgl. auch Halban l. c. S. 203—204).

[12]) Stobbe, Gesch. der Rechtsquellen I S. 19; Boretius l. c. S. 9; Brunner l. c. I S. 291. — Ueber besondere Rechtsgewohnheiten im fränkischen Reiche vgl. auch Waitz, Deutsche Verfassungsgeschichte II 1, 3. Aufl., S. 408 (Sohm, Fränkische Reichs- und Gerichtsverfassung S. 75 ff. bezieht allerdings, aber kaum mit Recht, die von einer consuetudo oder lex pagi oder loci redenden Quellenstellen durchaus auf die deutschen Stammesrechte. Dagegen s. auch Dahn, Könige der Germ. VIII 4 S. 28 N. 2).

[13]) So insbesondere Capitularia regum Francorum (ed. Boretius et Krause) Nr. 26, c. 6, 7, 9; 136 c. 17; 160 c. 4; 166 c. 1; 173; 205 c. 4; 219 c. 5; 225 c. 11; 242 c. 6; 293 c. 29 (ich citire die Capitularien nach ihren durch beide Bände der bezeichneten Ausgabe hindurchgehenden Nummern). Vgl. auch unten § 30 II.

[14]) Capit. Nr. 4 (Chilperici edictum a. 561—584) c. 11: De tronia . . . sic convenit observare, ut sicut antea consuetudo fuit sub temporibus avi vel genitoris nostri, sic sequatur; 27 (Capit. Saxonicum a. 797) c. 4: solito more . . . iuxta consuetudinem eorum; 44 c. 8: antiqua consuetudo servetur; 46 c. 10; 57 c. 7; 58 c. 6; 88 c. 9; 90 c. 8; 91 c. 7: sicut Francorum est consuetudo; 95 c. 13 (Pippini Capit. Italicum circa a. 790): sicut consuetudo fuit . . . ita nunc sit factum; 136 c. 17; 142 (Capit. legi Salica addita a. 819 vel paullo post) c. 10: De hoc capitulo iudicatum est, ut sicut per longam consuetudinem antecessores eorum facientes habuerunt, ita et omnes, qui lege Salica vivunt, inantea habeant et faciant; 143 c. 3; 158 (Capit. Ital. Hlo-

haupt bethätigte nicht nur auf dem Gebiete des Volksrechtes, sondern auch auf dem des Königsrechtes das Gewohnheitsrecht seine Kraft[15]). In einzelnen Kapitularien finden wir freilich Aussprüche, welche dem geschriebenen Recht ausschliessliche Geltung beizulegen scheinen[16]). Aber diese Vorschriften sollten wohl nur den Richtern resp. Urtheilern in den Volksgerichten einschärfen, die Sätze des geschriebenen Rechts nicht zu Gunsten

---

tarii a. 822—23) c. 14: Volumus ut homines talem consuetudinem habeant, sicut antiquitus Langubardorum fuit; 172 (Pactum Hludowici Pii cum Paschali Pontifice a. 817); 188 c. 4: sicut consuetudo semper fuit; 224 c. 1: secundum usum et consuetudinem terrae; 225 c. 11; 242 c. 5; 256 c. 8: secundum antiquam consuetudinem . . . iuxta priscum morem); 262 c. 7; 273 (Edictum Pistense a. 864) c. 3, 12, 27, 31, 37; 275 (Capitula Pistensia a. 869) c. 2, 5, 8; 281 c. 4; 293 c. 62; 300 c. 1. — Vgl. auch Dahn, Könige der Germ. VIII 3 S. 26 ff., VIII 4 S. 10.

[15]) So richtig Brunner l. c. I S. 278 gegen Sohm l. c. S. 102 ff.; vgl. auch Dahn, Gesch. der deutschen Urzeit II S. 643 N. 1. Diese Auffassung lässt sich auch unmittelbar aus den Quellen belegen. Die Cartae Senonicae num. 35 (bei Zeumer, Formulae Merovingici et Karolini aevi, pag. 200) sprechen von einer regia consuetudo hinsichtlich der Immunitätsverleihung. In den Capitularien erwähnen die fränkischen Herrscher häufig eine consuetudo ihrer Vorgänger (antecessorum oder praedecessorum; cf. den Index rerum et verborum zu der Capitularienausgabe von Boretius und Krause s. v. consuetudo, und unten § 29 N. 8). Die zahlreichen Capitularien, welche hinsichtlich der indirekten Abgaben auf alte Gewohnheit verweisen, haben dabei keinesfalls dem Ursprung nach volksrechtliche Sätze, sondern königsrechtliche (amtsrechtliche) im Auge. Wenn Hincmar in seiner Schrift De ordine palatii c. 29 sagt: Consuetudo tunc temporis (zur Zeit Karl's M.) talis erat, ut non saepius, sed bis in anno placita duo tenerentur, so kann er damit nur eine wesentlich aus der königlichen Praxis hervorgegangene Einrichtung bezeichnen wollen. Vgl. auch c. 20 ibidem über die consuetudo in Betreff der Mitwirkung des apocrisiarius bei Erledigung der kirchlichen Geschäfte durch den König. Freilich kann man zweifeln, ob die hier erwähnten Gewohnheiten durchaus den Charakter von Rechtssätzen erlangt hatten.

[16]) Capit. Nr. 33 (Cap. missorum generale a. 802 initio) c. 26: Ut iudices secundum scriptam legem iuste iudicent, non secundum arbitrium suum; 98 (Cap. Italicum a. 801) praefatio: ut . . . in rebus dubiis non quorundam iudicum arbitrium, sed nostrae auctoritatis sanctio praevaleret. — In Handschriften des liber Papiensis findet sich noch eine ähnliche Bestimmung, welche am Schlusse sogar den iudices gebietet, bei Lücken des geschriebenen Rechts die Sache an den König zu bringen; aber dieselbe ist ganz ungewissen Ursprungs (Boretius et Krause l. c. Tom. II pag. 98).

eigenen Ermessens ausser Augen zu setzen[17]). Dagegen wurde in der That ein vereinzelter Versuch unternommen, die derogatorische Kraft des Gewohnheitsrechts gegenüber den Gesetzesbestimmungen auszuschliessen[18]).

3. Da im deutschen Reiche die Rechtsaufzeichnungen aus der Zeit des fränkischen Reiches allmählich ausser Anwendung kamen[19]) und andererseits neues geschriebenes Recht bis zum 13. Jahrhundert nur sehr wenig zur Entstehung gelangte, so lebten die Deutschen längere Zeit hindurch wiederum, ähnlich wie in der Urzeit, in ihren rechtlichen Beziehungen fast ausschliesslich nach gewohnheitsrechtlichen Normen[20]). Auch später bis gegen Ende des Mittelalters beschränkten sich die allgemeinen Reichsgesetze wesentlich auf Bestätigung der thatsächlich herausgebildeten und gewohnheitsrechtlich sanctionirten Zustände, während daneben allerdings auch Versuche der Beseitigung einzelner gemissbilligter resp. dem allgemeinen Rechtsbewusstsein widersprechender Gewohnheiten sich geltend machten[21]). An die von den Kaisern und Königen sowie von den Partikulargewalten zahlreich ertheilten Privilegien schloss sich meist eine umfassende gewohnheitsrechtliche Fortbildung an[22]). Die in kleineren herrschaftlichen und genossenschaftlichen Verbänden entstandenen überaus zahlreichen und mannigfaltigen officiellen

---

[17]) S. hierüber unten § 32 III.

[18]) Capit. Nr. 95 (Pippini Capit. Italicum circa a. 790) c. 10. Vgl. über diese Stelle unten § 31 II.

[19]) Ueber die Zeit, in welcher die Kenntniss und Anwendung der geschriebenen Volksrechte in Deutschland aufgehört hat, gehen allerdings die Ansichten der Neueren einigermassen auseinander (vgl. insbes. Stobbe, Gesch. der d. Rechtsqu. I S. 266 ff.; Waitz, Deutsche Verfassungsgeschichte Bd. V, 2. Aufl., S. 159 ff. und VI, 2. Aufl., S. 514—516; Schroeder, Lehrb. d. d. Rechtsgesch., 3. Aufl., S. 636—637.

[20]) Belegstellen bei Stobbe l. c. I S. 270, denen insbesondere hinzuzufügen ist die auf den Landfrieden K. Friedrich's I. von 1187 bezügliche Aeusserung des Chronicon Urspergense (Monum. Germ. histor., Scriptorum tom. XXIII pag. 361): Quas literas Alemanni usque in praesens Vriedebrief i. e. literas pacis vocant, nec aliis legibus utuntur tamquam gens agrestis indomita.

[21]) Unten § 30 II 3.

[22]) So vor allem in den Städten, deren besonderes Recht durchaus mit einem Privileg begann.

Rechtsaufzeichnungen enthielten überwiegend, neben autonomischen Ergänzungen und Abänderungen, bisher schon geltendes Gewohnheitsrecht, meist freilich vermischt mit Anwendungen bestehender Rechtssätze auf concrete Verhältnisse[23]). Nur in den Städten trat die Thätigkeit der Selbstgesetzgebung reiner und eingreifender hervor[24]). Auch die seit der ersten Hälfte des 13. Jahrhunderts von Privaten verfassten Rechtsbücher entnahmen ihren Stoff fast ausschliesslich oder zum grössten Theile dem einheimischen Gewohnheitsrechte[25]), und die rechtlich bindende Kraft, welche das hervorragendste Rechtsbuch in Norddeutschland erlangte, beruhte wiederum auf Gewohnheitsrecht[26]).

Nach der äusseren Erscheinung hatte das damals innerhalb des deutschen Reichs bestehende Gewohnheitsrecht, auch so weit es auf nationalen oder sogar über die Nation hinausgehenden Rechtsanschauungen[27]) beruhte, fast durchgehends partikulären Charakter[28]), und zwar waren die Rechtskreise, in denen es

---

[23]) Vgl. hierüber insbes. Gierke, Das deutsche Genossenschaftsrecht II S. 128 und S. 462—464. S. auch unten II g. E.

[24]) Gierke, Genossenschaftsr. II S. 633—34; vgl. auch Schroeder, Lehrb. S. 667.

[25]) Hievon weichen, abgesehen von der schon seit dem 12. Jahrhundert in Deutschland begonnenen Litteratur wesentlich kanonistischen Inhalts, erst einige Rechtsbücher aus dem 15. Jahrhundert und dem Anfang des 16., wie namentlich der Klagspiegel und der Laienspiegel, ab.

[26]) Vgl. über die Bedeutung des Sachsenspiegels als Grundlage des gemeinen Sachsenrechts insbes. Stobbe, Gesch. der d. Rechtsqu. I S. 364 N. 3 und II S. 4 ff., D. Priv.-R. S. 78, sowie Roth, D. Priv.-R. S. 17, welche Schriftsteller jedoch den rechtlichen Grund der gesetzesähnlichen Geltung des Sachsenspiegels nicht scharf bezeichnen.

[27]) Solche allgemein anerkannte Rechtssätze wurden in den mittelalterlichen Quellen nicht selten als „ius gentium" bezeichnet (Waitz l. c. VI S. 509—11).

[28]) v. Amira, Grundriss S. 27: Im mittelalterlichen Deutschland „pflegt sich selbst der Inhalt des gemeinen Rechts in das Gewand des Sonderrechts zu kleiden". Aehnlich setzt Puchta l. c. I S. 132, welcher meint, das deutsche Recht gegen Ende des Mittelalters sei in seinen bedeutendsten Theilen wirklich ein gemeines gewesen, doch hinzu, in seinen Aeusserungen sei es, soweit es nicht von den kaiserlichen Gerichten angewandt wurde, als ein bloss partikuläres erschienen.

entstand und galt, ausserordentlich verschiedenartige[29]). Jedoch gab es auch gemeinrechtliche Gewohnheiten[30]) besonders auf dem Gebiete des Reichsstaatsrechts bezw. -lehnrechts[31]).

II. Ungeachtet der grossen und tiefgreifenden Bedeutung, welche das Gewohnheitsrecht für das ganze deutsche Rechtsleben im Mittelalter unzweifelhaft hatte, finden wir vor der Reception der fremden Rechte in der deutschen Rechtslitteratur keine Erörterungen, welche auch nur annähernd als eine Theorie dieser Rechtsquelle bezeichnet werden könnten. Wohl war man sich der Kraft der Rechtsgewohnheit und ihres hohen Werthes lebhaft bewusst[32]). Auch einzelne Erfordernisse eines Gewohnheitsrechtes sind in den mittelalterlichen deutschen Rechts-

[29]) Während das ältere deutsche Recht hauptsächlich Stammesrecht gewesen war, bildeten sich im deutschen Reiche Rechtsbesonderheiten vor allem für die einzelnen Territorien und Städte aus. Die Dienstrechte galten nur für die Dienstmannen eines einzelnen Dienstherrn; die Geltung der Hofrechte beschränkte sich sogar auf die zu einem Gute resp. Dorfe gehörigen Hintersassen eines Gutsherrn. Gemildert wurde allerdings die materielle Verschiedenheit des Rechts insbesondere durch die häufigen Rechtsübertragungen.

[30]) Zahlreiche Belege aus den mittelalterlichen deutschen Quellen für ein „ius commune", „gemeines Recht", „ius imperiale", „Reichsrecht", („Gewohnheit des Reichs"), „Kaiserrecht" geben: Kraut, Grundriss zu Vorlesungen über das deutsche Privatrecht, 6. Aufl. (besorgt von Frensdorff), § 5 N. 25—29 und N. 50—57; Stobbe, Gesch. der d. Rechtsqu. I S. 620 ff. und D. Priv.-R. I S. 7—8. Es darf aber nicht übersehen werden, dass als „gemeines Recht" oder „ius commune" vielfach das Recht irgend eines verhältnissmässig grösseren Geltungskreises bezeichnet wurde; ferner dass nicht nur der Ausdruck „Kaiserrecht" und ähnliche in sehr verschiedener Bedeutung gebraucht wurden, sondern auch die Vorstellungen über Vorhandensein und Umfang eines Kaiserrechts meist sehr unklare resp. phantastische waren (vgl. auch Stobbe an den oben angeführten Stellen; Boehlau in der Zeitschrift für Rechtsgesch. Bd. IX S. 15 N. 56; Gierke, D. Priv.-R. I S. 5).

[31]) Vor allem brachte das Reichshofgericht in seinen Erkenntnissen und Weisthümern, namentlich auf den Gebieten des Staatsrechts und des Lehnrechts, gemeines deutsches Gewohnheitsrecht zum Ausdruck oder begründete die Bildung eines solchen durch dieselben. Vgl. hierüber insbesondere Franklin, Sententiae curiae regiae pag. 11—12. — Auf einen „mos curiae" im Sinne des in Bezug auf Reichsversammlungen Gewohnheitsrechtlichen berief sich Kaiser Friedrich I. 1162 in seinem Rundschreiben an die deutschen Bischöfe und weltlichen Fürsten (Constitutiones et acta publica Imperatorum et Regum, ed. Weiland, Tom. I Nr. 208 und 209).

[32]) Unten § 31 I.

aufzeichnungen häufig erwähnt[33]) und insbesondere tritt uns in denselben die Erkenntniss, dass nicht jedes in rechtlichen Beziehungen gewohnheitsmässig geübte Verhalten ein Gewohnheitsrecht erzeuge, klar und bestimmt entgegen[34]). Aber die eben bezeichneten Gedanken entbehren jeder geordneten Zusammenfassung und jeder tieferen Begründung. Dieser Mangel erklärt sich leicht durch den niedrigen Stand, auf welchem die erst mit den Rechtsbüchern des 13. Jahrhunderts beginnende deutsche Rechtswissenschaft bis in das 16. Jahrhundert verharrte, vor allem durch ihre geringe Fähigkeit umfassender Abstraction und scharfer Begriffsbildung[35]). Dazu kamen noch besondere Momente, welche einer theoretischen Erfassung des Gewohnheitsrechts hindernd entgegenstanden. Die enge Verbindung von Satzungen und gewohnheitsrechtlichen Normen in denselben Rechtsaufzeichnungen[36]) musste eine deutliche Unterscheidung von Gesetz resp. Vertrag einerseits und Gewohnheitsrecht andrerseits wesentlich erschweren. Ebenso war die Aufnahme zahlreicher Bestimmungen über concrete Rechtsverhältnisse in die Aufzeichnungen des geltenden Rechts der kleineren Verbände[37]) geeignet, bei der an sich schon sehr unvollkommenen begrifflichen Sonderung von objektivem und subjektivem Recht[38]), die Unterscheidung des Gewohnheitsrechts von dem verwandten Begriff der Unvordenklichkeit noch stärker zu hemmen[39]). Endlich trug auch die

---

[33]) Unten § 29.

[34]) Diese wichtige Erscheinung wird unten § 30 eingehend behandelt werden.

[35]) Auch Stintzing, welcher die Vorzüge des Sachsenspiegels und der deutschen Rechtsbücher des 14. Jahrhunderts warm anerkennt (Gesch. der deutschen Rechtswissenschaft I S. 1—2 und S. 10), hebt doch scharf den dieser nationalen Rechtslitteratur anhaftenden und von ihr aus eigener Kraft nicht zu überwindenden Mangel wissenschaftlicher Technik und Methode hervor (l. c. S. 10 und S. 41).

[36]) So besonders früher in den geschriebenen Volksrechten (oben I 2), später in den geschriebenen Weisthümern, (oben I 3).

[37]) Oben I 3.

[38]) Ueber diesen Mangel der mittelalterlichen deutschen Rechtsanschauung s. bes. Gierke, Genossenschaftsr. II S. 127—129, 457 ff., 626 ff.; D. Priv.-R. I S. 112—113.

[39]) Insbesondere flossen beide in dem Begriff und der Bezeichnung „Herkommen“ zusammen (unten § 28 II 1 und 2).

Gleichheit der Organe und Formen für allgemeine Rechtsweisungen und für gerichtliche Entscheidung concreter Rechtsfälle[40]) dazu bei, die Natur des Gewohnheitsrechts als Quelle resp. Inbegriff von Rechtsnormen zu verdunkeln[41]).

III. Von der neueren Rechtslitteratur ist das reiche aber sehr zerstreute Material aus den deutschen Quellen, welches uns über die älteren einheimischen Anschauungen hinsichtlich des Gewohnheitsrechts zu belehren vermag, bisher nur in geringem Umfange gesammelt und berücksichtigt worden[42]). Schon hiedurch erklärt sich, dass die deutschrechtlichen Gedanken über das Gewohnheitsrecht von den neueren Schriftstellern, welche sich eingehender mit dieser Rechtsquelle beschäftigt haben, sowie von den Bearbeitern der deutschen Rechtsgeschichte und des heutigen deutschen Rechts nur kurz berührt bezw. oberflächlich gestreift worden sind[43]). Zu dieser Vernachlässi-

---

[40]) Darauf komme ich unten § 32 II zurück.

[41]) Vgl. bes. Gierke, Genossenschaftsr. II S. 464—466.

[42]) Im vorigen Jahrhundert hat Haltaus in seinem Glossarium Germanicum medii aevi s. v. v. „Gewohnheit" und „Recht" eine Anzahl hieher gehöriger Quellenäusserungen zusammengestellt; in neuerer Zeit Borkowski in seiner oben N. 1 genannten Abhandlung. Die letztere ist aber selbst einem in der deutschrechtlichen Litteratur so belesenen Gelehrten wie Stobbe nur dem Titel nach bekannt geworden (s. Stobbe, D. Priv.-R. I § 21 N. 1 a. E., wo zudem der Verfasser irrthümlich „Bobrowski" genannt ist).

[43]) Insbesondere hat auch Puchta in seinem epochemachenden Werke über das Gewohnheitsrecht zwar der Geschichte desselben bei den Römern und den Ansichten der römischen Schriftsteller über diese Rechtsquelle eine ziemlich eingehende zusammenhängende Erörterung gewidmet, hingegen die Geschichte des Gewohnheitsrechts bei den Deutschen im Mittelalter und die deutschrechtlichen Anschauungen über dasselbe nur hie und da berührt (so insbes. I S. 125 ff., II S. 126—127, 148 ff.). Aber auch z. B. Stobbe und Gierke haben in ihren reichhaltigen geschichtlichen und dogmatischen Werken über das deutsche Recht, wo sie vom Gewohnheitsrecht handeln, doch die älteren deutschen Quellen nur in geringem Masse herangezogen und die aus ihnen zu entnehmenden Vorstellungen nur in einzelnen Beziehungen hervorgehoben. Garnicht hat z. B. Dahn in seiner interessanten Abhandlung „Zur Lehre von den Rechtsquellen insbesondere von dem Gewohnheitsrechte" (Behrend's Zeitschr. f. deutsche Gesetzgebung II S. 553 ff., wiederabgedruckt in D.'s rechtsphilosophischen Studien — Bausteine IV 1 — S. 234 ff.) den Versuch gemacht, das Verhältniss seiner Theorie zu den älteren deutschen Rechtsanschauungen darzulegen.

gung der deutschrechtlichen Anschauungen über das Gewohnheitsrecht wirkte auch neben der unvollkommenen Ausprägung der letzteren ihre völlige Zurückdrängung durch die in Italien ausgebildete Theorie der Postglossatoren und Kanonisten[44]) wesentlich mit. Aber auch soweit in diesem Jahrhundert die Wissenschaft sich von der früheren gemeinrechtlichen Theorie des Gewohnheitsrechts entfernt hat, ist sie sich dabei eines Zurückgehens auf den älteren deutschen Rechtszustand und auf deutsche Rechtsideen nur wenig bewusst gewesen[45]) und hat sie zudem diese vielfach nicht richtig erkannt[46]) oder nur unzureichend gewürdigt[47]).

§ 28.

Bezeichnungen.

In den mittelalterlichen Quellen des deutschen Rechts finden wir für das Gewohnheitsrecht im Sinne der heutzutage regelmässig so bezeichneten Rechtsquelle bezw. der aus derselben hervorgegangenen Rechtssätze zahlreiche lateinische und deutsche Bezeichnungen. In denselben tritt uns einerseits das Bewusstsein der besonderen Natur dieser Rechtsquelle, andrerseits aber auch vielfach eine ungenaue Unterscheidung von oder Vermischung mit den Quellen des gesetzten Rechts entgegen. Insbesondere die deutschen Ausdrücke gewähren uns aber auch nähere Auskunft über die älteren Vorstellungen der Deutschen hinsichtlich der Entstehungsmomente resp. Erfordernisse des Gewohnheitsrechts.

I. Die lateinischen Bezeichnungen sind theils die schon bei den Römern üblichen[1]), vielfach mit einem das Gewohnheitsrecht als Recht näher bezeichnenden Zusatze[2]), zum Theil

---

[44]) Hievon wird im folgenden Abschnitt dieses Werks näher zu handeln sein.

[45]) Dies gilt insbesondere von der grossen Mehrzahl der Anhänger der Ueberzeugungstheorie.

[46]) So die Vertreter der Ansicht, dass die Uebung bei den Deutschen kein wesentliches Erforderniss des Gewohnheitsrechts gewesen sei (unten § 29 II 1).

[47]) So insbesondere den Begriff der „rechten Gewohnheit“ (unten § 30 III).

[1]) S. über diese die oben § 2 gegebenen Erörterungen.

[2]) Unten 2.

aber auch Ausdrücke, welche bei den Römern in anderer Weise entstandene Bestimmungen bezeichneten[3])[3a]).

1. Unter den lateinischen Bezeichnungen des Gewohnheitsrechts ist die häufigste „consuetudo" [4]). Daneben kommt vielfach der Ausdruck „mos" [5]), seltener „usus" [6]) vor. Auch das Wort „ritus" wurde zuweilen in derselben Bedeutung angewandt [7]). Vielfach finden wir mehrere dieser Ausdrücke neben einander, sei es verbunden, sei es abwechselnd, ohne dass dabei eine verschiedene Bedeutung derselben anzunehmen wäre [8]). Es

---

[3]) Unten 3.

[3a]) Der deutschen Sprache entstammende Bezeichnungen in den lateinisch geschriebenen Quellen — wie êwa und cawarfida — werde ich unter den deutschen Bezeichnungen (II) besprechen.

[4]) Die Behauptung Borkowski's (l. c. pag. 28), dass in den lateinisch geschriebenen Quellen des deutschen Rechts der Ausdruck „mos" viel häufiger vorkomme als der Ausdruck „consuetudo", kann ich durchaus nicht als richtig anerkennen.

[5]) Den Plural „mores" gebrauchen die mittelalterlichen Schriftsteller kaum für das einzelne Gewohnheitsrecht.

[6]) So z. B. im Ed. Liutpr. prol. ad a. XIII: causas . . . ., quae nec per usum fuimus certi ad terminandum nec in edicti corpore ante insertae. — Verhältnissmässig oft findet sich das Wort „usus" in dieser Bedeutung im Liber feudorum (vgl. die von K. Lehmann, Das Langobardische Lehnrecht, Gött. 1896, im Index s. h. v. angeführten Stellen).

[7]) Belege aus der Zeit des deutschen Reichs giebt Waitz, D. Verf.-Gesch. V S. 163 N. 1 und 5, VI S. 514 N. 1.

[8]) So z. B. Capit. Nr. 89 c. 9 (mos vel sacra consuetudo); 224 c. 1 (secundum usum et consuetudinem terrae). Bened. Levita II c. 366: consuetudinario more. Urkunde Kaiser Friedrich's II. von 1234 für Erfurt bei Haltaus l. c. pag. 716: bonos usus et approbatas consuetudines. In Capit. 26 (Capitulatio de partibus Saxoniae a. 775—90) steht c. 6: secundum morem paganorum (c. 9: more paganorum), c. 7: secundum ritum paganorum; in Capit. 27 (Capit. Saxonicum a. 797) c. 4 bezeichnen die auf einander folgenden Worte „solito more" und „quae iuxta consuetudinem eorum solebant facere" gleichmässig die bisherige gewohnheitsrechtliche Uebung; in Capit. 256 c. 8 finden wir nacheinander in gleicher Bedeutung: secundum antiquam consuetudinem und iuxta priscum morem. Ebenso bezeichnen in der Urkunde Nr. 139 bei Loersch und Schroeder (2. Aufl.) die verschiedenen Ausdrücke: ius et consuetudo terrae, ut consuevit fieri, ut moris est übereinstimmend das geltende Gewohnheitsrecht. Otto von Freisingen, Gesta Friderici Imperatoris lib. II c. 28 (Scriptorum tom. XX p. 412) berichtet von einer vetus consuetudo, die pro lege apud Françios et Suevos inolevit, und fährt dann fort: Hunc morem imperator servans . . . .

ist aber wohl zu beachten, dass das Wort „consuetudo" auch in den mittelalterlichen Quellen des deutschen Rechts[9]) häufig in anderen Bedeutungen gebraucht wird[10]). Insbesondere bezieht sich dasselbe vielfach nicht auf objektives Recht, sondern auf subjektive Rechte resp. entsprechende Verbindlichkeiten[11]). Namentlich hat der Ausdruck „consuetudo" für nutzbare Rechte resp. entsprechende Leistungen (Abgaben) schon früh eine fast technische Bedeutung erlangt[12]).

---

[9]) Ueber andere Bedeutungen im römischen Recht s. oben § 2 II 1; im kanonischen Recht oben § 11 II 2.

[10]) Ueber die Anwendung der Ausdrücke „consuetudo" und „mos" für objektives Recht überhaupt s. unten 4.

[11]) Hiebei ist an den oben (§ 27 II Text vor N. 38) schon erwähnten Mangel scharfer Unterscheidung zwischem objektivem und subjektivem Recht im deutschen Mittelalter zu erinnern.

[12]) So z. B. Capit. Nr. 24 c. 5: Ut ad illos pauperes nova aliqua consuetudo imposita fuit postea; 136 a. 17: De iniustis teloneis et consuetudinibus; 141 c. 4: De iniustis occasionibus et consuetudinibus noviter institutis . . . ut auferantur; 292 c. 5: Ut ab ecclesia mihi commissa indebitas consuetudines . . . . de caetero non exactetis. Formulae Collect. S. Dionysii 9 (Zeumer p. 502): census, servitutes, opera . . . . et omnes consuetudines saeculares. Sicardi principis pactum a. 836 (Legum tom. IV pag. 220): salva consuetudine nostra (= tributo nobis solvendo, wie Bluhme l. c. N. 25 richtig erklärt). In zahlreichen Italienischen Immunitätsurkunden wird den Beamten verboten „novas consuetudines imponere" (Waitz, Verf.-Gesch. IV, 2. Aufl., S. 172 N. 1). Wenn nach Gregor von Tours, Hist. Francorum IX c. 30 König Charibert dem Volke von Tours eidlich versprach, ut leges consuetudinesque novas populo non infligeret, so bezog sich auch dies nur oder wesentlich auf Abgaben (Waitz l. c. III S. 209 N. 2 will zwar dem Worte „consuetudo" in dieser Stelle noch nicht die Bedeutung = Steuer zuerkennen, weil es dieselbe erst „viel später" erlangt habe; s. aber dagegen oben § 2 N. 16 a. E.). Das von seinen Vorgängern geübte Spolienrecht bezeichnete Kaiser Friedrich II. als vetus consuetudo und erklärte: eidem consuetudini sive iuri vel quocumque vocabulo exprimatur, renunciamus penitus (Constitutiones Imper. ed. Weiland II Nr. 56). Ein nicht nutzbares subjektives Recht wird als consuetudo bezeichnet im Capit. 161 c. 3: Illis solummodo Romanis, quibus antiquitus fuit consuetudo concessa per constitutionem sanctorum patrum eligendi pontificem. Aehnlich sind wohl in der Urk. Kaiser Konrad's III. für die Kaufleute von Kaiserswerth a. 1145 (Lacomblet, Urk.-Buch f. d. Gesch. d. Niederrheins IV Nr. 262) die consuetudines sive iura a predecessoribus nostris . . . . ipsis collatae und in dem Pactum Philippi Regis cum Coloniensibus a. 1207 (Constit. II Nr. 11) die iura et consuetudines per privilegia ipsis concessae als Befugnisse verschiedener Art (nicht lediglich

2. Sehr häufig finden wir den Ausdruck „consuetudo" resp. eine der eben erwähnten gleichbedeutenden Bezeichnungen verbunden mit einem Zusatze, welcher näher zum Ausdruck bringt, dass es sich nicht um eine blos thatsächliche Uebung gewohnheitsmässiger Art, sondern um einen gewohnheitsrechtlichen Satz als Bestandtheil des geltenden Rechtes handelt[13]). Insbesondere werden in diesem Sinne die Worte „ius" („iustitia", „rectum") oder „lex" mit „consuetudo" oder „mos" verbunden[14]), oder die consuetudo, resp. ein gleichbedeutender Ausdruck, durch das hinzugefügte Beiwort „iusta", „legitima", „legalis", „approbata", „rationabilis", „bona" und dergl. charakterisirt[15]). Da-

nutzbare) zu verstehen. — Ueber die Bedeutung von consuetudo = finanzielle Einkünfte resp. Abgaben vgl. auch Frensdorff in den Histor. Aufsätzen, dem Andenken an G. Waitz gewidmet (Hann. 1886), S. 445.

[13]) Hierauf hat schon Borkowski l. c. pag. 54 sqq. hingewiesen.

[14]) In folgenden Quellenstellen scheint mir diese Bedeutung der Verbindung von consuetudo resp. mos mit ius resp. iustitia oder rectum vorzuliegen: Capit. Nr. 93 c. 7: per iustitiam et antiquam consuetudinem; 262 c. 7: consuetudo et rectum. Constit. Imper. II Nr. 252 c. 7: iuris et moris; 262 c. 2: de iure et more maiorum; 443 c. 5: secundum consuetudinem et ius terre nostre (vgl. auch 444 c. 3, 445 c. 3). Legum tom. II pag. 467: Romanorum regis de iure et antiqua consuetudine electores. Loersch und Schroeder. Urk. Nr. 133: secundum quod ius et consuetudo terre exigit; 137: quid iuris vel consuetudinis .... secundum ius et consuetudinem habitam ex antiquo apud nos et hactenus observatam; 169: secundum ius et consuetudinem civitatis Coloniensis; 180: prout ius et moris est. Nassauisches Urkundenbuch I 107 (citirt bei Waitz, Verf.-G. IV S. 514 N. 1): consuetudinis immo iuris. Noch deutlicher wird das Gewohnheitsrecht als ius consuetudinarium (Freiburger Stiftungsbrief v. 1120 bei Kraut § 8 Nr. 8a) oder ius consuetum (Brünner Schöffenbuch Nr. 681) oder consuetudinariae leges (Ortliebi Zwifaltensis Chronicon I, 8 — Script. tom. X pag. 77 —) bezeichnet (vgl. auch die von Haltaus l. c. pag. 1512 aus einer Urk. v. 1264 citirte Umschreibung: quod in iustitiam iure consuetudinis transivit). Zweifelhafter dagegen ist die Bedeutung von Wendungen, wie: legis consuetudinem (l. Ribuaria ed. Sohm tit. 88); iuxta legum consuetudinem (form. Arvern. 1, Zeumer pag. 28); secundum lege consuetudinis (form. Bitur. 7, Z. pag. 171); secundum morem Saxonice legis (Loersch und Schroeder Urk. Nr. 97).

[15]) Capit. Nr. 275 c. 5 und c. 8: iusta et rationabilis consuetudo (c. 2: sicut .... iuste et rationabiliter consueverat). Urkunden bei Waitz VI S. 514 N. 1: iuxta legalem Alemannorum consuetudinem; legitima Francorum consuetudine. Liber feud. (ed. K. Lehmann) I 12 (13 ed. hod.) pr.: ... secundum iustum et verum usum, § 1: secundum rationabilem usum; II 9 pr.: optima consue-

gegen wird in anderen Quellenstellen die consuetudo resp. der „mos“ oder „usus“ im Gegensatz zum Recht gebracht resp. als „iniusta“ u. s. w. bezeichnet[16]). Bei Erklärung und Benutzung dieser Aeusserungen darf freilich nicht übersehen werden, dass der Ausdruck „lex“ (vielleicht auch hie und da „ius“) in der Verbindung mit consuetudo oder gleichbedeutenden Worten nicht selten das geschriebene Recht im Gegensatz zum ungeschriebenen Recht bezeichnet[17]), und dass die erwähnten Beiwörter

---

tudine, ib. (§ 3 ed. hod.): sive de bona consuetudine quaeramus sive de prava. Constit. Imper. I Nr. 240 c. 2: iuxta consuetudinem longo et communi usu totius cleri approbatam; II 171 c. 6 und 304 c. 6: secundum terre sue consuetudinem approbatam; II 196 c. 4: secundum terrarum racionabilem consuetudinem. Loersch und Schroeder, Urk. Nr. 243: secundum consuetudinem quasi communiter approbatam. Urk. König Heinrich's für Worms v. 1232 (bei Keutgen, Urkunden zur städtischen Verfassungsgeschichte, Nr. 113 sub a): secundum vestram consuetudinem approbatam. Urk. Kaiser Friedrich's II. von 1234 (oben N. 8): bonos usus et approbatas consuetudines. Urk. Kaiser Heinrich's V. von 1122: contra antiquam et ratione subnixam consuetudinem (Frensdorff, der diese Urk. in der angef. Abh. S. 437 anführt, bemerkt richtig, dass im Mittelalter ratio auch so viel wie Recht bedeute).

[16]) So z. B. Capit. 242, Adnunciatio domni Hludowici regis a. 860 c. 6: .... de istis rapinis et depraedationibus, quas iam quasi pro lege multi per consuetudinem tenent; Urk. Karl's III., bei Lupi Codex civitatis et ecclesiae Bergomatis I pag. 957 (Waitz, Verf.-Gesch. IV S. 172 N. 3): ex iniusta et contra omnes leges inventa consuetudine. Diese und verwandte Stellen werden unten § 30 II erörtert werden.

[17]) Ganz deutlich ist diese Unterscheidung in solchen Stellen wie form. Marculfi I 8 (Zeumer pag. 48): eos recto tramite secundum lege et consuetudine eorum regas; form. Turon. App. 2 (Z. pag. 163): latores legis aedicerunt et antiqua consuetudo aedicet; Senon. recent. 10 (Z. pag. 216): legibus institutum est et consuetudine per tempora conservatum; Merkel. Salicae 15 (Z. pag. 247): secundum legem Salicam et antiquam consuetudinem; Visigoth. 34 (Z. pag. 590): Prisca consuetudo et legum decreta sanxerunt. Ebenso in Capit. Nr. 275 c. 5: secundum praefatas leges et praefata capitula ac praefatam consuetudinem. Zahlreiche andere Stellen besonders in Formeln und Urkunden, welche schlechthin „lex“ und „consuetudo“ (resp. „mos“ oder „ritus“) zusammen erwähnen, lassen wenigstens die Deutung zu, dass geschriebenes Recht und ungeschriebenes (resp. gewohnheitsmässige Uebung) neben einander genannt werden sollen: so z. B. form. Turon. 14 (Z. pag. 142) und cartae Senon. app. 1 (Z. pag. 208): lex et consuetudo exposcit; Loersch und Schroeder Urk. Nr. 129: secundum legem et consuetudinem patriae. In dieser Hinsicht kommt noch besonders in Betracht die von Zeumer l. c. pag. 208 für die Zeit des fränkischen Reichs hervorgehobene

der consuetudo (resp. des „mos" oder „usus") diese theilweise nicht nach ihrer rechtlichen Geltung, sondern vom Standpunkte der Gerechtigkeit, Billigkeit u. s. w. des Inhalts charakterisiren [18]).

3. Wie die Ausdrücke „lex" und „consuetudo" mit einander verbunden zuweilen Gewohnheitsrecht bezeichnen, so finden wir das erstere Wort auch allein nicht selten zur Bezeichnung von Gewohnheitsrecht gebraucht [19]), und zwar selbst, wenn es sich nur um ungeschriebenes Gewohnheitsrecht handelt [20]). Für diese Verwendung des Wortes mag, neben den oben erwähnten Momenten, welche eine klare Unterscheidung von Gesetz und Gewohnheitsrecht hinderten [21]), die Aehnlichkeit mit dem deutschen Wort „lag", welches Recht überhaupt bedeutete [22]), mitbestimmend gewesen sein.

Neigung, sich auf entstellte oder erdichtete (römische) Gesetze zu berufen. Und auch in der Verbindung von „ius" und „consuetudo" kann wohl der erstere Ausdruck das geschriebene Recht im Gegensatz zum ungeschriebenen bezeichnen.

[18]) Hievon wird unten § 30 II 3 näher zu handeln sein.

[19]) Dass das Wort „lex" auch das geschriebene Recht und das ungeschriebene zusammen bezeichne, haben insbes. Waitz, Verf.-G. II 1 S. 87 N. 1 und Dahn, Könige u. s. w. VII 2 S. 33 ausgeführt; vgl. auch Zoepfl, Deutsche Rechtsgesch., 4. Aufl., I S. 10 und Borkowski l. c. pag. 22.

[20]) So im Ed. Rotharis c. 386: antiquas legis patrum nostrorum, quae scriptae non erant. Häufig kommen in der lex Alamannorum die Worte „sicut lex habet" und ähnliche Wendungen vor, welche, wie schon Stobbe, Gesch. d. d. Rechtsqu. I S. 146 N. 1 bemerkt hat, wenigstens theilweise auf (ungeschriebenes) Gewohnheitsrecht bezogen werden müssen. In der form. Sangall. misc. 9 (Z. pag. 384): „testificatique sunt, quod haec lex temporibus Hludowici imperatoris inter illum eiusdem loci dominum et reliquos esset pagenses" kann lex wohl nur die gewohnheitsrechtliche Uebung bedeuten (so erklärt auch Zeumer im Index rerum et verborum s. v. lex das Wort an dieser Stelle durch usus). In Capit. 262 c. 7 scheint das Wort „lex" nichts anderes als die folgenden Worte „sicut consuetudo et rectum est" zu bedeuten. Dass unter der Scriptorum tom. XV pag. 542 erwähnten lex Sualveldica kaum ein geschriebenes Recht, sondern eine blosse „Rechtssitte" zu verstehen ist, hebt Zeumer in einem Zusatz zu Waitz l. c. V S. 161 N. 1 hervor. Jedoch darf man trotzdem „lex" nicht als technische Bezeichnung für das ungeschriebene Recht erachten, nicht einmal im Gegensatz zu „pactus" (unten N. 23).

[21]) Oben § 27 II.

[22]) Ueber dies auch wohl etymologisch mit „lex" zusammenhängende Wort, welches, bei den nordischen Germanen überaus häufig, auch bei den Franken, Friesen, Sachsen und Angelsachsen nachweisbar ist, s. Brunner

Ebenso wie „lex" bezeichnet der Ausdruck „pactus" zuweilen auch das ungeschriebene Recht[23]); denn diese beiden Ausdrücke wurden überhaupt als gleichbedeutend gebraucht, indem das gesammte, geschriebene und ungeschriebene, Recht als auf einer Uebereinkunft der Genossen beruhend betrachtet wurde[24]). Demgemäss finden wir auch bei den Langobarden das Wort „fabula", welches an sich Verabredung bedeutet[25]), in dem Sinne von Gewohnheitsrecht gebraucht[26]).

4. Andrerseits wurden auch die Ausdrücke „consuetudo" und „mos" im Sinne von objektivem Recht überhaupt angewandt[27]). Dies erklärt sich theils durch den schon mehrfach

---

l. c. I S. 109 (vgl. auch II S. 376) und Schroeder l. c. § 3 N. 16. In der Keure von St. Omer von 1127 (Frensdorff l. c. S 454 N. 1) kommen sogar die Ausdrücke „lag" und „consuetudo" nebeneinander als gleichbedeutend vor, freilich für dort aufgezeichnete Rechtssätze.

[23]) So ist in der lex Baiuv. tit. XVII c. 5 (discordant nostri indices de pacto) unter „pactus" das Recht überhaupt zu verstehen. Die Behauptung Sohm's, Fränk. Reichs- und Gerichtsverfassung § 7 N. 66 (S. 159), dass lex technisch das ungeschriebene, pactus technisch das geschriebene Recht bedeute, ist auch in der Einschränkung, dass dies nur anzunehmen sei, wo beide Ausdrücke neben einander stehen (Waitz l. c. VI S. 514 N. 1; Schroeder l. c. S. 227) kaum richtig. Dagegen sprechen insbesondere die Ueberschriften „pactus lex Alamannorum", „pactus legis Ribuariae" (Brunner I S. 287 N. 6; Dahn, Könige VII 2 S. 33).

[24]) Sohm in der eben angeführten Note und Brunner l. c. I S. 287 behaupten dies nur in Bezug auf das geschriebene Recht resp. auf die Satzung, der letztere aber wohl nicht konsequent, da er zugiebt, dass „pactus" auch das ungeschriebene Recht bezeichne (s. die vorige Note).

[25]) Ducange s. h. v. erklärt es durch pactum, conventio.

[26]) Die Worte „fabula, quae inter vicinũs est" im Ed. Rotharis c. 346 bedeuten dasselbe wie „loci consuetudo" in c. 344 ibidem. So richtig Bluhme ad c. 346 cit. (Legum tom. IV pag. 79 N. 49), welcher auch auf die analoge Anwendung des Angelsächsischen „roêden" („raêden") und „landroêden" („landraêden") zur Bezeichnung von Gewohnheitsrecht hinweist (vgl. unten II 4 a. E.)

[27]) Dies haben schon manche neuere Schriftsteller hervorgehoben. So insbes. Riccius, Zuverlässiger Entwurff von Stadtgesetzen, Frankf. u. Leipzig 1740, S. 6—8 und S. 317, welcher (S. 7) bemerkt, dass man noch zu seiner Zeit die alten deutschen Gesetze und Statuta gewöhnlich consuetudines nenne; E. Meier, Rechtsbildung S. 47; Waitz l. c. V S. 162 N. 1 (Zusatz von Zeumer); Frensdorff l. c. S. 454 N. 1. Jedoch scheint diese Anwendung der fraglichen Ausdrücke zur Zeit des fränkischen Reichs noch selten gewesen zu sein (ein Beispiel giebt Capit. Nr. 80 de iustitiis faciendis a. 811 bis

betonten Mangel einer scharfen Untercheidung zwischen den Rechtsquellen überhaupt[28]), theils durch das Uebergewicht des Gewohnheitsrechts in dem mittelalterlichen deutschen Rechte[29]). Das letzterwähnte Moment ist wohl auch vorzugsweise dafür massgebend gewesen, dass man sich nicht selten für einen auch im geschriebenen Recht enthaltenen Satz lediglich auf „consuetudo" oder „mos" berief[30]), und durch dasselbe haben wir uns ebenfalls die Erscheinung zu erklären, dass in der Zeit des Eindringens der fremden geschriebenen Rechte das einheimische Recht im Gegensatz zu diesen zuweilen schlechthin als „ius consuetudinarium" bezeichnet ward[31]).

II. Im Wesentlichen entsprechen die Bezeichnungen des Gewohnheitsrechts in der mittelalterlichen deutschen Rechtssprache durchaus den eben erörterten lateinischen.

1. Die bei weitem häufigste deutsche Bezeichnung, insbesondere auch in den Rechtsbüchern, ist „Gewohnheit". Das etymologisch einerseits mit „Wonne" andrerseits mit „Wohnen" zusammenhängende Wort[32]) scheint ursprünglich eine Handlungsweise zu bedeuten, welche man gern und dauernd übt[32a]). Gleichbedeutend mit „Gewohnheit" wurden nicht selten die Ausdrücke „Sitte"[33]) und „Brauch" („Gebrauch")[34]), welche beide zunächst

---

813, dessen cap. 13 auf ein a. 806 erlassenes Capitular als „consuetudinem iamdudum ordinatam" verweist). Ueber den Sprachgebrauch Gratian's s. oben § 9 I, über den der Glossatoren § 12 I.

[28]) Oben § 27 II und § 28 I 3.

[29]) Oben § 27 I.

[30]) Stobbe, Gesch. d. d. Rechtsquellen I S. 270; vgl. Zeumer ad form. Imperiales 38 (pag. 316). Ueber die entgegengesetzte Neigung s. oben N. 17.

[31]) Stobbe l. c. I S. 651 N. 118.

[32]) Vgl. Kluge, Etymologisches Wörterbuch der deutschen Sprache, 5. Aufl., Strassburg 1894, unter den Worten „gewöhnen" und „wohnen".

[32a]) Auf derselben Anschauung beruht auch der in den friesischen Rechtsquellen häufig zur Bezeichnung von Gewohnheitsrechten gebrauchte Ausdruck „plega" s. „pliga" von „pflegen" = liebevoll für etwas sorgen.

[33]) In den angelsächsischen Rectitudines singularum personarum 4 § 4 und § 8 (R. Schmid, Gesetze der Angelsachsen, 2. Aufl., S. 376 und 378) kommt das Wort „landsidu" vor, welches Schmid im Glossar (S. 623) durch Landessitte, Landesgewohnheit erklärt. Der Deutschenspiegel (ed. Ficker) Landr. § 33 hat die Ueberschrift: von dem lant site, während die Ueberschrift des entsprechenden Paragraphen des Schwäb. Landr.'s (ed. Lassberg,

auf ein fortgesetztes gleichmässiges Verhalten hinweisen [35]), angewandt. Für das Gewohnheitsrecht, insbesondere in kleineren Kreisen, wurde häufig das Wort „Herkommen“ gebraucht [36]), das aus älterer Zeit Ueberliefertes bezeichnet. Vielfach finden wir mehrere dieser Ausdrücke mit einander verbunden [37]). Das

---

gleichfalls § 33) „sunder lande reht“ lautet (vgl. auch die Varianten, welche Homeyer's Ausgabe des Sächs. Landrechts in N. 3 zu I 30 anführt). Den Sinn von Gewohnheitsrecht hat das Wort „site“ („sitte“) auch in der Ueberschrift von Deutschensp. Landr. § 109 und Schwäb. Landr. ed. Lassberg § 117. Das Schwäb. Landr. § 1a gebraucht erst den Ausdruck „reht und gewonheit“, dann das Wort „sitte“, offenbar in derselben Bedeutung. Das von Gengler 1854 herausgegebene Erlanger Promtuarium Juris erklärt: „Gewonheit das ist eyn alt sete“. Vgl. auch die N. 37 i. A. angeführten Stellen. — Unrichtig ist daher die Behauptung Borkowski's (l. c. pag. 28), dass in den deutsch geschriebenen Quellen niemals das Wort „Sitte“ im Sinne von Gewohnheitsrecht vorkomme.

[34]) Dieser Ausdruck findet sich häufig in den bäuerlichen Weisthümern, besonders in der Zusammensetzung „Landsbrauch“ (s. z. B. Jak. Grimm, Weisthümer I S. 834, II S. 144; „landsbrüchig“ wiederholt I S. 113—114. „Brauch“ eines Gerichts wird erwähnt ebendas. IV S. 343). Die Carolina bezeichnet in der salvatorischen Clausel die partikulären Gewohnheitsrechte als „Gebräuche“ der Kurfürsten, Fürsten und Stände.

[35]) „Sitte“ leitet J. Grimm in seinem Aufsatz über die Poesie im Recht (Zeitschrift f. geschichtl. Rechtswissenschaft Bd. II S. 31) von „sitzen“ ab, während Kluge l. c. S. 349 das Wort für unverwandt mit dem griechischen „ἔϑος“ erklärt. „Brauch“ hängt zusammen mit dem lateinischen „frui“, geniessen (Kluge l. c. S. 52 s. v. „brauchen“).

[36]) Belegstellen geben Haltaus l. c. pag. 696—698 und Gierke, Genossenschaftsr. II S. 463; vgl. auch die folgende Note. In dem Register zu Grimm's Weisthümern fehlt das Wort.

[37]) Z. B. König Rudolf's Bestätigung des Mainzer Landfriedens a. 1281 (Neue und vollständige Sammlung der Reichsabschiede I S. 32): als de brauch side und gewonheit sie; Loersch und Schroeder, Urk. Nr. 177: als sit und gewonlich ist; Urk. des Klosters Lilienthal a. 1468 bei Frauenstädt, Blutrache und Todtschlagsühne (Leipzig 1881) S. 15: wanheit eddor seede. Ebenso werden in den friesischen Rechtsquellen nicht selten „pliga“ und „syd“ verbunden (Belegstellen bei v. Richthofen, Altfriesisches Wörterbuch pag. 979). Gewohnheit und Herkommen (des Reichs, der Lande) werden wiederholt zusammen erwähnt in dem Schiedsspruch des Königs Georg Podiebrad von Böhmen a. 1461 bei Haltaus l. c. pag. 697—98. Ebenso z. B. Loersch und Schroeder Urk. Nr. 281: nâ aldem herkomen und gewôenden uns lants van dem Berge. Weisth. II S. 144: wie es in diesem gericht brauch, ubung, gewohnheit undt recht ist; III S. 341: nach altem löblichen herkommen, gebrauch und gewonheit des manngerichts; V S. 241: ein herkommen und gewonheit.

insbesondere in dem Zeitalter des fränkischen Reiches häufig vorkommende Wort „êwa" scheint ebenso wie „lag"[38]) das objektive Recht überhaupt ohne Rücksicht auf die Entstehung oder die Aufzeichnung der Rechtssätze zu bedeuten[39]).

2. Nur selten finden wir in den deutsch geschriebenen Quellen den Ausdruck „Gewohnheit" auf ein subjektives Recht bezogen; am ehesten noch wird diese Bedeutung anzunehmen sein, wo Gewohnheiten eines Personenverbandes neben Rechten oder Freiheiten, resp. Rechten und Freiheiten, desselben genannt werden[40]). Dagegen das Wort „Herkommen" bezeichnete unterschiedslos seit langer Zeit geübte Rechtssätze und seit langer Zeit bestehende Rechtsverhältnisse[41]).

3. Ebenso wie in den lateinisch geschriebenen Quellen häufig die consuetudo durch Verbindung mit „ius" oder „lex" oder durch ein entsprechendes Beiwort als Gewohnheitsrecht charakterisirt wird[42]), finden wir in den mittelalterlichen deutsch geschriebenen Quellen häufig die „Gewohnheit" durch Verbindung mit dem Hauptworte „Recht"[43]) resp. durch Hinzu-

---

[38]) Oben N. 22.

[39]) Das Wort „êwa" hängt wahrscheinlich mit dem lateinischen „aequum" zusammen (Kluge, Etymol. Wörterbuch s. v. Ehe; v. Amira, Grundriss S. 7) und bedeutet ursprünglich das Recht überhaupt (s. auch Stobbe, Gesch. der d. Rechtsqu. I S. 23); es wurde dann im Zeitalter des fränkischen Reiches sowohl für das ungeschriebene Gewohnheitsrecht als für geschriebenes Volksrecht gebraucht. In dem Rechtssprichwort „Von Ehe und Gewohnheit kommen alle Rechte" (Graf und Dietherr, Deutsche Rechtssprichwörter, 2. Ausg., Nördl. 1869, I. Hauptst. Nr. 114) bedeutet aber „Ehe" die Satzung im Gegensatz zur Rechtsgewohnheit.

[40]) S. z. B. Kaiser Ludwig's des Bayern Reichsabschied a. 1342 (Reichsabsch. I S. 45): mit behaltnizze unser (des Erzbischofs von Mainz) und anderer Kurfürsten Recht, Freiheit und guter Gewonheit. Urk. des Erzbischofs von Magdeburg für Halle a. 1361 bei Haltaus pag. 716: by oreme rechte, by orer vryheyt und by orer wonheyt. Loersch und Schroeder Urk. Nr. 264: nach unser stette recht, frîheit und gewonheit.

[41]) Schon Haltaus l. c. pag. 896 und 898 hebt diese zwiefache Bedeutung des Wortes „Herkommen" hervor. Aus neuerer Zeit vgl. insbes. Beseler, System des gem. d. Priv.-R.'s § 33 (4. Aufl. I S. 97—98); Gierke, Genossenschaftsr. II S. 462 ff.; v. Roth, D. Priv.-R. § 44 I N. 15 und 16; Stobbe, D. Priv.-R. I S. 170—171.

[42]) Oben I 2.

[43]) Schwäb. Landr. (ed. Lassberg) § 1a: ist reht und gewonheit

fügung des Adjektivum „recht“ [44]) in ihrer Eigenschaft als Rechtssatz genauer bestimmt, während in anderen Stellen ausdrücklich hervorgehoben wird, dass eine bestehende Gewohnheit (sogar eine gute) nicht Recht ist [45]) oder in demselben Sinne die Gewohnheit als eine unrechte bezeichnet wird [46]). In diesem Sprachgebrauche sowie in den entsprechenden lateinischen

---

dass man vogetes dinc gebiutet dristunt in dem iare. Schwäb. Lehnr. (ed. Lassberg) § 111: nâch dem rehte als des hoves gewonheit sei. Urk. König Ludwig's des Bayern v. 1323 bei Senckenberg, Methodus Jurisprudentiae pag. 220: nâch recht und alter Gewonheit der romischen Konige. Loersch und Schroeder Urk. Nr. 228: nâch unser stat recht und gewonheit; 276: nâch der stette zû Landauwe reht und gewonheit; 319: nâ rechten ind gewôenten der stat. Stadtrecht von Wien a. 1296 (Keutgen Nr. 166): deu reht und di guten gewonhait, deu diselbe stat ze Wienne herbraht hat. Kraut, Grundriss § 5 Nr. 22: dye gewoende ind recht des slotz zoe Leedberch. Privileg des Königs Wenzel a. 1399 bei Haltaus pag. 716 (zweimal): nach ihrer Herrschaft Gewohnheit und Rechten. Vertrag des Bischofs und des Domkapitels von Strassburg mit der Stadt Strassburg a. 1263 bei Haltaus pag. 1512: andere recht und gewonheit, die sie und ihre vordern untz her hent bracht. Weisth. II S. 144 sub 12 (oben N. 37), cf. sub 13: nach gemeinem landtsbrauch und rechten; III S. 410 ff. mehrfach: gewônlich und recht, recht und gewonheit; IV S. 275: recht nach gewonheit der Dingstatt.

[44]) Sächs. Landr. (ed. Homeyer) I 63 § 4: na rechter wonheit; II 48 § 10: na rechter gewonheit. Die erstere Stelle ist übergegangen in das Rechtsbuch nach Distinktionen (ed. Ortloff) IV 22 Dist. 8, die letztere in dasselbe II 10 Dist. 13. Schwäb. Landr. § 44: Von guoter gewonheit. Von guoter gewonheit suln wir hie sprechen. Swa guot gewonheit ist die ist guot und reht; wan diu da reht ist diu ist och guot. Daz ist guot gewonheit und rehtin gewonheit diu . . . . . disin gewonheit heizet stete und rehte gewonheit und des landes guotin gewonheit. Ruprecht von Freysing, Landrechtsbuch (ed. G. L. v. Maurer) cap. 35: So guet gewonhait ist dye ist recht. dy da recht ist dye ist gut. Ueber das Verhältniss zwischen „rechter“ und „guter“ Gewohnheit s. unten § 30 II 3 und 4.

[45]) S. bes. Schwäb. Landr. § 87: dez sagen wir nuit daz ez reht si. ez ist ein gewonheit. Recht von Hiesfeld (Jahrbuch des gemeinen Rechts, herausgegeben von Bekker und Muther, I S. 259): item so hebben die scheepen van hyssvelt voer een gude alde gewoenten unde niet voer recht. Weitere Belegstellen s. unten § 30 II.

[46]) S. bes. Sächs. Landr. III 42 § 6: Na rechter warheit so hevet egenscap begin von gedvange unde von vengnisse unde von unrechter walt, die man von aldere in unrechte wonheit getogen hevet, unde nu vore recht hebben wel. — Ueber diese wichtige Stelle sowie die Parallelstellen s. unten § 30 II 2 und 3, sowie III 2.

Wendungen bekundet sich die deutschrechtliche Anschauung des Gewohnheitsrechts ganz vorzugsweise[47]).

4. In der deutschen Rechtssprache fand ebenso wenig wie in der lateinischen[48]) eine scharfe Unterscheidung des Gewohnheitsrechts von dem Gesetz resp. dem Vertrage statt. Auch das Gewohnheitsrecht scheint wenigstens im späteren Mittelalter vielfach als Erzeugniss der Autonomie betrachtet worden zu sein[49]). Demgemäss wurde einerseits zuweilen unter „gesetztem" Recht eines Landes oder einer Stadt das Gewohnheitsrecht dieses Verbandes mitbegriffen[50]), und andrerseits der Ausdruck „Gewohnheit" auf das gesammte Recht eines Landes oder einer Stadt oder auf einzelne Satzungen angewandt[51]). Schon früh-

---

[47]) Unten § 30.

[48]) Oben I bes. 3 und 4.

[49]) K. F. Eichhorn, Deutsche Staats- und Rechtsgeschichte § 346 hat diesen Gesichtspunkt richtig, wenn auch einseitig, hervorgehoben. Vgl. Kraut, Grundriss § 5 Nr. 26: consuetudine, que vulgariter Wilkore dicitur; Rechtsb. nach Distinkt. Eingang: .... Doch haben in den Landen vel stete sunderliche gewonheyt ...., und haben is noch ores selbes kore; ebendas. IV 22 Dist. 1: so sin kempphen herkomen mit willekor. Andererseits wurden auch Gewohnheit und Willkür von einander unterschieden (s. z. B. die von Boehlau in der Zeitschrift f. Rechtsgesch. Bd. IX S. 14 und 15 in den Noten 47, 48 und 53 aus dem Breslauer Rechtsbuch „Der Rechte Weg" angeführten Magdeburger Schöffensprüche).

[50]) Sächsisches Weichbildrecht (ed. Walther), Art. 2: Markitrecht ist das: das dy markit-lute hy vor by alden getziten wedir en-andir gesatzit haben in den guten steten .... landrecht ist: das dy land-litte .... under en selbir gesatzt haben. Rechtsb. n. Distinkt. Eingang: Nu haben die von meydeburg unde di von sachsen, mit der wicczigesten rate in deme lande, lantrecht unde wichbilderecht unde lenrecht, mit der keyser kor unde willen gesaczt. Schwäb. Landr. § 44 s. die folgende Note. Vgl. auch Eichhorn l. c. § 440 N. k.

[51]) Schwäb. Landr. § 44: Das heizet burger reht. swa ein iegelich stat ir selber setzet zerehte mit ir kuniges. oder mit ir fursten willen. und nach wiser liute rate. und als reht si .... man mac die gewonheit mit den liuten behaben, so ist si guot ane scrift als mit scrift. Swaz der keiser und die fursten den steten rehte hant gegeben. und diu si selb gemachet hant mit ir gunst daz ist reht. ob es ioch niht gesriben ist. und wern diu reht alliu gesriben daz wer dar umbe guot daz man ir desto minder vergeze. Schwäb. Lehnr. § 111: Durch die maenecvalten gewonheit die die pischove. unde die abbte unde die abtissen die da fursten sint, und ander fursten in ir hoven setzent. Das kleine Kaiserrecht (ed. Endemann)

zeitig aber finden wir auch deutsche Ausdrücke, welche an sich eine Verhandlung resp. Uebereinkunft bedeuten, in dem Sinne von „Gewohnheitsrecht" gebraucht. So bei den Langobarden das Wort „cawarfida" („gawarfida")[52]), bei den Angelsachsen das Wort „raêden", resp. „landraêden"[53]).

---

cap. 47 und 48 bezeichnet als unrechte Gewohnheit, die die Leute machen, alle dem Reichsrecht widersprechenden Rechtssätze (vgl. unten 30 II). In der Urk. des Bischofs Withigo von Naumburg bei Haltaus pag. 1684: ein gesaczte gewonheit die do gesaczt was von dem Erwerdigen manne .... Bischoff Heinrichs, unsers vorfaren ... ist „gesaczte gewonheit" schlechthin = auf Satzung beruhende Rechtsnorm.

[52]) Ed. Liutpr. c. 77: Ideo autem hoc scripsimus, quia et si adfictum in edictum propriae non fuit, tamen omnes iudices et fidelis nostri sic dixerunt, quod cawerfeda antiqua usque nunc sic fuissit. Ibid. c. 133: Hoc autem ideo nunc adfiximus, quia tantummodo causa ista in hoc modo semper et antecessorum nostrorum tempore et nostro per cawarfida sic iudicatam est; nam in edicto scripta non fuit. Chronicon Gothanum (Legum tom. IV pag. 645): Nam antea (vor dem Edictus Rotharis) per cadarfada et arbitrio seu ritus fierunt („finierunt" corrector) causationes. — Das (in den Manuscripten sehr verschieden geschriebene) Wort cawarfida, welches etymologisch mit „werben" oder mit „werfen" zusammenhängt (Graff, Althochdeutscher Sprachschatz I 1041 und IV 48) bedeutet zunächst soviel wie Verhandlung, Vertrag (Brunner, D. Rechtsgesch. I S. 129 N. 6; ähnlich erklärt es Bluhme im Index et Glossarium in Leges Langobardorum s. v. gawarfida durch coniectio s. communis deliberatio), sodann Gewohnheitsrecht. So wird es schon von Glossen im Codex Cavensis durch consuetudo erklärt (Bluhme l. c.); damit stimmt überein Graff l. c. I 1041 (consuetudo antiqua). Ohne genügenden Grund wollen Boretius (Beiträge u. s. w. S. 9 N. 1) und Brunner I S. 129 N. 6 unter carwarfida im Ed. Liutpr. nur Gerichtsgebrauch verstehen. Wenn auch „warf" bei den Sachsen und Friesen „Versammlung", „Gericht" bedeutete, so kann doch das Wort „cawarfida" unmittelbar von dem Stammzeitwort abgeleitet sein, wie ja auch Brunner in der N. 6 anzunehmen scheint, und dann das den Vertrag bezeichnende Wort auf das Gewohnheitsrecht übertragen sein (vgl. das oben I 3 a. E. über die analoge Erweiterung der Bedeutung von „fabula" bei den Langobarden Gesagte). Auch enthält wenigstens Liutpr. c. 77 keine Hinweisung auf eine bisherige bloss gerichtliche Anwendung des betreffenden Rechtssatzes.

[53]) Rectit. singul. person. 4 § 3 (Schmid l. c. S. 374): raêden; § 4 (Schmid S. 376): eald land-raêden; § 5: gafol-raêden (gafol = Zins); § 8 wudu-raêden (wudu = Holz). Das Wort „raêden" bedeutet so viel wie Beredung (Gesetze Ine's 62 bei Schmid S. 50: on þa raêdenne, was die alte lateinische Uebersetzung mit tali pacto wiedergiebt), dann Festsetzung, Gewohnheit (Schmid, Glossar S. 643 giebt als Bedeutungen an: conditio, lex,

§ 29.

Alter und Uebung als Erfordernisse des Gewohnheitsrechts.

Die verschiedenen Erfordernisse eines gültigen Gewohnheitsrechts werden in den mittelalterlichen Quellen des deutschen Rechts nirgends zusammengefasst oder auch nur einzeln deutlich und bestimmt als solche bezeichnet. Die deutschrechtlichen Anschauungen in dieser Beziehung müssen vielmehr aus sehr verschiedenen zerstreuten und grösstentheils mehrdeutigen Aeusserungen erschlossen werden. Dies gilt nicht nur von dem inneren Entstehungsmoment[1]), sondern auch von den äusseren Erscheinungsformen und ihrer Bedeutung.

I. Ein sehr grosses Gewicht legten die Deutschen stets auf das Alter der Rechtssätze resp. der Uebung eines Rechtssatzes[2]). Von den Volksrechten hebt besonders das langobardische das Alter der bisher ungeschriebenen Rechtssätze hervor[3]); aber auch in der lex Alamannorum finden wir eine Berufung

---

consuetudo). Die Bedeutung „consuetudo" tritt besonders in der Verbindung „eald land-raêden" (§ 4 cit.) hervor. — Den engen Zusammenhang zwischen „Rede" und „Recht" bei den Deutschen überhaupt hat Frensdorff in seinem mehrfach angeführten Aufsatze behandelt.

[1]) Ueber dieses siehe den folgenden Paragraphen.

[2]) J. Grimm, Deutsche Rechtsalterthümer (1828), S. 772—773; Borkowski l. c. pag. 62—63; Stobbe, D. Priv.-R. I S. 144—145; Gierke, D. Priv.-R. I S. 159—160. — Vgl. auch Leist, Graecoitalische Rechtsgeschichte S. 767, welcher aber doch wohl, in Folge seiner Annahme, dass „dem Germanen das Blut, das er in sich trägt, die Quelle seines Rechts" sei, die Bedeutung, welche das Ueberliefertsein der Rechtssätze selbst „von den Vätern her" für die Deutschen hatte, unterschätzt.

[3]) Ed. Rotharis c. 369: secundum antiquam consuetudinem; c. 386: inquirentes et rememorantes antiquas legis patrum nostrorum quae scriptae non erant . . . . . reservantes, ut quod adhuc . . . . . per subtilem inquisitionem de antiquas legis Langobardorum tam per nosmetipsos quam per antiquos homines memorare potuerimus, in hoc edictum subiungere debeamus. Ed. Liutprandi c. 118: sicut antiqua fuerat consuetudo; c. 77 und 133 (s. diese beiden Stellen oben § 28 N. 52). Consuetudo Leburie et pactum c. 12: sicut antiqua fuit consuetudo. Sicardi pactio c. 6: iuxta antiquam consuetudinem; c. 13: secundum antiquam consuetudinem; c. 14: sicut prisca fuit consuetudo.

auf eine antiqua consuetudo[4]), ähnlich in der lex Ribuaria auf paterna tradicio[5]). Marculf sagt in der Praefatio zu seiner Formelnsammlung[6]), er habe das zusammengestellt, was er nach der Gewohnheit des Orts bei seinen Vorfahren gelernt habe, und häufig verweisen die einzelnen Formeln in verschiedenen Sammlungen auf alte consuetudo[7]). Besonders oft schreiben die Kapitularien die Beobachtung alter oder von früheren Herrschern resp. während ihrer Regierung geübter Gewohnheiten vor[8]). Selbst für einen so wichtigen Rechtssatz, wie das Hervorgehen der fränkischen Könige aus einem bestimmten Geschlecht, berief sich Karl der Kahle auf uralte Gewohnheit[9]). Auch in den deutschen Reichsgesetzen (resp. verwandten Schriftstücken) des Mittelalters finden wir, wenngleich seltener, Hin-

---

4) L. Alamannorum (ed. Lehmann) tit. 36 § 1: Ut conventus secundum antiquam consuetudinem fiat in omni centena.

5) L. Ribuaria (ed. Sohm) tit. 88: Hoc autem consensu et consilio seu paterna tradicione et legis consuetudinem iubemus.

6) Formulae ed. Zeumer pag. 37.

7) Form. Andegavenses 37 (Z. pag. 16): consuetudo longinquam percurrit; Turon. app. 2 (Z. pag. 163): antiqua consuetudo; Senon. recent. 10 (pag. 216): consuetudine per tempora conservatum; Merkel. Salicae 15 (pag. 247): secundum .... antiquam consuetudinem; Visigoth. 34 (p. 590): prisca consuetudo.

8) S. bes. Capit. Nr. 4 c. 11 (oben § 27 N. 14); 44 c. 8: antiqua consuetudo servetur; 58 c. 6: Praecipimus, ut ubicumque antiqua consuetudo fuit teloneum accipiendi, teloneum legittimum accipiant; 90 c. 8: de theloneis, ut nullus aliter teloneum praesumat tollere nisi secundum antiquam consuetudinem, et aliubi non tollatur nisi ad locis antiquis legittimis; 93 c. 7: per iustitiam et antiquam consuetudinem; 136 c. 17: ubi tempore avi nostri Pippini consuetudo fuit teloneum dare; 142 c. 10 (oben § 27 N. 14); 158 c. 14 (oben § 27 N. 14); 188 c. 4 (oben § 27 N. 14); 225 c. 11: secundum antiquam consuetudinem; 256 c. 8 (oben § 27 N. 14); 273 c. 12 (cf. c. 3 ibid.): sequentes consuetudinem praedecessorum nostrorum, c. 27: secundum antiquam consuetudinem, c. 31: secundum legem et antiquam consuetudinem nostram; 275 c. 2: sicut tempore antecessorum consueverat, c. 5 und c. 8: sicut temporibus avi et patris nostri .... consuetudo fuit; 300 c. 1: sicut ..... ex consuetudine olitana cognoscitis (vgl. die folgende Note) ..... iuxta consuetudinem meorum praedecessorum.

9) Capit. Nr. 300 c. 1 (Libellus proclamationis Karoli II. adversus Winilonem, a. 859): Quia, sicut dicit sanctus Gregorius et ex consuetudine olitana cognoscitis, in Francorum regno reges ex genere prodeunt.

weisungen auf das Alter bestehender resp. bestätigter Gewohnheitsrechte [10]). Zu wiederholten Malen hebt der Verfasser des Sachsenspiegels in dem rythmischen Prolog hervor, dass das von ihm dargestellte Recht nicht von ihm erfunden sei, sondern die Vorfahren von alter Zeit es hergebracht hätten [11]). Nach den Magdeburger Fragen ist alte (und gute) Gewohnheit rechtsbeständig und macht Recht [11a]). Besonders häufig betonen die bäuerlichen Rechtsquellen, dass das in ihnen enthaltene Recht von Alters her gekommen, von den Vorfahren hergebracht, von den Alten überliefert sei [12]). Auch in zahlreichen Urkunden des deutschen Mittelalters finden wir Berufungen auf alte Gewohnheit [13]). In den Beschwerden der Bayerischen Ritterschaft von 1499 wird die allgemeine Behauptung aufgestellt, dass

---

[10]) Constit. Imper. tom. I Nr. 240 c. 4: in libertate emunitatis, quam longa consuetudine optinuerunt (vgl. über diese Stelle oben § 11 N. 56 und 60, unten N. 22, 24 und 38); tom. II Nr. 106 (Constitutio pacis a. 1235): consuetudinibus antiquitus traditis. — Legum tom. II pag. 411: approbata consuetudine ex antiquo . . . . secundum terrarum consuetudinem ab antiquo hactenus observatam; pag. 457: ab antiqua consuetudine et praescriptione illud existit observatum; pag. 467: Romanorum regis de iure et antiqua consuetudine electores.

[11]) Praef. rythmica vv. 36—37: Diz recht haben von alter tzit — Unsere vorderen here gebracht; vv. 151—153: Diz recht han ich selve nicht underdacht; — iz haben von aldere an unsich gebracht — Unse gute vore varen. — Die Behauptung Eike's, dass er sich auf das von den Vätern überlieferte Gewohnheitsrecht beschränke, hat sich allerdings der neueren Kritik gegenüber nicht ganz bestätigt (Schroeder, Lehrb. d. d. Rechtsgesch. S. 651 bis 652).

[11a]) Magdeb. Fragen (ed. Behrend) I Cap. 1 Dist. 1: Wen nach rechte scheppin scheppin kysen solden unde nicht dy ratmanne (wie dies in manchen Töchterstädten Magdeburg's der Fall war), doch besten alde gute gewonheit by dem rechte wol unde machen eyn recht in lenger cziet.

[12]) Zahlreiche Belege geben J. Grimm, Rechtsalterthümer S. 772—773 und Gierke, Genossenschaftsr. II S. 463—464 in den Noten. — Vgl. auch noch besonders das I. Weisthum v. Erpel bei Grimm, Weisth. V S. 328 ff. §§ 2, 24 und 25. — Unter den Stadtrechten betont namentlich das älteste der Stadt Soest (bei Keutgen Nr. 139) in § 1 und § 63 das Alter der darin aufgezeichneten gewohnheitsrechtlichen Sätze.

[13]) S. z. B. Loersch und Schroeder Nr. 137: secundum ius et consuetudinem habitam ex antiquo apud nos et hactenus observatam; Nr. 177: als von alter sit und gewonlich ist; Nr. 281: nâ alden herkomen und gewoenden.

alten Gewohnheiten die Geltung von Gesetzen zukomme [14]). Die Kraft alter Gewohnheit wird auch von manchen deutschen Rechtssprichwörtern besonders hervorgehoben [15]). Dagegen Neuheit auf dem Gebiete des Rechts galt vielfach als gleichbedeutend mit Unrecht [16]). Dieser Gesichtspunkt tritt uns besonders häufig in Bezug auf neue Abgaben resp. Dienste entgegen [17]).

Ein bestimmtes Alter der Gewohnheit wird regelmässig in den Quellen des mittelalterlichen deutschen Rechts nicht verlangt oder auch nur erwähnt. Vielmehr wurde der Ursprung der bestehenden Rechtssätze gern in eine graue Vorzeit verlegt [18]) [18a]). Einzelne Quellenäusserungen, welche eine bestimmte

---

14) Kraut, Grundriss § 13 Nr. 23: In iudicibus intolerabilis error. Non enim eliguntur iudices more antiquo, sed multi iuris Romani professores .... Cum ius municipale servandum sit, et antique consuetudines pro legibus habende sint, fit, ut multa his contraria fiant.

15) Graf und Dietherr, Rechtssprichw. I. Hauptst. Nr. 115—120, 132, 140—143.

16) Dies hat schon Haltaus l. c. pag. 717 scharf hervorgehoben. Vgl. Stobbe, D. Priv.-R. I S. 144—145; Gierke, Genossenschaftsr. II § 17 N. 22 (S. 463) und D. Priv.-R. I S. 159; über den Widerwillen der Skandinavier gegen gesetzgeberische Neuerungen v. Amira, Grundriss S. 50.

17) Die nova telonea resp. tributa werden in zahlreichen Kapitularien schlechthin als iniusta oder illicita bezeichnet. S. z. B. Capit. 44 c. 13; 58 c. 6; 136 c. 17; 141 c. 4; 273 c. 28 (vgl. auch die Citate bei Waitz, Verf.-Gesch. IV S. 55 N. 2 und S. 56 N. 1, sowie Dahn, Könige d. Germ. VIII 3 S. 28. Eine Ausdehnung gewohnheitsrechtlicher Dienstverpflichtungen auf früher unbekannte Dienste statuirt allerdings Capit. 273 c. 29; vgl. Dahn l. c. VIII 4 S. 10). Auf demselben Gesichtspunkt beruht Capit. 225 (Lamberti Capit. Ravennas a. 898) c. 11: Ut in domibus ecclesiarum neque missus neque comes vel iudices quasi pro consuetudine neque placitum neque ospitium vindicent, sed in publicis rebus domos restituant, in quibus placitum tenent, et secundum antiquam consuetudinem hospitentur. Auch in den bäuerlichen Weisthümern handelt es sich bei der Gegenüberstellung von „Gewohnheit“ und „Recht“ fast durchaus um Abgaben (s. die Stellen unten § 30 N. 8).

18) Der Satz des Erlanger Promtuarium Iuris (ed. Gengler p. 24): „Eine ixlich sete adir gewonheit .... sal also alt syn das or anbegynne nymant gedengke“ sowie ein ähnlicher Ausspruch Purgoldt's (unten N. 32) ist wohl aus der römisch-kanonistischen Doktrin (vgl. oben § 14 I 1; § 26 N. 49) entnommen, wenngleich er auch in deutschrechtlicher Anschauung eine Grundlage hatte.

18a) Treffend macht Gierke, D. Priv.-R. I § 17 N. 2 (S. 160) darauf aufmerksam, dass die sagenhafte Zurückführung hoch gehaltener Rechtssätze

Zeit erfordern oder zu erfordern scheinen, sind auf den Einfluss kirchlicher Rechtsanschauung zurückzuführen[19]).

II. Neben dem Alter und vielfach in engster Verbindung mit demselben tritt in den hier zu berücksichtigenden Quellen die Uebung als Moment resp. Merkmal des Gewohnheitsrechts hervor.

1. Dass nach den deutschrechtlichen Anschauungen die Uebung etwas für Entstehung bezw. Vorhandensein eines Gewohnheitsrechts Wesentliches war, werden wir schon aus den oben[20]) erörterten deutschen Bezeichnungen „Gewohnheit", „Brauch", „Sitte" zu entnehmen geneigt sein. Dazu kommen die überaus zahlreichen Stellen, welche auf das Alter einer Gewohnheit oder eines gewohnheitsrechtlichen Satzes hinweisen[21]). Ferner finden wir in vielen nach Zeit und Kreis der Entstehung weit auseinanderliegenden Quellen des deutschen Rechts ausdrückliche Erwähnung der bisherigen oder langdauernden Anwendung des als Gewohnheitsrecht anerkannten Satzes[22]).

---

auf die grossen Kaiser der Vorzeit mit dieser Anschauung nicht im Widerspruch steht, sondern nur „den Schimmer des Alterthümlichen vergolden" soll.

[19]) Unten II, 2.

[20]) S. den vorigen Paragraphen II 1.

[21]) Oben I.

[22]) Ed. Liutpr. c. 133: causa ista in hoc modo semper . . . . per cawarfida (vgl. oben § 28 N. 52) sic iudicatum est. Paulus Diaconus, Historia Langobardorum IV c. 42 (Scriptores rerum Langobard. et Ital. saec. VI—IX pag. 139): Hic Rothari . . . . leges, quas sola memoria et usu retinebant, scriptorum serie composuit. Capit. 142 c. 10: sicut per longam consuetudinem antecessores eorum facientes habuerunt, vgl. auch ibidem c. 8: velut usque nunc antecessores eorum fecerunt (dazu unten N. 31); 173: sicut . . . . consuetudo erat faciendi; 273 c. 37: sicut consuetudo fuit et vestri antecessores nostris antecessoribus auxilium praebuerunt et vos nobis debitum et necessarium adiutorium exhibuistis. Constit. Imper. Nr. 240 c. 2—4 (vgl. oben N. 10): Kaiserliche Bestätigung einer libertas emunitatis, welche die Betreffenden mehr als 40 Jahre hindurch ausgeübt haben, und demgemäss „longa consuetudine optinuerunt"; II Nr. 26: iuxta consuetudinem imperatorum, quam in curiis observabant. Sententiae de iure communitatum a. 1291 (Legum tom. II pag. 457; Franklin, Sent. curiae regiae . . . . Nr. LXV): si ab antiqua consuetudine et praescriptione illud extitit observatum, ita debet perpetim observari. Urk. Kaiser Friedrich's II. für die Erfurter Bürger a. 1234 bei Haltaus pag. 716: bonos usus et approbatas consuetudines et antiqua iura quibus hactenus usi sunt.

Freilich ist das Argument aus den genannten Bezeichnungen wenigstens für sich allein kein zwingendes, und die Aussprüche über das Alter lassen grösstentheils im Unklaren, ob der betreffende Satz nur seit langer Zeit den Gliedern der Gemeinschaft als Rechtssatz galt, oder auch von ihnen seit langer Zeit als solcher geübt wurde[23]). Zudem erscheint es meist als unsicher, ob die bezeugte langdauernde Uebung eines gewohnheitsrechtlichen Satzes als Entstehungsmoment dieses Rechtssatzes oder nur als Anwendung des schon bestehenden Rechtssatzes betrachtet wurde[24]). Wir können uns daher nicht

---

Metzer Urk. a. 1065 bei Haltaus pag. 2061—62: maiores natu consuluisse, ut supra hoc negotio quidquid a maioribus suis didicerint, vel ipsi usque ad illud tempus tenuerint, fideliter proferrent. Loersch und Schroeder Urk. Nr. 137: secundum ius et consuetudinem habitam ex antiquo apud nos et hactenus observatam; Nr. 242: cum hucusque ea usi sumus consuetudine; Nr. 243: consuevit .... frequenter maritus in parte tertia plus uxori pro dote promittere quam contra solet, et secundum istam consuetudinem quasi communiter approbatam, quando dos unius coniugum nominatim est expressa, debet dos alterius, si est dubia, moderari. Magdeb. Fragen I Cap. 1 Dist. 1 (nach den oben N. 11a angeführten Worten): Haben denn die ratmanne von langen gecziten das gehalden, das man nicht anders gedencken mag, von vorhengnisse irre obirsten herschafft jerlich scheppin zcu kysen, so mogen dy scheppin uff der bang siczen zcu dingen unde orteil zcu vinden. Retterather Weisthum bei Grimm, Rechtsalterth. S. 772: das haben unsere vorfahren an uns bracht und wir bis an diesen tag also geübet und gehalten. Weisthümer, gesammelt von Grimm, II S. 495: das hetten sy allwege also gepraucht und von iren eldern gehoret; V S. 328: .... in hac parrochia satisfacit et de iure longinquis temporibus satisfecit secundum observantiam et introductam consuetudinem hucusque a nostris antiquis progenitoribus observatam.

[23]) Dieser Zweifel wird besonders dann statthaft sein, wenn nur das Beiwort „antiqua", „alt" oder ein ähnliches der consuetudo (Gewohnheit u. s. w.) beigefügt ist. Anders steht es, wenn eine bestimmte Zeit, ubi consuetudo fuit u. dgl. angegeben ist, z. B. temporibus avi et genitoribus nostri, avi nostri Pippini etc.; hier ist jedenfalls auch an gewohnheitsmässige Uebung zu denken.

[24]) Die in N. 22 angeführten Stellen legen ihrem Wortlaut nach sogar vielfach die zweite Auffassung näher. Die Constit. I Nr. 240 gedruckte Entscheidung Kaiser Friedrich's I. und die bei Franklin Nr. LXV gedruckte Entscheidung des Reichshofgerichtes gehen allerdings offenbar von der Ansicht aus, dass die bisherige lange Uebung konstitutiv wirkt; andrerseits aber lassen sie beide einen Einfluss kanonischrechtlicher Anschauungen erkennen.

wundern, dass auch hervorragende Kenner des mittelalterlichen deutschen Rechts in diesem eine Bestätigung ihrer spiritualistischen Auffassung, dass die Uebung kein Erforderniss des Gewohnheitsrechts sei, zu finden glauben[25]). Dennoch aber muss diese Ansicht entschieden zurückgewiesen werden[26]). Es ist zunächst und vor allem höchst unwahrscheinlich, dass das deutsche Volk, in dessen Recht die Rücksicht auf die äusseren, in die Sinne fallenden Erscheinungen so stark hervortritt, in seinen grundsätzlichen Anschauungen über Entstehung der gewohnheitsrechtlichen Sätze von der regelmässigen äusseren Erscheinungsform dieser Sätze abgesehen haben sollte[27]). Sodann

---

Ueber Loersch und Schroeder Urk. Nr. 243 und ähnliche Stellen s. unten N. 30, über Capit. 142 c. 8 unten N. 31, über Magdeb. Fragen I 1 Dist. 1 und eine ähnliche Aeusserung Purgoldt's unten N. 32.

[25]) So vor allem Stobbe, D. Priv.-R. I S. 168, welcher ausdrücklich sagt: „Die hier vertheidigte Ansicht (sc. dass die Uebung kein Erforderniss des Gewohnheitsrechts sei, sondern nur Zeugniss für ein vorhandenes Gewohnheitsrecht abgebe) entspricht auch dem älteren deutschen Recht. Ebenso Dahn, Urgeschichte der germ. und rom. Völker, 2. Aufl., I S. 96—97; vgl. auch seine Gesch. der deutschen Urzeit II S. 561 N. 3. Dieser Auffassung steht nahe Brunner, indem er (D. Rechtsgeschichte I S. 277, zunächst in Bezug auf die Rechtsentstehung im fränkischen Reich) annimmt, dass schon mit der ersten Anwendung eines dem allgemeinen Rechtsbewusstsein entsprechenden Satzes ein wirklicher Rechtssatz entstanden sei. — Auch Leist l. c. S. 764 (vgl. S. 768) behauptet, auf Grund seiner Ansicht von dem Blut als Quell des Rechts bei den Germanen (oben N. 2), dass ihnen die Gewohnheit nur das Interpretationsmittel des Rechts, nicht das seine Verbindungskraft involvirende Element gewesen sei. Ueber Adickes' Auffassung s. unten N. 34.

[26]) Auch Borkowski (pag. 31—32, cf. pag. 62 und 65) behauptet, wenngleich mit sehr geringem Quellenmaterial und ohne sonstige eingehende Begründung, dass nach Anschauung der Deutschen usus und consensus als wesentliche und auf das engste mit einander zusammenhängende Erfordernisse jedes Gewohnheitsrechts gegolten hätten.

[27]) Die Ansicht Brunner's (I S. 277), erst die wiederholte, gleichmässige Uebung, „also die Gewohnheit" habe ergeben, „dass der angewendete Satz dem allgemeinen Rechtsbewusstsein entspreche, dass also schon mit der ersten Anwendung ein wirklicher Rechtssatz entstanden sei", ist, wenn sie die alte deutsche Auffassung wiedergeben soll, eine viel zu verwickelte und künstliche. In der Regel war man sich auch, zumal bei dem Volksrecht, garnicht bewusst, dass zu irgend einer bestimmten Zeit eine „erste" Anwendung des Rechtssatzes stattgefunden habe.

spricht die häufige Gegenüberstellung von Gewohnheit und Recht[28]) nicht etwa für die Annahme, dass die Gewohnheit als unwesentlich bei der Erzeugung von (nicht aus Satzung hervorgegangenen) Rechtsnormen betrachtet worden sei; vielmehr finden wir darin einen wichtigen Beleg für die Anschauung, dass die Gewohnheit bei Vorhandensein gewisser anderer Momente[29]) Recht schaffe. Ferner sind von grosser Bedeutung die Quellenstellen, welche beweisen, dass man vielfach Bestimmungen, welche längere Zeit hindurch in Verträgen regelmässig wiederholt worden waren, als durch Gewohnheit eingeführt ansah[30]). Endlich scheint wenigstens eine Quellenstelle der bisherigen Uebung, ohne irgendwie eines möglicherweise dieser vorausgehenden Gewohnheitsrechts zu gedenken, rechtliche Geltung selbst gegen eine Bestimmung des geschriebenen Rechts beizulegen[31]), und zwei Quellenstellen aus späterer Zeit sagen

---

[28]) Oben § 28 I 2 und II 3, unten § 30.

[29]) Vor allem der (gemeinsamen) Rechtsüberzeugung, deren Mangel eben die Gegenüberstellung bewirkte (unten § 30, bes. II 4).

[30]) v. Roth, D. Priv.-R. I·S. 257—258. Vgl. insbesondere über die gewohnheitsrechtlichen Niederschläge von Eheverträgen Eichhorn, D. Staats- und Rechtsgesch. III § 451; Beseler, System d. gem. d. Priv.-R.'s § 115 III; Schroeder in der Zeitschr. f. Rechtsgesch. X S. 431—32; derselbe, Gesch. des ehelichen Güterrechts II 2 S. 48, 173 ff., 176, 192, 207 ff., II 3 S. 236; derselbe, Lehrb. d. d. Rechtsgesch. S. 311. Wenn Schroeder an der letztgenannten Stelle schon in des Beneventanischen Fürsten Adelchis Zusätzen zu dem langobardischen Edikt, cap. 3 (Legum tom. IV pag. 211) einen solchen gewohnheitsrechtlichen Niederschlag eherechtlicher Verträge findet, so scheint mir dies allerdings nicht begründet zu sein. Die Bestimmung enthält vielmehr eine neue gesetzliche Anordnung im Hinblick auf die häufige Unterlassung einer bisher gesetzlich vorgeschriebenen Eheberedung. Dagegen ist besonders wichtig die bei Loersch und Schroeder Nr. 243 abgedruckte Entscheidung des Oberhofgerichts zu Brünn (oben N. 22): dieselbe lässt deutlich hervortreten, dass das in einer grösseren Zahl von Eheverträgen (frequenter) gleichmässig Festgesetzte bei Ermangelung einer solchen Festsetzung als subsidiäres Gewohnheitsrecht angesehen wurde.

[31]) Capitula legi Salicae addita, 819 vel paullo post (Capit. Nr. 142), c. 8: De XLVI. capitulo, id est qui viduam in coniugium accipere vult, indicaverunt omnes, ut non ita sicut in lege Salica scriptum est eam accipiat, sed cum parentorum consensu et voluntate, velut usque nunc antecessores eorum fecerunt, in coniugium sibi sumat. Allerdings wurde dieser Ausspruch durch kaiserliche Bestätigung zum Gesetz erhoben (Capit. 143 c. 5); aber es ist sehr wahr-

sogar allgemein, dass (unter gewissen Voraussetzungen) Gewohnheiten Recht machen[32]). Wenn aber die Vertreter der hier bekämpften Ansicht diese hauptsächlich darauf stützen, dass die Urtheiler in den deutschen Volksgerichten auch nicht dem gesetzten Recht angehörige und bisher noch nicht angewandte Sätze ihren Entscheidungen zu Grunde legten[33]), so mangelt vor allem jeder Beweis, dass solche Rechtssätze dem Gewohnheitsrecht zugezählt wurden[34]). Im Gegentheil ward, wie unten näher auszuführen ist[35]), eine solche Entscheidung „per arbitrium" von einer Entscheidung nach einem schon bestehenden allgemein anerkannten Rechtssatz, insbesondere auch einem gewohnheitsrechtlichen Satz, scharf unterschieden.

2. Einige Quellenstellen scheinen sogar eine bestimmte Dauer der Uebung als wesentlich für Begründung eines Gewohnheitsrechts zu verlangen oder vorauszusetzen. Dieselben

---

scheinlich, dass die Salischen Rechtskundigen durch denselben nach ihrer Ansicht bereits (zur Zeit ihres Ausspruchs) bestehendes Recht konstatiren wollten (so auch Brunner in den Sitzungsberichten der Berliner Akademie der Wissenschaft, 1894, S. 1290, und Dahn, Könige der Germ. VIII 4 S. 10). Etwas anders steht es hinsichtlich des cap. 10 desselben Capitulars: die Worte „sicut per longam consuetudinem antecessores eorum facientes habuerunt" können auch auf ein der Uebung vorausgehendes Gewohnheitsrecht oder — was durch die Anfangsworte „De affatomie dixerunt quod traditio fuisset" nahe gelegt wird — auf eine (nach Ansicht der Salischen Rechtskundigen) der geschriebenen lex entsprechende gewohnheitsmässige Uebung bezogen werden.

[32]) Magdeb. Fragen I Capit. 1 Dist. 1 (vgl. oben N. 11a und N. 22): .... doch besten alde gute gewonheit by dem rechte wol unde machen eyn recht in lenger cziet. Purgoldt's Rechtsbuch IX § 32: Ist nuhe dy gewanheyt redlich und guth, undt hadt alsso lange gewerth, das nymandt gedencket, das sye sich zcuerst erhwbe, szo (ubertrydt sye das geseccze undt) machet eyn recht (vorher definirt P. l. c. die Gewonheit als „eyntrechttigkeyt in denn wercken, dy sye lange angetryben haben").

[33]) So Stobbe, D. Priv.-R. I S. 168 vgl. mit S. 49—50 und Dahn, Urgesch. I S. 96—97.

[34]) Demgemäss unterscheidet Adickes (Die Lehre von den Rechtsquellen, Kassel und Göttingen 1872), welcher ebenfalls annimmt, dass die gemeinsame Rechtsüberzeugung als Rechtsquelle sich unmittelbar in den einzelnen Entscheidungen der Schöffengerichte bethätigt habe, doch diese Rechtsquelle auch für das deutsche Rechtsleben des Mittelalters nachdrücklich von dem Gewohnheitsrecht sive Herkommen (s. die angef. Schrift S. 7, 43 ff., 50 ff. und bes. S. 63—67).

[35]) § 32 III.

beziehen sich aber wohl theilweise nur auf Ersitzung eines subjektiven Rechts nach römischrechtlichen Grundsätzen [36]), und soweit es sich in ihnen um einen Satz des Gewohnheitsrechts handelt [37]), liegt ein massgebender Einfluss des kanonischen Rechts zu Grunde [38]). Das letztere ist insbesondere hinsichtlich aller derjenigen Aeusserungen deutschrechtlicher Quellen anzunehmen, welche eine consuetudo praescripta und dgl. fordern resp. erwähnen [39]).

---

[36]) So das pactum Hlotarii I. cum Venetis a. 840 (Capitularia Nr. 233) c. 24: Et hoc stetit de capulo (wohl = Fischfang) quod .... fecerunt hodie in annos triginta: ubi capulaverunt, habeant licentiam capulandi, sicut per praescriptos annos habuerunt consuetudinem; et flumina, que aperta fuerunt .... hodie ab annis triginta reapperiantur. Die Erneuerung der früheren Verträge mit den Venetianern durch Otto I. a. 967 (Monum. Germ. hist., Diplomata regum et Imperatorum Germaniae, Tom. I Nr. 350) fügt dem letzten Satze hinzu: per consuetudinem semper inantea. Sowohl der ursprüngliche Text als der Zusatz sind aller Wahrscheinlichkeit nach auf eine ausserordentliche Ersitzung eines Rechts zu beziehen; consuetudo bedeutet nur die thatsächliche Ausübung dieses Rechts. — Quellenstellen aus der Zeit des fränkischen Reichs sowie aus dem 12. Jahrhundert, welche eine auf römischen Einfluss zurückzuführende dreissigjährige Verjährung erwähnen, sind von Stobbe, D. Priv.-R. § 68 N. 14—15 und N. 28a (I S. 648 und S. 652) zusammengestellt.

[37]) Dabei ist eine Mitwirkung des Verjährungsbegriffs, vermöge der gleich zu erwähnenden kanonischrechtlichen Anschauung sowie der ungenügenden Unterscheidung zwischen subjektivem und objektivem Recht im deutschen Mittelalter, natürlich nicht ausgeschlossen.

[38]) Derselbe tritt, ausser in den N. 39 angeführten Aussprüchen, stark und unzweideutig in der Sententia Friderici I. de bonis clericorum decedentium a. 1173 hervor. S. über diese, für die Erkenntniss der Geschichte der kanonistischen Lehre vom Gewohnheitsrecht hochwichtige Quellenäusserung oben N. 10 und die dort gegebenen Verweisungen.

[39]) Neben den von Stobbe, D. Priv.-R. § 22 N. 9 S. 171 citirten Stellen sind insbes. zu vergleichen: Aurea Bulla Caroli IV. Imper. a. 1356 cap. VIII § 1: a tempore cuius contrarii hodie non existit memoria consuetudine laudabili inconvulse servata, diuturnitate temporum et prescripta moribus utencium sine contradiccione aut interruptionis obstaculo introductum; cap. IX § 2: sicut hoc antiqua laudabili et approbata consuetudine diuturnique ac longissimi temporis cursu prescripta noscitur observatum. P. G. O. Kaiser Karl's V. Art. 219: bei jren oberhofen, da sie auss altem verjertem Gebrauch bissher underricht begert. Weisthum von Erpel a. 1388, § 25 (Grimm, Weisthümer V S. 333): ex omni pleno et antiquo iure prescripto debent satisfacere.

§ 30.

Das innere Moment des Gewohnheitsrechts. Insbesondere rechte Gewohnheit.

I. Im entschiedenen Gegensatze zu der im vorigen Paragraphen bekämpften Auffassung neuerer Schriftsteller könnte man leicht versucht sein anzunehmen, dass die Deutschen vor der Reception der fremden Rechte althergebrachte Uebung eines Rechtssatzes schlechthin für Gewohnheitsrecht erachtet [1]), eine bestimmte Geistesbeschaffenheit der Uebenden, resp. der Mitglieder der Gemeinschaft überhaupt, bei der Frage nach Entstehung eines Gewohnheitsrechts garnicht erfordert oder auch nur berücksichtigt hätten. Eine solche Annahme wird insbesondere durch die vielen Quellenstellen nahe gelegt, welche in Bezug auf ein Gewohnheitsrecht Uebung resp. lange Uebung hervorheben, ohne dabei irgend ein inneres Moment zu erwähnen [2]). Ihnen lassen sich nur ganz vereinzelte Quellenäusserungen, welche auf den Willen resp. die Ueberzeugung der Uebenden Rücksicht nehmen, entgegenstellen. Auch kann die oben [3]) erörterte Thatsache, dass aus öfter wiederholten vertragsmässigen Beredungen ein alle Mitglieder der Gemeinschaft bindendes Gewohnheitsrecht abgeleitet wurde, leicht zu der Muthmassung Anlass geben, dass wenigstens Ueberzeugung des rechtlichen Gebundenseins nicht als Erforderniss des Gewohnheitsrechts galt. Dennoch werden wir als sicher hinstellen dürfen, dass die Deutschen, und zwar schon seit sehr alter Zeit, auch ein langjähriges gleichmässiges Verhalten im Rechtsleben nicht als genügend zur Begründung eines Gewohnheitsrechts ansahen. Sie unterscheiden vielmehr scharf zwischen Gewohnheit und Gewohnheitsrecht, und diese Unterscheidung beruhte wesentlich darauf, ob der geübte Satz den Uebenden resp. den Mitgliedern des Verbandes als rechtlich verpflichtend erschien oder nicht.

---

[1]) Ueber die Ansicht von Adickes, welcher dies in der That für das (vom Volksrecht unterschiedene) Gewohnheitsrecht bei den Deutschen annimmt, s. den vor. Paragraphen, N. 34.

[2]) So fast alle in N. 22 zum vor. Paragraphen citirten Stellen.

[3]) § 29 II 1, bes. N. 30.

II. Schon frühzeitig waren die Deutschen sich bewusst, dass nicht jede gewohnheitsmässige Uebung selbst in Beziehungen, welche unter die geltende Rechtsordnung fallen resp. für eine rechtliche Ordnung sich eignen, auf einem Rechtssatz beruhe oder eine rechtliche Verpflichtung begründe. Wir sind auch im Stande, wenigstens in gewissem Umfange die Wurzeln dieser Erkenntniss darzulegen. Mit diesen einheimischen Anschauungen verbanden sich aber bald und in wachsendem Maasse fremde, insbesondere kirchliche, ohne dass jedoch eine durchgreifende Verschmelzung der beiden Vorstellungskreise eingetreten wäre.

1. Wie wir oben sahen, finden wir in zahlreichen Quellenstellen eine Gewohnheit ausdrücklich als „rechte" bezeichnet oder eine consuetudo (resp. einen mos) mit gleichbedeutenden lateinischen Beiwörtern ausgestattet, oder durch umschreibende Wendungen, sei es in deutscher sei es in lateinischer Sprache, eine Gewohnheit als Recht prädicirt[4]). Dass diese Hinzufügungen nicht etwa bedeutungslose waren, sondern eine nicht selbstverständliche rechtliche Beschaffenheit der Gewohnheit bezeichnen sollten, entnehmen wir mit Sicherheit aus den, gleichfalls zahlreichen, Quellenstellen, welche eine Gewohnheit für eine „unrechte" erklären oder ihr ausdrücklich die Geltung als Recht versagen, bezw. entsprechender lateinischer Wendungen sich bedienen[5]). Insbesondere aber die Quellenäusserungen der letzteren Art geben uns den Beweis, dass die Unterscheidung zwischen Gewohnheit und Rechtssatz auf einheimischer deutscher Anschauung beruhte. Hiefür sprechen zunächst die Stellen fränkischer Reichsgesetze, welche auf Gundlage der Volksansicht gewohnheitsmässigen Bedrückungen wie freiwilligen Gaben rechtsverpflichtende Kraft aberkannten[6]). Für die Richtigkeit unserer Behauptung fällt ferner schwer in das Gewicht, dass das älteste deutsche Rechtsbuch, welches sich von dem Einfluss des römischen und des kanonischen Rechts fast ganz frei gehalten hat, in unzweideutiger Weise rechte Gewohnheit und

---

[4]) § 28 I 2 und II 3 (Noten 14, 15, 43, 44).

[5]) Beispiele habe ich oben § 28 N. 16, 45, 46 gegeben; die übrigen in dieser Hinsicht erheblichen Quellenstellen werden in den folgenden Erörterungen angeführt werden.

[6]) Unten 2 bes. N. 10, 12, 16.

unrechte, die nicht Recht schafft, unterscheidet [7]). Endlich ist in dieser Hinsicht von grosser Bedeutung, dass die bäuerlichen Rechtsquellen, in denen die einheimischen deutschen Volksanschauungen ganz besonders rein und stark sich bekunden, vielfach Gewohnheit und Recht in entschiedenem Gegensatz zu einander stellen [8]).

2. Die Quellen geben uns auch Aufschluss über die Gesichtspunkte, welche mindestens vorzugsweise der Unterscheidung zwischen Gewohnheit und Recht zu Grunde lagen. Unrechter Zwang wie freiwillige Gewährung liessen die betreffenden Handlungen als ungeeignet zur Erzeugung resp. Bekundung eines Rechtssatzes erscheinen.

Bei der Häufigkeit von Gewaltthätigkeiten, insbesondere gewaltthätigen Bedrückungen der Schwachen seitens der Mächtigen, im Mittelalter musste sich naturgemäss der Masse des Volkes die Ueberzeugung aufdrängen, dass lang geübtes Unrecht durch die lange Uebung nicht Recht werde [9]), und dieser Ueberzeugung trugen auch die Staatsherrscher, sei es weil sie dieselbe theilten, sei es aus

---

[7]) S. die Stellen oben § 28 N. 44 und 46. Freilich will E. Meier, Rechtsbildung S. 198—199 gerade in der berühmten Stelle des Sachsenspiegels über die Unfreiheit (III 42) einen massgebenden Einfluss der Doktrin Gratian's erkennen; s. aber dagegen unten N. 63.

[8]) Neben der oben § 28 N. 45 citirten Stelle des Rechts von Hiesfeld sind hier anzuführen: Geinsheimer Weisthum v. 1455 (Grimm, Weisth. I S. 491): auch so wysen wir dasz heyptrecht nicht vor recht, sunder vor eyn gewende (nur unerheblich in der Fassung abweichend als Weisth. dero von Gensheim, § 18, ibid. V S. 241); Weisthum von Blenich, 15. Jahrh. (l. c. I S. 812): auch han sie gewieset zu einer gewonheit, und nit zum rechte; Rechtsbuch von Vogteireut, a. 1326, sub 12: . . . ist auch daz alles nur von einer gewonheit her chomen und von dheinem rechten; I. Weisthum von Erpel a. 1388 § 2 (l. c. V S. 328): . . . . ex qua consuetudine iniusta domini nostri capituli coloniensis de iure referunt eadem ligna sibi Colonie debere presentari per parrochiam, licet minus iuste, und § 24 (S. 332): hanc vero decimam decimatam non ex longinquis temporibus obtinuerunt, sed ex mala suggestione cuiusdam bawwmeisters in inoletam consuetudinem ipsorum incolarum suorum transduxerunt proh dolor, licet eis incolis minus iuste apparente.

[9]) „Hundert Jahre Unrecht gethan wird nimmer Recht gethan" Graf und Dietherr, Rechtssprichw. I. Hauptst. Nr. 187 (vgl. ebendaselbst Nr. 185 und 186; ferner über den Gegensatz von „Gewalt" und „Recht" Nr. 57—64).

Besorgniss vor der Volksstimmung, vielfach Rechnung. So finden wir in der Zeit der Auflösung des fränkischen Reiches wiederholt Bestimmungen der Könige gegen die Räubereien und Plünderungen, welche in der vorhergehenden Zeit gewohnheitsmässig, als wären sie Recht, begangen worden seien [10]. Im gleichen Sinne gebietet ein Gesetz des Angelsächsischen Königs Aethelred, dass hinfort alle Rechtswidrigkeiten (unlaga), die bisher allzugewöhnlich waren, unterbleiben sollen [11]. Wesentlich aus derselben Erwägung flossen auch die in den fränkischen Kapitularien und Urkunden häufig uns entgegentretenden Verbote, Abgaben und sonstige Leistungen, welche ohne Rechtsgrund längere Zeit erhoben waren, weiter zu erheben [12]. Ganz besonders aber spricht sich die Ueberzeugung, dass Zwang und unrechte Gewalt, auch wenn sie von altersher als Gewohnheit geübt worden seien, kein Recht begründen [13], in dem Schluss [14] der berühmten Erörterung

---

10) Capit. Nr. 204 (Conventus apud Marsnam primus a. 847) c. 6: Ut rapinae et depraedationes, quae quasi legitimo iure factae hactenus sunt, penitus interdicantur, vgl. mit Nr. 242 (Conventus apud Confluentes a. 860), Adnuntiatio domni Hludowici c. 6: Sed et de istis rapinis et depraedationibus, quas iam quasi pro lege multi per consuetudinem tenent, ab hoc die . . . . bannimus ut nemo hoc amplius praesumat (die Schlussworte bedeuten nicht, dass solche Uebelthaten als bisher rechtmässig angesehen werden sollten, sondern nur, dass aus Zweckmässigkeitsrücksichten von einer Bestrafung solcher früheren Uebelthaten abgesehen werden müsse, wie es auch in der erstgenannten Stelle am Schlusse heisst: et nemo se impune post haec eas praesumere posse confidat). Capit. 205 c. 4: Et quia per vagos et tyrannica consuetudine inreverentes homines pax et quies regni perturbari solet . . . . Vgl. auch Nr. 219 c. 5: Omnino consuetudinem iudicandi iniuste iudicibus auferre volumus.

11) Aethelred's Gesetze V 32 (Schmid S. 226).

12) S. die oben § 29 N. 17 citirten Stellen, insbesondere Capit. 225 c. 11, wo die „quasi consuetudo" der „antiqua consuetudo" gegenübergestellt ist.

13) Die „unrechte Gewohnheit" ist im Sinne Eike's das Gegentheil von Recht, und was „man" für Recht halten (vgl. Sächs. Landrecht II 30: dat hebbe man vor unrecht = das hält man für Unrecht) will, ist nicht Inhalt gemeinsamer Rechtsüberzeugung derer, welche es für Recht erklären (vgl. unten N. 43). So setzt auch das Rechtsbuch nach Distinct. IV 41 Dist. 11 an die Stelle der Worte „unde nu vore recht hebben wil" die Fassung: „unde nymand von rechte haben sal". Das Schwäbische Landrecht § 308, welches den Satz des Sachsenspiegels umschreibend wiederholt, nennt freilich andrerseits zahlreiche Kategorien von Personen, welche „mit rehte" Eigenleute haben können; ein solcher Widerspruch wird aber bei der ganzen Art dieses

des Sachsenspiegels über die Unfreiheit aus [15]). In den fränkischen Kapitularien finden wir daneben schon den Gesichtspunkt zum Ausdruck gebracht, dass bisher freiwillig gewährte Gaben ein Gewohnheitsrecht für die Zukunft nicht begründen [16]). Beide Gesichtspunkte, dass weder willkürlicher Zwang noch freiwillige, insbesondere auf Bitten geschehene, Leistungen ein Gewohnheitsrecht zu schaffen vermögen, treten in einem Weisthum aus dem 14. Jahrhundert deutlich hervor [17]). Eine mit dem zweiten Gesichtspunkt wesentlich übereinstimmende Anschauung bekundet sich in einem anderen Weisthum, welches in Betreff obrigkeitlicher auf Bitten geschehener Handlungen erklärt, dass sie wohl eine Gewohnheit, aber keinen Rechtssatz begründen [18]).

3. Schon frühzeitig machte sich aber auch in den Aeusse-

---

kompilatorischen Rechtsbuches nicht wunder nehmen. Die Glosse zum Sachsenspiegel l. c. sagt geradezu, dass, anders als nach natürlichem Recht, nach dem Recht der Satzungen Eigenleute sein können.

[14]) Ueber die in den vorausgehenden Paragraphen des fraglichen Artikels enthaltenen Betrachtungen und deren Zusammenhang mit § 6 s. unten N. 43 und N. 63.

[15]) Die durch Zallinger angeregte Streitfrage, ob Eike mit seiner eingehenden Erörterung über die Berechtigung der Unfreiheit eine bestimmte persönliche Tendenz verfolgt habe, glaube ich hier bei Seite lassen zu sollen.

[16]) Capit. Nr. 132 (Constitutio Hludowici I. de Hispanis in Francorum regnum profugis prima a. 815) c. 5: Quod si illi propter lenitatem et mansuetudinem comitis sui eidem comiti honoris et obsequii gratia quippiam de rebus suis exhibuerint, non hoc eis pro tributo vel censu aliquo computetur, aut comes ille vel successores eius hoc in consuetudinem praesumant. Vgl. auch die oben § 28 N. 16 citirte Urk. Karl's III. v. v. ut nullus . . . . ullas huiusmodi exactiones aut alias quaslibet annuales donationes exigere aut modo et deinceps consuetudinario more tollere audeat.

[17]) I. Weisthum von Erpel a. 1388 § 24, resp. § 2. In § 2 heisst es: . . . . naulum vero de illis lignis (welche Erpel dem Kölner Domkapitel nach altem Gewohnheitsrecht zu leisten hatte) de iure non tenetur solvere parochia neque ligna ad Colòniam presentare; sed tamen ad preces . . . . sculteti pro tempore . . . . prepositi Coloniensis ligna transvecta sunt ad Coloniam, dicto domino nostro preposito . . . . naulo soluto per aliquod tempus, ex qua consuetudine iniusta etc. (s. den weiteren Text des § 2 sowie den für den erstbezeichneten Gesichtspunkt wichtigen Text des § 24 oben N. 8).

[18]) In dem Recht von Hiesfeld (oben § 28 N. 45) handelt es sich um die Gewohnheit, dass die Schöffen dem Richter, wenn Jemand friedlos gelegt werden soll, den dritten Gerichtstag abbitten (d. h., nach J. Grimm's zutreffender Erklärung, noch einen kleinen Aufschub für das Urtheil erbitten).

rungen deutscher Rechtsquellen die Auffassung geltend, dass aus religiösen bezw. kirchlichen Gründen eine Gewohnheit zu missbilligen und ihre fernere Beobachtung zu untersagen sei. Diese Bekämpfung richtete sich vor allem gegen Gebräuche resp. gewohnheitsmässig geübte Rechtssätze, in denen man heidnischen Inhalt fand. Wie bereits die Merovingischen Könige in den geschriebenen Volksrechten die Spuren des Heidenthums möglichst tilgten[19]), so erliessen besonders die Karolingischen Herrscher auch gegen solche heidnische Gebräuche, die einen gewohnheitsrechtlichen Charakter hatten, strenge Strafverbote[20]). Darüber hinaus aber finden wir vielfach in den Quellen der fränkischen Zeit Verwerfung von Gewohnheitsrechten, welche den kirchlichen Anschauungen oder den Vorschriften resp. dem Interesse der Kirche widersprachen[21]). Ebenso versagten aus den gleichen Gründen zahlreiche Gesetze der deutschrömischen Kaiser bisherigen rechtlichen Gepflogenheiten die Geltung[22]).

---

[19]) § 27 I 2 (Text und N. 7). Ueber sonstige Verfolgungsmassregeln der Merovingischen Herrscher auch gegen germanisches Heidenthum s. (wider E. Löning) Dahn, Die Könige der Germanen VII 3 S. 196 ff.

[20]) Capit. Nr. 10 (Karlmanni principis a. 742), c. 5: Decrevimus quoque ut secundum canones unusquisque episcopus in sua parochia sollicitudinem gerat, adiuvante grafione . . . . ut populus Dei paganias non faciat sed ut omnes spurcitias gentilitatis abiiciat et respuat . . . . omnes, quaecumque sunt paganorum observationes, diligenter prohibeant; Nr. 11 (Karlmanni principis Capit. Liptinense a. 743), c. 4: Decrevimus quoque, quod et pater meus ante praecipiebat, ut qui paganas observationes in aliqua re fecerit, multetur et damnetur 15 solidis; Nr. 26 (Capitulatio de partibus Saxoniae, a. 775—790) c. 6, 7 und 9.

[21]) S. z. B. Capit. Nr. 160 (de inspiciendis monasteriis) c. 4: consuetudines . . . . ubi invente fuerint noxia et hoc nuntient; 166 (Capit. Italica de rebus ecclesiasticis) c. 1: Placuit nobis, ut nullus episcopus de consecratione neque dedicatione baptismalium ecclesiarum . . . . pretium aliquod contra auctoritatem canonicorum patrum vel iuxta antiquam consuetudinem penitus accipere praesumat; 210 c. 5: Tollenda est . . . . omnino prava consuetudo, quae in quibusdam locis oriri coepit (sc. Entfremdung des Kirchenguts). — Hincmar de ordine palatii c. 21 erwähnt auch, dass das Königsgericht dem Christenthum oder der Kirche nicht entsprechende Härten, welche das weltliche Recht „secundum gentilium consuetudinem" enthielt, gemäss der iustitia Dei milderte.

[22]) Constit. Imper. I Nr. 23 (Capit. Ticinense Ottonis III. a. 998): Omne quippe ius, sive lex, sive quodlibet scriptum, vel quelibet consue-

In der Zeit der Staufischen Herrscher zeigen auch die in den hieher gehörigen Reichsgesetzen gebrauchten Ausdrücke unzweideutig den Einfluss des kanonischen Sprachgebrauchs[23]). Seit derselben Zeit wurden zudem ausserhalb der kirchlichen Sphäre liegende politisch-staatsrechtliche Erwägungen sowie Rücksichten der Gerechtigkeit resp. Billigkeit für die reichsgesetzliche Abschaffung bestehender Gewohnheiten in erheblichem Umfange massgebend[24]).

Zum Theil allerdings verschmolz diese Missbilligung des Inhalts auch solcher bisheriger Gewohnheiten, welche nach der Anschauung der Betheiligten resp. der betreffenden Gemeinschaft den Charakter von Rechtssätzen hatten, mit der alten

tudo, si contra aecclesiae utilitatem proferuntur, in irritum deducenda sunt (d. h. doch wohl nur, es ist ihnen die Geltung für die Zukunft zu entziehen). II Nr. 56 (Cessio Friderici II. iuris spolii et regaliae a. 1216): .... veterem illam consuetudinem detestantes, quam antecessores nostri .... in cathedrales exercuerunt ecclesias et abbatias quae manu regia porriguntur, ... eidem consuetudini, sive iuri, vel quocumque vocabulo exprimatur, renunciamus penitus (vgl. über die Bedeutung von consuetudo in dieser Stelle auch oben § 28 N. 12); Nr. 73 (Privilegium Friderici II. in favorem principium ecclesiasticorum, a. 1220) Praefatio; Nr. 300 (Sententia Heinrici regis de probatione criminis vrevel a. 1231). Vgl. auch Diplomata regum et Imperat. Germaniae, I Nr. 11 (Urk. Konrad's I. für den Bischof von Chur a. 912): Volumus quoque et praecipimus, ut nullus servorum vel ancillarum ad eandem Curiensem ecclesiam pertinentium se per tricennia tempora liberare deinceps audeat; sicuti hactenus ut audivimus mala consuetudine et dissimili aliarum ecclesiarum fecerant; Nr. 349 (sehr corrunpirte Urkunde Otto's I. gegen Entfremdung der Güter eines Klosters durch beständige Verleihung nach dem bisherigen mos).

[23]) Constit. II Nr. 73: quedam consuetudines, et ut verius dicamus, abusiones; 156: huiusmodi consuetudines, quas censemus potius corruptelas; 300: ad abolendam huius inique consuetudinis corruptelam; 370: .... de quadam consuetudine, que potest dici potius corruptela. Vgl. über die Ausdrücke „abusio" und „corruptela" oben § 10 III, N. 32 und 34.

[24]) S. z. B. Constit. II Nr. 156 (Edictum Friderici II. contra communia civium et societates artificum, a. 1231—32): quedam consuetudines detestande ...., quibus et principum imperii iuri detrahitur et honori et imperialis nichilominus auctoritas per consequens enervatur; 370 (Sententiae de bonis naufragantium etc. a. 1255, vgl. Franklin Nr. CCVIII): Aufhebung der consuetudo, dass die Umwohnenden „superaddentes afflictionem afflictis, omnia bona naufragantium velut propria sibi vendicant et usurpant".

deutschen Auffassung, dass gewissen Gewohnheiten die Geltung von Rechtssätzen niemals zugekommen sei[25]). Dazu trug die romanistisch-kanonistische Lehre von der Ungültigkeit schlechter (irrationeller) consuetudines[26]) ohne Zweifel in hohem Masse bei. So sprachen einzelne Erlasse deutsch-römischer Kaiser schon vor der für die praktische Reception des römischen Rechts entscheidenden Zeit den von ihnen reprobirten, bisher aber von den Betheiligten als Rechtssätze geübten Gewohnheiten die Gültigkeit auch für die Vergangenheit ab[27]), wie andrerseits die kaiserlichen Bestätigungen bestehender Gewohnheiten auf die guten, löblichen u. s. w. sich beschränkten[28]). Der sog.

---

[25]) In der That lässt sich ja nicht verkennen, dass vielfach bei Gewohnheiten unvernünftigen Inhalts keine wahre, resp. keine gemeinsame, Rechtsüberzeugung vorhanden sein wird, und dass umgekehrt das Fehlen einer solchen Rechtsüberzeugung häufig in dem unvernünftigen Inhalt der Gewohnheit seinen Grund haben wird (vgl. unsere späteren dogmatischen Erörterungen, sowie vorläufig Gierke, D. Priv.-R. I S. 169—170, bes. N. 44). Dies wird insbesondere auch bei Uebungen, die auf einem rechtswidrigen Zwange beruhen, häufig zutreffen (s. auch unten N. 43 über Eike's Argumentation im Sächs. Landr. III 42).

[26]) Oben § 5 II 2; § 10 III; § 14 III; § 20 III; § 25 III.

[27]) So Urk. K. Ludwig des Bayern für die Stadt Jerichow v. 1336 (Kraut, Grundriss § 146 Nr. 110): antiquam et reprobatam terrae consuetudinem . . . . presentibus cassamus . . . . invalidum dicimus. Wie schon Kaiser Friedrich's II. Edikt von Ravenna (Constit. II Nr. 156) den darin enthaltenen Verboten rückwirkende Kraft gegeben hatte, indem alle entgegenstehenden Gewohnheiten nur als thatsächliche betrachtet werden könnten, so fügte die goldene Bulle Karl's IV. von 1356 cap. XV § 1 dem erneuten Verbot der eigenmächtigen Verbindungen der Städte unter sich und innerhalb der Städte hinzu: necnon et consuetudinem circa huiusmodi introductam, quam censemus potius corruptelam, reprobamus, damnamus, et ex certa scientia irritamus. — Allerdings wird in den hier angeführten Stellen übereinstimmend als Grund der Cassation Widerspruch mit dem Reichsrecht (in der Urk v. 1336 auch mit dem Sachsenspiegel) angegeben.

[28]) So verlieh K. Friedrich II. 1220 der Stadt Pfullendorf: omnes iustas et honestas consuetudines secundum institutiones et libertates aliarum civitatum nostrarum (Gengler, Deutsche Stadtrechte des Mittelalters S. 355); den Bürgern von Erfurt bestätigte derselbe 1234 bonos usus et approbatas consuetudines . . . ., quibus hactenus usi sunt (Haltaus pag. 716); K. Ludwig der Bayer bestätigte 1330 den Bürgern von Schweinfurt ihre „laudabiles et bonas consuetudines“ und sagte ihren Klagen rasche Erledigung zu „secundum ipsius civitatis aliarumque nostrarum . . . .

Schwabenspiegel stellt gute Gewohnheit, die er wesentlich im Sinne der Kirche auffasst[29]), als durchaus gleichbedeutend mit rechter Gewohnheit hin[30]). Aehnlich identificirt das kleine Kaiserrecht die böse Gewohnheit, die des Kaisers Recht schwächt, mit der unrechten Gewohnheit[31]). Nach den Magdeburger Fragen macht nur gute Gewohnheit Recht[31a]). Andrerseits aber finden wir in den Quellen des späteren Mittelalters auch deutliche Belege dafür, dass man gute und rechte Gewohnheit von einander unterschied[32]) und ebenso nicht jeder bösen, insbesondere vom Standpunkt der Gerechtig-

---

civitatum bonam et communem consuetudinem (Riccius Stadtges. S. 8). Karl IV. erklärte 1358: Von der Keyserlichen Höhe, ... die do lobeliche Gewonheyten mag bringen in gestalt fryes rechten (d. h. wohl von rechtlichen Befreiungen, Privilegien); König Sigismund 1417: Wann wir pflichtig syn Keyserliche Gesetze allezeit zu sterken, und gute und lobliche Gewonheiten zu mehren (s. hinsichtlich beider Urkunden Haltaus pag. 1717—1718). — Aehnliche Wendungen finden sich auch häufig in den landesherrlichen Urkunden dieser Zeit (Beispiele bei Haltaus pag. 716; vgl. auch die Bestätigung des Rechts und der „guten gewonhait" der Stadt Wien durch Herzog Albrecht von Oesterreich 1296 bei Keutgen l. c. Nr. 166 (S. 212).

[29]) Schwäb. Landrecht § 44: Von guoter gewonheit: .... Daz ist guot gewonheit und rechtiu gewonheit. diu wider geistlichen reht niht ist und diu wider den menschlichen zuhten niht ist. noch wider der selicheit nit ist der eren. und der sele (in der Ausg. von Wackernagel cap. XL: diu wider geistlich reht niht en ist unde wider godes hulde noch wider manlîchen êren noch wider menschlîchen gewizen noch wider menschlîchen triuwen noch wider die selicheit der sêlen). Aehnlich Ruprecht von Freysing, Landrechtsbuch c. 35.

[30]) § 44 cit.: Swa guot gewonheit ist die ist guot. und reht. wan diu da reht ist diu ist och guot. Daz ist guot gewonheit. und rehtiu gewonheit .... (s. die vorige Note) disiu gewonheit heizet stete und rehte gewonheit. und des landes guotiu gewonheit. — Die ganze Ausdrucksweise weist darauf hin, dass die Bezeichnungen „rechte" und „gute" Gewohnheit neben einander üblich waren, aber nicht allgemein als gleichbedeutend betrachtet resp. gebraucht wurden.

[31]) Kl. Kaiserrecht II 47 und 48.

[31a]) Magdeb. Fragen I cap. 1 Dist. 1 (oben § 29 N. 11a).

[32]) So vor allem das Recht von Hiesfeld in der mehrfach angeführten Stelle: Item so hebben die scheepen van hyssvelt voer een gude alde gewoenten unde niet voer recht. Aber auch die übrigen bäuerlichen Weisthümer, welche Gewohnheit und Recht einander gegenüber stellen (oben

keit zu verwerfenden, Gewohnheit den rechtlich verpflichtenden Charakter absprach [33]).

4. Wenn wir nun fragen, worauf nach deutscher Anschauung die Unterscheidung zwischen Gewohnheit (in rechtlichen Angelegenheiten) und Gewohnheitsrecht sich gründete, und welches demgemäss das Moment war, das zur althergebrachten Uebung hinzukommen musste, um dem Inhalt derselben rechtlich verbindende Kraft zu geben, so wird eine sichere und präcise Beantwortung dieser Frage durch die Beschaffenheit der Quellenäusserungen sehr erschwert. Einen allgemeinen Ausspruch, der eine Antwort auf die Frage enthielte, finden wir in den deutschen Rechtsquellen des Mittelalters, so weit sie von fremdem Einfluss unberührt sind [34]), nirgends. Die hier

---

§ 30 N. 8) lassen nicht erkennen, dass den betreffenden Gewohnheiten wegen Verwerflichkeit des Inhalts die Geltung als Rechtssatz verweigert worden sei (eine gewisse Mitwirkung dieses Gesichtspunkts tritt nur in dem I. Weisthum von Erpel hervor).

[33]) So scheinen die von Haltaus pag. 718 (am Schluss des Artikels „Gewonheit") angeführten Bestimmungen deutscher Könige und Kaiser aus den Jahren 1321, 1331, 1401, 1473 sämmtlich den darin gemissbilligten Gewohnheiten (Gewohnheitsrechten) nur für die Zukunft die Geltung entzogen zu haben. Auch Kaiser Ludwig's Reichsabschied von 1342 scheint in den Worten: Wer ouch das dhein ir gesetzt oder geschribens recht von böser gewonheit abgangen, oder ze einem unrechten worden were; Das sol und mag er (der Kaiser) bezzern, setzen und machen nach der Kurfürsten und anderer herren rat als in danne dunket, daz es allermennichlich nutz und gut sei (Neue und vollst. Samml. d. Reichsabsch. I S. 45) die Rechtsungültigkeit böser Gewohnheiten nicht vorauszusetzen. Bedeutsam in dieser Hinsicht ist auch der Schiedsspruch hervorragender Kleriker in dem Streit zwischen der Stadt Köln und dem Erzbischof Konrad von Hochstaden a. 1258 (bei Keutgen l. c. Nr. 147): Der Erzbischof hatte es (num. 24 seiner propositiones) für eine „corruptela" erklärt, dass in Köln Niemand als Münzfälscher angeklagt werden könne, „nisi falsi denarii in eius manibus deprehendantur"; die Schiedsrichter erklären hierauf, dass ihnen diese consuetudo nicht gefalle, dass sie dieselbe aber nicht ändern könnten und deshalb im öffentlichen Interesse eine neue gesetzliche Bestimmung über diesen Gegenstand empföhlen. Vgl. auch Frauenstädt, Blutrache und Todschlagsühne S. 14 ff., der ausführt, dass die Blutrache im deutschen Norden während des späteren Mittelalters auch von denjenigen, die sie missbilligten, als eine Rechtsgewohnheit anerkannt wurde (insbesondere kommt in dieser Hinsicht die dort S. 12 u. S. 15 angeführte Urkunde des Klosters Lilienthal von 1468 in Betracht).

[34]) Ueber die Definition der guten und rechten Gewohnheit im Schwaben-

in Betracht kommenden speciellen Aeusserungen der Quellen geben aber vor allem zu dem Zweifel Anlass, ob der Wille oder die Ueberzeugung der Uebenden (resp. der Mitglieder der Gemeinschaft) als das neben der Uebung massgebende Moment angesehen wurde. Die Stellen, welche Gewohnheitsrechte als „Willkür" resp. Erzeugnisse der Willkür bezeichnen oder von einem Machen resp. Setzen von Gewohnheiten (mit rechtlich verpflichtender Kraft) sprechen[35]), scheinen damit deren Verbindlichkeit auf den Willen zurückzuführen; aber sie gebrauchen den Ausdruck „Gewohnheit" doch wohl meist hauptsächlich im Sinne von geschriebenem Recht, wenngleich andrerseits schwerlich anzunehmen ist, dass die Verfasser sich dabei einer wesentlich andersartigen Entstehung des Gewohnheitsrechts bewusst gewesen seien[36]). Auch die Ableitung von Gewohnheitsrechten aus längere Zeit wiederholten vertragsmässigen Bestimmungen[37]) kann als Beleg für eine Ansicht, welche das Willensmoment als Faktor des Gewohnheitsrechts betrachtete, geltend gemacht werden. Ebenso könnte die Nichtanerkennung mancher unzweifelhaften Gewohnheiten als Recht[38])

---

spiegel s. oben N. 29. Noch enger schliesst sich an das kanonische Recht an das Brünner Schöffenbuch cap. 613 (Roessler, Deutsche Rechtsdenkmäler aus Böhmen und Mähren Bd II S. 280—281): Quamvis usus et consuetudinis non minima sit auctoritas, nunquam tamen veritati aut legi praeiudicat, nisi sit consuetudo rationabilis et legitime praescripta (vgl. cap. 11 X. de consuet. I 4; doch ist die Zulassung eines Gewohnheitsrechts contra veritatem auffällig, wenn nicht der Ausdruck veritas auch nur auf das menschliche Recht bezogen werden soll — vgl. unten N. 63 über die Bedeutung von „Wahrheit" in den deutschen Rechtsquellen). Talis enim paeiudicat legi, et si ex huiusmodi rationabili sententia lata fuerit, vigorem habet, nec poterit reclamari. Si autem ex consuetudine irrationabili feratur, licite poterit reclamari. Auch der Ausspruch des Westerlauwerschen Landrechts bei Richthofen, Friesische Rechtsquellen S. 435: „een godlic pliga deer ma to riuchte haut is wenheed" kann kaum als Erzeugniss rein deutschrechtlicher Anschauung gelten, da der ganze Traktat, zu welchem er gehört und namentlich die dort gegebene Begriffsbestimmung des göttlichen Rechts einen starken Einfluss kanonischen Rechts zeigt.

[35]) Oben § 28 N. 49—51.

[36]) S. auch oben § 28 II 4 im Text.

[37]) Oben § 29 II 1 (Text und N. 30).

[38]) Oben § 28 I 2 und II 3; § 30 II 1.

auf der Auffassung beruhen, dass der Wille der Uebenden, resp. der Mitglieder der Gemeinschaft überhaupt, für die Zukunft eine verpflichtende Norm zu schaffen, zur Entstehung eines Gewohnheitsrechtes nothwendig sei; insbesondere könnte die Anschauung geherrscht haben, dass bei erzwungenen oder aus Gunst vorgenommenen Handlungen[39]) eine solche Absicht nicht vorhanden sein werde.

Näher liegt jedoch immerhin die Annahme, dass die Unterscheidung zwischen Gewohnheit und Recht auf eine Ueberzeugung der Uebenden, resp. der Mitglieder der Gemeinschaft überhaupt, gegründet wurde, welche mit der Ueberzeugung der diesen Unterschied Aussprechenden identisch war; dass also neben der gewohnheitsmässigen Uebung die gemeinsame Ueberzeugung, der Inhalt der Uebung entspreche dem bestehenden Rechte, sei Theil der Rechtsordnung, als wesentlich für ein Gewohnheitsrecht galt. Hierauf weisen zunächst die zahlreichen Quellenstellen hin, welche eine Gewohnheit für eine rechte, resp. für Recht, erklären[40]), ohne hinzuzufügen, worauf diese Annahme sich gründet. Ferner sprechen hiefür besonders die Quellenäusserungen, welche überhandgenommenen Rechtswidrigkeiten, wenngleich sie von den Rechtsverletzern für Recht ausgegeben resp. wie rechtmässige Handlungen geübt worden waren, die Geltung von Gewohnheitsrechten versagen[41]). Auch setzt wenigstens eine Quellenstelle die Anschauung der angeblich Verpflichteten, dass eine solche Verpflichtung von Rechtswegen ihnen nicht obliege, dem vermeintlichen Gewohnheitsrecht ausdrücklich entgegen[42]). Endlich fällt

---

[39]) Oben 2.

[40]) S. die oben § 28 N. 14 und 15, N. 43 und 44 angeführten Stellen.

[41]) S. besonders Capit. Nr. 204 c. 6 und 242 c. 6 (oben N. 10 zu diesem Paragraphen) und Sächs. Landr. III 42 § 6. Wenn die letztere Stelle davon spricht, dass „man" die unrechte Gewalt in unrechte Gewohnheit gezogen hat und nun für Recht ausgiebt, so nennt das Sächs. Weichbildrecht Art. 3 dafür deutlicher die Fürsten und freien Herren, das Schwäb. Landrecht § 308 die Herren.

[42]) I. Weisthum von Erpel, § 24 (oben N. 8 zu diesem Paragraphen): licet eis incolis minus iuste apparente. Auch in § 2 dieses Weisthums (N. 8 cit.) tritt der Gegensatz zwischen der Behauptung der Herren

zu Gunsten dieser Auffassung sehr in das Gewicht, dass die Magdeburger Schöffen die in ihrer Rechtsüberzeugung nicht enthaltenen Gewohnheitsrechte der Töchterstädte Magdeburg's nicht als Recht, sondern nur als Thatsachen betrachteten und demgemäss in ihren Urtheilen nicht berücksichtigten[42a]).

Die Ueberzeugung, dass der Inhalt der Gewohnheit geltendes Recht sei, wurde freilich, zumal unter der Einwirkung der fremden Rechte, nicht immer von der Ueberzeugung, dass der geübte Satz ein gerechter sei, unterschieden[43]), aber gerade im Gegensatz zu der römisch-kanonistischen Auffassung scheint man sich theilweise dieses Unterschieds schärfer bewusst geworden zu sein[44]).

III. In der neueren Litteratur ist die Frage, ob nach einheimischer deutscher Rechtsanschauung ein inneres, geistiges Moment als Erforderniss der Entstehung eines Gewohnheitsrechts galt und welcher Art dasselbe war, zwar mehrfach aufgeworfen und auch in zutreffender Weise beantwortet, aber nur von einem Schriftsteller in einer wenig bekannt gewordenen Dissertation einer eingehenden Erörterung unterzogen[45]). So erklärt es sich auch leicht, dass insbesondere die Bedeutung der „rechten Gewohnheit" bisher eine ausreichende Würdigung nicht erlangt hat.

---

und der Ueberzeugung der, durch den Verfasser repräsentirten, verpflichteten Gemeinschaft deutlich hervor.

[42a]) Stobbe, Gesch. d. d. Rechtsqu. II S. 67—68; Behrend, Stendaler Urtheilsbuch S. 8; Boehlau in der Zeitschr. f. Rechtsgesch. Bd. IX S. 14 ff. (bes. N. 46—48). Vgl. auch Planck, Deutsches Gerichtsverfahren im Mittelalter, I S. 317.

[43]) Oben 3 (Text nach N. 24). Auch das Sächs. Landr. III 42 fusst mit seinen Ausführungen, dass alle Menschen vor Gott gleich sind (42 § 1) und als Gottes „Gebilde" nur Gott gehören dürfen (§ 5), auf der Anschauung, dass die Unfreiheit einem höheren Princip resp. Willen widerspricht. Der entscheidende Gesichtspunkt folgt aber in § 6. Der unrechtmässigen Entstehung der Unfreiheit gemäss wird sie nur von den Herren für Recht ausgegeben, von den Unterdrückten nicht als Recht anerkannt, und demnach ist die betreffende Gewohnheit kein Gewohnheitsrecht.

[44]) S. die oben in N. 32 und 33 angeführten Stellen.

[45]) Borkowski in der oben § 27 N. 1 genannten Abhandlung, pag. 31 bis 32, 54—64.

1. Von den neueren Schriftstellern, welche die Geschichte des deutschen Rechts oder das deutsche Privatrecht der Gegenwart zum Gegenstand ihrer Darstellung gemacht haben, haben allerdings manche die Frage berührt, ob ein inneres Moment und eventuell welches nach deutschrechtlicher Auffassung für Entstehung eines Gewohnheitsrechts erforderlich sei, und ihre kurzen Antworten auf diese Frage zeigen fast durchaus[46]) wesentliche Uebereinstimmung mit den Ergebnissen, zu denen unsere obige Untersuchung gelangt ist. So bemerkt Gierke ganz allgemein, mit Berufung auf zwei Rechtssprichwörter[47]), dass die germanische Rechtsauffassung niemals geneigt war, das Recht in den Willen zu verlegen[48]). Brunner hebt gelegentlich hervor, dass die unmittelbare Anwendung eines nicht auf Satzung beruhenden Rechtssatzes nur dann einen Rechtssatz erzeugt habe, wenn der angewendete Satz dem allgemeinen Rechtsbewusstsein entsprach[49]). Siegel folgert aus dem Hiesfelder Schöffenspruch, welcher gute alte Gewohnheit vom Recht unterscheidet[50]), dass neben der wiederholten Uebung „der Gedanke der Nothwendigkeit“ als Erforderniss eines Gewohnheitsrechts galt[51]). Stobbe und Dahn vertreten, wie wir oben

---

[46]) Ueber die insbesondere von K. F. Eichhorn vertretene Ansicht, dass (auch nach deutscher Anschauung) das Gewohnheitsrecht Ausfluss der Autonomie, also des Willens sei, s. oben § 28 N. 49.

[47]) Graf und Dietherr I. Hauptst. Nr. 46: Ein Eigenwille ist kein Landrecht, und besonders Nr. 47: Wille ist nicht Landrecht.

[48]) D. Priv.-R. I S. 116. Im Uebrigen scheint Gierke anzunehmen, dass die Deutschen im Mittelalter über den Geltungsgrund (auch über die Erfordernisse?) des Gewohnheitsrechts garnicht selbstständig reflectirt, sondern nur romanistisch-kanonistische Erklärungsarten sich angeeignet haben (l. c. I S. 162—163).

[49]) Brunner, Deutsche Rechtsgesch. I S. 277 (vgl. oben § 29 N. 27).

[50]) Oben § 28 N. 45.

[51]) Siegel, Deutsche Rechtsgesch., 2. Aufl., § 2 (S. 17). In § 75, auf welchen er am Schluss der N. 1 zu § 2 verweist, hebt er m. E. richtig hervor, dass eine solche Zweiung zwischen Gewohnheit und Recht auch hinsichtlich der Wahl des deutschen Königs aus einem bestimmten Geschlecht bestanden habe; jedoch möchte ich annehmen, dass der Geschichtsschreiber Bruno in seinem von Siegel § 75 N. 1 citirten Bericht über den Beschluss des Convents zu Forchheim mit den Worten: ut regia potestas nulli per haereditatem, sicut antea fuit consuetudo, cederet, dieser consuetudo für die vorausgegangene Zeit nicht den Charakter als Recht absprechen wollte.

sahen[52]), sogar die Meinung, dass bei den Deutschen der in der Rechtsüberzeugung einer Gesammtheit lebende Satz auch ohne Uebung Recht war[53]).

Ausführlicher hat Borkowski in seiner Abhandlung über das Gewohnheitsrecht der alten Deutschen mit Hülfe eines umfangreichen, wenn auch noch vielfach lückenhaften, Quellenapparates nachzuweisen gesucht, dass von den Deutschen, ebenso wie von den römischen Juristen, neben dem usus der kaum von diesem zu trennende consensus populi als nothwendiges Requisit des Gewohnheitsrechtes betrachtet worden sei[54]). Ob dieser consensus als gemeinsamer Wille oder als gemeinsame Ueberzeugung aufgefasst worden sei, darüber spricht er sich freilich nicht deutlich aus[55]). Dagegen nimmt er, gemäss seiner Theorie des Gewohnheitsrechts[56]), aber, wie er selbst zugiebt[57]), ohne ausdrückliches Quellenzeugniss, als sicher an, dass nach der Anschauung der Deutschen nur der von einer Gerichtsversammlung erklärte consensus die Erhebung einer Gewohnheit zum Gewohnheitsrecht habe bewirken können[58]). Die Unhaltbarkeit dieser Behauptung wird aus der unten folgenden Erörterung über die Erkenntniss und Anwendung des Gewohnheitsrechts nach deutschem Recht[59]) erhellen.

2. Richtig hat Borkowski hervorgehoben, dass die Deutschen Gewohnheit und Gewohnheitsrecht seit alter Zeit unterschieden und das letztere als „rechte Gewohnheit", lateinisch „iusta

---

[52]) § 29 N. 25 und N. 33.

[53]) So stellt insbesondere Dahn, Urgesch. (2. Aufl.) I S. 96 als germanische Grundauffassung des Rechts hin: „Recht ist, was der Kreis der Lebensgenossen .... für Recht hält: und es ist Recht nur dadurch, dass sie es für Recht halten".

[54]) S. bes. l. c. pag. 31—32 und 62.

[55]) Wie er in seiner grundlegenden Erörterung (pag. 9) die Ausdrücke „persuasio" und „voluntas" unterschiedslos gebraucht, so lässt insbesondere auch seine Bestimmung des deutschen Begriffs der guten (rechten) und der bösen (unrechten) Gewohnheit (pag. 63—64, vgl. unten N. 61) in dieser Hinsicht Klarheit vermissen.

[56]) Auch für das römische Recht behauptet er (pag. 15—16) das Erforderniss gerichtlicher Anerkennung für Entstehung eines Gewohnheitsrechts.

[57]) Pag. 61 in f. bis 62.

[58]) S. bes. pag. 26, 32 sqq., 56 sqq.

[59]) Unten § 32.

consuetudo" bezeichneten[60]). Diese wirft er jedoch durchaus mit der dem Inhalt nach „guten" Gewohnheit, insbesondere der dem kaiserlichen Recht und dem kanonischen Recht nicht widersprechenden, zusammen[61]). Dass die Unterscheidung zwischen guten und bösen (vernünftigen und unvernünftigen u. s. w.) Gewohnheiten nicht rein deutschen Ursprungs, sondern aus dem römisch-kanonischen Recht entnommen, resp. aus kirchlichen Einflüssen hervorgegangen sei, haben zwar mehrere neuere Germanisten bemerkt[62]). Dagegen erwähnen diese Schriftsteller die alte deutsche Unterscheidung zwischen „rechter" und „unrechter" Gewohnheit nicht, und auch sonst sind die durch diese Unterscheidung zu erklärenden Quellenstellen, wenn wir von Borkowski absehen, nur wenig berücksichtigt und in ihrer wahren Bedeutung fast gar nicht erfasst worden. So hat sich insbesondere Ernst Meier bemüht, die für diesen Gegensatz typische Aeusserung des Sachsenspiegels auf den Einfluss der Theorie Gratian's zurückzuführen[63]). Jakob Grimm erklärt die

---

[60]) Pag. 31, 54—55.

[61]) Pag. 63—64. Er stützt sich hier hauptsächlich auf die Aeusserungen des Schwäb. Landrechts und des kleinen Kaiserrechts über den Begriff der guten resp. bösen Gewohnheit (oben II 3, N. 29—31).

[62]) So Stobbe, Gesch. d. d Rechtsqu. I S. 651 und Gierke, D. Priv.-R. I S. 169, welche beiden Schriftsteller das Aufkommen der Unterscheidung in Deutschland erst vom 13. Jahrhundert zu datiren scheinen. Unbestimmter spricht sich in letzterer Hinsicht Zöpfl, D. Rechtsgesch., 4. Aufl., I S. 102 bis 103 aus, der auch die hier in Betracht kommenden Aeusserungen der deutschrechtlichen Quellen nicht so ausschliesslich, wie insbesondere Gierke, auf den Einfluss des römischen und kanonischen Rechts zurückführt, sondern daneben auf das von der Kirche wesentlich bestimmte sittliche Bewusstsein der damaligen Zeit hinweist.

[63]) Rechtsbild. S. 198—199. E. Meier beruft sich darauf, dass der Sachsenspiegel III 42 die Wahrheit und die Gewohnheit einander schroff entgegensetzt und dass er für die Wahrheit hinweist „ebenso wohl auf die Natur des Menschen, die Gott nach seinem Bilde gemacht hat, wie auf die Bibel alten und neuen Testaments, nicht blos um die Gründe, welche man aus der Bibel für die Sklaverei angeführt hat, zurückzuweisen, sondern um die Unrechtmässigkeit der Sklaverei positiv durch die Bibel darzuthun". Diese von M. für seine Ansicht geltend gemachten Gründe sind jedoch sämmtlich nicht stichhaltig. Allerdings wird, wie wir oben (§ 10 I) sahen, in kirchlichen Quellenstellen, welche auch in das Decretum Gratiani aufgenommen sind, die veritas als Wille Gottes der menschlichen Gewohnheit entgegen-

in dem Hiesfelder Weisthum enthaltene Gegenüberstellung von Gewohnheit und Recht in dem Sinne, dass er unter dem letzteren das „strenge" Recht versteht[64]).

§ 31.

Kraft des Gewohnheitsrechts.

I. Wie aus unseren bisherigen Erörterungen unzweifelhaft hervorgeht, haben die Deutschen kraft ihrer nationalen Anschauung zu allen Zeiten ein nicht auf Satzung beruhendes, aus der rechtlichen Ueberzeugung und alter Uebung der Mitglieder einer Gemeinschaft fliessendes objektives Recht anerkannt. Diesem Gewohnheitsrecht schrieben sie eine mit der Kraft des Gesetzes zum mindesten gleiche Kraft zu. Eine Gleichstellung der rechtlichen Wirkung resp. Geltung von (guter

---

gestellt. Aber die deutschen Rechtsquellen identificiren häufig die Wahrheit mit dem Recht, ohne dass dabei ein kirchlicher Gesichtspunkt hervorträte; man denke nur an das „veritatem dicere" als Aufgabe der Geschworenen schon im fränkischen Inquisitionsbeweis; an die Bezeichnung der Schöffen als homines veraces; an Stellen wie die von J. Grimm, Rechtsalterthümer S. 772—773 aus dem Swartobroeker Weisthum und aus dem Süsteren Weisthum angeführten; vgl. auch die Rechtssprichwörter bei Graf und Dietherr I Nr. 23 ff. Zudem gebraucht Eike selbst die beiden Ausdrücke als gleichbedeutend in der gereimten Vorrede V. 202 ff. Die Natur des Menschen an sich zieht Eike in seiner Argumentation gegen die Unfreiheit nicht in Betracht, sondern nur die aus der gleichmässigen Erschaffung und Erlösung aller folgende Gleichheit aller vor Gott und Zugehörigkeit zu Gott. Auch kann es nicht wunder nehmen, dass er, gegenüber den Versuchen, die Unfreiheit durch Bibelstellen zu rechtfertigen, seinerseits den Beweis für die Unrechtmässigkeit derselben aus der Bibel zu führen sucht, ohne dass er deshalb an Gratian's Theorie von dem aus altem und neuem Testament zu schöpfenden ius naturale gedacht oder dieselbe überhaupt gekannt zu haben braucht. Dass er neben der Profangeschichte (Art. 42 cit. § 3 z. A. und § 6) die heilige Geschichte und die göttlichen Gebote für seine Auffassung verwerthet, ist um so leichter erklärlich, als er Gott selbst für Recht erklärt (Prologus in Homeyer's Ausgabe S. 137, vgl. auch den Textus Prologi ebendas. S. 138).

[64]) Bekker's und Muther's Jahrbuch I S. 264. — Richtiger erklärt, wir wir oben (Text vor N. 51) sahen, Siegel diese Stelle; aber obgleich mit Borkowski's Abhandlung bekannt, erwähnt er die quellenmässige Unterscheidung zwischen „rechter" und „unrechter" Gewohnheit nicht.

resp. alter) Gewohnheit einerseits und dem Gesetze andrerseits wird allgemein freilich nur in deutschen Rechtsquellen des späteren Mittelalters ausgesprochen[1]); auch finden wir nur selten die gesetzesgleiche Geltung eines einzelnen gewohnheitsrechtlichen Satzes hervorgehoben[2]). Aber schon die zu allen Zeiten häufige Anwendung der zunächst die Rechtssatzung bezeichnenden Ausdrücke auf das Gewohnheitsrecht[3]) sowie die umgekehrte Erscheinung[4]) weisen darauf hin, dass man keinen grundsätzlichen Unterschied in der Geltung der Rechtssätze nach ihrer verschiedenen Entstehungsart statuirte. Noch stärker fallen für diese Annahme die zahlreichen, insbesondere den fränkischen Rechtsquellen angehörigen, Stellen in das Gewicht, in denen wir beide Arten von Rechtssätzen nebeneinander, ohne irgend eine Andeutung einer Verschiedenheit der Geltung, erwähnt finden[5]). Wir werden aber sogar durch die gesammte

---

[1]) Schwäb. Landr. § 44: Guotiu gewonheit ist als guot als gescriben reht (vgl. Schwäb. Lehnrecht § 111: guote gewonheit sol man behalten). Ruprecht von Freysing, Landrechtsb. cap. 35: .... diese gewonhait haist guete und des lanndts gewonhait, und ist als guet (als) geschribens recht. Westerlauwersches Landrecht bei v. Richthofen, Friesische Rechtsquellen S. 435: Taulic pliga fan langer wennicheed is alsoe goed so scrioum rioucht, ieftse naet swiwet = positivrechtliche (nicht aus dem natürlichen Recht fliessende) Uebung aus langer Gewohnheit ist so gut wie geschriebenes Recht, wenn sie nicht schwankt. Beschwerden der bayerischen Ritterschaft v. 1499 (oben § 29 N. 14): Cum .... antique consuetudines pro legibus habende sint. — Mittelbar kommen hier auch die, gleichfalls erst dem späteren Mittelalter angehörigen, Quellenstellen in Betracht, welche dem Gewohnheitsrecht derogatorische Kraft gegenüber dem älteren Gesetz zuschreiben (unten N. 13).

[2]) So Lambert's von Hersfeld Annales ad a. 1071 (Script. tom. V pag. 180): In comitatu Balduini eiusque familia id multis iam seculis servabatur, quasi sancitum lege perpetua. Otto's von Freisingen Gesta Friderici Imper. II 28 (Script. tom. XX pag. 412): Vetus consuetudo pro lege inolevit. Mandat K. Ludwig's des Bayern von 1329 (vgl. unten N. 8): que quidem consuetudo vim Legis obtinet.

[3]) Oben § 28 I 3 und II 4. — Auch die Bezeichnungen des Gewohnheitsrechts als legis consuetudo, legalis oder legitima consuetudo u. dgl. (oben § 28 I 2, bes. N. 14 und 15) können hieher gezogen werden.

[4]) Oben § 28 I 4 und II 4.

[5]) Beispiele insbesondere aus fränkischen Rechtsquellen s. oben § 28 N. 17; ihnen reiht sich namentlich das Edictum Pistense a. 864 (Capit.

Entwicklungsgeschichte der deutschen Rechtsquellen leicht zu der Vermuthung geführt, dass man geneigt war, dem Gewohnheitsrecht als der ursprünglich alleinigen oder wenigstens fast allein wirksamen und auch im deutschen Reiche wieder ganz überwiegend den Rechtszustand bestimmenden Rechtsquelle[6]) ein noch höheres Ansehen resp. eine höhere Geltung als der Rechtssatzung beizulegen[7]). Diese Vermuthung wird auch durch einzelne Quellenäusserungen bestätigt. Zwar die mehrfach uns entgegentretende Scheu der Herrscher, durch Gesetz in festgewurzelte Gewohnheitsrechte einzugreifen[8]), kann und wird

---

Nr. 273) an, welches in c. 3, 12 und 27 auf Bestimmungen früherer Kapitularien und consuetudo neben einander Bezug nimmt; vgl. auch Capit. Nr. 91 c. 7 (Pippini Italiae regis Capit. a. 782—786), wonach bei Rechtsverzögerung von Seiten des Grafen die consuetudo Francorum oder die lex Langobardorum zur Anwendung kommen soll, je nachdem der Graf Franke oder Langobarde ist. Das Edikt des Langobardischen Königs Liutprand bezeichnet wiederholt (Epil. post c. 28; Praefatio de anno XIII) neben den bisherigen Bestimmungen des Edikts das Gewohnheitsrecht (consuetudo resp. usus) als massgebend für die Entscheidung von Rechtsstreitigkeiten. Das Capit. Ticinense Otto's III. (oben § 30 N. 22) behandelt die lex und die consuetudo insofern gleich, als beiden, wenn sie contra ecclesiae utilitatem verstossen, die Geltung entzogen werden soll. Die Sententia Friderici I. de bonis clericorum decedentium a. 1173 (Constit. Imper. I Nr. 240; vgl. oben § 29 N. 10 u. ö.) c. 4 wird vom Kaiser ebenso wohl auf die longa consuetudo als auf das scriptum ius gegründet. Das Clevesche Stadtrecht v. 1477 tit. 85 § 5 (Zeitschr. f. Rechtsg. IX S. 449) sagt: Das Gericht solle entscheiden „nae onss bescrevenen stat rechten ind gewhoente recht halden". Rechtssprichwort (bei Graf und Dietherr I Nr. 114): Von Ehe und Gewohnheit kommen alle Rechte (vgl. dazu oben § 28 N. 39).

[6]) Oben § 27 I 1 und 3.

[7]) Die Ansichts Leist's (Graecoital. Rechtsgesch. S. 763), dass das Gewohnheitsrecht als Geschlechterrecht bei den Germanen durch kein staatliches Gesetz aufgehoben oder modificirt werden konnte, trifft freilich in vollem Masse wohl höchstens für die vorgeschichtliche Zeit zu.

[8]) S. bes. Ed. Liutprandi c. 118: . . . . incerti sumus de iudicio dei, et multos audivimus per pugnam sine iustitia causam suam perdere; sed propter consuitutinem gentis nostrae langobardorum legem ipsam (den gerichtlichen Zweikampf) vetare non possumus. Der s. g. gemeinschaftliche Prolog zu den Austrasischen Volksrechten (Legum tom. III pag. 259) berichtet: . . . . Et quidquid Theodericus rex propter vetustissimam paganorum consuetudinem emendare non potuit, post haec Hildibertus rex inchoavit, sed Chlodarius rex perfecit.

wohl in Zweckmässigkeitserwägungen, wie sie auch heutzutage für ein entsprechendes Verhalten nicht selten massgebend sind, ihren Grund gehabt haben. Aber noch Kaiser Ludwig der Bayer sprach aus, dass gewisse Reichsgewohnheitsrechte höher als Gesetze seien und deshalb durch solche nicht beseitigt werden dürften[9]). Auch in der bekannten, die l. 2 C. Qu. s. l. cons. parodirenden Aeusserung des Liber feudorum über das Verhältniss zwischen Gewohnheitsrecht und lex scripta[10]) spiegelt sich die Anschauung, dass jenem die höhere Geltung zukomme[11]).

II. Aus dem eben über die deutschrechtliche Auffassung des Verhältnisses zwischen Gewohnheitsrecht und Gesetz Gesagten scheint sich als natürliche Consequenz zu ergeben, dass dem Gewohnheitsrechte auch die Kraft, bestehende Gesetze

---

[9]) Ludowici IV. Mandatum ad Muhlhusinos et Northusinos a. 1329 (bei Senckenberg, Methodus Jurisprudentiae pag. 220 sqq., im Auszug bei Franklin l. c. Nr. XLVII): .... sicut hoc exemplo divorum predecessorum nostrorum illustrium Romanorum Imperatorum et Regum didicimus, qui, sicut et nos, de consuetudine Sacratissimi Romani Imperii in Alemannia a tempore cuius non extat memoria observata, que quidem consuetudo vim Legis obtinet sicut nonnulle alie consimiles consuetudines Imperii quas Legibus stringi non oportet, cum supra Legem sint, filiis et filiabus suis tante pecunie summam in dotem seu donacionem propter nupcias in bonis Imperialibus constituere poterant et valebant. — Man darf bei Würdigung dieser Erklärung allerdings nicht übersehen, dass es sich um Rechtfertigung einer sehr bedenklichen und von den betroffenen Reichsstädten angefochtenen Verfügung des Kaisers handelte.

[10]) Lib. feud. II tit. 1 pr.: Legum .... Romanarum non est vilis auctoritas, sed non adeo vim suam extendunt, ut usum vincant aut mores; strenuus autem legis peritus, sicubi casus emerserit, qui consuetudine feudi non sit comprehensus, absque calumnia uti poterit lege scripta.

[11]) Mit Recht hat freilich Cuiacius (De feudis. Coloniae Agrippinae 1588) ad hunc tit. hervorgehoben, dass dem römischen Recht schon deshalb, weil es keine Bestimmungen über Lehen enthalte, im Allgemeinen keine Geltung hinsichtlich dieser zukomme; nur bei Lücken des Lehnsgewohnheitsrechts könnten, wie auch der Nachsatz in der angef. Stelle besage, die Bestimmungen des römischen Rechts über andere Gegenstände analog angewendet werden. Jedoch lässt die Umkehrung der Worte der l. 2 C. h. t. immerhin darauf schliessen, dass Obertus de Orto wenigstens auf dem Gebiete des Lehnswesens dem Gewohnheitsrecht im Gegensatz zum geschriebenen Recht grundsätzlich den ersten Platz vindiciren wollte (vgl. auch v. Savigny, System d. heut. röm. Rechts I S. 428—429).

aufzuheben, zugeschrieben wurde. Freilich lassen sich für die Annahme, dass die Deutschen im Mittelalter dem Gewohnheitsrecht eine solche Kraft beilegten[12]), fast nur Aeusserungen später und wesentlich durch die fremden Rechte beeinflusster Rechtsquellen anführen[13]), und zum grössten Theil sind dieselben unzweifelhaft dem kanonischen Recht resp. der römisch-kanonistischen Doktrin entnommen[14]). Eine Quellenstelle aus der Zeit des fränkischen Reichs scheint freilich auf der Anschauung, dass gesetzliche Bestimmungen durch Gewohnheitsrecht aufgehoben werden können, zu beruhen[14a]); aber andererseits ist uns aus dieser Zeit eine für Italien bestimmte Vorschrift erhalten, welche allgemein dem Gewohnheitsrecht derogatorische Kraft gegenüber der lex ausdrücklich versagt[15]), und

---

[12]) Gierke, D. Priv.-R. I S. 173 meint, dass die Regel, jüngeres Gewohnheitsrecht geht älteren Gesetzesrecht vor „im mittelalterlichen deutschen Recht unbestritten herrschte" (ähnlich Stobbe, Handb. d. d. Priv.-R.'s I S. 174—175). Zoepfl, D. R.-G. I S. 103 behauptet dasselbe hinsichtlich der guten Gewohnheit, selbst wenn sie „früheren Verordnungen der Kaiser widersprach" und er nimmt sogar an (l. c. S. 127 N. 22), dass die Lehre vom derogatorischen Gewohnheitsrecht aus dem germanischen Recht in das kanonische übergegangen sei.

[13]) Stobbe l. c. § 23 N. 2 citirt das Brünner Schöffenb. c. 613, das Erlanger Promtuarium Juris ed. Gengler pag. 24 (vgl. hinsichtlich dieser beiden Stellen die folgende Note) und Purgoldt's Rechtsbuch IX 32 (s. den Wortlaut oben § 29 N. 32). Gierke l. c. S. 173 N. 59 führt, neben dem — die vorliegende Frage nicht unmittelbar beantwortenden — Ausspruch des Schwabenspiegels, dass gute Gewohnheit so gut wie geschriebenes Recht sei (oben N. 1), die Stellen aus dem Brünner Schöffenbuch und aus Purgoldt an. Zöpfl l. c. S. 103 N. 6 stützt sich lediglich auf die generelle Gleichstellung im Schwabenspiegel.

[14]) Das Brünner Schöffenbuch c. 613 (s. den Wortlaut oben § 30 N. 34) schliesst sich dem c. 11 X. De consuet. I 4 eng an. Das Erlanger Promtuarium pag. 24 folgt in der Unterscheidung, dass die über alle Welt gemeine Gewohnheit alles Recht breche, die besondere Gewohnheit aber nur in der Stadt, wo sie sich wider das geschriebene Recht erhoben habe, dieses breche, der in der römisch-kanonistischen Doktrin seit der späteren Glossatorenzeit herrschenden Doktrin (s. besonders § 15 II 4 und § 21 II 1). Auch Purgoldt's Ausführungen in § 32 cit. und noch mehr in dem folgenden Paragraphen zeigen einen starken Einfluss des kanonischen Rechts resp. der kanonistischen Doktrin.

[14a]) Capit. legi Salicae addita, a. 819 vel paullo post, c. 8 (s. über diese Stelle oben § 29 N. 31).

[15]) Capit. Nr. 95 (Pippini regis Capit. circa a. 790) c. 10: Placuit

ähnlich spricht im späteren Mittelalter das kleine Kaiserrecht jeder dem gemeinen, vom Kaiser gebotenen Rechte widersprechenden Gewohnheit rechtliche Geltung entschieden ab[16]). Indessen ist auch diesen gegentheiligen Aeusserungen kein entscheidendes Gewicht für Beantwortung der Frage nach der Zulässigkeit gesetzesaufhebenden Gewohnheitsrechts im deutschen Mittelalter zuzugestehen. Die von den Neueren[17]) viel citirte Bestimmung König Pippin's ist wohl auf das besonders hohe Ansehen zurückzuführen, in welchem bei den Langobarden der Edictus Rotharis und seine späteren gesetzlichen Ergänzungen standen[18]), und ihre Bedeutung wird zudem dadurch einigermassen abgeschwächt, dass im Gegensatz zu der Entscheidung

---

nobis inserere: ubi lex est, praecellat consuetudinem, et nulla consuetudo superponatur legi. — Man könnte allerdings versucht sein, die Vorschrift nur auf das Verhältniss eines neuen Gesetzes zu einem älteren Gewohnheitsrecht zu beziehen. Aber diese Auslegung wird, auch abgesehen von dem umfassenderen Wortlaut der Bestimmung, ausgeschlossen durch deren Zusammenhang mit dem vorausgehenden c. 9; denn letzteres erklärt Akte, welche einer Bestimmung des langobardischen Edikts (Ed. Liutprandi c. 65) widersprachen, soweit dies der Fall war, für ungültig.

[16]) Kl. Kaiserrecht II c. 47 und 48. Allerdings spricht c. 47 zunächst nur von unrechter, des Kaisers Rechte schwächender Gewohnheit einer Stadt oder eines Dorfes. Aber c. 48 führt, wie die Vorrede, das kaiserliche (gemeine) Recht durchaus auf kaiserliche Satzung zurück, so dass wohl anzunehmen ist, dass der Verfasser auch kein gemeines, einer kaiserlichen Vorschrift widersprechendes Gewohnheitsrecht für zulässig erachtete.

[17]) S. insbes. Eichhorn, D. St.- und R.-G. § 142 a. E. (welcher darauf hinwies, dass der Grundsatz der Ausschliessung derogirender Kraft der Gewohnheiten bei der unbestimmten Fassung der Volksrechte schwer anzuwenden war); E. Meier, Rechtsbild. S. 60; Stobbe, Gesch. der d. Rechtsqu. I S. 6; Waitz, D. Verf.-Gesch. III S. 223—224; Brunner, D. R.-Gesch. I S. 291 (§ 38 N. 22); Boretius, Beitr. z. Capitularienkritik S. 9; Dahn, Könige d. Germ. VIII 3 S. 29.

[18]) Insbesondere wird man schwerlich mit Eichhorn, Stobbe und wohl auch Boretius (s. die Citate in der vorigen Note) annehmen dürfen, dass der von Pippin ausgesprochene Grundsatz allgemeine Geltung im fränkischen Reiche gehabt habe. Die Fassung des cap. 10 cit. in Verbindung mit c. 9 desselben Capitulars deutet aber auch darauf hin, dass die Frage, ob dem langobardischen Edikt durch Gewohnheitsrecht derogirt werden könne, bei den Langobarden selbst eine zweifelhafte resp. bestrittene war. Dahn a. a. O. vermuthet, dass für die Bestimmung Pippin's römischer Einfluss (l. 2 C. h. t.?) massgebend war.

Pippin's ein Beneventanischer Herrscher einer von dem Edikt abweichenden Praxis Bestätigung gewährte [19]. Die Deklamationen des kleinen Kaiserrechts gegen alle des Kaisers Recht schwächende Gewohnheiten dürfen durchaus nicht als Beleg der zur damaligen Zeit herrschenden Rechtsanschauung betrachtet werden, sondern enthalten der Tendenz des Rechtsbuchs entsprechende willkürliche allgemeine Behauptungen [20], wenngleich in der That einzelne dem Reichsrecht widersprechende partikuläre Gewohnheitsrechte von den deutsch-römischen Kaisern für ungültig erklärt wurden [21].

Dass uns aber aus der Zeit vor dem 14. Jahrhundert keine sicheren positiven Zeugnisse über Anerkennung gesetzaufhebender Kraft des Gewohnheitsrechts überliefert sind, können wir uns aus der Beschaffenheit des deutschen Rechts leicht erklären. Es gab im Ganzen nur verhältnissmässig wenige auf Satzung beruhende Bestimmungen, und soweit geschriebene Rechtssätze später ausser Uebung kamen resp. abweichende gewohnheitsrechtliche Normen sich bildeten, verlor sich wohl auch in der Regel die Erinnerung oder wenigstens jede genauere Erinnerung an das frühere geschriebene Recht und war somit das Bewusstsein der derogatorischen Wirkung des Gewohnheitsrechts nicht vorhanden [22]. Dazu kam, dass auch die gesetzlichen Bestimmungen grossentheils von vorn herein nur subsidiäre Geltung gegenüber den Rechtsnormen engerer Kreise beanspruchten [23]. — Wir werden

---

[19]) Adelchis principis Capitula c. 3. Vgl., insbesondere auch über die Ansicht Schroeder's, dass es sich in diesem Falle um ein wirkliches Gewohnheitsrecht contra legem handele, oben § 29 N. 30.

[20]) Vgl. über den Charakter und den geringen Werth des Rechtsbuchs: Stobbe, Gesch. d. d. Rechtsqu. I S. 440—441, und Schroeder, Lehrb. d. d. Rechtsgesch. S. 657—658.

[21]) Oben § 30 N. 27, vgl. auch unten N. 23.

[22]) Das im Text Gesagte findet insbesondere auch auf das durch desuetudo resp. contraria consuetudo bewirkte allmähliche Aufhören der Geltung der Bestimmungen der geschriebenen Volksrechte und der fränkischen Capitularien in Deutschland (oben § 27 I 3 i. A.) Anwendung.

[23]) Das Rechtssprichwort „Willkür bricht Stadtrecht, Stadtrecht bricht Landrecht, Landrecht bricht Reichsrecht“ scheint allerdings erst in der Neuzeit entstanden zu sein (Weiske, Praktische Untersuchungen III, Leipzig 1847, S. 31 ff.; Stobbe, Handb. d. d. Pr.-R.'s § 26 N. 17); aber zahlreiche Stellen der mittelalterlichen Quellen sprechen im Allgemeinen aus, dass

demnach kaum fehlgehen, wenn wir behaupten, dass die in den deutschen Rechtsquellen des späteren Mittelalters ausgesprochene Anerkennung der derogatorischen Kraft des Gewohnheitsrechts nicht lediglich aus fremden Einflüssen herzuleiten ist, sondern auch in der nationalen Rechtsanschauung begründet war, wenngleich ein deutliches Bewusstsein dieser Kraft des Gewohnheitsrechts vorher bei den Deutschen nicht bestanden zu haben scheint.

§ 32.

Erkenntniss und Anwendung des Gewohnheitsrechts.

I. Wenn Puchta „die vorzügliche praktische Verfassung" des Gewohnheitsrechts bei den Deutschen vor der Reception der fremden Rechte hervorhob [1]), so hatte er dabei wesentlich den engen Zusammenhang zwischen Entstehung und Geltung der gewohnheitsrechtlichen Sätze einerseits, Erkenntniss und Anwendung derselben andrerseits im Auge. In allen diesen Beziehungen trug das deutsche Gewohnheitsrecht fast durchaus [2]) den Charakter des Volksrechts [3]). Es entsprang unmittelbar aus einer Gemeinüberzeugung und entsprechenden Handlungen

---

„Willkür" (ebenso Verträge) alles Recht, resp. das Landrecht oder das gemeine Recht breche (Citate insbes. bei Graf und Dietherr I Nr. 255 ff.; Stobbe N. 17 cit.), und es ist nicht zu bezweifeln, dass unter „Willkür" auch Gewohnheitsrechte engerer Kreise mitverstanden wurden (vgl. oben § 28 N. 49). Freilich finden wir auch den entgegengesetzten Grundsatz, dass Willkür gemeines beschriebenes Recht resp. gemeines Recht oder geschriebenes Recht nicht zu brechen vermöge, in mittelalterlichen deutschen Rechtsquellen ausgesprochen: so in den Magdeb. Fragen I 1 Dist. 10 und 11, I 3 Dist. 3, und in einer Glosse zum Sächs. Landr. III 79 § 1 bei Spangenberg, Beitr. z. den Teutschen Rechten des Mittelalters, Halle 1822, S. 75; vgl. dazu Behrend, Stendaler Urtheilsbuch S. 67—68; Planck, D. Gerichtsverf. im Mittelalter, I S. 317—318; Stobbe l. c. § 1 N. 12 und § 26 N. 18. Dabei dachte man wohl vorzugsweise an solche Sätze des gemeinen Rechts, welche eine ausschliessliche Geltung beanspruchten (Stobbe N. 18 cit.); aber auch der oben § 30 Text vor N. 42a bezeichnete Gesichtspunkt kam in Betracht.

[1]) Gew.-R. I S. 125; vgl. auch ebendas. II S. 126, 127.

[2]) Ausnahmen bildeten insbesondere im fränkischen Reiche die gewohnheitsrechtlichen Sätze des Königsrechts (oben § 27 I 2 Text und N. 15).

[3]) In welchem Sinne ich dies vieldeutige Wort hier gebrauche, ergiebt sich aus dem Folgenden.

der Mitglieder eines weiteren oder engeren Kreises, deren Lebensverhältnisse es bestimmte; es war eben deshalb regelmässig auch den Mitgliedern der Gemeinschaft unmittelbar gewiss und wurde von ihnen nicht nur in ihren Rechtsgeschäften, sondern auch in der Rechtssprechung zur Anwendung gebracht. Allerdings machten sich naturgemäss zumal[4]) mit der mannigfaltigen und höheren Entwickelung der wirthschaftlichen und socialen Zustände sowie ihrer rechtlichen Ordnung gewisse Unterschiede der Rechtskenntniss geltend[5]); aber die Urtheiler und auch die Urtheilsvorschlager in den Gerichten, wenngleich sie mit Rücksicht auf ihre besondere Rechtskunde ausgewählt wurden[6]) resp. durch ihren ständigen Beruf besondere Rechtskunde erlangten, gingen doch eben aus dem Kreise von Menschen, über deren Rechtsstreitigkeiten sie urtheilen sollten, hervor, und hatten fortdauernd an den gleichen Lebensverhältnissen mit diesen in vollem Masse theil. So bedurfte das Gewohnheitsrecht auch für die gerichtliche Anwendung keiner Erforschung seiner einzelnen Entstehungsmomente und -akte[7]). Insbesondere

---

[4]) Einigermassen wird ein solcher Unterschied immer vorhanden gewesen sein: so namentlich zwischen den älteren und erfahreneren Mitgliedern der Gemeinschaft einerseits, den jüngeren und der praktischen Erfahrung noch entbehrenden andrerseits.

[5]) Auf eine verwickelte Gestaltung der Lebensverhältnisse und eine starke Zersetzung des Rechts weist hin insbesondere der Ausspruch des Deutschenspiegels (Landr. § 108; vgl. Schwäb. Landr. ed. Lassberg § 116, ed. Wackernagel § 97): Wan ez ist manich man der niht wizzen chan waz umb ein isleich dinch recht ist.

[6]) Für die deutsche Urzeit ist nicht einmal eine solche Einrichtung nachweisbar; doch ist hinsichtlich des Urtheilsvorschlages (mit Brunner, Deutsche Rechtsgesch. I S. 154) als wahrscheinlich anzunehmen, dass der Richter einzelne Mitglieder der Gerichtsgemeinde zur Vorschlagung des Urtheils auffordern, aber auch selbst den Vorschlag machen konnte.

[7]) Dieser Ansicht sind nicht nur die neueren Schriftsteller, welche von der Annahme ausgehen, dass bei den Deutschen die Rechtsüberzeugung allein, ohne Uebung, Recht gewesen sei (wie Stobbe, D. Priv.-R. I S. 46 und S. 149; Dahn, Urgesch. der german. und roman. Völker I S. 96—97 und Gesch. der deutschen Urzeit I S. 200 u. 201), sondern auch entschiedene Gegner einer solchen Auffassung, wie insbes. Gierke (D. Priv.-R. I S. 159 bis 160: „Gewohnheitsrecht war es, das Schöffen und Dingleute, indem sie seine Kenntniss unmittelbar aus ihrer Lebenserfahrung und ihrem Rechtsbewusstsein schöpften, im Gericht überwiegend an-

waren die Urtheiler sich auch unmittelbar bewusst, ob eine bestehende Gewohnheit der Rechtsüberzeugung der Gemeinschaft entspreche [8]) und deshalb als Recht zu betrachten sei oder ob ihr wegen mangelnder Rechtsüberzeugung keine rechtlich verpflichtende Kraft zukomme.

II. Mit dem eben Gesagten ist sehr wohl vereinbar, dass man sich für das Bestehen eines Rechtssatzes gern auf die bisherige althergebrachte Uebung berief [9]), allerdings ohne zwischen den das Gewohnheitsrecht konstituirenden und den das schon vorhandene konstatirenden Anwendungsfällen scharf zu unterscheiden [10]). Ebenso steht mit den obigen Ausführungen die Thatsache nicht im Widerspruch, dass man für sicherere Ueberlieferung und bessere Erkenntniss des bestehenden Gewohnheitsrechts mannigfacher äusserer Hülfsmittel sich bediente. Hieher zählen insbesondere [11]) sowohl die obrigkeitlichen als die privaten Aufzeichnungen des geltenden Rechts [12]). Die ersteren erfolgten regelmässig durch dieselben Personen und in denselben Formen, wie die Entscheidung des einzelnen Rechtsfalles, und so flossen Rechtsweisung und Rechtsfindung fast untrennbar zusammen [13]). Vielfach wurden auch die in den einzelnen Rechts-

---

wandten"). Vgl. auch Planck, Das deutsche Gerichtsverfahren im Mittelalter I S. 98 und 263, welcher hervorhebt, dass der Urtheiler seinem Zeugniss über das bestehende Recht Geltung verschaffen will und soll „durch das Gewicht seiner dafür eingesetzten Persönlichkeit".

[8]) Ihre Ueberzeugung erschien ihnen selbst und regelmässig auch den übrigen Gliedern der Gemeinschaft ohne weiteres als Ausdruck der Gemeinüberzeugung (vgl. das oben § 30 II Ausgeführte).

[9]) S. die Citate oben § 29 N. 22.

[10]) Oben § 29 N. 23 u. 24 (s. aber auch ebendaselbst N. 30—32).

[11]) Die zahlreichen Rechtssprichwörter konnten allerdings in der Zeit ihrer Entstehung zur Erkenntniss der Rechtssätze, welche in ihnen ihren kurzen, volksthümlichen Ausdruck fanden, kaum etwas beitragen; wohl aber waren sie geeignet, die Ueberlieferung dieser Rechtsnormen zu erleichtern.

[12]) Die nordgermanische Einrichtung mündlicher periodischer Vortragung des geltenden Rechts hat bei den Deutschen niemals allgemein bestanden. Doch finden wir vielfach bei ihnen während des Mittelalters eine ähnliche Sitte vor allem in engeren ländlichen Kreisen, und von diesen regelmässigen mündlichen Weisthümern, welche grossentheils den geschriebenen Weisthümern zu Grunde liegen, gilt im wesentlichen dasselbe, was der Text hinsichtlich der officiellen Rechtsaufzeichnungen bemerkt.

[13]) Vgl. hierüber bes. Stobbe, Gesch. d. d. Rechtsqu. I S. 274—275;

sachen abgegebenen Urtheile gesammelt und in anderen ähnlichen Fällen befolgt[14]). Das Massgebende blieb aber immer die Ueberzeugung der Urtheiler, was dem bestehenden Rechte gemäss sei[15]). Ebenso konnte und sollte der Richter die Erlassung des dem gefundenen Urtheil entsprechenden Rechtsbefehls nur dann verweigern, wenn dieses nach seiner Ueberzeugung dem bestehenden Rechte widersprach[16]). Auch die Urtheilsschelte konnte sich nur auf den Vorwurf gründen, dass die Urtheiler unrecht, d. h. nicht im Einklang mit dem bestehenden Rechte geurtheilt hätten[17]). Dass die zunächst zur Urtheilfindung Berufenen vielfach das Urtheil oder wenigstens Rechtsbelehrung bei einem Oberhof holten, erklärt sich wesentlich[18]) aus der besseren Kenntniss des bestehenden Rechts, welche man diesem Gerichte zutraute[19]).

III. Dagegen widerstreitet unserer obigen Betrachtung

Franklin, Sententiae curiae regiae pag. VIII sqq.; Gierke, Genossenschaftsrecht I S. 464—466.

[14]) Eine bestimmte Vorschrift in dieser Hinsicht stellte der Landfriede K. Friedrich's II. von 1235 hinsichtlich der in Gegenwart des Kaisers in den wichtigeren Rechtssachen abgegebenen Erkenntnisse des Reichshofgerichts auf (vgl. besonders Franklin l. c. pag. V—VII).

[15]) Vgl. unten III. Dort wird insbesondere auch die Frage, wie die Urtheiler bei einer Lücke des bestehenden Rechts sich zu verhalten hatten, ihre Beantwortung finden.

[16]) Brunner, D. Rechtsgesch. II S. 225 und S. 355 ff. (fränkische Gerichtsverfassung); Planck l. c. I S. 89—90, 301—303 (sächsische Rechtsquellen).

[17]) Planck l. c. I S. 283. — Ursprünglich enthielt die Urtheilsschelte sogar die Behauptung, dass die Urtheilsfinder ihre Rechtsüberzeugung verleugnet, absichtlich ein rechtswidriges Urtheil gefunden hätten (Brunner l. c. II S. 356—357, S. 360).

[18]) Daneben wirkten allerdings bei Bestimmung des Oberhofes nicht selten politische resp. staatsrechtliche Motive (Stobbe, Gesch. d. d. Rechtsqu. I S. 534; Planck l. c. I S. 256 ff.; A. S. Schultze, Privatrecht und Process Bd. I, Freib. i. B. und Tübingen 1883, S. 128 ff., S. 194 ff.). In ähnlicher Weise, aber wohl noch stärker, war für die Bestimmung des Gerichts, an welches das gescholtene Urtheil zu ziehen war, die staatliche Unterordnung neben dem Gesichtspunkt, wo eine bessere Rechtskunde zu erwarten war, massgebend (Planck l. c. I S. 281 ff.).

[19]) Vor allem war deshalb die Mutterstadt regelmässig Oberhof für die mit ihrem Rechte bewidmeten Töchterstädte (Stobbe, Gesch. d. d. Rechtsqu. I S. 533—534; Siegel, Deutsche Rechtsgeschichte § 20; Planck l. c. I S. 260-261).

und überhaupt der gesammten hier dargelegten Auffassung des mittelalterlichen deutschen Gewohnheitsrechts die besonders von A. S. Schultze vertretene Ansicht, dass es im deutschen Mittelalter, abgesehen von wirklichen Satzungen[20]), wenigstens für die privaten Verhältnisse und für den Process gar kein Recht im aktuellen Sinne gegeben habe, dass nur für den einzelnen Fall das Recht von der Obrigkeit gesetzt worden sei auf Grund des von den Schöffen nach ihrer subjektiven Meinung gefundenen Rechtsinhaltes[21]). So sollen insbesondere auch die Gewohnheiten wie das gesetzte Recht den Schöffen keine verbindliche Norm, sondern nur Mittel der Information gewesen sein[22]). Diese Ansicht ist jedoch ebenso irrig[23]) wie die vielverbreitete, dass

---

[20]) Aber auch diese Ausnahme scheint er nicht consequent anzuerkennen (s. den folgenden Text vor N. 22).

[21]) Schultze l. c. §§ 6—8, bes. S. 104—106, 111—112; ähnlich behaupten Stobbe, (Gesch. d. d. Rechtsqu. I S. 277 ff., s. aber auch desselben D. Priv.-R. I S. 49), Boehlau (Zeitschr. für Rechtsgeschichte IX S. 24 ff.), v. Stintzing (Gesch. d. d. Rechtswissenschaft I S. 39—40), wenngleich sie das Vorhandensein abstrakter Rechtsnormen im deutschen Mittelalter keineswegs in Abrede stellen, doch, dass die Schöffen wesentlich nach ihrer persönlichen Meinung, nach ihrem Rechtsgefühl entschieden hätten.

[22]) L. c. S. 102—103. Schultze scheint sich hier wesentlich an Stintzing l. c. S. 39 anzuschliessen. Die Worte des letzteren („Ja selbst das Herkommen, die Gewohnheit ist ihm — dem Schöffen — nicht formell bindende Norm, sondern Motiv, Ueberzeugungsgrund. Er urtheilt danach, weil er sich dadurch bestimmen lässt: denn er ist geneigt für Recht zu halten, was und weil es immer so gehalten wurde“) sind aber einigermassen unklar; denn wenn der Schöffe die Gewohnheit für Recht hielt und demgemäss sich dadurch bestimmen liess, so glaubte er doch wohl daran gebunden zu sein. Und wenn in der That die Schöffen nicht unbedingt die Gewohnheit für Recht erachteten (oben § 30 II), so zeugt dies eben dafür, dass sie die Frage, ob ein rechtlich bindender Satz vorhanden sei, aufwarfen und zu beantworten suchten.

[23]) Gegen dieselbe hat sich insbesondere Gierke, D. Priv.-R. I S. 160 N. 3 ausgesprochen, indem er hervorhebt, dass die Meinung Schultze's durch manche von diesem selbst angeführte Stellen widerlegt werde. Sehr entschieden hat Planck, den v. Stintzing und Schultze für ihre Auffassung citiren, im Gegentheil an verschiedenen Stellen seines Werkes über das deutsche Gerichtsverfahren im Mittelalter betont, dass die Schöffen nach dem bestehenden Rechte urtheilten resp. urtheilen sollten (l. c. S. 89, 256, 263, 283, 311, 313 und bes. 320). Denselben Standpunkt vertritt v. Amira, Grundriss S. 168: „Das ordentliche Staatsgericht hatte stets nach

die heutigen Geschworenen rechtlich nicht an die Gesetzesbestimmungen gebunden seien. Rechtlich waren Urtheiler und Richter stets verpflichtet, sich an das bestehende Recht, und zwar auch an das ungeschriebene, zu halten[24]). Thatsächlich mögen die Urtheiler in den deutschen Gerichten, zumal in der Zeit der durch das Eindringen der fremden Rechte gesteigerten Unsicherheit des geltenden Rechts und bei dem damaligen Verfall der deutschen Gerichtsverfassung, nicht selten nach ihrem subjektiven Ermessen, statt nach den bestehenden Rechtsnormen geurtheilt haben[25]). Es ist ferner nicht zu verkennen, dass schon frühzeitig die Urtheiler als befugt galten, Lücken des bestehenden Rechtes bei Entscheidung des einzelnen Falles nach ihrem besten Ermessen auszufüllen[26]), und dass hiefür im späteren Mittelalter die Schöffen gern auch anderen Rechtskreisen angehörige Rechtsaufzeichnungen zu Hülfe nahmen[27]).

---

dem Recht und insofern nach der Wahrheit, niemals nach Wahn zu urtheilen". Aehnlich auch Frensdorff in dem mehrfach angeführten Aufsatz („Recht und Rede"), S. 454—455. Vgl. auch oben N. 16—19.

[24]) Hiefür sprechen auch aus der Zeit des deutschen Reiches zahlreiche Quellenstellen. Nach den Magdeb. Fragen I 3 Dist. 1 haben die Schöffen zu schwören, dass sie rechtes Urtheil finden wollen, wie sie das Recht kennen und wissen. (Vgl. auch über die Auslegung dieses Eides ebendas. Dist. 2, worüber näher unten N. 27). Noch deutlicher ist die überlieferte Fassung des Brünner Schöffeneides (unten N. 33). Nach Const. Imper. II Nr. 195 (Landfr. K. Friedrich II. v. 1235) c. 29 sind die in Gegenwart des Kaisers gefundenen Urtheile des Reichshofgerichts niederzuschreiben expressa terra, secundum cuius consuetudinem sententiatum est.

[25]) Dadurch erklären sich solche Aussprüche, wie der des Petrus de Andlo (Kraut, Grundriss § 13 N. 31): Jure incerto vivitur et in multitudine illiterata, quod unicuique sui arbitrii discretione visum est, id in iudiciis vim legum obtinere volunt.

[26]) S. die im Folgenden erörterten Quellenstellen und vgl. aus der neueren Litteratur insbes. Stobbe, Gesch. d. d. Rechtsquellen I S. 278 N. 7 und D. Priv.-R. I S. 46. — Planck l. c. I S. 320 nimmt, wohl ohne genügende Grundlage, an, dass auch in einem solchen Falle der Urtheiler die Entscheidung „durch Zergliederung und Verbindung der ihm bekannten Rechtssätze" gewinnen sollte. Jedenfalls aber sollte er nicht nach blossem Gutdünken urtheilen, sondern nur nach seiner festen rechtlichen Ueberzeugung (Deutschensp. Landr. § 108; Schwäb. Landr. § 116), und bei der Bildung dieser Ueberzeugung das ihm bekannte geltende Recht möglichst berücksichtigen (vgl. auch unten N. 27 und N. 29).

[27]) Die vielcitirte Aeusserung der Magdeb. Fragen I 3 Dist. 2: Alle

An sich aber unterschied man in der Zeit des fränkischen wie des deutschen Reichs zwischen dem bestehenden, sei es geschriebenen sei es ungeschriebenen, Recht, welches zunächst in den Gerichten zur Anwendung kommen sollte, und dem ergänzenden Ermessen[28]). Vor allem in den langobardischen Rechtsquellen tritt uns die Unterscheidung der Rechtssprechung nach den Bestimmungen des Edikts, nach dem Gewohnheitsrecht, und nach freiem, jedoch gewissenhaftem Ermessen („arbitrium“) entgegen[29]). Die fränkische Reichsgesetzgebung suchte,

geschrifft sind den leuten geschrieben und gegeben zur wissenschaft und zur lere. Hierumb wer ein Schoepff ist, und geschworen hat zu dem rechte, der mag nach seiner redligkeit seines besten sinnes und nach wissenheit der schrifft und des Rechten urtheil finden auff seinen Eid, lässt die Benutzung aller Rechtsaufzeichnungen nicht beliebig zu, wie Schultze l. c. S. 101 meint, sondern nur, wie die der fraglichen Rechtsaufzeichnung vorausgehende Anfrage (Ob icht gebrech in Weichbilden Recht und man der gleichen funde inn Lehenrecht oder Landtrecht, ob man das für Recht geben soll oder mög in Weichbilden recht, oder was Recht sey) zeigt, für den Fall einer Lücke des Weichbildrechts. Ausserdem enthalten die Worte „nach wissenheit der schrifft und des Rechten“ auch (wie Planck l. c. I S. 316 richtig hervorhebt) eine Hinweisung auf die sonstige Rechtskenntniss des Schöffen, d. h. doch wohl wesentlich auf seine Kenntniss des Gewohnheitsrechts.

[28]) Die neuere deutsche Litteratur hat bisher zwar die in den deutschrechtlichen Quellen des Mittelalters uns entgegentretende Unterscheidung zwischen Rechtssprechung nach geschriebenem Recht und nach eigenem Ermessen hervorgehoben (so Stobbe, Gesch. d. d. Rechtsqu. I S. 277, vgl. ebendas. S. 6; Waitz, D. Verf.-Gesch. IV S. 402; Brunner, D. Rechtsgesch. I S. 291; Planck l. c. I S. 319—320), aber m. W. nicht die ebenfalls quellenmässige Unterscheidung zwischen Rechtssprechung nach (ungeschriebenem) Gewohnheitsrecht und nach eigenem Ermessen. — Ueber die richtige Unterscheidung Pertile's s. die folg. Note.

[29]) Am deutlichsten in dieser Beziehung sind die Praefationes K. Liutprand's zu den in seinem 14. und 15. Regierungsjahre gegebenen Zusätzen zum Edikt (Legum tom. IV pag. 135 u. 141). An der ersteren Stelle sagt er, dass er diese Zusätze gebe, um das Recht unzweifelhaft festzustellen, eo quod multae causae ad definiendum incognitae erant, quia alii per consuitutinem alii per arbitrium iudicare aestimabant. Ebenso sagt der König an der zweiten Stelle: . . . . prospeximus in edicti corpore illa adiungere, unde antea erat incerta definitio, quoniam alii volebant per usum, alii per arbitrium iudicare. Die betreffenden Verhältnisse waren also durch das Edikt noch nicht geordnet. Einige glaubten bisher, bei der Entscheidung derselben gewohnheitsrechtliche Normen zu Grunde legen zu können, während Andere — welche solche gewohnheitsrechtliche Normen

in engem Zusammenhang mit den Bemühungen Karl's M. um officielle Niederschreibung des geltenden Rechts, die Entscheidung nach „arbitrium" in den Volksgerichten möglichst zu beseitigen[30]). Wenn sie den Schöffen einen Eid auferlegte, nicht wissentlich unrecht resp. ihrer Einsicht gemäss recht zu urtheilen[31]), so sollten dieselben dadurch nicht etwa von den bestehenden Rechtsvorschriften unabhängig gemacht, sondern fester zu deren Beobachtung verpflichtet und zugleich wohl bei unverkennbaren Lücken des bestehenden Rechts auf ihr gewissenhaftes Ermessen hingewiesen werden. Zur Zeit des deutschen Reichs finden wir besonders in dem berühmten Landfrieden Kaiser Friedrich's II. von 1235 eine ganz ähnliche Unterscheidung wie im langobardischen Recht: der Kaiser bezeugt, dass in den Geschäften und Rechtshändeln der Privaten das ungeschriebene Gewohnheitsrecht massgebend sei, dass aber bisher in manchen wichtigen öffentlichen Angelegenheiten, wenn sie einmal vor Gericht kamen, mehr eine beliebige Meinung als die Bestimmung des gesetzten Rechtes oder des Gewohnheitsrechts entschied[32]), offenbar weil

---

nicht anerkannten — dieselben nach freiem Ermessen entschieden. Aehnlich berichtet das Chronicon Gothanum (Legum tom. IV pag. 645), dass in der Zeit vor dem Edictus Rotharis die Rechtsstreitigkeiten erledigt wurden „per cadarfada (darüber s. oben § 28 N. 52) et arbitrio seu ritus"; hier ist jedoch die Bedeutung des Wortes „ritus", resp. sein Verhältniss zur cadarfada und zum arbitrium nicht klar. Das Ed. Liutprandi c. 28 unterscheidet freilich bei den rechtlichen Folgen der Urtheilsschelte nur, ob das Urtheil secundum edicti tinore oder per arbitrium gefällt ist, sieht aber auch für den letzteren Fall einen Unschuldseid des Richters, dessen Urtheil mit Erfolg gescholten ist, vor, quod non iniquo animo aut corruptus a premio causam ipsam non iudicassit, nisi sic ei legem conparuissit; daraus geht hervor, dass auch das arbitrium nach bestem Wissen und Gewissen geübt werden sollte. — Richtig erklärt Pertile, Storia del diritto italiano, 2a edit., I pag. 132 bis 133: . . . . poi mancava affatto la legge, vi si suppliva colla consuetudine e (?) coll'uso, e finalmente coll'arbitrio, cioè con quanto suggeriva ai giudici la ragione e la prudenza.

[30]) S. die oben § 27 N. 16 citirten Stellen.

[31]) Capit. Nr. 192 (Capit. missorum Wormaciense a. 829) c. 2: . . . . iurare faciant, ut scienter iniuste iudicare non debeant; Nr. 202 (Hlotarii Capit. missorum a. 832) c. 5: . . . . iurent, ut iuxta suam intellegentiam recte iudicent.

[32]) Constitutio pacis Friderici II. a. 1235 (Constit. Imper. II Nr. 196), Praefatio: . . . . licet per totam Germaniam constituti vivant in causis et

hier anerkannte Rechtssätze fehlten. Dass die Schöffen nur in Ermangelung von gesetzlichen oder gewohnheitsrechtlichen Bestimmungen nach ihrem gewissenhaften Ermessen urtheilen sollten, geht auch aus dem im Brünner Schöffenbuch überlieferten Schöffeneide deutlich hervor[33]). Somit ist nicht zu bezweifeln, dass nach deutschrechtlicher Anschauung die Gerichte in ihren Entscheidungen, wie an das bestehende Recht überhaupt, so insbesondere an das Gewohnheitsrecht gebunden waren und dass man sich der wesentlichen Verschiedenheit zwischen Rechtssprechung nach gewohnheitsrechtlichen Sätzen und nach Ermessen der Urtheiler bewusst war.

---

negociis privatorum consuetudinibus antiquitus traditis et iure non scripto, quia tamen ardua quedam que generalem statum et tranquillitatem imperii reformabant, nondum fuerant specialiter introducta, quorum partem aliquam, si quando casus trahebat in causam, ficta magis opinio quam statuti iuris aut optente contradictorio iudicio consuetudinis sentencia terminabat.

[33]) Brünner Schöffenbuch c. 681 (bei Roessler S. 315) Cum iurati in principio electionis iurent, quod deficiente iure scripto seu consueto debeant unicuique secundum eorum conscientiam de iustitia providere. — Ebendas. c. 68 und c. 70 wird der Entscheidung ex proprio ingenio vel industria resp. ex ingenio freilich nur der ex iure scripto entgegengesetzt; c. 681 beweist aber klar, dass die Schöffen nur wenn weder das geschriebene Recht noch das (ungeschriebene) Gewohnheitsrecht einen auf den einzelnen Fall passenden Rechtssatz enthielt, aus ihrem eigenen Ermessen den anzuwendenden Rechtssatz schöpfen sollten. — Etwas unbestimmter verweist die Oeffnung von Pfinn a. 1502 Art. 8 (Stobbe, Gesch. d. d. Rechtsqu. I S. 278 N. 7) für Fälle, über die sie selbst keine Bestimmung enthält, die Schöffen auf deren billige Erkenntniss und auf die Gewohnheit.

Maretzke & Märtin, Trebnitz i. Schles.